歷史上
國家統一
的系統演化動力

從中國視角看分裂與統一

朱磊 著

從加拿大、衣索匹亞、俄羅斯、印已、
二戰後的英國，看歷史上的分裂
從西晉、前秦、北宋、元朝，看歷史上的統一

崧燁文化

歷史上國家統一的系統演化動力：從中國視角看分裂與統一

序言

　　朱磊教授的新著作鴻篇巨制，耗費了他5年多的精力，在兩岸關係和中國統一模式研究方面具有甚高的理論價值。第一，首次運用複雜性思維研究國家統一政策，提出人類社會複雜巨系統的三個層次，認為按照系統演化規律採取內部邏輯自洽的組合政策，可以順應發展規律推動系統自動向國家統一方向演化。第二，首次從政權角度運用計量方法評估當前兩岸形勢及需要採取的對台方略。第三，書中運用同一個分析范式，創新性地選取了古今中外22個國家統一與分裂的案例進行比較分析。第四，從國際格局變動的角度，以更大時間跨度和更大空間縱深重新審視中共中央對台方略並提出建議。

　　中國大陸與台灣之間相隔台灣海峽形成的兩岸關係，是中國大歷史進程中一個特定歷史時期國家尚未完全統一內戰狀態下的遺留問題；也是19世紀西方殖民主義和20世紀列強帝國主義欺辱、侵略中華民族的唯一沒有完全解決的問題。20世紀50年代至70年代，在世界範圍內美蘇冷戰背景之下，兩岸關係和台灣問題幾乎完全籠罩在全球兩大陣營的軍事對峙和意識形態對抗之下。這一領域的學術研究幾乎完全被現實對立狀態下的政治、軍事、外交、輿論的應激行動所左右，容不得客觀冷靜理性系統的邏輯化分析研究，更談不上系統的理論構建。1979年1月，中國大陸以經濟建設為中心的改革開放政策確立，中美建交，大陸人大常務委員會發表《告台灣同胞書》確定和平統一大方針。這一我稱之為「三位一體」的戰略，使中國大陸重新開啟了自鴉片戰爭以來，艱難「變法圖強」的現代化進程。兩岸關係和台灣問題研究，迎來了如同其他領域一樣的「學術春天」。到80年代末，台灣問題和中國統一模式研究儼然成為顯學，一大批學人的文章著作如雨後春筍般出現，理論構想、觀點建議精彩紛呈，為推進兩岸關係緩和、雙方建立事務性商談和授權政策性對話機制，直至達成「九二共識」發揮了理論指導和觀念引領的作用。

　　上世紀九十年代初，我發表了《台灣社會的三階段變遷論》、《論現代化進程中兩岸傳統文化的「創造性轉化」》、《論四十年來台灣知識份子的精神歷程》、《轉型期的台灣政治》、《對中國統一和兩岸關係法理的系統研究》、《對一個中國內涵論述的理論思考》等論文和著作，算是參與到這一歷史時期的對台工作的理論構建當中，不過是「滄海一粟」。尤其是從1985年開始有幸先後在楊斯德、汪道涵先生帶領下，直接參與了推動兩

岸關係進程的政策制定、理論研究與實務實踐，為兩岸關係發展留下了歷史見證和理論思維的註腳。1997年11月汪道涵先生在會見台灣新同盟會會長許歷農時發表的有關中國統一的新見解，是那一時期推進中國統一的理論與實踐相結合的產物，至今仍然閃耀著實事求是和尊重歷史的理論光芒。「世界上只有一個中國，台灣是中國的一部分，目前尚未統一，雙方應共同努力，在一個中國的原則下，平等協商，共議統一。一個國家的主權領土是不可分割的，台灣的政治地位應該在一個中國的前提下進行討論。」

《告台灣同胞書》發表40年了，和平統一方針與改革開放相伴，是「三位一體」戰略的重要組成部分，在實現中華民族偉大復興進程中最符合國家和民族整體利益。堅持兩岸共同尊崇一個中國與統一的目標，是和平方式解決台灣問題的基本前提和根本保證。正如習近平總書記在《告台灣同胞書》發表40周年紀念會上講話中指出的：「真誠希望所有台灣同胞，像珍視自己的眼睛一樣珍視和平，像追求人生的幸福一樣追求統一，積極參與到推進祖國和平統一的正義事業中來。」

我與朱磊教授有二十年的交情了，初次結識時他是中國社會科學院台灣研究所的青年學者，學通中西，才華橫溢，博學慎思，視野寬廣，一直是兩岸關係和台灣問題研究領域的新銳。學術交往中我們除了討論兩岸關係、台灣問題，不時還有些詩詞唱和，沿襲著中國傳統文人情懷和君子之交的風雅。長期以來，我們在研究中也形成了一個共識，就是兩岸關係和統一模式理論建構中必須要解決三大難題：一是政治變化、政策調整與歷史進程中規律把握、理論建構的關係；二是大陸內部發展、台灣政治變遷和國際因素影響這三大變數的相互關係；三是歷史事件、現實發展和未來趨勢在理論建構中不間斷的邏輯自洽對提出對策建議的挑戰。這部著作無疑是為解決這三大難題的一次很好的嘗試。期待著朱磊教授有更多的開拓性大作問世。是為序。

中國國際友好聯絡會副會長 辛旗

目錄

序言	i

導論
國家統一的動力　　　　　　　　　　001

　　規模與規則　　　　　　　　　　　001
　　動力與方式　　　　　　　　　　　003
　　複雜性思維　　　　　　　　　　　005
　　獨特的角度　　　　　　　　　　　009

第一章
複雜性思維與國家演化　　　　　　019

　　第一節　複雜性思維　　　　　　　019
　　　　一、系統性 019
　　　　二、複雜性 024
　　　　三、自組織性 027
　　　　四、非線性 029
　　　　五、不確定性 031
　　第二節　國家演化　　　　　　　　032
　　　　一、國家 032
　　　　二、權益 035
　　　　三、政權 038

　　　　四、相變...041

　　　　五、政策...044

第二章
當代世界案例　　　　　　　　　　　　　　　047

　　第一節　戰後追求國家統一的案例　　　　047

　　　　一、德國...047

　　　　二、越南...056

　　　　三、葉門...064

　　　　四、坦尚尼亞...069

　　　　五、朝鮮...074

　　第二節　戰後謀求分離或獨立的案例　　　081

　　　　一、英國...082

　　　　二、俄羅斯...088

　　　　三、加拿大...094

　　　　四、衣索比亞...099

　　　　五、印巴...102

第三章
中國古代案例　　　　　　　　　　　　　　　113

　　第一節　長江南北追求國家統一的案例　　113

　　　　一、西晉...113

　　　　二、前秦...115

　　　　三、隋朝...118

　　　　四、北宋...119

　　　　五、金朝...121

六、元朝 123

第二節　中國邊疆地區統一與分裂的鬥爭案例　126

　　一、青藏 126

　　二、新疆 130

　　三、台灣 134

第三節　中國周邊國家與中國統一與分裂的案例　136

　　一、朝鮮 136

　　二、越南 138

　　三、蒙古 139

第四章
台灣問題的複雜性思維　145

第一節　以複雜性思維審視台灣問題　145

　　一、台灣問題 145

　　二、線性思維 147

　　三、非線性思維 149

第二節　中外關係發展現狀　154

　　一、中美關係 154

　　二、中俄關係 156

　　三、中日關係 158

　　四、其他國際關係 159

第三節　兩岸關係發展現狀　161

　　一、政治經濟 161

　　二、社會融合 180

　　三、文化發展 188

　　四、逆一體化 195

第四節　台灣民意發展現狀　　206

　　　　一、「台獨意識」的成長 207

　　　　二、「台獨」意識的傳播 210

　　　　三、來自大陸的善意 211

　　　　四、台灣政府的政策 213

第五章
中國共產黨對台方略　　215

　　第一節　中國共產黨對台政策演變　　215

　　　　一、1921 年至 1949 年 215

　　　　二、1949 年至 1978 年 218

　　　　三、1978 年至 1992 年 222

　　　　四、1992 年至 2002 年 226

　　　　五、2002 年至 2012 年 229

　　　　六、2012 年至今 236

　　第二節　對台政策研究綜述及戰略思考　　239

　　　　一、習近平對台重要思想研究 240

　　　　二、對台戰略研究 246

　　　　三、台灣問題戰略思考 256

　　　　四、對台工作政策選擇 265

第六章
中共對台方略量化評估　　283

　　第一節　演化原理　　283

　　第二節　測度方法　　285

　　第三節　兩岸關係　　289

附表	294
資料來源	318
主要資料來源：..318	
個別資料來源：..318

第七章
結語　　　　　　　　　　　　　　　　　　321

參考文獻　　　　　　　　　　　　　　　　331

中文大陸文獻	331
中文台灣文獻	338
中文外國文獻	339
英文外國文獻	341

歷史上國家統一的系統演化動力：從中國視角看分裂與統一

導論
國家統一的動力

　　興起於20世紀80年代的複雜性科學是系統科學發展的新階段，不僅引發了自然科學界的變革，而且也日益滲透到哲學和人文社會科學領域。運用複雜性科學思維可以為國家統一問題的研究提供新的解釋角度和政策思路。人類社會是一個多層次的複雜巨系統，國家是人類社會系統中的一個層級，該層級系統的演化受到母系統和子系統的強烈影響。國家系統的演化方向既可能是統一，也可能是分裂，在對統一與分裂不做價值判斷的前提下，國家系統在統一和分裂之間的轉化只是系統在客觀規律下發生的相變。複雜性理論中用「序參量」的概念來區別不同的相，國家系統發生相變的系統序參量是政權，一個國家內，如果存在掌握最高權力的中央政權且唯一，該狀態即為國家系統的統一狀態，否則即為分裂。決定國家統一的根本動力是系統內外力量的不平衡運動，向心力大於離心力決定國家系統的相變方向趨於統一。外部力量的介入會放大系統內部的向心力或離心力，因此系統演化過程中不同層級間的系統相互作用對演化方向產生非常重要的影響。

規模與規則

　　早期國家產生的動力主要是生存的需要，對內可以集中力量進行生產並通過建立秩序防止人們互相傷害，對外有利於調動集體力量抵禦外患。原始社會人類為獲取更多的自然資源會不斷聚集，雖然處理人與自然關係的能力大大增加，但如何處理人與人的關係也面臨越來越大的挑戰，人類需要透過某種組織方式來有效協調人與人的關係，使人類社會由無序狀態向有序狀態演化，從而降低合作成本，增加合作效能，於是產生了政權和國家。國家的出現使人類改造自然與社會進步的能力和效率大幅提升，國家越大，發揮集體力量的能力也越強，世界四大文明古國先後在大河流域出現並進行複雜建設工程是人類合作效率提高的例證。理論上國家規模優勢可以增加合作效率：經濟層面，有利於優化資源配置，擴大市場版圖，促進生產要素流動，提高國力和民眾生活福祉；軍

事層面，可以集中和整合更多資源增強整體國防實力，並在空間上擴大國防的完整性和縱深性；政治層面，有助於凝聚國內信心，提高國際聲望，優化人才培養與供給，增強制度創新；社會層面有益於增加民眾居住、生活、就業、旅遊、求學、商務、事業等活動的機會和自由度。

儘管如此，人類歷史上並未出現過規模大到全球一體的國家，即使存在過一些人口眾多、疆域遼闊、制度統一的大國，在持續一段時間後，這些大國往往會分裂成若干國家，無法保持最強盛時期的國家規模。

國家的規模擴張雖然受追求效率的驅動，但同時還受到成本的制約，國家規模越大，內部交易成本越高。尤其在古代社會，領土越大的國家內部傳遞命令和資訊、人事選拔與考核、調動軍隊和後勤供應越是不便，就越有可能出現「天高皇帝遠」的脫序現象，國家規模就會出現成長的極限。超大規模國家往往迅速發生分裂，這有點類似細胞分裂的功能：細胞透過它的表面不斷地與周圍環境或鄰近細胞進行物質交換，細胞必須有足夠的表面積才能正常進行代謝作用，但細胞體積逐漸生長增大時，表面積與體積的比例就會變得越來越小，物質交換適應不了細胞的需要，於是發生細胞分裂以恢復適宜的比例。同樣道理，國家過大造成代謝運轉不暢時會自動分裂以降低內部交易成本。

那麼，假如技術水準發展到很高程度，譬如當今社會的技術手段已經可以使資訊傳遞和交通運輸覆蓋全球，是否意味著隨著技術約束條件的放鬆和交易成本的降低，國家規模可以大到全球成為一個國家？如果不考慮民族與文化的差異因素，理論上是可以的，也許聯合國可以視為世界一國的早期雛形，不過目前這種國際組織與國家形式還是差別很大的，歐盟都離國家形式相距甚遠。國家仍然是當今世界政治格局的基本單位，也是迄今為止人類全面合作最有效率的組織形式。現實中，國家規模沒有隨技術突破而出現急劇擴大的傾向，除了民族與文化的阻隔外——雖然世界歷史上也出現過不少多民族多文化的國家，更重要的原因是制約國家規模的決定力量已經由古代的自然力量轉變為現代的觀念力量。1648 年歐洲各國達成《西發里亞和約》代表著現代民族國家，即以民族主義原則確立其合法性的國家開始出現。現代國家體系更強調主權和民族的特點，不同於此前分別以封建（feudal）原則和宗主權（suzerainty）原則構成的西方國家體系與東方國家體系。

在古代，無論西方還是東方，政權出於對榮譽、權力、財富與人口的追求，透過以武力征服為主的方式進行國家規模的擴張，受到交易成本的技術制約而停止擴張或收縮規模，這是一種自然力量決定的狀態。當今國際社會，制約國家規模擴張的主要因素已經不再是技術，而是觀念。即使一個國家政權具備足夠強大的軍事實力，如果運用武力吞併另一個主權國家也是不被國際社會認可的政治舉動。這裡關鍵是主權觀念。雖然有些歷史學者對國家有著虛擬化的理解，比如《人類簡史》、《未來簡史》的作者尤瓦

爾·諾瓦·赫拉利將國家視為「在歷史長河的大多數時間裡，人們已經太過習慣於的虛幻故事」，但同樣從歷史的角度看，也可以發現國家的形成原本是人類社會自然演化的產物。當一群人在某個固定的地域生活中產生具有對內對外治理功能的政權的時候，國家或國家的雛形就產生了。從人口、領土、政權三要素看，國家很早就出現了，只是這些要素的內涵在不斷發展：人口被逐漸定義為永久居住的具有共同語言文化的人民，領土由領陸擴展為固定的領陸、領海和領空，政權明確界定為擁有獨立主權的政府。隨著國家構成要素內涵的變化，特別是主權觀念的產生，人們對國家概念的理解由古代國家轉變為現代民族國家，對國家自身的功能及國家之間的互動規則有了新的認識。

以前國家之間的互動規則主要靠實力說話，因此實力強大的周朝可以規定「普天之下莫非王土，率土之濱莫非王臣」，秦始皇可以滅六國平天下，羅馬可以征服地中海沿岸各國使地中海成為內海，普魯士可以透過一連串戰爭建立起排除奧地利統一的德意志帝國。然而從現代民族國家主權平等的角度，人們就會質疑：周王憑什麼可以分封全天下的土地並統治全天下的百姓？誰賦予秦始皇可以統一六國將其土地人口納入自己統治之下的權力？羅馬僅僅依靠國力強盛和人員素質技術裝備先進就有權力征服各國掠奪人口和財富？普魯士透過普丹、普奧、普法等戰爭成功統一並建立了德意志帝國是否擁有法律上和道德上的合理性和依據？總之，現代國際社會不再允許弱肉強食的叢林法則，在國家不分大小主權平等的觀念下，即使具有可以對全球進行國家治理的能力，也不可能在可預見的將來出現全球統一的國家，這是由當前人們的觀念所決定的。

動力與方式

　　國家統一不同於國家擴張。國家統一是在某地域內恢復曾經同屬一個權力中心的狀態，國家擴張則是原本不具有從屬關係的權力中心合併成一個權力中心。二者的重要區別在於是否還原上一個歷史階段的政治地理版圖。二者的相似性在於推動和制約的力量與方式大體相同：在古代是自然力量，在現代是觀念力量。在古代，當政權的執政效率高時，領導人勵精圖治奮發有為，政權的政治經濟軍事力量強大，於是透過戰爭等方式實現國家統一；而當政權的執政效率低時，往往伴隨著政治勢力內鬥，貪污腐敗盛行，民眾道德淪喪，國家禍起蕭牆，直至出現國家分裂。在現代主權觀念下，國家統一不是只要具備政治經濟軍事實力就可以恢復固有疆域，國家歷史疆域或分裂狀態的形成有歷史、政治、文化等多種原因，恢復國家統一需要有充分的理由──要嘛未統一各方自願合併，要不某一方政權不具備主權地位被武力統一。一個國家的分裂部分如果已經具備完整主權且拒絕合併，武力統一就不是被國際社會普遍認可的方式。1990 年海珊以「伊拉克與科威特自古以來就是不可分割的一個國家」為由出兵科威特控制全境，但在以美

國為首的多國部隊打擊下，伊拉克軍隊不得不全部撤出科威特。在現代國際社會的觀念裡，各地區的歷史文化固然需要得到尊重，但運用武力征服的手段吞併一個具有主權的國家以恢復歷史上的曾經疆域並不是正當的。

這並不是說現代社會解決國家統一問題絕對排斥武力，例如朝鮮、越南、葉門在追求國家統一的過程中都嘗試使用武力解決，即使是2014年克里米亞通過公投脫離烏克蘭獨立，並重新加入俄羅斯，也是在俄羅斯軍隊的進駐下完成的。畢竟迄今為止國家仍然是人類最高的權力單位，國家之上並沒有更高的強制約束。現實中自人類社會出現以來還從未存在過徹底排除武力方式解決國家內部或國家之間爭端的時期，包括當前世界上雖有二十幾個國家不設軍隊，但基本上都是內部有員警武裝，外部有其他國家軍隊保護，不以武力方式解決國際國內爭端對人類來說還只是一種追求。主權觀念的約束仍然是有限的，如果某一政權的軍事力量足夠強大，在國際環境允許的情況下它實際上有動力推動國家統一或分裂，因為它可以憑藉軍事力量使其他的博弈政權屈服。這就是中國古話說的「身懷利器，殺心自起」。軍事力量的強大本身會成為政治行為的動力。

如果我們根據現代社會主權觀念佔主導地位的現實做出不能使用武力手段推動國家統一的理論假設，會發現國家統一的實現難度遠大於國家分裂。假設在現有國際體系和國際法的保護下，任何分裂政權的生存都不存在外部威脅且國家分裂行為不會受到任何懲罰，政權和民眾出於對獨立權力和自由民主的追逐，國家將出現不斷分裂的小型化傾向。而在同樣假設下，國家統一則缺乏足夠的動力。國家政權本身就是權力鬥爭與整合的場域，合併國家政權是權力的減法，而不像國家分裂一樣由於官僚職位的增加是權力的加法，強勢一方的政權可能有意願推進統一，弱勢政權就很難願意配合，尤其在雙方政治制度不同的情況下，弱勢政權的政治人物如果看不到在統一後的新政權中有施展空間，要求其做到自願回應國家統一，即實現國家最高權力唯一化，是非常困難的。

當然，國家是個群體的概念，國家的統一或分裂是群體的行為，而不是某個人或某個政權的行為。國家的統一或分裂不單單是政權之間的博弈，還有國民的因素，尤其是在現代政治體制中，國民與政權的意願是互相影響的。如果國民有強大的統一動力也可能迫使其選舉出的政權接受國家統一。但在沒有軍事威脅的假設前提下，國民往往不願意負擔更多的公共事務支出費用，從而傾向於較小規模國家。因此一般說來，除經濟政治等利益的訴求可能產生對國家統一的不穩定意願外，國民的統一動力主要來自歷史的慣性：國家統一的歷史、民族文化的認同，以及國民之間的感情，這三者均來自民眾對歷史的認知。而所有這些出於理性的、感性的、物質的、精神的國家統一意願，都是國家統一的自願力量。

可見，國家統一與分裂的動力實際上有兩種：自願力量和非自願力量，前者是引

力,後者是推力,對應於政權的資源稟賦,就是政權具備的軟實力和硬實力。[1]政權如何合理運用這兩種力量推動實現國家統一,形成了學術界在該問題上的三個流派:一是現實主義觀點,強調非自願力量,主張透過政權硬實力不斷增強,最終以壓倒性優勢主導國家統一;二是自由主義觀點,強調自願力量,主張透過利益誘導加強利益攸關方的合作,以自願方式推動國家逐步走向統一;三是建構主義觀點,也是強調自願力量,主張透過雙方接觸互動,建構共同的價值觀和利益連結,誘致未統一各方自動走向統一。

這三個學術流派的已有研究雖在理論構建方面取得巨大成績,存在的問題也比較明顯:現實主義從主導方的角度,強調硬實力增長的重要性,卻忽略了在具備壓倒優勢以前如果對方民意出現重大不利變化誘發衝突提前到來怎麼辦,以及即使憑藉強大硬實力實現國家統一後是否有令人信服的論述維護局勢穩定;自由主義從被主導方的角度,強調利益誘導的作用,卻無法提供從利益共同體過渡到政治共同體的有效途徑,也缺乏由利益連接轉向政治認同的有效手段,反倒是不同領域的學者證明了經濟利益聯繫密切並不會必然誘致政治一體化;建構主義強調雙方互動以謀求國家認同,卻忽略了國家認同與政權認同之間的差異性與矛盾性,傾向分裂的一方即使認同雙方同屬一國,卻常常透過強調己方政權具有主權而使國家認同在國家統一鬥爭中缺乏實用性和可操作性。這三種學術觀點應用在現實政策中遇到的困境往往是:號召國家統一的軟實力不足以吸引對方政權與民眾自願回應;運用非自願力量的軍事手段又面臨國際輿論的反對和國際強權的制約,兩種動力都不足以實現統一,那麼這種僵局該如何打破?本研究為解決這一問題引入了複雜性思維。

複雜性思維

複雜性思維是基於複雜性科學發展的基礎上認識複雜事物的一種新的思維範例。複雜性科學(complexity sciences)[2]是系統科學發展的新階段興起於20世紀80年代,不僅引發了自然科學界的變革,而且也日益滲透到哲學、人文社會科學領域,帶來了方法論和思維方式的變革。英國著名物理學家霍金甚至稱「21世紀將是複雜性科學的世紀」。複雜性科學打破了傳統學科之間互不來往的界限,揭示系統演化機制的結構和過程的自組織現象。與傳統科學思維相比,複雜性思維最值得借鑒的特點是自組織性、

---

[1] 美國學者約瑟夫・奈的《軟實力》對硬實力與軟實力的劃分是:前者包括軍事和經濟實力,運用軍事實力的主要手段有威脅和武力,政策選擇有強制性外交、戰爭和結盟,運用經濟實力的手段有交易和制裁,政策選擇有援助、賄賂和制裁;後者主要在價值觀、文化、政策及制度四個方面,政策選擇有公共外交、雙邊或多邊外交等。[美]約瑟夫・奈:《軟實力》,馬娟娟譯,中信出版社,2013年,第41頁。

[2] 複雜性科學是指以複雜性系統為研究物件,以超越還原論為方法論特徵,以揭示和解釋複雜系統運行規律為主要任務,以提高人們認識、探究和改造世界的能力為主要目的的一種學科互涉(inter-disciplinary)的新興科學研究形態。到目前為止,儘管人們關於「複雜性」還沒有一個嚴格,精確的定義,但人們一般認為,整體性、非線性、不可逆性、不確定性、不穩定性是複雜性的重要特徵。從這些特徵來看,社會的發展問題是典型的複雜性問題。

非線性和不確定性，我們可以借鑒這些複雜性思維的基本特點來重新思考國家統一的動力問題。

可以設想，即使沒有學者研究國家統一問題，國家統一當然也可能自己實現，這就是系統的自組織性。國家是一個系統。我們生活的世界裡系統無所不在，從基本粒子到銀河外星系，從自然科學到社會科學，從人類社會到人的思維，從無機界到有機界，系統在宇宙間普遍存在。系統分層次，國家系統上面還有國際大系統，國家系統內部還有未統一政權子系統，以及政治、經濟、社會、文化、軍事、外交等子系統。系統不斷演化。演化的方向可能是越來越複雜有序的進化，也可能是越來越單調無序的退化，系統發展的不同階段可能有不同演化方向，進化和退化也相互作用，進化中可能有退化，退化中也可能有進化。國家演化的方向既可能是統一也可能是分裂，或者交替出現。國家在發生這些演化時並沒有一個居高臨下的神來主宰安排，國家統一或分裂是在並無外界特定指令就能自行組織、自行創生、自行演化、自主地形成有序結構的系統變化過程。這種無須外界控制和干擾、透過系統自身的調節和演化達到有序的特性稱為自組織性。

國家統一或分裂是如何透過系統的自組織性完成的？未統一國家內的多個政權各有各的盤算，出發點是維持和擴大自身的政治權力或影響力。如果國家統一有利於擴大政權影響力，或因統一符合民眾要求有利於維護政權執政基礎，政權就會推動國家統一。相反，如果統一可能使自身政治權力受到削弱或剝奪，而且沒有來自民眾要求統一的內部壓力，政權更可能傾向於謀求分裂。政權資源稟賦不同，軟硬實力強弱有異，對國家統一後的前景預期不同，基本立場存在分歧。無論是主張統一的政權還是謀求分裂的政權，都想充分利用自願力量與非自願力量引導國家系統向自己期望的目標演變，政權之間的博弈及其主導的集體運動方式的競爭形成國家系統演化的原動力。

協同學認為，系統形成新的整體結構的演化規律是序參量之間的協同競爭。序參量是決定演化進程與系統最終結構的變數，支配子系統行為。自願力量和非自願力量都是重要的序參量，在不同時期各自扮演主導力量的角色。政權透過塑造、強化或改變民眾對歷史的認知而推動國家統一，實質上就是政權透過輿論將自願力量向統一引導，當這種認同統一的自願力量成為主流民意之後，就會出現系統的「對稱破缺」，自願力量將以絕對優勢統領整個系統的深化方向和運動模式，完成國家統一的自組織過程。當然，分裂政權也可以透過同樣方式將國家系統引向分裂。追求統一的政權與謀求分裂的政權誰能主導民意取決於各自的軟實力，雙方在競爭合作的過程中也在取長補短，不斷改進自身軟實力。如果國際局勢突變，由和平轉向衝突，也就是國際大系統發生轉變，以軍事力量為代表的非自願力量可能趨向主導地位，成為系統演化的決定性序參量，此時政權的硬實力就成為子系統之間力量博弈的關鍵因素。以上這兩種協同競爭決定國家系統

演化方向的序參量可簡稱之為「力」。不同的「力」在國家系統演化的進程中發生競爭與協同的非線性作用，完成國家系統的自組織功能。究竟哪一種「力」會在國家系統演化過程中扮演主導序參量，往往是由系統的非線性作用決定的。系統的自組織演化動力和機制正是子系統之間的非線性相互作用，競爭與協同。線性思維的基礎是還原論，非線性思維的基礎是系統論。系統具有湧現性，而湧現性的機制是非線性的，正是透過微觀元素的非線性才可能出現整體的湧現性。國家向統一或分裂演化的系統動力在於政權子系統之間的非線性作用。線性作用下，系統內各子系統間缺乏關聯，政權之間相互隔絕無法產生競爭合作；但在非線性作用下，國家系統中政權子系統間交流合作的相互作用密不可分，你中有我，我中有你，表現出強烈的整體行為，透過漲落可能引起系統的整體自組織。[3] 從方法論角度看，線性思維認為非線性一般都可以簡化為線性來認識和處理，這種思維方式有利於提高認識的效率，但常常為了追求簡單性和便捷性而拋卻事物的複雜性，會得到一種「假像式」的認識結果。任何政權一廂情願地試圖推動單一力量改變國家結構狀態都是線性思維方式，非線性思維要求根據國家系統的橫向與縱向的非線性作用背景決定施政重點。

系統的非線性作用表現在系統與母系統及子系統之間的排斥和吸引、競爭和協同。現實中的系統基本都是開放的，系統向高層開放，使系統與環境發生競爭與合作的相互作用，向低層開放，使系統內部發生多層次的、多水準的協同作用。在國家系統與國際系統的相互作用中，國際形勢對國家演化的主導序參量有關鍵性影響。例如，在美蘇冷戰的國際大背景下，北越政權借助中蘇抗衡美國，打了20年的統一戰爭，最終迫使美國撤出越南並放棄對南越政權的軍事支持，在1976年憑藉軍事力量實現了國家統一。而德國實現國家統一的1990年，正值蘇聯解體、冷戰終結的前夜，蘇聯當時已無力與美國和西方陣營對抗，在德國統一問題上的立場節節後退，主導德國國家系統演化的非自願力量迅速讓位於自願力量，聯邦德國推動國家統一順應了兩德人民的主流民意。

決定國家系統序參量作用的國際環境可稱之為「勢」。當國家的統一與分裂不再能夠像古代社會那樣簡單由政權之間軍事力量對比來決定的時候，我們稱其為「勢」的改變，即國際大系統的演化改變了國家系統的演化規則。

在國家系統的演化過程中，「勢」決定了哪種力量會成為系統演化的主導序參量，「力」的對比決定了該序參量向哪個方向運動，「策」決定了國家系統由一種結構向另一種結構演化的方式和途徑，或者說系統如何優化。政權旨在對國家結構進行系統優化而針對民意及其他政權採取的政策方案選擇簡稱為「策」。在自願力量處於主導序參量

---

[3] 「線性律和非線性律之間的一個明顯區別就是疊加性質有效還是無效：在一個線性系統裡，兩個不同因素的組合作用只是每個因素單獨作用的簡單疊加。但在非線性系統中，一個微小的因素能導致用它的幅值無法衡量的戲劇性結果。」[比] 尼寇里斯、普利高津：《探索複雜性》，羅久裡、陳奎寧譯，四川教育出版社，2010年，第63—64頁。

的地位時，「策」的核心是透過向國民提供更有吸引力的公共產品贏取國民的信任進而實現自身權力的最大化。權力的合法性來源於信任感，有了信任才能使權力、制度、社會和政治機構持續運作。政權作為國家最高權力的代表，在維護掌權黨派利益的同時，要讓國民相信其政策或政策主張能代表廣大的社會公共利益，或者未來能夠提供國民更多、更優、成本更低的公共服務，以更好滿足國民生存和生活的福利需求。對推動統一的政權來說，要尊重和弘揚本國的傳統文化，塑造和強化民眾對國家統一的歷史認知，充分凝聚和調動國民的群體性自願力量，在現有的國際格局背景下使國家統一的內在動力不斷增強，系統自願力量透過自催化向有利於國家統一的方向傾斜，使系統能夠逐漸進入遠離平衡的耗散結構，達到某個特定的臨界點後利用系統的漲落和正回饋發生相變。在非自願力量處於主導序參量的地位時，「策」的運用包括政權軍事力量的不均衡增長、政權對國家結構演化的前期準備工作，以及為實現目標採取的戰術行動。「策」的運用好壞直接關係到國家系統演化的結果，無論是哪種力量居主導，力量強的一方並不必然會戰勝力量弱的一方而使國家結構進入預期狀態，歷史上的國家統一與分裂的戰爭中以弱勝強的案例不勝枚舉。即使透過軍事力量改變了國家系統結構，「策」的失當也會使該結構不具有穩定性。例如漢武帝時期曾在朝鮮半島設置漢四郡進行有效管轄，唐高宗時期滅亡高句麗在平壤設安東都護府可以視為某種形式的國家統一，後來唐朝對新羅勝而退兵，冊封新羅國王，並沒有維持統一結構。再如漢武帝時期曾在越南北部設置漢三郡統治，越南在中國版圖內經歷 1000 多年的國家統一狀態後才獨立建國，明成祖時期曾因越南內亂應邀出兵平叛，因原來的陳朝宗室後繼無人而取消冊封，將越南重新歸入統一狀態，設為交趾布政使司，但不久以「交趾荒遠」為由重新許其獨立。

　　國家結構並不完全由博弈各方的力量大小所決定，因為系統演化本身具有不確定性。在近代科學發展史上，以牛頓力學為代表的經典自然科學向人們描繪了一幅確定性的世界願景，然而 20 世紀 60 年代以來現代系統科學中關於混沌現象的研究，卻用大量客觀事實和實驗表明，正是由於確定性和不確定性的相互聯繫和相互轉化，才構成了豐富多彩的現實世界。世界的萬物變化充滿著隨機性和偶然性，由此決定了事物變化的不確定性。不確定性是基本的，確定性是它的特例。國家系統的演化過程中，國家結構前景是多樣化的，既可能統一也可能分裂，統一形式既可能是古代的朝貢制，也可能是現代的單一制或聯邦制，還可能是其他尚未出現的創新的制度。系統發展的本質是非線性作用，要素間的線性作用只是加法，非線性作用卻類似於乘法，可以引發「蝴蝶效應」。國家系統的微小演化可能對國際格局產生深遠影響，國際大系統的隨機漲落也可能對國家系統的演化方向起到關鍵作用。正因為非線性作用可以產生巨大的前景不確定性，執政者在推動國家統一時需要審時度勢，重視政權博弈中的每一個漲落，對系統發展前景過於確定從而聽之任之、只講「定力」而無有效對策是不負責任的盲目樂觀。

非線性系統的本性是混沌或潛在的混沌，非線性系統中初始條件的一個微小改變都可能造成系統在往後時刻行為的巨大差異，從而令整個系統的前景變得不可預測。在一個複雜的非線性世界中，堅持一種有限的預測觀來靈活運用「策」的變化是引導國家系統向期望狀態演化的正確方法。系統演化方向可能是趨向國家統一的更為複雜有序的系統進化，也可能是趨向國家分裂的退化，優劣判斷其實是人的價值判斷。系統優化是對系統的組織、結構和功能的改進，是以複雜性思維研究系統演化的目的。國家系統優化應該是由不統一的結構演化到統一結構。國家不統一，內部各政權之間的關係是無序的，即使分裂了，如果各政權之間互不承認，系統仍然是無序的不穩定的。系統向複雜穩定有序的多層次國家系統演化是進化的過程。根據系統自組織理論所揭示的系統演化過程，能否形成耗散結構，即遠離平衡下動態的穩定化的有序結構，是一個新系統能否誕生和進化的關鍵。耗散結構的形成條件為：開放、非平衡、漲落和非線性。主張國家統一的政權透過「策」的運用使未統一國家系統滿足耗散結構條件，系統就可以透過自組織功能恢復穩定有序的國家統一狀態，完成從分裂或分離到統一的非平衡相變。這個變化過程只是國家系統向統一狀態演化的一般性規律，正如前面據說，在人類社會這個複雜巨系統面前，不確定性是永遠存在的，「策」的運用好壞直接關係到國家系統是否能夠向人們希望的目的點演化。

總之，國家是人類社會合作效率的產物，國家統一有助於發揮規模優勢。透過系統自組織可以實現多層有序的國家統一結構。國家統一的動力有自願力量和非自願力量，前者是引力，後者是推力，相對應的政權資源稟賦，就是政權具備的軟實力和硬實力。在國家主權觀念佔主導地位的現代社會，自願力量起著古代社會所不具備的重要作用。運用複雜性思維合理調動兩種力量是推動國家實現統一的關鍵。

獨特的角度

學術界對國家統一問題的研究著作成果主要集中在：統一問題的歷史比較、統一問題的法律比較、統一問題的模式比較三個方面。

在統一問題的「歷史比較」研究中，葛劍雄《統一與分裂：中國歷史的啟示》透過比較中國歷史上統一與分裂時期的消極因素和積極因素，認為在統一政權中出現的問題根源不是統一本身，更不是統一帶來的和平安寧和經濟繁榮，而是政治制度，或者說是用什麼制度來實現統一，如何統一，統一到什麼程度。[4]《當代國家統一與分裂問題研究》分別介紹了越南、德國、葉門、朝鮮、坦尚尼亞、賽普勒斯、科索沃等國家的分裂與統一問題，分析了當今世界分離主義運動及各國政府應對策略。強調國家統一並不等

---

[4] 葛劍雄：《統一與分裂：中國歷史的啟示》，商務印書館，2013年，第209頁。

同於簡單的合併，統一最根本的問題是最終建立對民族和國家的認同，在任何情況下都要堅守依靠人民的方針。[5]《統一之路與分裂之痛：二戰後分裂國家統一的啟示與統一國家分裂的教訓》對第二次世界大戰後出現的德國、越南、葉門、朝鮮的統一政策和統一過程進行了較詳細闡述。其結論是，領土完整是國家統一的基礎，民族和諧是國家統一的柱石，文化融合是國家統一的紐帶，國際干預對國家統分至關重要，戰爭是國家統分的助推器。[6]《分裂國家的統一：理論與實踐》透過比較越南、葉門、德國、朝鮮的統一與分裂的案例，提出統一是包含多層面內容的系統過程，而不僅僅是作為核心內容的權力的統一，權力統一前後必須消除因分裂產生的社會及民眾在制度和心理層面的龜裂問題。而且，雖說追求權力是國家的本能，但在民族國家體系已經確立的今天，對統一的追求特別需要講究合法性。從某種意義上而言，民族的統一應該是現代民族國家體系形成之前或形成過程之中要完成的歷史作業。[7]

在統一問題的「法律比較」研究中，《多體制國家與德、韓、中國際地位》（丘宏達，Robert Downen, 1981）在國際法層面比較民主德國、聯邦德國與朝鮮、韓國的法律地位，借此對比中國大陸與台灣的國際法地位。《兩德統一與兩岸統一之國際法比較分析》（范宏雲，2006）提出國際法意義上的國際統一可以分為兩個層次：維護國家主權與領土完整、在主權和領土完整基礎上實現國家治權統一。作者認為，民主德國、聯邦德國與中國兩岸在國際法上有本質區別，前者是兩個主權國家的合併，而後者是在中國主權和領土完整基礎上國家治權的統一。德國、朝鮮的分裂得到國際社會的承認，而中國問題則不然。《中共對台政策1979—2013》（邵宗海，2013）中，作者從台灣人的角度站在台灣當局的立場探討中國國家統一問題，認為在法律意義上，中華民國不管憲政體制或公權力行使，自1949年之後仍在持續運作，所以其存在有法理基礎。而且，在國際社會也無法完全否定中華民國作為主權國家的認定，這可從許多國家同意與中華民國簽署相互免簽證的協定見出端倪。[8]《海峽兩岸關係析論——以和平發展為主題之研究》認為中國國家統一可以經由兩岸關係和平發展走向和平統一，和平發展的框架核心內容是政治共識、經濟互賴和社會融合，其中「社會融合」是指兩岸的民間社會的一體化。[9]

在統一問題的「模式比較」研究中，《分裂國家互動模式與統一政策之比較研究》（張五嶽，1992）對德國、朝鮮、中國三國的統一政策進行了比較，認為影響統一政策的因素有兩大方面：其一為外在因素，包括國際政治經濟體系結構的變遷、區域對抗整

---

[5] 陳雲林：《當代國家統一與分裂問題研究》，九州出版社，2009年，第279—280頁。
[6] 李毅臻：《統一之路與分裂之痛：二戰後分裂國家統一的啟示與統一國家分裂的教訓》，中國廣播電視出版社，2007年，第3—21頁。
[7] 韓獻棟：《分裂國家的統一：理論與實踐》，智慧財產權出版社，2014年，第3—5頁。
[8] 邵宗海：《中共對台政策1979—2013》，台北：唐山出版社，2013年，第251頁。
[9] 李鵬：《海峽兩岸關係析論——以和平發展為主題之研究》，鷺江出版社，2009年，第303—318頁。

合的改變、美蘇列強的介入干預等；其二為內在因素，包括強烈的民族主義情愫、決策者的信念與實際利益、雙方政治、經濟和社會結構的差異、國力的對比、對他方地位的認知與互動交流等。《分裂與統一：中國、韓國、德國、越南經驗之比較研究》（趙全勝，1994）認為分裂國家實現國家統一的途徑有兩種：一是訴諸武力，即一方透過軍事方式吞併另一方；二是和平漸進，即雙方透過長期的政治、經濟、文化交流達成統一。《複合權力結構與國家統一模式——對越南、德國、葉門的比較研究》（夏路，2011）提出「複合權力結構」的概念，認為同質性複合權力結構影響分裂國家統一的實現，異質性複合權力結構影響分裂國家統一模式的選擇。[10]《國家統一模式研究》具體研究了對兩岸實現國家統一有益的借鑒模式：邦聯制模式、歐洲統合模式、「國協」模式、聯邦制模式、德國模式、一國兩制模式，最後認為如果上述和平統一模式都無法採用，武力模式將是解決台灣問題的保留手段。[11]《「一國兩制」台灣模式》在國家結構學說和國家統一理論上進行了理論拓展，為構建「一國兩制」台灣模式做出努力和貢獻，推動了「一國兩制」理論的發展，完整地揭示了「一國兩制」台灣模式的理論內涵與憲政含義，對解決台灣定位問題提供了一定的理論依據，並為兩岸整合與統一提出合理路徑。[12]

　　關於中共對台方略，大陸學者的研究主要集中在：一是中共對台方略的歷史經驗總結。學界主流觀點認為中國共產黨解決台灣問題的基本方針，經歷了從毛澤東時期的「一綱四目」，到鄧小平時期的「一國兩制」，到江澤民時期的「八項主張」，再到胡錦濤時期的「兩岸關係和平發展」以及習近平時期的「兩岸一家親理念」，中共歷代領導集體都在堅持一個中國原則的前提下與時俱進，不斷注入新的思維，形成了今天兩岸關係和平發展的有利局面。新中國成立初期，以毛澤東為核心的中共第一代領導集體根據當時的國內外局勢特別是美國插手台灣問題、阻撓中國統一的形勢，堅持以武力解放台灣作為基本方針。到20世紀50年代中期，根據國際形勢的變化，開始把武力解放與和平解放兩種方式並提，並爭取以和平方式解放台灣。以鄧小平為核心的中共第二代領導集體提出以「和平統一、一國兩制」方式解決台灣問題，同時強調不能承諾放棄使用武力，是中共第二代中央領導集體在充分考慮到台灣現狀和台灣人民切身利益的基礎上所做出的重大戰略調整。它立足於透過和平方式，在穩定的基礎上完成祖國統一，是探索和平統一方式的一次重大突破。以江澤民為核心的中共第三代領導集體的對台具體政策，是從兩岸關係的歷史和現狀出發，既照顧到台灣社會各個階層的利益，又提出具有前瞻性的談判主張，是「和平統一、一國兩制」方針在新形勢下的重大發展。以胡錦濤為總書記的中共第四代領導集體提出的對台戰略新思路，是在繼承第二代、第三代領

---

[10]　夏路：《複合權力結構與國家統一模式——對越南、德國、葉門的比較研究》，中國社會科學出版社，2011年，第2—3頁。
[11]　王英津：《國家統一模式研究》，九州出版社，2008年，第187—291頁。
[12]　李義虎等：《「一國兩制」台灣模式》，九州出版社，2015年，第27—29頁。

導集體對台方針政策的基礎上進一步的理論創新，是維護戰略機遇期、全面建設小康社會、推進中華民族歷史復興進程的必然要求和政治保障。以習近平為核心的黨中央推動的「兩岸一家親」對台政策是新的歷史條件下，中國共產黨把握國際國內發展趨勢與中共自身歷史性轉變的時代特徵，在兩岸關係和平發展進行到新階段所採取的、更強調主動性、方向感和系統觀的對台方略。

二是當前中共對台方略發展思路及建議。在當前兩岸實現國家統一條件尚不成熟的前提下，中共對台方略應該如何設計，大體有三種思路：1. 自由主義觀點主張透過利益誘導加強兩岸合作，以自願方式逐步走向統一。如李義虎[13]提出，在兩岸關係發展中進行「增量改革」，並以其作為兩岸關係發展的合理方向，作為增加兩岸關係良性發展互動和順利解決台灣問題的現實選擇。今後增量改革的重要任務在於：一是繼續加強兩岸的文化、經貿和社會交流，二是雙方的政策互動形成良性的狀態，三是「國際增量」的改革不應因各自的行為對抗（尤其是外交行為）而後退到「國際存量」的舊圈子裡，四是「和平統一，一國兩制」的內容要有創造性的擴大、豐富，五是促使兩岸關係進行增量改革的現實舞台是政治性對話和政治性會談，特別是雙方高層領導人的直接會談。2.現實主義觀點主張透過政權實力不斷增強，以壓倒性優勢主導兩岸統一。如王在希[14]認為，解決台灣問題實現統一，歸根結底取決於中華民族偉大復興的進程。大陸改革開放和現代化建設不斷取得巨大進步，在國際社會的影響力進一步增強，是實現和平統一的堅實基礎和可靠保障，決定了兩岸關係的基本格局和發展方向。孫代堯[15]認為包容國家現代化與國家統一兩股歷史潮流，是在目前兩岸處於暫時分離的現實下的最優選擇。隨著中國現代化的進展和中華民族的振興，台灣人民對大陸的向心力提升，兩岸必將水到渠成地走向政治統一。3. 建構主義觀點主張透過雙方接觸互動，建構共同的價值觀和利益連結，推動兩岸統一。如楊丹偉[16]認為，現實主義理論與政策設計適於反對「台獨」，但在促進兩岸關係朝著國家和平統一方向發展方面則失去了著力點。自由主義理論思維的促進經貿交流的對台政策，推動了兩岸經貿關係的發展，但僅僅有經濟利益的合作，大陸與台灣無法解決兩岸民眾認同等兩岸關係的根本問題。他認為建構主義理論契合了以和平發展為基調的兩岸關係的發展趨向，為兩岸重新思考兩岸的身份和相互關係、加強兩岸之間的互動、發展兩岸的集體認同提供了重要的理論依據。

境外學者關於中共對台方略的研究主要集中在：一是中共對台方略的歷史總結與評析。

境外學者多站在不同立場研究中共政策的特點與得失，並從第三者或對立者的角

[13] 李義虎：開闢解決台灣問題的新思路，《太平洋學報》2005 年第 2 期，第 14—21 頁。
[14] 王在希：《台灣問題與中華復興》，九州出版社，2014 年，第 28 頁。
[15] 孫代堯：中國共產黨對台政策演變論析，《中共黨史研究》2006 年第 6 期，第 32—40 頁。
[16] 楊丹偉：兩岸關係和平發展新思維的理論分析，《台灣研究集刊》2010 年第 4 期總第 110 期，第 8—16 頁。

度提出政策主張。如美國學者陳慶（KINGC.CHEN）[17]認為中共統戰策略每次都是先建立理論，確定目標，制定方針，按計劃推動。中共對台統戰工作甚具彈性，變化頻繁。但建議對台首要任務，是逐漸建立互解、互諒、互忍、互信的心理與態度，由文化、經貿、體育等方面開始造成和好的氣氛。主張中共先不要提「一國兩制」，不提並不表示放棄，而是要降低雙方的敵意，以後視情況發展而定。「美國在台協會」前理事主席卜睿哲（Richard C.Bush）[18]認為，中共對台政策透過個人化的領導制度反映出來，當權者必須為其倡議建立共識，稍有不當，仍易招致競爭者及體制團體（如軍方）的攻擊，因此中共負責對台政策的人士不願太離開20多年前的制定的「一國兩制」路線，也小心提防台北有任何走向永久分裂的跡象。

二是當前中共對台方略的解讀和對策。境外學者不少是以批判的態度審視中共對台政策，並提出正面或負面的結論建議。如台灣學者謝政諭[19]認為中共對台政策應強調文化建設，稱目前中共以「原生論的民族感情」和「經濟成就」力倡台灣回歸和統一效果有限，武力威脅的高壓手段更會激起台灣民眾反感，1996年和2000年的「大選」就證明了這一點。他認為正確的做法是實施「王道」與「仁政」，在優質中華文化基礎上結合當代憲政民主思想，才能創造更大交集的「民族認同」。台灣綠營學者顏建發[20]認為，中共對台工作的基本策略就是以「和戰兩手」的精湛手法推動「統戰陽謀」，透過政治壓迫、經濟磁吸、軍事威懾、外交打壓與社會統戰等手段的交互運用，配以輿論戰、心理戰、法律戰。台灣綠營學者羅致政[21]認為中共對台戰略的基本前提就是一個中國原則，中共對台戰略框架下的具體目標包括：兩岸關係國內化、兩岸談判國共化、台灣海峽內海化、台灣「國境」內地化、國際空間內部化、「國家安全」空洞化、兩岸市場一中化。

綜觀上述研究，雖然境內外學者對中共對台方略從不同角度總結出不同時期的特點，並提出了一些很有見地的思路和建議，但存在的不足也較為明顯：

第一，研究方法需要創新。早期大陸學者對中共對台方略的研究主要是以馬克思主義理論解釋政策內涵。學者們對每個歷史時期的對台政策，都會在馬列主義經典著作中找出論據來支持，同時強調該政策是有中國特色的、符合中國國情的馬克思主義本土化政策。馬克思主義理論原理是具有持久生命力的邏輯嚴密的科學理論，但中共對台方略往往是根據新的國內外形勢不斷調整和更新的政策體系，馬克思和列寧的原話無法解

---

[17] 陳慶：《中共對台政策之研究》，(台)五南圖書出版公司，1990年，第191—204頁。
[18] 葡睿哲：《台灣的未來》，(台)遠流出版事業股份有限公司，2010年，第20—32頁。
[19] 謝政諭：《文化、國家與認同：打造兩岸民族新肚臍》，(台)幼獅文化事業股份有限公司，2007年，第167—168頁。
[20] 顏建發：《中國對綠營的策略分析》，《台灣兩岸關係與中國國際戰略》，吳釗燮主編，「新台灣國策智庫」有限公司，2011年，第137—172頁。
[21] 羅致政：《中國對台政策與台灣主權危機》，吳釗燮主編《台灣兩岸關係與中國國際戰略》，「新台灣國策智庫」有限公司，2011年，第29—50頁。

釋各種新現象和新政策。近期大陸學者對中共對台方略的研究思路也各有長短：現實主義在強調自身實力增長的時候忽略了在具備足夠實力以前應該對台採取何種方略；自由主義在強調利益誘導的時候無法提供從利益共同體到政治共同體的途徑；建構主義在強調對台互動以謀求國家認同的時候忽略了國家認同與政權認同之間的矛盾性，在建構一個中國框架的過程中阻力重重，舉步維艱。這些研究方法上的不足同樣也存在於台灣學者與海外學者的研究中。與早期大陸學者的研究類似，台灣學者也常常習慣於用三民主義理論或西方政治學理論教條來檢視和批評中共對台方略，其結論往往主觀色彩強烈而流於偏頗。海外學者抱著歷史主義的態度盡可能客觀描述兩岸關係發展與中共對台政策，卻因缺乏系統觀而使分析停留在政策表面。總體上對中共對台方略的研究及對策建議普遍存在「頭痛醫頭腳痛醫腳、只見樹木不見森林」的缺陷，需要以系統觀統領和把握全域。

　　第二，量化分析應用較少。在當前境內外的相關研究文獻中，普遍對中共對台方略的實施背景與效果較少進行量化分析，把握事物發展規律及政策成效的準確性自然會打折扣。社會經濟現象中人的主觀能動因素較複雜，加之人們往往會以歷史為鑒從而改變現實條件，使得社會科學比自然科學更難建立理論模型和計量分析。但如果能夠抓住影響中共對台方略的最主要變數，省略掉不重要的變數，建立模型並進行計量分析也是可行的。對相關問題的計量分析可以更精確地理解推動國家統一的條件和時機，從而制定更可行的對台方略。

　　第三，相關建議不夠具體。現有研究文獻中提出的調整中共對台方略、推進兩岸關係和平發展新局面的各項舉措不勝枚舉，但多數學者的研究結論和對策建議比較空泛，不夠具體，針對性與操作性還不夠強。例如常常有結論認為兩岸統一歸根結底要等大陸現代化的實現與綜合實力的極大增強才能實現，但在這些條件滿足之前應該做些什麼？有的研究提出要在政治、經濟、社會、文化等各方面同步推動兩岸關係向前發展，但每個領域的具體政策措施與目標是什麼？推動條件是什麼？相互關係是什麼？一些看似具體的政策目標尚無可行步驟，如提出兩岸應建立共同發展與亞太區域經濟合作相銜接的可行途徑，但建立的原則、方式、階段是什麼？當前研究的很多對策建議都沒有具體實施方案。

　　第四，整體方略缺乏綜合。當前相關研究中不少是在某一領域提出獨到見解的政策措施，但中共對台方略涉及方方面面，在實際應用中不同子系統之間會相互作用、相互影響，單一領域的好的政策卻可能在實際應用過程中作用相互矛盾、效果相互抵消。經濟學是從理性人假設出發，研究個人選擇或者擴展到公共選擇，提出引導方案；社會學是研究不同社會群體之間如何選擇，提出相關措施；政治學更多是研究國家與國家之間的關係，政權決策者如何選擇，提出各種方案。各種學科領域研究的側重點不同，需要

整合各子系統的政策功能，調動各方面因素向國家統一方向自發運行，減少內部損耗，這恰恰是中共對台方略現有研究的不足之處。

本書研究的特色和創新主要有以下方面：第一，首次運用複雜性思維研究中共對台方略。複雜性思維是歷史唯物主義和辯證唯物主義的理論發展。唯物史觀揭示的正是人類社會發展的系統規律，而複雜性科學則是當前研究自然界和人類活動及思維的最前沿的科學成果，是唯物史觀的最新發展。複雜性科學也是建立在唯物辯證法基礎上的辯證系統觀。錢學森曾說：「局部與全部的辯證統一，事物內部矛盾的發展與演變等，本來是辯證唯物主義的常理，而這就是系統概念的精髓。」[22] 古代思維方式多憑直覺認識事物變化，近代思維方式重視分解研究事物的局部細節，前者不能精確，後者忽略全域。複雜性思維則兼顧了整體與局部，可以洞悉人類社會複雜多變的現實，更能適應現代科學技術發展的需要，對國家統一等社會現象有著更強大的解釋力。自1973年馮·貝塔朗菲出版《一般系統論：基礎、發展和應用》以來，系統論經歷了從經典系統論到現代系統論的發展，現代系統論的主要特點在於：一是認為系統方法可以用於研究人類社會和人類思維；二是將整體與部分的關係問題作為系統化的核心問題；三是與相關學科共同發展；四是以現代數學為主要工具；五是認為系統的發展變化是要素、層次、結構、功能及環境共同作用的結果；六是研究物件空前複雜化下的產物。[23] 也因此，現代系統論（modern system theory）也被稱作複雜系統論（complex system theory）。本書運用複雜性思維將國家統一問題看作系統演化過程，創造性地提出人類社會複雜巨系統的三個層次：大系統—國際環境，系統—國家和地區，子系統—未統一國家的局部領域，認為按照系統演化規律採取內部邏輯自洽的組合政策，可以推動系統自動向國家統一方向演化。

第二，首次從政權角度、運用計量方法評估當前兩岸形勢及需要採取的對台方略。本書提出國家統一的根本是政權認同，政權認同不同於民族認同和國家認同。政權認同的建立，歸根到底是要增強政權的軟硬實力，使政權保護人民福祉的能力和意願不斷擴大，這也是保護國家利益的體現，與維護國家統一的宗旨是完全一致的。政權實力的構成，包括政治影響力、經濟推動力、社會控制力、文化凝聚力、軍事動員力和政府意志力，這些要素可以透過指標的制定和選取進行量化比較。

第三，本書運用同一個分析範例，創新性地選取了古今中外22個國家統一與分裂的案例進行比較分析。這些案例涵蓋12個與中國有關的歷史案例和10個與中國無關的統獨案例，前者包括：江北政權試圖統一江南的6個案例，中央統一新疆、青藏和台灣的3個案例，蒙古、越南與朝鮮與中國分離的3個案例；後者包括：戰後德國、越南、

---

[22] 錢學森：《論系統工程》，湖南科技出版社，1988年，第174頁。
[23] 常紹舜：從經典系統論到現代系統論，《系統科學學報》第19卷第3期，2011年8月。

葉門、朝鮮半島、坦尚尼亞、英國、印巴、加拿大、衣索比亞、俄羅斯等10個案例。其中克里米亞與蘇格蘭透過公民投票決定國家歸屬的案例均發生在2014年，是最新鮮的時代素材和分析案例。

第四，從國際格局變動的角度，以更大時間跨度和更大空間縱深重新審視中共對台方略。人類社會的文明進化，是從無序到有序的演化。自原始社會，人類為獲取更多的自然資源更好的生存，會不斷聚集擴大集體生活規模，雖然處理人與自然關係的能力大大增加，但如何處理人與人的關係也面臨越來越大的挑戰，人類需要透過某種組織方式來有效協調人與人的關係，使人類社會由無序狀態向有序狀態演化，從而降低合作成本，增加合作效能。人類社會本質上是一個非線性世界，矛盾雙方在競爭與合作中互相聯繫和影響，推動系統的演化發展，本書正是從這一宏觀角度把握和分析對台問題。

第五，將中國共產黨的最高目標與對台方略具體措施有機結合。中國共產黨是中國人民和中華民族的先鋒隊，代表中國最廣大人民的根本利益，最高理想和最終目標是實現共產主義。世界必將融合，天下必將大同。中華文明在世界文明的歷史上以其長期性、完整性、穩定性、開放性、包容性等特點而與眾不同。中國共產黨有理由在這一過程中肩負歷史使命，承擔更大責任。當然，人類發展的歷史具有階段性。當前中國首先要完成的歷史任務，是實現國家統一與民族復興。只有在自身的政治、經濟、社會、文化、軍事等方面取得舉世矚目的輝煌成就，才能成為引領世界文明走向天下和諧有序的楷模與典範。

第六，始終堅持理論研究與政策研究相結合，全面規劃未來10年的系統性對台政策框架。本書的核心目標不僅在於建立複雜性思維下的國家統一理論，更重要的是在準確把握當前面臨的綜合形勢基礎上對未來施政提出具有可操作性的政策建議。

本書具體的研究方法採用以下幾種：

一是文獻分析與深度訪談相結合。本書是以複雜性思維方法研究中國共產黨對台方略問題，首先需要對相關理論和政策發展及最新情況有清晰全面的把握，因此主要還是以梳理消化吸收國內外的各種文獻為研究基礎，同時針對現代系統論最新進展及其在社會科學領域的運用情況等具體問題向特定領域專家學者深度訪談，探索研究物件的最深刻的運行規律，尋求最具建設性的對策建議。

二是學術研討與田野調查相結合。本書是跨學科、跨領域的綜合性研究課題，需要透過學術研討獲取資訊，集思廣益。透過舉辦研討會方式邀請包括理論研究部門與實際工作部門的外部專家座談諮詢。此外，針對研究物件的具體問題，如台灣民意對兩岸政治現狀、兩岸經濟一體化、兩岸社會共同體等政策議題的看法，採用「焦點群體訪談」研究方法進行。三是實證方法與規範方法相結合。本書對中共對台方略的評析和建議都需要建立在對歷史和當前形勢的準確評估基礎上，因此以實證方法研究兩岸政治、經

濟、社會、文化、軍事、外交等方面的最新狀況是得出結論的前提基礎。在回答了「是什麼」的問題後，本書將以規範方法進一步回答「怎麼辦」的問題，根據複雜性思維把握事物運行演化規律，對未來中共對台方略提出系統性建議。

四是分析方法與綜合方法相結合。將研究物件分解成若干局部事物進行解析的分析方法是科學研究中的常用方法，但本書研究的中共對台方略涉及範圍極廣，政治、經濟、社會、文化、軍事、外交等方面各要素間的聯繫密切而複雜，需要我們不僅對各個子系統分解研究，還要從全域角度將要素看作一個整體進行綜合研究。事實上，「系統」這一複雜研究對象本身就是「由相互作用和相互依賴的若干組成部分結合的具有特定功能的有機整體」。[24]

五是定性方法與定量方法相結合。本書研究重點著眼於事物發展的長期性規律，著重剖析台灣問題及兩岸政策質的變化，針對中國共產黨對台政策大政方針提出對策建議，因此必然需要定性分析方法，把握問題的核心屬性。但在定性分析的過程中，需要對一些具體問題進行量化分析，諸如兩岸經濟實力對比、經濟依賴程度變化、兩岸政黨的軟硬實力比較等，必須採用計量手段才能準確把握當前實際情況與所處的歷史發展階段，在此定量分析的基礎上才能提出扎實的有可靠依據的工作建議。

六是歸納方法與演繹方法相結合。本書研究既立足於歷史，又著眼於未來。對中共對台方略的發展歷史、兩岸關係的發展過程，以及二者的相互影響，需要用歸納的研究方法進行分析，在大量歷史事件和資料中尋找和發現規律性的認識。在此基礎上，運用複雜性科學思維對相關問題進行演繹推理，預測事物發展的未來方向和新的特徵，在此過程中特別要避免僵化的線性思維。

七是比較方法與辯證方法相結合。本書創新性地在中共對台方略研究中廣泛運用比較方法，選取了古今中外22個國家統一與分裂的案例進行比較分析，既是對相關規律的歸納總結，也是對相關理論的檢測驗證。國家統一問題既然有其自身運行規律，就必然有一些古今中外國家統一或分裂案例中共同性的東西，在比較研究的過程中，共性與特性均將呈現。同時，在運用這些規律分析當前及未來台海形勢及對台政策時，要以辯證的方法研究問題。經濟學家赫克曼說：「問題的產生在於現在和過去不一樣，而問題的解決在於現在和過去的相似性。」[25]

八是理論研究與政策研究相結合。本書的核心目標不僅在於歸納總結中共對台方略的政策效果及相關規律，更重要的是在準確把握當前面臨的綜合形勢基礎上對未來施政提出具有可操作性的政策建議。理論研究大多是事後行為，是根據過去政策及其產生的影響分析事物間的聯繫規律；政策研究大多是事前行為，是為實現某種預期目標制定某

---

[24] 錢學森：《論系統工程》，湖南科技出版社，1988年，第10頁。
[25] 林毅夫：《本體與常無—經濟學方法論對話》，北京大學出版社，2012年，第16—17頁。

些政策以影響和控制事物的發展。本書既要對已有的歷史現象進行歸納性的理論研究，也要對未來系統演化施加影響，進行前瞻性的政策研究。

　　本書的結構分為七章。第一章從理論的角度介紹複雜性科學的基本概念與術語，闡述複雜性思維角度下的國家演化過程和動因，提出「勢」「力」「策」分析框架（3S 模型）。第二章選取 10 個當代世界國家分裂與統一的案例來驗證 3S 模型對於理論解釋當代現實的有效性。第三章選取 12 個中國古代國家分裂與統一的案例運用 3S 模型對中國歷史進行案例分析。第四章以 3S 模型的分析框架解析當前台灣問題面臨的國際形勢、兩岸關係與台灣民意的形勢與難點。第五章透過梳理中國共產黨六個重要歷史時期的對台政策，以及當前兩岸學界對中共對台政策的研究，提出 3S 模型下的對台工作政策建議。第六章運用計量經濟學核對總和預估 3S 模型下的兩岸關係與大陸對台政策效果。第七章總結主要觀點。

第一章
複雜性思維與國家演化

複雜性科學的最新研究使人們對系統論的認識由構成整體論發展到進化整體論，對系統演化的動力、條件、方式、機制等問題有了更深入的瞭解，也使國家統一問題的研究得以從系統演化的角度把握其哲學層次的客觀發展規律，對政策制定與科學決策有重要的現實意義和參考價值。本研究從複雜性科學的理論框架入手，將複雜性思維運用於國家系統的演化研究中，再將國家演化規律應用在具體的國家和地區的統一進程分析，為解決台灣問題提供新思路。

第一節　複雜性思維

複雜性研究最早可追溯到 20 世紀 40 年代貝塔朗菲的系統論開創性研究，隨後以耗散結構理論的誕生為先導，協同學、超循環理論、突變論、混沌學和分形學等一系列複雜性科學的興起及其蓬勃發展，極大地改變了世界科學圖景以及當代科學家的思想方法和思維方式，使人們看到了一個更加豐富的世界。中國最早明確提出探索複雜性方法論的是著名科學家錢學森，他在 20 世紀 80 年代，複雜性研究剛剛興起的時候，就敏銳地提出要探索複雜性科學的方法論。後來成思危在《複雜性科學與管理》一文中提出：研究複雜系統的基本方法應當是在唯物辯證法指導下的系統科學方法，包括四個方面的結合，即定性判斷與定量計算、微觀分析與宏觀分析、還原論與整體論、科學推理與哲學思辨相結合。目前的複雜性研究幾乎遍及所有學科領域，而非個別部門的特有現象，相關文獻迅速增長。複雜性研究已經是一個十分廣闊的戰線，對很多複雜性問題的研究直到不能替代的作用，並日益得到科學主流的承認。複雜性科學的發展在哲學和方法論方面引起了深刻的變革，為人們提供了認識複雜世界的一種新的思維範例，也為國家統一等社會科學研究課題的推進提供了新的角度和思路。

一、系統性

複雜性科學以複雜性系統為研究物件，是系統科學的延伸和新階段。系統科學不是

一門具體學科，而是一個學科互涉的學科群，也是一個方法論的集合。其發展大體分三個階段：一是系統理論階段，興起於 20 世紀 40 年代，包括系統論、資訊理論和控制論（俗稱「老三論」，SCI 論）。該階段的系統科學研究了系統的結構與功能，揭示了既存系統如何透過資訊回饋來控制系統，維持系統整體穩定，確定了「整體性」的研究方向和方法論。二是自組織理論階段，確立於 70 年代，包括耗散結構論、協同論、突變論（俗稱「新三論」，DSC 論），以及超循環論。該階段透過對系統結構如何組織起來的研究，揭示了性質迥異的各種系統在誕生過程中所遵循的共同規律，第一次在生命與非生命之間、物理學與生物學之間、科學與人文之間架設了溝通的橋樑，形成進化式的整體論。三是非線性科學階段，發展於 90 年代，包括分形、混沌、孤立子、複雜網路理論等。該階段系統科學開始探討整體生成的邏輯起點與生成尺度問題，即組織起來的整體是如何生成演化的。[26]

系統科學的理論大體沿著「構成整體論」——「進化整體論」——「生成整體論」的路徑演化。構成整體論是偏向靜態意義的整體論，與機械構成論思想尚未嚴格區分；進化整體論在時間因素的參與下，重點研究系統內部自組織的過程與機制、系統形態的整體重建；生成整體論既關注系統的空間結構，更關注時間的連續性與系統的動態演化性，溝通了有機界與無機界，自然與人。三者的差異在於：構成整體論認為整體是由部分構成的，主張從整體出發認識部分，強調整體的湧現性，主要回答系統整體由哪些部分構成、怎樣構成的；進化整體論認為進化就是選擇和創造，其主要內容是探究新整體誕生的條件、如何形成平衡有序結構，研究如何整體進化；生成整體論從形態和動力的角度尋找部分過渡的整體的方法，研究在未分化的生成元的整體資訊作用下，系統內部透過資訊回饋、複製與轉換生長而湧現出部分的不同表現，探究生成的過程、機制、規律。而系統科學整體性思想的核心正是湧現，研究湧現的實質是研究新質產生和顯現的路徑和機制。[27]

系統科學思維與經典科學思維在理論體系、研究物件、研究方法及哲學意義等方面均截然不同。經典科學是關於「存在」的機械自然觀，描繪的是靜態的、簡單的、可逆的、確定性的、去主體化的、永恆不變的世界；而系統科學則是關於「演化」的過程世界觀，描述的是動態的、複雜的、不可逆的、隨機的、包括觀察者在內的、充滿變化的自然圖景。從研究物件看，經典科學關注重點是實體的存在；系統科學關注重點是關係的演化，認為沒有實體的中心，只有資訊的中心，資訊遍佈系統的全體（資訊遍載）。從方法論看，經典科學是構成論，認為整體由線性的、可加和的部分組成；系統科學是

---

[26] 分形被認為是系統整體生長的形態學，並揭示了複雜性系統資訊的儲存方法；混沌是系統生長的動力學，揭示了大自然的資訊在生成和生長過程中創生的秘密；孤立波是關於特殊性非線性孤立波的傳播學，揭示了一種獨特的資訊傳播現象和方法。

[27] 劉敏：《生成的邏輯——系統科學「整體論」思想研究》，中國社會科學出版社，2013 年，第 5、8、107、122、127 頁。

生成論，認為整體的任何一個部分都不能孤立於整體而被研究，整體由具有非線性相干性的部分組成，這些部分組成的是一個開放的、多層次的充滿關係耦合的複雜網路。從哲學角度看，經典科學核心是還原論，認為整體可分，解構為原子組成的部分；系統科學核心是整體湧現論，認為整體不可分，雖然存在生成元，但卻是整體生成整體。總之，與經典科學相比，系統科學的自然觀和方法論由還原論轉向整體論，原子論轉向資訊理論，構成論轉向生成論。

兩種思維模式體現兩種科學範例的差異：

表 1-1 經典科學範例與系統科學範例比較

類別	經典科學範式	系統科學範式
主客體關係原則	客體性原則 對象和主體絕對分離，不同的觀察者或實驗者進行的驗證足以表明客觀性，在科學認識中儘量消除任何有關主體的問題。	主客體統一原則： 主體與對象相關聯，觀察者或實驗的機器設備與實驗結果直接關聯，科學研究有必要引入人類主體。
	對象環境相分離原則： 通常將研究對象設為在單純介質中運動的狀態，脫離其真實環境。	對象環境一體化原則： 認識任何物理或生物等組織都要求認識與其本身相互作用的環境。
客體原則	普遍性原則： 局部性和特殊性是規範下的意外，應視為偶然因素被排除。	統一性與多樣性共存原則： 肯定普遍性原則的前提下，局部性、特殊性不可分離。
	決定論原則： 堅持嚴格的因果決定論，隨機性只是表面現象。	非決定論原則： 充分尊重隨機性及隨機事件帶來的後果，執行概率決定論。
	線性因果原則： 部分之和以疊加原理構成整體，線性系統的時空特徵呈現連續、可微的平滑運動，因果之間不存在要素相干效應的影響。	非線性因果原則： 包含相互關聯的因果性、相互回饋、滯後、干擾、協同、偏轉、重新定向，以及自組織現象中的內外因果性原則。
	時間可逆性原則： 時空可逆，事件沒有「歷史性」。	時間不可逆原則： 歷史和時間參與到對系統的解釋中。
	構成性原則： 把對事物的認識劃歸為對其固有的結構有序性的認識。	生成性原則： 重視事物有序性背後的過程性、主張正視事物自組織機制問題。
邏輯方法原則	還原性原則： 把對系統或整體的認識還原為對其基本組成部分和單元的認識。	湧現性原則： 否定將整體割裂為各個部分去認識，注重對整體湧現出的性質的認識。
	形式化和數量化原則 透過量化和形式化消除具體的存在物和存在活動。	有限形式化和有限數量化原則： 強調需要探索非形式化和非數量化等新的科學原則。
	單值邏輯原則： 形式邏輯作為理論的內在真理標準是絕對可靠的，任何矛盾的出現都必然意味著錯誤。	多值邏輯原則： 形式邏輯有限度，應以兩重性邏輯方式透過宏大概念思考，以互補的方式把可能是對立的概念連接起來

資料來源：劉敏《生成的邏輯——系統科學「整體論」思想研究》，中國社會科學出版社，2013 年，第 136—137 頁。

自 1973 年馮·貝塔朗菲（Ludwig Von Bertalanffy）出版《一般系統論：基礎、發展和應用》以來，系統科學發展的領域不斷拓展。在中國，錢學森在總結已有系統研究成果的基礎上，於 20 世紀 70 年代末首先提出了系統科學和系統科學部門內的層次結構：一是直接用於改造客觀世界而處在工程技術層次上的系統工程，如工程系統工程、經濟系統工程、社會系統工程等；二是直接為系統工程提供理論基礎而處於技術科學層次上的控制論，如工程控制論、生物控制論、經濟控制論、社會控制論等；三是揭示系統普遍性質和一般規律而處在基礎科學層次上的系統學，或稱系統論（系統觀），屬於哲學範疇。系統科學思維給思考和研究問題提供了幾個新的方法與特點：

一是將研究物件聚焦在關係和過程，而不是實體與結構。隨著科學研究的不斷深入，人們發現粒子可以無限細分，最終找不到構成實體的最基本粒子，與其說世界由原子或更微觀的粒子組成，不如說世界是一個由資訊連接的關係網路。「這裡存在著活動，但卻沒有活動者；這裡有舞蹈，但卻沒有舞蹈者。」[28] 在系統科學思維中，經典科學範例中的基本結構實質是一種基本過程的表現。許多基本粒子，如次原子粒子，並不是由實質的物料組成的，而僅僅是一種能量的構象。[29] 這些粒子本質上是動態的、過程性的，因此我們看到的不斷變換的動態圖像，既不是任何物質，也不是任何基本結構，而是能量的不斷變化。

二是研究規律時確定性和隨機性並重。經典科學範例以簡化模型人為排除了偶然性，發展成為強調必然性的決定論。決定論的核心思想是只要初始狀態確定，則未來狀態可以根據因果法則準確預測。然而系統科學告訴我們，所有的科學理論都是有限的和近似的，科學永遠不能提供絕對完備而確定的認識。道可道，非常道。系統科學主張和重視對機率的研究，對於很多系統，尤其是複雜系統的演化預測，本身就是不確定的，只能用機率表述。「我們發現我們自己處在一個可逆性和決定論只適用於有限的簡單情況，而不可逆性和隨機性卻佔統治地位的世界之中。」[30] 科學研究中，我們對不同現象用不同規律表達：確定性現象用動力學規律表達，隨機性現象用統計學規律表達，混沌現象用非線性規律表達。[31]

三是確定研究目標時要理解有序性與無序性的辯證關係。自然法則既包括有序性，也包括無序性。有序性表現為穩定性、規律性、重複性、和諧性，無序性表現為變易性、無規律性、隨機性、混亂性。沒有有序性將無法生成任何組織，沒有無序性世界將不存在變化創造。系統具有變無序為有序的自組織能力，但無序是不可能被徹底消滅

---

[28]　[美]F.卡普拉：《轉捩點：科學、社會、興起中的新文化》，中國人民大學出版社，1989 年，第 66 頁。
[29]　[美]F.卡普拉：《物理學之道：近代物理學與東方神秘主義》，北京出版社，1999 年，第 316 頁。
[30]　[比]普裡戈金、斯唐熱：《從混沌到有序》，曾慶宏、沈小峰譯，上海譯文出版社，1987 年，第 40 頁。
[31]　林夏水：《非線性科學與決定論自然觀變革》，社會科學文獻出版社，2013 年，第 162 頁。

的，無序充滿宇宙。無序一方面破壞著組織的有序性，另一方面又催生著新的秩序。

四是明確研究過程中認識主體的不可分割。經典科學一貫採取認識主體與認識物件絕對分離的原則，關於觀察者或實驗者的一切自身的、主觀的因素都被排除在外。系統科學則認為，對研究物件全面的認識從來不能靠獨立的「客觀觀察」來獲得，它總是包含著人們或多或少的主觀的身心投入。科學實驗的主體在科學發展的不同階段扮演著不同的角色。經典科學中實驗主體是局外人，狹義相對論中實驗主體是觀察者，量子力學中實驗主體是參與者，系統科學中實驗主體則是整體的組成部分，因為無論是認識主體還是認識物件都只是構成整體的組成部分，是相互關聯的動態關係，它們共同組成相對穩定的圖像。

系統是不斷演化的有機整體。一般系統論的創始人貝塔朗菲認為：「系統是相互聯繫相互作用的諸元素的綜合體」。[32]錢學森的定義是：系統是由相互作用相互依賴的若干組成部分結合而成的、具有特定功能的有機整體，而且這個有機整體又是它從屬的更大系統的組成部分。演化意味著系統在運動、發展和變化，存在表示系統的靜止、恆常和不變。靜止是相對的，只有研究相對靜止的世界，才能區分此物與他物的區別。運動是絕對的，天地萬物都在不斷演化之中。演化的方向可能是越來越複雜有序，稱之為進化；也可能是越來越單調無序，是為退化。進化和退化都在發生，系統發展的不同階段可能有不同的演化方向，進化和退化也相互作用，進化中可能有退化，退化中也可能有進化。

非平衡非線性熱力學揭示出系統演化的方向及動力機制，發現系統演化從混沌到有序、再從有序到混沌的發展過程中，非平衡不可逆性是有序之源，漲落具有建設性作用。系統透過漲落達到有序。有序是指系統內部要素之間、系統與系統之間聯繫的規則性。有序和無序都不是絕對的，且在一定條件可以相互轉化。無序向有序的轉化可以透過漲落實現。漲落也被稱作干擾、雜訊，是對系統穩定狀態的偏離。任何系統都不可能處於絕對靜止的平衡狀態，因此漲落普遍存在。傳統思維將漲落僅視為不利於系統穩定存在的因素，但漲落其實對系統穩定具有雙重性，一定條件下也是系統發展演化的建設性因素。漲落的發生，使一些子系統瞬間具有更大不穩定性，而另一些子系統瞬間具有更大穩定性，系統中出現了差異和不平衡，加上非線性相互作用形成的關聯放大效應，誘發系統演化。

開放系統只要達到穩態就必定表現出異因同果性，即從不同的初始狀態經過不同的途徑可以達到相同的位置。系統的開放與系統的遠離平衡是一個問題的兩個方面，系統遠離平衡離不開系統的充分開放。封閉系統將退化為平衡態，也就沒有遠離平衡可言。即使系統處於近平衡狀態時，系統與外界的種種交換也會逐漸減少，開放程度降低，系

---

[32] [美]馮‧貝塔朗菲:《一般系統論:基礎、發展和應用》，林康義等譯，清華大學出版社，1987年。

統內產生的熵大於從環境引入的負熵，導致系統內部自發趨於無序無組織。透過開放，內因與外因相互作用、相互轉化，引起系統品質互變。透過系統與環境的交換，內因可以外因提供的可能性，把自己轉化為現實性。系統向高層開放，使系統與環境發生競爭與合作的相互作用，向低層開放，使系統內部可能發生多層次的、多水準的協同作用，更好地發揮系統的整體性功能。

系統優化是研究系統演化的目的。系統優化是對系統的組織、結構和功能的改進。系統演化方向既可能是進化，也可能是退化，優劣判斷其實是人的價值判斷。優劣是相對的，也是可以轉化的。因此系統的優化也是相對的。系統優化分為自然優化和人工優化兩種，前者是自然系統的自組織優化，也被稱為進化，後者則是人對系統的組織、結構和功能的改進。根據人們對自然優化規律的研究，可以將系統優化方法運用到人工優化過程中去，使系統演化從不自覺優化進入自覺優化的階段。這是人們研究系統演化的核心目的。[33]

二、複雜性

本質上看，複雜性科學是以複雜性系統為研究物件，以超越還原論為方法論特徵，以揭示和解釋複雜系統運行規律為主要任務，以提高人們認識世界、探究世界和改造世界的能力為主要目的的一種學科互涉的新興科學研究形態。從還原論科學的一統天下到開創複雜性研究的演化過程中，決定性的一步是20世紀40年代創立的系統科學和資訊科學的學科群。這個學科群包括系統論、控制論、資訊理論、博弈論、運籌學、電腦科學等，提供了一套新的科學方法、觀點和哲學思想。複雜性科學的發展，不僅引發了自然科學界的變革，而且也日益滲透到哲學、人文社會科學領域。其特點包括：(1) 只能透過研究方法來界定，其度量尺規和框架是非還原的研究方法論。(2) 不是一門具體的學科，而是分散在許多學科中，是學科互涉的。(3) 打破傳統學科之間互不來往的界限，尋找各學科之間的相互聯繫、相互合作的統一機制。(4) 打破從牛頓力學以來一直統治和主宰世界的線性理論，否認還原論適用於所用學科。(5) 創立新的理論框架體系或范式，應用新的思維模式來理解世界。

與傳統經典科學相比，複雜性科學主要揭示物質進化機制的耗散結構和導致複雜過程的自組織現象，突破了機械論科學的孤立性、片面性、靜止性等局限，將被經典科學的簡化理性所排除的多樣性、無序性、個體性因素引進科學的視野，將向量時間、熵、不可逆性、偶然性、不穩定性、突現性、非線性等大量新概念運用到科學研究之中。到目前為止，儘管人們關於「複雜性」還沒有一個嚴格、精確的定義，但人們一般認為，整體性、非線性、不可逆性、不確定性、不穩定性是複雜性的重要特徵。從這些特徵來

---

[33] 魏宏森、曾國屏《：系統論──系統科學哲學》，清華大學出版社，1995年，第349─353頁。

看，社會的發展問題是典型的複雜性問題。

在近代，尤其是 20 世紀上半葉，西方哲學的主流思潮是分析性的、還原論（Reductionism）的。這種思維方式認為世界是由可以分割開來的大小不等的實體組成的，這些實體之間由某些作用力來維繫，較高等級實體的屬性都能從組成較低等級實體的屬性和相互作用中得到解釋，它們都受某種決定論的支配，沿著單一軌跡進化。這種認知圖像遵從的是一種簡化還原原則，為了認識的方便，把複雜系統分解還原為簡單系統，把複雜物件劃分為一個個部件，用分析的方式，略去了物件中的很多因素，對物件只作局部的認識和近似的把握，認為認識局部就可以求得整體的認識。但還原的每一步，實際上都是對整體、對過程、對複雜性的一種抽象和切割。複雜性科學揭示，世界從本質上講是複雜的、非線性的，線性的相互作用和規則簡單的秩序乃是一種特例，而非定則。複雜性科學揭示了線性、還原方法的局限，主張把複雜事物當作複雜事物來處理，考慮客觀事物的更多因素，以一種複雜性思維來認識和把握世界。

複雜性科學的系統觀是對還原論和整體論的超越，它透過統合兩派各自所有的部分真理來尋找一個理解原則：它不應該為了部分而犧牲整體，也不可能為了整體而犧牲部分。重要的是闡明整體與部分之間的關係，他們互相憑藉。

從科學和哲學思想史上來看，法國哲學家笛卡爾是還原論思想的奠基者，他提出的指導人們思維活動的著名的「四條原則」完整地表達了還原論的基本內涵。[34] 還原論認為，各種現象都可被還原成一組基本的要素，各基本要素彼此獨立，不因外在因素而改變其本質，透過這些基本要素的研究，可推知整體現象的本質。笛卡爾的方法論思想經過牛頓到愛因斯坦歷代科學家的補充和發展，經過四百年科學實踐的檢驗不斷完善，形成了還原論在現代科學體系中的支配地位。如果我們從方法論層面上來理解還原論，就會發現近代科學的產生、發展與所取得的成就都離不開還原論的作用，諾貝爾獎獲得者所取得的成就大部分是在還原論思想的指導下取得的。由此可見，在科學研究領域內，包括複雜性科學研究領域，都不能否定還原論。與還原論相對應的是整體論。

整體論（Holism）是指用整體的觀點來考察有機界的理論。貝塔朗菲總結了生命科學的新成就，在批判機械論和活力論的基礎上，系統地提出了有機體論即整體論。實際上，整體論思想應該比還原論思想誕生得還要早，只不過後來隨著西方近代科學的興起，整體論在科學研究中起到的作用逐漸衰微。整體論強調生命系統的組織化、目的性特徵，反對機械論把世界圖景歸結為無機系統微觀粒子無序的、盲目的運動，但是整體論卻忽略了偶然性、隨機性在生命發展中的作用。複雜性科學的興起，首先舉起了反對還原論方法的大旗，因為複雜性科學的研究物件是複雜系統，而複雜系統本身的多樣

---

[34] 「四條原則」：除了清楚明白的觀念外，絕不接受其他任何東西；必須將每個問題分解成若干個簡單的部分來處理；思想必須從簡單到複雜；我們應該時常徹底地檢查，確保沒有遺漏任何東西。

性、相關性、一體性必然是與其自身的整體性緊密聯繫在一起的。由此可見，複雜性科學與整體論的淵源關係很深。

　　從整體論的角度看，系統是由若干要素組成的具有一定新功能的有機整體，這種新功能是獨立要素不具有的，也不等於各個要素的功能相加。從事物的存在性看，系統的整體性是該系統區別於其他系統的規定性。如果在演化過程中系統的整體性消失了，也就意味著這一系統的消亡或崩潰。例如秦滅六國，諸侯國原有的整體性表現——合法強制功能消失，雖然土地和人民仍在，原有的國家系統消亡了，或者說融入了新的系統之中，具有了新的整體性。系統具有整體性，才有系統的整體突變，否則系統就僅僅具有量變。例如台海兩岸只有經濟子系統的融合是難以完成重新統一的，需要在政治、文化方面也發生變化，透過要素間的非線性相互作用，才能實現整體突變。複雜性科學把系統整體具有而部分或者部分和所不具有的屬性、特徵、行為、功能等特性稱為湧現性。也就是說，當我們把整體還原為各個部分時，整體所具有的這些屬性、特徵、行為、功能等便不可能體現在單個的部分上。

　　結構是系統內部各要素間相對穩定的聯繫方式和組織秩序。任何系統總是有一定結構，結構不同，系統的質的規定性就不同，系統就有質的區別。系統結構發生改變，系統就會發生質變。功能是系統與外部環境相互作用中表現出來的性質和功效。結構是系統的內在規定性，功能是系統的外在規定性。任何系統均有內部結構，也總有外部功能。系統結構具有相對穩定性，系統功能則靈活易變，不同條件下可能表現出不同功能。一個國家在國際舞台上的功能，既可以是維護和平的穩定者，也可以是窮兵黷武的侵略者。系統功能依賴於系統結構，結構改變功能也改變。系統的結構和功能之間的矛盾不斷產生又不斷解決，由此推動系統不斷發展。功能在受制於結構的同時，為適應環境的不斷變化而對結構產生反作用，促使結構具有更佳功能。晚清中國的國防功能較弱，特別是對日本甲午一戰北洋水師全軍覆沒，由此導致公車上書和戊戌變法，這是功能變化對系統結構的影響。當清政府無法依靠自身力量改變國家結構以適應新形勢的時候，辛亥革命使系統結構發生突變。當系統結構仍然不能適應環境要求其具備的功能時，中國共產黨領導的新民主主義革命又一次推動中國國家系統結構發生突變，建立中華人民共和國。中國在1949年前後領土面積和人民數量變化不大，但由於政治、經濟、文化系統的結構改變，整體國家系統功能發生改變，抗美援朝戰爭時期的中國軍隊戰鬥力與二戰時期乃至晚清時期表現迥異。

　　當然，複雜性科學超越還原論和整體論，不是否定還原論和整體論。「超越」是西方哲學中經常用到的一個術語，超越不是徹底否定和拋棄原來。錢學森說：「我們所提倡的系統論，既不是整體論，也非還原論，而是整體論與還原論的辯證統一，是更高一層次的東西，即我們的系統論既要包括整體論，也要包括還原論。」具體的策略則是：

把非線性當作非線性處理、把遠離平衡當作遠離平衡來處理、把混沌當作混沌來處理、把分形當作分形來處理。

　　複雜性科學的發展在哲學和方法論方面引起了深刻的變革，為人們提供了認識複雜世界的一種新的思維範例。首先，對於複雜的非線性系統，複雜性思維範例強調重視複雜系統中的各種要素及其相互關係，以一種整體思維來把握事物性質和規律。一個複雜系統，絕不單單是元素的簡單堆積，各個部分之間有機性和相互作用，以及這些有機性對各部分行為和整體行為的影響才是系統構成的關鍵。我們在考察和分析事物時，要把事物放在一個系統整體中作全面、動態的研究，深入全面地考察事物內部諸因素、事物與其生存環境間的相互作用、事物演變的原因、機制與階段，探尋整體內各部分科學而有機的組織機制，並最終實現整體大於部分之和的效應。其次，複雜性思維範例強調重視複雜系統中的各種要素及其相互關係，從事物不斷變化的過程中，從事物與周圍環境要素的關聯上來考察和分析。傳統思維對事物的考察總是從某一實體性的事物出發的，但事實上，由於演化的單元並不是孤立的實體，而恰恰是由實體與其周圍的環境要素所組成的一種組織模式，從而使得我們在很多情況下必須以一種關聯思維來進行分析和考察。再次，複雜性思維範例強調非線性的方法論，關注系統的非線性特徵。非線性是複雜性的必要條件，是複雜性的數學本質。複雜性的突出特性是湧現性，而湧現性的機制是非線性的，也就是說，正是透過微觀元素的非線性才可能出現整個的湧現性。

三、自組織性

　　複雜性科學發展的第二階段是自組織理論階段，包括耗散結構論、協同論、突變論、超循環論。這個階段的研究特點是：1. 在基礎科學層次上探索複雜性，理論角度高。普利高津（耗散結構論）、哈肯（協同論）、艾根（超循環論）、巴克（自組織臨界性理論）等人都是理論自然科學家，其複雜性研究都建立在物理學、化學和生物學基礎理論之上，追求建立數學模型，注重揭示內在機制；2. 自組織理論是他們共同的學術旗幟，用自組織揭示複雜性的生成機制，強調自組織產生複雜性；3. 重視從哲學高度審視複雜性，提出大量深刻的科學思想。其中，思想最深刻的是普利高津，數學工具應用最充分的是哈肯。[35]

　　自組織指系統從一種組織狀態自發地變成另一種組織狀態的運動，這種自發運動是以系統內部矛盾為根據、以系統環境為條件的系統內部及系統與環境的交叉作用的結果。錢學森認為「系統自己走向有序結構就可以稱為系統自組織」[36]。組織是指系統

---

[35]　苗東升：《複雜性科學研究》，中國書籍出版社，2013年，第31頁。
[36]　錢學森等：《論系統工程》，湖南科學技術出版社，1982年，第242頁。
但絕不是該社會系統可以孤立完成的運動，要考慮國際因素。

內的有序結構或這種有序結構的形成過程。德國理論物理學家哈肯首先闡明其創立的協同學是一種自組織理論，他依據組織的進化形式把「組織」分為他組織和自組織兩類。自組織是相對於他組織而言的，一般把不能自行組織、自行創生、自行演化，不能夠自主地從無序走向有序的組織稱為他組織。他組織只能依靠外界的特定指令來推動組織向有序演化，從而被動地從無序走向有序。相反，自組織是指無須外界特定指令就能自行組織、自行創生、自行演化，能夠自主地從無序走向有序，形成有結構的系統。社會發展運動也是一個自組織的演化發展過程。但任何系統的自組織總是在與其他系統的相互作用中實現的，也總是在不同程度上受到作為其環境的其他系統的制約。只有開放系統才有自組織。

　　國家系統由分裂走向統一是社會自組織的運動過程，自組織理論揭示了系統的演化過程。系統自組織演化的前提條件是充分開放，初始誘因是漲落（耗散結構論）。其過程是：漲落使個別子系統偏離原來狀態，其超越常規的新發現得到其他子系統的回應後，在整個系統內放大漲落，系統進入新的更有序狀態。系統從無序到有序的自組織演化動力和機制，是子系統之間的非線性相互作用，競爭與協同（協同學）。線性作用下，系統內各子系統間缺乏關聯，無法產生競爭合作；但在非線性作用下，各子系統間的相互作用密不可分，你中有我，我中有你，表現出強烈的整體行為，個別漲落才能引起系統的整體自組織。自組織演化發展採取循環發展的組織形式，從低級循環到高級循環（超循環論）。相變和分叉體現了系統自組織演化方式的多樣性（突變論），混沌和分形揭示了自組織演化從簡單到複雜（混沌和分形理論）。自組織理論以生命系統、社會系統等複雜自組織系統為研究物件，探究自組織系統形成和發展機制問題，即在一定條件下，系統是如何自發地由無序走向有序、由低級有序走向高級有序的。組成自組織理論的耗散結構理論、協同學、突變論、超循環理論、分形理論和混沌理論的具體理論研究角度各有不同：耗散結構理論是解決自組織出現的條件環境問題的，協同學基本上是解決自組織的動力學問題的，突變論從數學抽象的角度研究了自組織的途徑問題，超循環論解決了自組織的結合形式問題，分形理論和混沌理論則從時序和空間序的角度研究了自組織的複雜性和圖景問題。一般認為，系統開放、遠離平衡、非線性相互作用、漲落是自組織形成的基本條件。

　　協同學是研究有序結構形成和演化的機制，描述各類非平衡相變的條件和規律。協同學認為，千差萬別的系統，儘管其屬性不同，但在整個環境中，各個系統間存在著相互影響而又相互合作的關係。突變論是研究客觀世界非連續性突然變化現象的一門新興學科。突變論提出的一個有意思的觀點是，高度優化的設計很可能有許多不理想的性質，因為結構上最優，因而可能存在對缺陷的高度敏感性，產生特別難於對付的破壞性，以致發生真正的災變。

突變論中的突變，一般指的是系統層次上的整體質變，系統透過失穩從一種組織狀態變成另一種組織狀態。系統透過漲落和突變實現自組織有序的過程大體是：系統的要素發展總是存在不平衡性，當要素差異得到其他要素回應時，系統內的不平衡性增大，當漲落放大到整個系統發生回應時，系統就會發生質變進入新的狀態。突變與漸變的區別在於速度。相變過程中，仲介態不穩定的相變對應於突變，仲介態穩定的相變對應漸變。突變和漸變都可以導致質變。

　　理論上講，「台灣獨立」導致國家分裂的可能性是存在的，以漸變方式完成也是可能的。系統內部與系統環境都是不確定的。非平衡自組織系統對於某些漲落格外敏感，微小的隨機漲落往往帶來出乎預料的後果。一旦條件具備，既可發生從無序到有序的進化，也可發生從有序到無序的退化，究竟怎樣質變，進入何種組織狀態，是難以精確預見和把握的。透過突變分叉，發展過程發生了對稱性破缺，線性發展被打破，系統有了多種發展方向。分叉使系統演化有多種可能性，既可是系統進化的創造性源泉，也可能是系統退化崩潰的路徑。理論上兩岸統一既可能如願實現，也可能成為泡影。

　　系統發生突變或漸變與系統的穩定性有關。穩定性是系統在非平衡狀態下保持自身有序性的穩定的能力。沒有開放就沒有穩定。一個系統有各種漲落，通常這些漲落在系統的自穩定機制調節下不至於影響系統的總體穩定性，但在一定條件下這些漲落也可以透過系統中的回饋機制放大，以致影響系統原有的總體穩定性，使系統失穩，超過原有穩定閾值，進入新的系統狀態。系統的穩定性是在與環境的動態交換中保持的，是一種動態的穩定性。靜態系統不一定穩定，「危如累卵」就是不穩定的、隨時可能崩潰的系統狀態。動態穩定實質就是系統的自組織的穩定。發展變化以穩定存在為基礎，穩定存在以發展變化為前提。

　　自組織理論中的一個重要概念是回饋。回饋是系統的輸出和輸入之間的相互作用。負反饋是使系統運動發展保持既有方向的回饋，也是使系統保持穩定的因素。例如政府透過對施政成效的檢測、評估和分析，採取措施糾正偏差，可以使國家系統穩定運行，向前發展。正回饋促使系統運動偏離已有狀態，使系統運動趨於失穩，一旦突破量的規定性發生質變，系統就進入新的穩定狀態。負反饋抵消系統中隨機偶然的因素，使系統穩定運行；正回饋放大系統中隨機偶然的因素，使系統演化創新。正負反饋相輔相成，相互轉化，形成了系統整體的、多層次的聯繫之網，使系統的存在與演化相統一。

四、非線性

　　20世紀90年代以來，複雜性研究進入非線性科學階段，包括分形、混沌、孤立子、複雜網路理論等新理論層出不窮。簡單性科學推崇線性思維，但自20世紀70年代以來，非線性思維的說法開始出現，1994年邁因策爾在其專著《複雜性中的思維：物

質、精神和人類的複雜動力學》中提出並論述了「從線性思維到非線性思維」的命題，代表著學界終於意識到科學系統轉型演化所導致的思維方式轉變。

線性思維的哲學基礎是假設現實世界本質上是線性的，非線性只是一種擾動因素，一般情況下都允許忽略不計，按照線性系統識物想事才能抓住本質。非線性思維的哲學基礎是假設現實世界本質上是非線性的，線性因素只是可以忽略不計的簡單情形，把非線性當作非線性來認識才能抓住事物的本質。線性系統的特徵是存在因果開鏈，非線性系統的特徵是存在因果閉鏈。按照線段式因果關係思考是線性思維，按照環狀或網狀因果關係思考是非線性思維。俗話說「一個巴掌拍不響」就屬於非線性思維，很多國際關係案例的分析都可以看出這兩種思維方式的區別。

線性思維是一種直線的、單向的、單維的、缺乏變化的思維方式，非線性思維則是相互連接的、非平面、立體化、無中心、無邊緣的網狀結構，類似人的大腦神經和血管組織。線性思維如傳統的寫作和閱讀，受稿紙和書本的空間影響，必須以時空和邏輯順序進行。非線性思維則突破時間和邏輯的線性軌道，隨意跳躍生發，是超越時空限制的網狀連接路徑。線性思維是意識和邏輯的主要形式，非線性思維更多的是在人的潛意識裡完成的。數學上線性方法主要用「加減法」，非線性方法是「乘法」，複雜程度加大了。

線性思維方式有助於深入思考，探究到事物的本質。非線性思維方式有助於拓展思路，看到事物的普遍聯繫。真實的情況中很多因素都是難以預測的，要把現實描述得更好、越來越精確，人類的研究就必須向非線性靠近。線性可以解決問題，但也有很多問題不能解決，還是要用非線性理論，這是一種科學的進步。

系統發展的本質是非線性相互作用，體現為要素間的排斥和吸引、競爭和協同。在自組織系統中，當協同的因素成為競合雙方的主導因素時，系統便處於穩定態，產生出相對穩定的有序組織。競爭因素如果得以放大，透過非線性作用系統就可能會失穩而產生相變。線性系統發生變化時，往往是逐漸進行的；而非線性系統發生變化時，往往有性質上的轉化和跳躍。受到外界影響時，線性的系統會逐漸地做出回應，而非線性系統則很複雜，有時對外界信號拒不理睬，而有時又反應激烈。作為一個整體，線性系統連續變化，會隨著時間而改變狀態，而非線性系統卻可以長時間保持自己的穩定。

系統不同層次之間發生非線性作用，推動系統演化。層次性是系統的基本特性。系統的層次區分是相對的，不同層次間相互聯繫。系統發生自組織時，系統出現了眾多要素、多個層次的相干行為，使漲落得以放大，造成整個系統發生相變，進入新的狀態。自然系統進化的路線表明，進化就是分化和產生出新的層次系統，並相應有了新的功能。系統的層次性就是系統發展的連續性和階段性的統一。一條進化鏈條上，高層次總是由低層次發展起來的，高級循環總是由低級循環發展彙聚而成（超循環論）。

任何一個複雜系統都是不同層次大量子系統組成的，子系統總是存在著自發的無規則的獨立運動，同時又受到其他子系統運動的影響。在臨界點前，子系統之間的關聯弱到不能束縛子系統獨立運動的程度，子系統本身無規則的獨立運動起主導作用，系統呈現無序狀態。隨著控制參量的不斷變化，當系統靠近臨界點時，子系統之間的關聯便逐漸增強，同時子系統無規則的獨立運動在相對變弱。當控制參量達到閾值時，子系統之間的關聯和子系統的獨立運動從均勢轉變到關聯起主導地位的作用，因此在系統中便出現了由關聯所決定的子系統之間的協同運動，出現了宏觀的結構或類型。序參量是系統在演化時出現宏觀有序的重要代表。序參量來源於子系統之間的協同合作，同時序參量有起著支配子系統行為的作用。系統究竟形成何種有序結構，就要由這些序參量的協同合作和競爭來決定。在研究系統演化機制的過程中，常遇到兩種情況：一種是認為影響系統演化的因素多不勝數，難以確定，無從入手；另一種是雖發現了影響系統演化的因素是能夠確定的，但在對這些因素如何影響系統的演化方面認識有錯誤或不夠深刻，非線性相互作用的研究方法為此提供更有效的方式方法。

五、不確定性

　　複雜性科學揭示，混沌或潛在的混沌是非線性系統的本性，一個系統中微小的不確定性透過回饋耦合而得以放大，在某一分叉點上引起突變，也就是系統對初始條件具有極大的敏感性，即使是一個簡單微小的變化也可能產生驚人的複雜性，從而令整個系統的前景變得不可預測。正是由於確定性和不確定性的相互聯繫和相互轉化，才構成了豐富多彩的現實世界。世界的萬物變化充滿著隨機性和偶然性，由此決定了事物變化的不確定性。不確定性是基本的，確定性是它的特例。因此，在一個複雜的非線性世界中，複雜性思維要求我們排除那種對複雜系統演化進行長期預測的妄想，而堅持一種有限的預測觀。

　　系統負反饋與正回饋同時存在，因此系統的目的性與非目的性也同時存在，系統發展的確定性和不確定性也就同時存在。系統未發生質變時進行調控屬於不違反系統自組織的調控；若系統已經發生重大質變時進行調控，只能是強制的、以犧牲系統自組織為代價的調控。目的行為的特徵表現為：一方面當系統已處於所需要的狀態時，就力圖保持系統原狀態的穩定；另一方面當系統不是處於所需要的狀態時，則引導系統由現有狀態穩定變到預期狀態。系統具有目的性的根本原因在於系統內部及系統與環境之間的複雜的非線性相互作用。對於環境向系統進行的不同輸入，系統能夠透過自己的回饋調節機制去應付不同的影響，表現出自主性、自穩定、自協調，從而產生相同或基本相同的輸出，使系統保持不變的發展方向性。因此也可以說，系統具有目的性是系統內部的複雜回饋機制發揮作用的結果。系統發展變化的目的性總是跟發展的階段相聯系。同時又

表現為系統發展的規律性。只講階段性，就會過分強調不連續性；只講規律性，則會將系統發展方向簡單化。國家存在的階段中，國家統一是國家系統的目的性，分裂狀態具有向統一狀態發展的目的性，總體規律性是人類合作效率的提高，但這與統一政權的效率密切相關，統一政權的制度和效率出現嚴重問題，統一狀態也將不再是國家系統的運行方向，系統演化因此存在不確定性。

半個世紀以來，科學家發現許多自然現象即使可以化為單純的數學公式，但是其行徑卻無法加以預測。1963年美國氣象學家洛倫茨（Edward Lorenz）發現簡單的熱對流現象居然能引起令人無法想像的氣象變化，產生所謂的「蝴蝶效應」，於是提出混沌理論（Chaos），解釋了決定系統可能產生隨機結果。理論的最大的貢獻是用簡單的模型獲得明確的非週期結果，在氣象、航空及航太等領域的研究裡有重大的作用。60年代美國數學家Stephen Smale發現某些物體的行徑經過某種規則性變化之後，隨後的發展並無一定的軌跡可循，呈現失序的混沌狀態。混沌現象起因於物體不斷以某種規則複製前一階段的運動狀態，而產生無法預測的隨機效果，所謂「差之毫釐，失之千里」。混沌現象發生於易變動的物體或系統，該物體在行動之初極為單純，但經過一定規則的連續變動之後，卻產生始料所未及的後果，也就是混沌狀態。但是此種混沌狀態不同於一般雜亂無章的混亂狀況，此一混沌現象經過長期及完整分析之後，可以從中理出某種規則出來。混沌現象雖然最先用於解釋自然界，但是在人文及社會領域中因為事物之間相互牽引，混沌現象尤為多見。如股票市場的起伏、人生的平坦曲折、教育的複雜過程。混沌理論研究同協同學、耗散結構理論緊密相關。它們在從無序向有序和由有序向無序轉化這一研究主題有共同任務，因而混沌理論也是自組織系統理論的一個組成部分。混沌理論與相對論與量子力學同被列為二十世紀的最偉大發現和科學傳世之作。量子力學質疑微觀世界的物理因果律，而混沌理論則否定了包括宏觀世界的決定型因果律，將不確定性引入系統科學研究。

第二節　國家演化

一、國家

系統是「由相互作用相互依賴的若干組成部分結合而成的、具有特定功能的有機整體，而且這個有機整體又是它從屬的更大系統的組成部分」。[37]「用於演變的動力學模型也應該是最適於人類社會系統的模式。」[38] 人類社會是地球生態系統中的一個層

---

[37]　《錢學森系統科學思想文選》，中國宇航出版社，2011年，第4頁。
[38]　[比]G.尼寇里斯、I.普利高津：《探索複雜性》，羅久裡、陳奎寧譯，四川教育出版社，2010年，第268頁。

級，國家則是人類社會複雜巨系統下面層級的子系統。國家作為人類社會發展階段的產物，在歷史上有一個從氏族部落到古代國家再到現代國家的系統形成和發展過程，符合複雜系統演化從混沌到有序的演化規律。原始人類為提高獲取生存資料的能力形成有組織的群體，並由氏族部落逐漸演化出國家的形式。恩格斯（Friedrich Von Engels）考察了「國家在氏族制度的廢墟上興起的三種主要形式」，提出國家是在階級衝突中產生的：「為了使這些對立面，這些經濟利益互相衝突的階級不致在無謂的鬥爭中把自己和社會消滅，就需要有一種表面上淩駕於社會之上的力量，這種力量應當緩和衝突，把衝突保持在秩序的範圍以內，這種從社會中產生但又自居於社會之上並且日益同社會相異化的力量，就是國家。」[39] 國家的建立可以保證人類社會的秩序和文明，避免個體之間的混亂和傷害。從這個意義上說，「國家不僅是階級統治的工具，而且是管理全社會公共事務的機關……原有的古老的氏族組織面對著日益複雜而尖銳的社會事務已經顯得無能為力了，於是一種新的社會管理機構（國家）便應運而生。」[40] 霍布斯（Hobbes Thomas）、洛克（John Locke）等17世紀社會理論家的著作中對國家的起源和意義有過深刻論述。1648年歐洲各國達成《西發里亞和約》代表著包括主權、領土、人口三要素的現代民族國家，即「以民族主義原則確立其合法性的國家」[41] 的開始出現。現代國家體系更強調主權和民族的特點不同於此前分別以封建（feudal）原則和宗主權（suzerainty）原則構成的西方國家體系與東方國家體系。

　　關於國家本質的認識主要有三種思路。馬克思（Karl Heinrich Marx）以「統治階級」為權力主體的研究思路認為國家反映的是階級和社會利益，階級和社會鬥爭驅動國家權力向力量最強大最先進的階級和階層轉移。韋伯（Max Weber）以「官僚體系」為權力主體的研究思路認為國家反映的是行使國家權力的官僚體系的利益，官僚體系在自我利益的驅動下會擴張自身權力與加強國家干預。第三種思路以「國家自主性」強調其獨立的行政資源、資訊管道和治理國家的專業知識，主張國家並不總是代表主導階級的直接利益，而是要維持普遍的政治秩序。新多元主義（neopluralism）理論相當程度上沿著這種思路，將研究重點放在由不同階級、精英和利益群體組成的政權如何自我運作上面，更強調國家和政權的公共服務功能。相較於馬克思主義和韋伯主義，新多元主義秉持多元主義價值，更強調組成國家的利益集團的自發性、自由性和自願性。

　　馬克思認為國家是統治階級的工具，現代國家則是資本主義發展的產物，「到目前為止的一切社會的歷史都是階級鬥爭的歷史」，「現代的國家政權只不過是管理整個資產階級共同事務的委員會罷了」[42]。後來的新馬克思主義學者在這一認識基礎上繼續

---

[39] 恩格斯：《家庭、私有制和國家的起源》，《馬克思恩格斯選集》第四卷，人民出版社，1995年，第1—179頁。
[40] 黃英賢、吳少榮、鄭淳：《國家產生的原因是多樣的》，《中國社會科學》，1984年第4期。
[41] 韓獻棟：《分裂國家的統一：理論與實踐》，智慧財產權出版社，2014年，第15頁。
[42] 馬克思、恩格斯：《共產黨宣言》，《馬克思主義者作選編》，中共中央黨校出版社，1994年，第13頁。

發展，20世紀60年代普蘭查斯（Poulantzas）等學者率先提出國家並不總是階級統治簡單而被動的機器，他還與米利班德（Miliband）就國家在資本主義階級社會中的作用展開辯論。[43]傑索普（Bob Jessop, 1982）對新馬克思主義陣營持續了十餘年的辯論提出綜合性結論：國家權力反映了複雜的社會關係和階級關係，並不總是代表佔統治地位的資產階級；國家在階級之間的政治鬥爭過程中建立了自在的制度結構，也擁有了多樣的社會基礎，進而獲得了相對自主性，國家是「政治戰略的結晶體（crystallization of political strategies）」，即競爭性的團體和利益用以競取統治或霸權的各種制度機構的匯集。[44]

韋伯開創的「權威（authority）」理論提供了另一種理解國家的思路。他將國家的本質特徵定義為「在特定的疆域範圍內壟斷了暴力的合法使用權」。[45]與馬克思注重國家階級結構分析不同，韋伯強調國家權力形成過程中的「理性行為」，這種理性行為意味著社會行為的可計算性、高效率性和有秩序性，他認為歐洲宗教改革導致理性行為擴展，由此建構的官僚體系最終形成一定範圍內某個合法權威的壟斷統治，即現代國家。現代國家權力既來自暴力權力，也來自合法權力，即權威，因為國民如果不服從權威，再多的暴力都不能強迫他們服從統治。[46]韋伯將權威的來源分為三種：傳統（traditional）、魅力（charismatic）和法理（legal-rational）權威，認為權威的差異是不同歷史階段的政權與時代之間的主要差異。韋伯的理論也是從國家統治者角度出發的思路，但更強調國家工具的合法性來源，只是他沒有意識到政治行動主體對各自利益的理解不同，採取的行動也會不同，因而也就沒有深入分析國家統治者內部的資源配置和權威形成過程。後來的新韋伯主義學者一定程度彌補了他的不足。蒂利（Tilly, 1990）、唐寧（Downing, 1992）、波特（Porter, 1994）等人將國家權力主體視為自利的統治者，認為現代國家的形成是有嚴重路徑依賴的，最初統治者與控制資本和軍事力量的被統治者之間的交易形塑了國家的組織結構。[47]在國家演變過程中，蒂利提出了集體行動的動員模式，包含利益、組織、動員和時機等基本要素，集體行動挑戰權威的結果改變國家現狀，而集體行動有多種形態，不一定是馬克思的革命與韋伯的社會運動。[48]

第三種思路認為他們在相當程度上都低估了國家的自主性和國家能力。回歸國家學派代表人物斯科克波爾（Theda.Skocpol, 1985）從自主性（autonomy）和國家能力（capacity）兩個方面分析國家與社會關係：一方面，國家被視為官員集體在特定的國

---

[43] Martin Carnoy,The Stateand Political Theory,vol.11（Princeton University Press Princeton,NJ,1984），pp.104—107.
[44] Bob.Jessop,The Capitalist State：Marxist Theoriesand Methods,Martin Robertson Oxford, 1982
[45] Max Weber,Politicsasa Vocation,in Gerthand Mills,From Max Weber,78.
[46] Reinhard Bendix,Max Weber:An Intellectual Portrait,Garden City,New York:Doubleday&Co., 1962
[47] ［美］理查·拉克曼（Richard.Lachman）:《國家與權力》，酈菁、張昕譯，上海人民出版社，2013年，第28—30頁。
[48] ［美］安東尼·奧羅姆（Anthony M.Orum）:《政治社會學導論》，張華青等譯，上海人民出版社，2014年，第50—58頁。

家資源與社會關係中高效或低效實現明確目標的組織,另一方面,國家被看作更加宏觀的結構,這種結構影響著社會中所有群體與階級的政治目的及其實現方式。國家的自主性來自其獨立的行政資源、資訊管道和治理國家的專業知識,因此國家並不總是代表主導階級的直接利益,而是要維持普遍的政治秩序。新多元主義將研究重點放在由不同階級、精英和利益群體組成的政權如何自我運作上面,更強調國家和政權的公共服務功能與多元主義價值,認為組成國家的利益集團的互動具有自發性、自由性和自願性,而並非馬克思主義與韋伯主義強調的對抗性、暴力性和強制性。多元論政治理論家林德賽(A.D.Lindsay)對此的解釋是社會的共同生活是由各種社會關係維繫的,每一種生活都存在一種「不能被國家透過強制機制佔據」的「自動、自主和自由的領域」。[49] 國家處於各種團體和利益以及所有社會階級影響之下,並不偏向特定的利益或團體,也沒有與所在社會相分享的自我利益。施瓦茨曼特爾(Schwarzmantel, 1994)稱國家是「社會之奴僕而非其主人」。[50] 理由是政黨競爭和利益團體活動確保了政府對公眾輿論保持敏感和積極反應,國家則從屬於嚴格公正的政府官僚體系。

比較以上三種主要思路,無論將國家視為階級鬥爭的統治工具、具有權威的官僚體系、還是利益集團的協調平台,均是從系統功能的角度來理解國家的本質和特點,都認為國家具有集中和分配集體權力與利益的功能,差異主要是利益集團間的矛盾關係和博弈方式。歸根到底,國家系統的形成在提高了人類社會生產效率與生活品質的同時,也需要解決內部權益的分配秩序問題。這裡的「權益」是廣義的範疇,不僅包括政治權力和經濟利益,還包括宗教信仰、語言文化等方面的支配權,這種支配權也涵括各級子系統各方面的自由發展權。由於國家系統由多種利益集團的子系統構成,必然存在權益分配的分歧與對立,如果在一個國家框架內無法透過和平的或者暴力的手段解決這些分歧,國家將發生分裂。相反,如果權益分配可以在國家內部得到調整,原來統一的國家不會走向分裂,原來分裂的國家卻有可能在共同利益和政權強大的吸引力下走向統一。國家系統的演化方向最終趨於統一還是分裂決定於權益彈性。

二、權益

系統分為三種:與外界完全沒有物質能量交換的孤立系統、只有能量交換而無物質交換的封閉系統(在量子力學中封閉系統等同於孤立系統)、與外界同時有能量和物質交換的開放系統。在前兩種系統裡,系統演化方向趨於無序,但在開放系統中系統演化趨於有序。現實中的系統基本上都是開放的,國家系統總體演化方向是趨於有序統一,過程往往不是直線,而是進化與退化交織。系統退化與進化的機理相同,方向相反,是

---

[49] A.D.Lindsay, The Modern Democratic State,London:Oxford University Press,1943, I, p.245.
[50] [英]安德魯‧海伍德(Andrew Heywood):《政治學》,張立鵬譯,中國人民大學出版社,2013年,第98頁。

從有序到無序、從高級到低級、從複雜到簡單的倒退下降的方向，國家演化過程中可能統一也可能分裂。

系統演化中的「熵流」[51]概念為國家演化研究提供了很好的觀點。熵（entropy）指的是系統的混亂程度，任一系統內部自發產生的熵總是大於或等於零，由於孤立系統與外界沒有熵流，必然趨於熵增，無序度增大，一直大到不能再大的程度時，系統內部達到一種完全均勻的平衡狀態，不會再發生任何變化，除非外界對系統提供新的能量。當一個系統保持開放性時，即熵流不等於零時，有三種情況：第一種情況是熱力學平衡態，熵流大於零，物質、能量和資訊的湧入大大增加了系統的總熵，加速了系統向無序平衡的運動；第二種情況是線性平衡態，熵流約等於零，這種系統一般開始時有一些有序結構，但最終無法抵抗系統內自發產生的熵的破壞而趨於平衡態；第三種情況是遠離平衡態，即熵流小於零，物質、能量和資訊交換給系統帶來的是負熵，結果使系統有序性的增加大於無序性的增加，新的有序組織結構就能從中形成，例如生命系統、社會系統、國家系統等。

國家系統內部各方力量總是處於此消彼長的變化之中，從而導致系統整體的演化，在此過程中國家系統內部會自發產生熵，即無序性。因為國家系統由作為子系統的多種利益集團組成，這些子系統由作為孫系統的次利益集團組成，可以如此不斷細分，直到個人。從每個層級系統的角度，無論個人還是利益集團，為了存在都有趨利避害的本性，個人到各層級利益集團都在追求自身權益最大化，如果沒有任何相互制約，邏輯結果必然是每個人或每個利益集團的權益趨於無窮大，整個社會將處於無序狀態。無序指系統中要素的存在或變化有很多種可能性，有序則是系統內部要素之間及系統之間的聯繫具有規則性，其存在或變化的可能性較少。對人類社會而言，無序意味著不穩定和脆弱，但有利於釋放創造力；有序意味著穩定和強大，但創新性約束較大。因此無序和有序各有利弊，沒有哪種狀態是絕對的好或壞。個人與每個層級的利益集團都需要與外界進行物質、能量與資訊的交換，不斷追求自由度的本能要求會產生熵增，而現實中任何系統的外部資源都存在有限性，個體與外界不可能無限自由地產生熵流，任何個體與利益集團在獲取資源時都要受到其他個體與利益集團的制約，這些外力產生熵減，系統只有在與外界相互作用與交換的條件下才能保持有序和無序的平衡。

現實中人類社會系統沒有絕對無序和絕對有序的狀態，但在無序和有序之間的寬廣區間內，可以根據形勢需要出現多種不同程度與不同組合的系統形式，例如戰爭時期常見集權制而和平時期流行民主制等社會組織方式。國家系統採取的具體組織方式由外部環境和路徑依賴所決定，並對國家走向統一還是分裂的演化方向有決定性影響。國家

---

[51] 熵在物理學上指熱能除以溫度所得的商，在系統學中是一個系統中「無秩序」的程度，熵流即系統與外界交換物質、能量和資訊而引起的熵。熵增表示系統有序性降低，熵減表示系統有序性增加。

系統內的任何個人或利益集團都有從外部獲取權益的需要和擴張本能,這些權益包括政治、經濟及意識形態等多個領域的自由支配權、選擇權和發展權,但每個系統都只能享有一定規則下的配額,即有限權益。這些規則有利於某些利益集團,而對另一些利益集團不利,受損的利益集團會反對並採取遊說請願、罷工遊行、階級鬥爭、民族衝突等和平或暴力的多種方式進行抗爭。如果這些權益配額可以根據形勢需要進行調整和修改,抗爭得以在原有國家框架內解決,國家就將呈現統一狀態。假如在原有框架內已無法平息矛盾,配額爭奪呈現相峙局面,國家趨向分裂。理論上講,沒有任何具體的差異和對立必然導致國家分裂,決定國家統一或分裂的最根本因素不是政治對立、經濟差異、語言文化、民族宗教,而是權益彈性。

國家的權益彈性是指國家系統內部要素發生不平衡變化時,權益安排的規則可以化解矛盾與對立的程度,它體現了國家制度的權益包容性和可變性。權益彈性越強,國家越不容易分裂。在一個權益彈性強的國家,當某一利益集團發展壯大後提出宗教信仰、民族待遇、政治權力、經濟利益等領域更高的權益要求時,可以透過有效途徑得到滿足,例如具有與其他利益集團進行公平合理協商的平台與管道,或該利益集團中的個人可以自由流動到其他利益集團中滿足自身的權益需要,不需要透過國家分裂解決激化的矛盾。而在一個權益彈性弱的國家,某一利益集團提出的新的權益要求得不到有效解決或緩解,不同利益集團間的矛盾和衝突將日益加劇,如果居於主導地位的利益集團對其進行暴力鎮壓,甚至乾脆消滅該利益集團,固然暫時不會出現國家分裂,但如果鎮壓效果不好形成權力對峙的局面,國家就開始走向分裂。

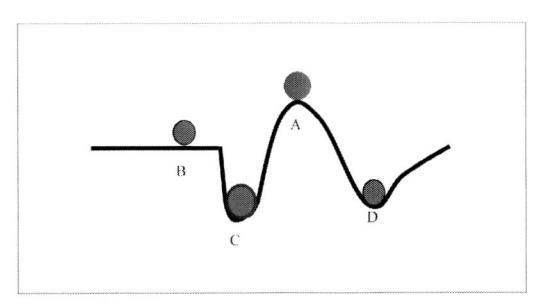

圖1-1 國家的權益彈性

權益彈性是國家系統穩定程度的重要影響因素。權益彈性強意味著系統存在自我調節的負反饋機制,任何偏離會透過國家運行機制將系統拉回原來狀態,即系統是穩定的。相反,權益彈性弱則系統穩定性也差。系統在平衡狀態(靜止或勻速運動)下有三種穩定形態:穩定、隨遇穩定和不穩定(如圖1-1)。圖中的系統小球在 A 點是不穩定平衡,此時如果合力為 0 則系統處於相對靜止狀態,一旦偏離平衡位置,因為回復力小於致偏力,小球無法自行回到 A 點;B 點是隨遇平衡,偏離平衡位置後由於回復力等

於致偏力，小球將繼續保持靜止或勻速運動狀態；C 點和 D 點是穩定平衡，偏離平衡位置後由於回復力大於致偏力，小球向兩邊移動後會自發返回 C 點或 D 點。

　　外部環境也會影響權益彈性進而影響系統穩定性。國際勢力對國家系統內部事務的介入可能改變該國的權益彈性，強化系統的穩定性。系統的穩定狀態表現為平衡被打破後可以迅速恢復原有狀態，穩定系統不易發生相變。打破平衡的力量往往是系統內外的合力。國家系統發生相變常常是外部條件改變或內部力量從外部環境獲得足夠的物質和能量，打破系統原有的平衡狀態，促成系統演化。權益彈性本質上是國家系統內部制度力量，但國家系統的外部力量對內部力量有放大或制約作用，從而影響系統的穩定性。國家系統上面層級有國際環境母系統，或稱「超系統（super-system）」，下面層級的子系統包括統一國家的各州縣或分裂國家的各方政權，以及政治、經濟、社會、文化、軍事等子系統，互相交叉。各層級系統間相互作用和影響。每一層級的系統內相互作用以系統與環境的相互作用為前提，二者又總是相互轉化。國際格局的力量增強國家系統現狀的穩定性，國家系統的相變也可能改變國際格局。

　　國家的權益彈性來源於制度設計，其制定和執行者是政府或政權。個人權益的設定由每個人所處的群體決定，這些群體的權益由上一層級群體決定，決定權不斷向上延伸，直到國家層級。當前人類社會發展階段中擁有最高權益分配權力的系統層級仍然是國家，沒有更高權力對國家有強制權。國家透過政府或政權形式使用最高權力減少因爭奪權益而引發的不同利益集團間的衝突。政權數量和關係的變化既是國家統一或分裂的代表，也是國家系統發生相變的演化結果。國家系統的相變有多種表現形式，例如國體和政體的改變也會使國家系統演化為不同的相，系統結構功能發生改變可能使一國國民由高度無序的一盤散沙轉變為高度有序的銅牆鐵壁。統一和分裂之間的轉化只是國家系統各種相變中的一種。

三、政權

　　政權或政府[52]作為國家的神經中樞代表國家行使合法權力，並與所有國民共同組成國家。一個國家的領土和人口通常由一個政權管轄，多種原因影響下，也可能出現由兩個或兩個以上的平行政權分別管轄的情況，但一個統一國家在國際上只能由一個政權代表。因此可以用政權是否擁有國家內外最高權力並具有唯一性作為判斷國家是否統一的重要標準。政權既是由多種利益群體組成的擁有最高合法權力的實體，也是具有自身利益和意識形態的官僚體系。達爾（Dahl, 1961）、羅斯（Rose, 1967）等人認為不同社會利益集團透過國家機構和政治體系進行討價還價，完成國家權力資源配置，作為統治

---

[52] 二者在通常語境中沒有差別，但嚴格說來，政府比政權更具有合法性。在統一國家中政權即指中央政府，在未統一國家中，政府通常指國內國際均獲得承認的那個政權。

者的政權其實是利益群體多元化的組合。[53] 斯科克波爾（Theda.Skocpol, 1992）提出政權是擁有其自身全部權力與能量的自治的社會公共機構，由各種特殊的組織和參與者構成，國家變遷的目標就應該是建立強而有力和富有成效的國家官僚機構和行政體系。[54] 邁克爾·曼（Michael Mann, 1988）的理論體系提出社會由「相互重疊交叉的社會權力網路」構成，權力來源有四種：意識形態、經濟、政治和軍事權力，其中只有政治權力是國家特有的權力，人類歷史就是統治者如何透過整合不同權力來源將國家權力制度化的過程。[55] 拉克曼（Richard.Lachman）提出國家首先是一個場域，一個權力鬥爭和整合的領域，關鍵因素始終是國家內部精英關係的結構，即到底是只有一種精英統攝局面，還是有兩種或多種精英處於聯合或鬥爭的狀態，這種結構極大地制約了國家的力量和自主性。在一個未統一國家，所謂的「精英鬥爭」就是政權企圖攫取敵對政權的組織機構為己所用的過程。[56]

政權作為國家內部精英權力鬥爭的場域，不僅有協調不同利益集團進行權益分配的職能，同時具有自身的權益訴求。政權在將國家權力制度化的過程中，透過階級鬥爭、社會運動、集體行動和討價還價等方式完成社會權益的分配和轉移，同時必然追求自身權益的最大化。某政權的內在擴張動力與其他政權或利益集團的反對和制約共同構成該政權的權益邊界，該權益邊界往往也是國家的邊界。在該政權控制下的國家內部，由於不同利益集團的發展呈現不平衡性，無論多麼合理的權益分配方案都必然需要根據情況變化而調整，如果該政權擁有使利益集團間權益分配具備足夠的可調整彈性的能力，國家也相應具備維持統一的條件。相反，如果權益彈性較小，不能解決或控制權益分配中出現的政治路線差異、民族宗教紛爭、經濟利益失衡等矛盾和衝突，統一國家就可能發生分裂或分治。

從國家最高權力[57]的角度可將國家分為統一、分裂和分治三種狀態。國家的最高權力包括對內的最高權力和對外的獨立地位，前者指可以行使和分配頒佈法律、司法、任命公職人員、徵收捐稅、發行貨幣、組織和調動軍隊等權力的權力，後者是被國際上絕大多數國家承認、並具有行使對外戰爭與和平、締結國際條約等權力的權力。[58] 一個國家如果對內最高權力和對外獨立地位都是唯一的，國家是統一狀態；如果二者都不

---

[53] [美]大衛·波普諾：《社會學》（第十一版），李強等譯，中國人民大學出版社，2013年，第526頁。
[54] [美]安東尼·奧羅姆（Anthony M.Orum）：《政治社會學導論》，張華青等譯，上海人民出版社，2014年，第58—61頁。
[55] 邁克爾·曼（Michael Mann）：《社會權力的來源》，上海人民出版社，2007年，第6—22頁。
[56] [美]理查·拉克曼（Richard.Lachman）：《國家與權力》，鄭菁、張昕譯，上海人民出版社，2013年，序言，第5—6頁。
[57] 很多文獻將國家最高權力視為「主權（Sovereignty）」或「立法權」，但「主權」內涵與意義在國際學術界有較大爭議，因此本書不採用「主權」概念，而用「最高權力」表述可以行使諸多終極權力（包括「立法權」）的權力。換言之，國家最高權力衍生出立法、司法、行政等具體的終極權力。
[58] 英國學者布林（Hedley Bull）的「內部主權」與「外部主權」的分類概念與此類似。Hedley Bull,The Anarchical Society：AStudyof Orderin World Politics,London：Macmillan,1977, P.8.

唯一，國家是分裂狀態；如果對外獨立地位是唯一的，國際上只承認一個代表該國的政權，但同時對內最高權力不唯一，存在兩個或更多互不隸屬、各自為政的政權，則國家處於分治狀態。統一或分裂狀態如果得到各方政權的認可均可以是穩定狀態，但分治狀態意味著一國內部不同政權間對國家演化方向存在根本分歧，很難有持續的穩定性。

　　國家在統一、分治和分裂三種狀態間轉化是系統的相變。政權是相變的序參量。序參量是描述系統有序程度的參量，決定著演化的進程與系統的最終結構，扮演「建序者」的角色。國家由不統一狀態向統一狀態演化是系統形成巨集觀有序結構的過程，統一國家一定是只有唯一的一個中央政權。如果國家系統存在兩個或兩個以上的政權，政權之間必然存在競爭，競爭的結果既可能是統一也可能是分裂，取決於不同序參量的增長率，增長率最高的序參量通常獲得優勢並決定宏觀結構。系統演化的關鍵是具有支配能力的序參量推動系統從無序向有序演變。序參量透過支配（slave）原理來左右子系統的行為，支配微觀層次上的子系統服從集體的命令。序參量一旦佔有優勢，就會趨向主導地位，迫使其他因素服從其支配。這種情況下，各種因素在系統中的作用不再相等，形成「對稱破缺」，系統演化的整個過程被序參量主導。有時系統可能受到幾個序參量的控制，在一段時間內，一個序參量佔主導地位，支配其他序參量，規定其運動，但不久後這個序參量就失去主導地位，把支配地位讓給另一個序參量。在國家系統的演化過程中，社會輿論、主流觀念和政權都是序參量，當一種社會輿論興起，需要一段時間之後才能影響或改變主流觀念，繼而改造或更迭政權。政權序參量一旦佔據支配地位，會運用各種力量影響社會輿論與主流觀念，主導國家演化的方向。

　　政權向心力決定國家系統的穩定性與政權之間的競爭力。政權的制度和政策是否具有權益彈性對向心力強弱有重要影響（外部維權也可透過如何調動內部力量轉化為內部權益彈性問題）。權益內涵本身是涉及多領域的內容豐富的各種支配權，因而政權的向心力必然是多方面的各種表現形式的綜合性力量。這些能力構造出民眾對政權的信任、認同和服從。離心力則相反，如果政權的上述能力有嚴重缺陷，民眾將會對其失去信任，轉而支持或生成其他政權。向心力與離心力的對比決定國家系統演化方向趨於統一還是分裂。政權的向心力受歷史傳承、文化傳統、經濟社會發展水準等因素制約，具體體現為政治影響力、經濟推動力、文化凝聚力、社會控制力、信仰包容力、軍事戰鬥力、外交親和力與統一意志力的合力。這些合力也可以簡化為兩類：「硬實力」和「軟實力」，即政權在經濟、軍事、科技和人才等方面可量化可衡量的剛性力量，以及包括價值觀、文化、政策和制度等方面的政權可以施加影響但難以量化的柔性力量。[59] 通常政權如果具有較強的軟實力則國家系統較具有穩定性，因為軟實力可以調動自願力量促使民眾對政權產生信任和認同，在民眾與政權具備較高互信的國家系統內，不同利益集

---

[59] [美] 約瑟夫·奈：《軟實力：權力，從硬實力到軟實力》，馬娟娟譯，中信出版社，2013年，第41頁。

團之間的權益分配矛盾有管道可以透過自願方式解決；而政權如果運用硬實力透過強迫手段解決紛爭，除非同時也具備較強軟實力，否則這種系統穩定性是脆弱的，甚至是不穩定的。

不穩定系統一定要向穩定系統的目的點演化。國家內部如果出現了互不隸屬且互不承認的兩個最高權力中心，國家系統宏觀結構必然是不穩定的，此時國家系統會向消除根本政治分歧的穩定結構演化。在兩個政權之間的博弈中，消除根本政治分歧有三種途徑：一方改變意志；雙方改變意志；在均不改變意志的情況下一方消滅另一方。三種途徑的演化方式最終由政權的向心力決定，向心力強的一方將獲得優勢，佔據主導地位，迫使另一方改變意志。在主導政權運用軟硬實力推動國家系統演化時，外部環境將對不同實力的運用產生重要影響。當國際形勢處於和平發展的時代主題時，政權更傾向運用軟實力對雙方控制下的民眾產生影響，改變民意對比；而在時代主題是戰爭與衝突的國際形勢下，作為非自願力量的軍事手段將作為政權使用的優先考慮。民意主要是由歷史慣性、時代潮流、輿論引導等因素決定；軍力則取決於資源稟賦、發展階段、組織士氣等因素。政權的決策直接決定己方意志是否改變、是否堅定要求對方改變意志，以及即使自己有足夠軍事能力毀滅對方但是否願意這樣做。政權之間根本政治分歧的消除伴隨著國際結構的演變，意味著國家系統進入新的穩定態。即使在這種新的穩定態下，國家系統並非靜止不變的，新的政治觀點和政治力量仍會不斷出現，即系統漲落。很多政治觀點和力量並不會演化到足以挑戰主流觀點和政治力量的程度，但在特定情形下，某些政治觀點和力量通過正回饋機制形成自聚集、自生長的自組織結構，就可能迅速壯大，成為可能挑戰和打破現狀的新的力量，因此不穩定系統向穩定系統的目的點演化所發生的相變也只是系統演化中的一個階段。

四、相變

相變是系統狀態發生的改變。相變是有序和無序兩種傾向相互競爭的結果。系統發生相變的運行原理是：當外部條件及內部要素改變時，系統狀態變得不穩定，在臨界點附近，系統透過不斷漲落測探有序宏觀狀態的各種新的可能性，某種新的集體運動形式將越來越強，最終壓倒所有其他的集體運動，透過自組織方式出現一種新的宏觀有序狀態。國家系統演化是一個自組織產生新系統的演化發展過程，其中能否形成耗散結構是一個新系統能否誕生和進化的關鍵。耗散結構是指遠離平衡態下動態的穩定化有序結構，與平衡結構不同，它不是「死」的穩定化有序結構，而是「活」的穩定化有序結構。耗散結構系統在性質上與守恆系統的重大區別就在於有時間發展行為。耗散結構的形成條件可以歸納為：開放是整體進化的前提，非平衡是有序之源，漲落是有序實現途徑，非線性導致自組織。如果未統一國家系統滿足耗散結構條件，系統可以透過自組織功能

恢復穩定有序的國家統一狀態，完成從分裂或分治到統一的非平衡相變。

開放系統可以使系統從外界引入足夠強的負熵流來抵消系統本身的熵產生而使系統總熵減少或不變，從而使系統進入或維持相對有序的狀態。國家系統不可能是孤立系統，現實中或多或少都是開放的，與外界有著物質、能量與信息的交換，因而國家系統進化的前提始終存在。但在國家系統由未統一向統一演化的過程中，外部環境對系統演化未必是正效應，如果國際勢力的介入是強化分裂或分治國家的現狀穩定性，主張統一的政權就需要借助有利的外部因素快速發展自身力量，克服國際勢力的阻撓，壓制分裂勢力，才能為實現國家統一創造條件。

非平衡條件的滿足關鍵有賴於政權向心力的變化，政權向心力對比決定了國家趨於分裂還是統一，以及由誰來主導完成統一。非平衡態意味著力量分佈不均勻，政權之間力量存在差異。遠離平衡態就是遠離系統的無序狀態，只有遠離平衡態，才可能使原來的結構狀態失穩，達到某個特定的臨界點後發生相變。非平衡是形成和維持宏觀有序結構的必要不充分條件，只有出現有強大向心力的政權才有條件結束國家混亂狀態、主導完成國家統一，但強有力政權的出現並不意味著國家統一的必然實現。國家系統內部要素不平衡發展引發系統失穩是國家系統發生相變的最重要動力，而系統所處的外部環境對系統的非平衡程度有重要影響，有時需要透過系統與外部環境互動改變國際勢力的平衡策略、打破系統內部平衡。一國內部的政權之間的競爭離不開與國際勢力的關係處理，很多情況下需要排除或轉變外部力量的介入才可能進入國家系統的非平衡態。

漲落是系統宏觀量對平均值的偏離。在非平衡態，如果系統中存在著正反饋機制，漲落就會被放大，導致系統失穩而被推到臨界點上。系統在臨界點上的行為有多種可能性和不確定性，漲落在其中起著重要的選擇作用。系統演化的規律「常常是一種不可預見的漲落在兩個等價的有序狀態之間作出了最終選擇」[60]。國家系統任何時候、任何條件下都存在政治事件、經濟波動或社會運動等各種漲落，即使整體是穩定的，系統中也可能存在局部的不穩定。最初是個別的、局部的不穩定因素，在一定條件下會放大，走出系統在原先條件下保持自身穩定的條件，系統保持自身穩定的能力遭到破壞，整體失穩，在震盪後進入新的穩定態。非平衡自組織系統對於某些漲落格外敏感，微小的隨機漲落往往帶來出乎預料的後果，國家統一的發生常常不是按預定計劃實現，而是隨機漲落引發的突然進化。

非線性是國家系統天然具備的功能。在產生耗散結構的系統中，基元間以及不同的組分和層次間通常都存在錯綜複雜的非線性作用。線性作用下，系統內各子系統間缺乏關聯，無法產生競爭合作；但在非線性作用下，各子系統間的相互作用密不可分，表現出強烈的整體行為，個別漲落才能引起系統的整體自組織。「線性律和非線性律之間的

---

[60]　[德]哈肯：《協同學：大自然構成的奧秘》，淩複華譯，上海譯文出版社，2013年，第211頁。

一個明顯區別就是疊加性質有效還是無效：在一個線性系統裡，兩個不同因素的組合作用只是每個因素單獨作用的簡單疊加。但在非線性系統中，一個微小的因素能導致用它的幅值無法衡量的戲劇性結果。」[61] 系統發展的本質是非線性相互作用，體現為要素間的排斥和吸引、競爭和協同。在臨界區域附近，漲落加上非線性相互作用形成的關聯放大效應，主宰系統演化的方向和模式。國家系統內部的政治、經濟、社會、文化、軍事等各領域子系統之間會產生非線性作用，國家系統與母系統及子系統之間也存在非線性作用，國家系統發生統一相變不一定是政治因素直接導致的結果，很多時候是透過經濟、社會等領域的漲落對政治領域產生非線性作用，誘發統一相變。

在以上四個形成耗散結構的條件中，開放、漲落和非線性是國家系統自然而然會具備的條件，非平衡條件具備與否則與政權的能動性密切相關。在一個未統一國家，兩個或兩個以上政權之間存在向心力的激烈競爭，這種差異隨著暴力或和平方式的競爭不斷增大而使國家系統遠離平衡，逐步具備實現國家統一的非平衡條件。在這個推動系統遠離平衡的過程中，最重要的力量是系統正回饋功能。回饋是系統的輸出和輸入之間的相互作用，正回饋是自我複製自我放大的機制，是「序」產生的重要因素。負反饋抵消系統中隨機偶然的因素，使系統穩定運行；正回饋放大系統中隨機偶然的因素，使系統演化創新。正反饋促使系統運動偏離已有狀態，使系統運動趨於失穩，一旦突破量的規定性發生質變，系統就進入新的穩定狀態。政權在運用武力推動國家統一的過程中，勝利會強化己方的士氣與戰鬥意志，同時敵方會因失敗產生恐懼和渙散，從而擴大了鬥爭雙方的力量對比，在正回饋的作用下出現「兵敗如山倒」的情形。政權透過和平方式推動國家統一進程，同樣可以在政權與民意之間形成正回饋，即政權的統一政策得到主流民意的擁護和支持，反過來民意壓力下政權推動國家統一的腳步不得不加快以適應輿論的要求，統一於是迅速完成。無論是武力手段還是和平手段，佔據絕對優勢的政權只需要在正回饋機制創造出的有利形勢下對其他政權展現自己的權益彈性，國家統一「傳檄可定」，國家系統可以在較短時間內進入穩定狀態，完成系統相變。

系統演化規律正是建立在正回饋機制的基礎上形成自組織理論。「系統自己走向有序結構就可以稱為系統自組織」。[62] 自組織的表現形式包括「自聚集、自整合、自創生、自發育、自生長、自穩定、自我調整、自調整、自更新、自修復、自複製、自繁殖、自演化、自衰落（老化）、自消亡等」。[63] 自組織實質上是在大量要素以混亂無序的方式互動中尋找確定性的自發行為過程，並以某種有序結構模式把這種確定性固定下來，在不確定性中尋找確定性，從而實現有序。自組織理論主要由耗散結構理論、協同學、突變論和超循環理論等構成，對系統的演化規律形成較清晰的輪廓。普利高津

---

[61] [比]尼寇里斯、普利高津：《探索複雜性》，羅久裡、陳奎寧譯，四川教育出版社，2010年，第63—64頁。
[62] 錢學森等：《論系統工程》，湖南科學技術出版社，1982年，第242頁。
[63] 苗東升：《複雜性科學研究》，中國書籍出版社，2013年，第143頁。

（I.Prigogine）創建的耗散結構理論研究了系統自組織演化發生的條件。「耗散結構一旦形成，時間以及空間的均勻性可能就遭到破壞。」[64] 哈肯（H.Haken）創立的協同學回答了系統演化的臨界點上各子系統如何透過自組織形成新的有序結構，揭示了系統演化的動力。「最終哪種結構得以實現，將取決於各個集體運動形式（方式）的增長率，這一觀點意味著這些不同的運動形式不斷相互競爭。」[65] 托姆（R.Thom）的突變論研究了自組織的演化途徑，闡明系統演化如何採取突變和漸變方式從一種穩定態躍遷到另一種穩定態。「突變是系統得以生存的手段。」[66] 艾根（Manfred.Eigen）的超循環理論從生命系統的角度探索了系統整體生成的內在機制。「超循環是透過循環關係聯結多個自催化和自我複製單元構成的系統。」[67] 綜合這些理論的主要觀點，系統演化以自組織的形式完成。自組織表現為在系統整合其要素的過程中，沒有出現專職的組織指揮者，所有要素或組分都在行動，整體上卻能形成、維持、發展、改變系統結構。系統發生相變的條件包括開放、非平衡、漲落和非線性，系統形成新的整體結構的演化動力是序參量之間的協同競爭。相變過程中，中介態不穩定的相變對應於突變，仲介態穩定的相變對應漸變。突變分叉使系統演化有多種可能性，既可能是系統進化的創造性源泉，也可能是系統退化崩潰的路徑。國家系統的自組織就是由各種關係的個人、利益集團或政權自行組織成為統一有序的國家，在這個過程中，並沒有高於國家的主宰設計和推動國家系統的演化進程，要素間透過非線性相互作用完成自組織，形成具有質的提升、更為複雜有序的多層次國家系統。國家發展過程中的某些漲落事件經過正回饋機制的放大可能演變成為重大政治事件，系統與母系統及子系統之間，以及各層級系統內部不同要素之間的非線性作用下對政權序參量產生重要影響，政權向心力的變化引發國家系統失穩，在民意的熱情推動下國家系統進入新的狀態。

五、政策

按照上述邏輯思路，國家是由個人及利益集團等多層級系統組成的複雜系統，權益安排是其最重要功能。權益彈性大小決定國家系統的穩定性。國家內部不同利益集團之間的權益鬥爭是推動國家系統演化的根本動力。政權作為權益彈性的制定者和執行者，既要維護和協調國家系統內外不同利益集團的權益，又要顧及或擴張政權自身的權益，扮演著國家系統演化序參量的角色。未統一國家內不同政權之間的競爭決定國家系統演化的方向。權益彈性大的政權具有更強的向心力，取得政權競爭中的優勢，推動國家系統遠離平衡，逐步滿足系統形成耗散結構的條件，在臨界點附近發生的漲落被正回饋機

---

[64] ［比］普利高津：《從存在到演化》，曾慶宏等譯，北京大學出版社，2007年，第62頁。
[65] ［德］哈肯：《協同學：大自然構成的奧秘》，淩複華譯，上海譯文出版社，2013年，第208頁。
[66] ［法］托姆：《突變論：思想和應用》，周仲良譯，上海譯文出版社，1989年，第106頁。
[67] ［德］艾根：《關於超循環》，《自然科學哲學問題》，1988年第1期。

制放大後，國家系統發生相變，進入完全統一或徹底分裂的狀態。這種突變的發生是透過武力還是和平方式具有不確定性，可以確定的是國家系統的演化動力最關鍵的是政權力量的不平衡增長，只有政權實力對比遠離平衡才能實現國家系統發生相變。政權實力的核心是其制度及政策的權益彈性，因此對國家系統演化進行人工優化的合理途徑是透過擴大權益彈性增強推動國家統一的政權的實力，為相變發生創造條件。

一個統一有序、管理高效的多層級國家系統有利於國家系統功能湧現和提升並且符合民眾利益最大化。國家系統向統一演化符合複雜系統趨於有序的演化方向及人類社會組織形式的總體發展趨勢。對於推動國家統一的政權而言，重點是要在制度和政策層面擴大權益彈性，具體需要在三個方面加強國家建設（3S模型）：外部形勢（簡稱「勢」，Situation）是政權運作和發展過程中的外部國際環境，上一層系統對下一層系統有重要作用和影響，政權需要處理好國家系統與國際超系統的關係；內部力量（簡稱「力」，Strength）是政權自身具備的實力和能量，政權力量增長率是國家系統演化的重要序參量，對國家系統的各個子系統都會產生重要影響；政權策略（簡稱「策」，Strategy）是政權採取的施政策略，系統一旦具有自我意識就會主動影響系統演化，客觀上可以加速或改變系統演化進程。

政權追求國家統一或權力最大化目標時有三個約束條件：國際形勢、自身能力和國內民意，因此政權進行權力擴張的著力點也在於上述的「勢」「力」「策」三方面。首先是「勢」，因為國家系統本身也需要從外部獲取權益，國家系統與超系統之間的聯繫和作用決定了政權的外部權益邊界，與此相對應的是國家系統與子系統之間的互動決定了政權的內部權益邊界。追求國家統一可能帶來國家整體力量的增強，總會對國際格局產生或多或少的影響，意味著國家在國際上權益配額的改變，由此必然產生與國際勢力的相互作用。「環境條件的微小變化可造成全新的序參數或序參數系統。」[68] 國際格局的權益彈性較大體現為國際形勢處於和平發展的時代主題，有利於政權透過和平方式取得國際勢力對本國統一的諒解和支持，例如冷戰結束時的德國統一；而在國際格局的權益彈性較小的情況下，時代主題是對抗與衝突，政權使用非和平手段實現國家統一目標將成為優先考慮和現實途徑，例如冷戰時期的越南統一。

相對而言，「力」是慢變數，但也是最根本的序參量，因此長期而言國家建設主要是「力」的建設，即自身全面發展進步。政權的「硬實力」和「軟實力」透過使民眾產生畏懼與熱愛的不同情感形成推力和引力從而共同構成民眾對其的向心力。與缺乏最高權力中心的多元的國際秩序不同，政權治理下的國家系統是具有最高權力的有序系統，政權可以透過權益彈性的提升改善自身的軟硬實力。在政治、經濟、文化、社會、信仰等方面讓民眾有更大的自由度與選擇權意味著國內權益彈性的增大，當然這並不等同於

---

[68]　[德]哈肯：《協同學：大自然構成的奧秘》，凌複華譯，上海譯文出版社，2013年，第73頁。

完全依賴自願力量的無序性擴張，事實上，政權的軍事、法制和外交力量的增強同樣是擴展權益彈性的表現，有助於解決內外權益的紛爭。二戰後印度獨立初期國家在宗教信仰方面權益彈性低，導致印度和巴基斯坦的分裂；獨立後的巴基斯坦在政治經濟方面缺乏權益彈性，終於釀成東巴與西巴分裂，孟加拉獨立；戰後獨立的衣索比亞在政治權力方面明顯缺乏權益彈性，迫使厄利垂亞人由和平請願爭取權益最終轉為武力方式實現從衣索比亞分裂出去；英國在宗教信仰和經濟文化方面的權益彈性較高，北愛爾蘭和蘇格蘭雖然有分離傾向但迄今都沒有獨立出去；加拿大也是在不斷提升語言文化和政治經濟的權益彈性，得以將魁北克留在國內；俄羅斯擁有強大的軍事實力和外交實力，不但可以粉碎車臣的分裂行動，還可以讓克里米亞從烏克蘭重新回歸俄羅斯，這種處理子系統分裂的方式也是高權益彈性的表現。

　　國家系統演化進程中，特別是處於臨界點時，政權能否把握漲落實現統一相變相當程度上取決於政權的「策」。策略核心應該是展示權益彈性，表明政權有能力向更多國民提供更有吸引力的公共產品從而贏取國民的信任。權力的合法性來源於信任感，有了信任才能使權力、制度、社會和政治機構持續運作。[69] 政權作為國家最高權力的代表，在維護掌權黨派利益的同時，要讓國民相信其政策或政策主張能代表廣大的社會公共利益，或者未來能夠提供國民更多、更優、成本更低（絕對優勢）的公共服務，以更好滿足國民生存和生活的福利需求。這種信任應透過軟硬兩種策略在長期施政中建立。在未統一國家內存在兩個以上的政權，每個政權都在採取類似的舉措爭取民心與向心力，那麼政權要著重充分發揮比較優勢，從而取得對其他政權的競爭優勢。比較優勢產品的形成取決於由政權「軟實力」和「硬實力」構成的政權資源稟賦（resource endowment）。未統一國家內不同政權控制的區域、人口不同，社會經濟發展理念與階段不同，因此資源稟賦不同，其在不同領域形成正負不一、程度不同的優勢。政權資源稟賦較豐富的一方提供公共產品的生產可能性邊界更高，但對每個政權而言採取比較優勢策略都是效率最高的選擇。比較優勢在硬實力的政權應更多為國民提供經濟上的就業、收入提高和國防上的安全以獲取國民尤其是對方管轄民眾對自己的信任與支持，而比較優勢在軟實力的政權則需要更多宣揚其價值觀、文化、政策及制度等以獲取民眾認同。同樣是吸收式統一的成功案例，德國更多是發揮軟實力，而越南則更多依靠硬實力。政權不但要向民眾展示權益彈性，同時也要向競爭對手展示自己具有政權合併後合理安排雙方權益的能力與誠意，使其認識到統一的成本低於分裂而收益卻更大，換言之，透過正回饋機制向對手反復傳達其堅持分裂必須要付出遠大於統一的代價的信號。二戰後的國家統一成功案例中，坦尚尼亞與葉門均採取了聯合式統一方式，顯示政權處理權益彈性可以存在多種策略。

---

[69]　[美]安東尼·奧羅姆（Anthony M.Orum）：《政治社會學導論》，張華青等譯，上海人民出版社，2014年，第2—3頁。

第二章
當代世界案例

　　本章選取當代世界的國家統一與分離的典型案例進行分析。當代世界上的國家統獨爭端大體上有兩種：一種是只有政權之爭、沒有民族之爭的國家統一與分裂的演化；另一種是具有民族、語言、文化差異的國家統一或分裂之爭。前者如德國、越南、朝鮮、葉門、坦尚尼亞等國家追求統一時都沒有民族爭議的問題。後者如：英國的英格蘭人和愛爾蘭人及蘇格蘭人的統獨之爭，塞浦路斯的希臘族與土耳其族的統獨之爭，科索沃的塞爾維亞族和阿爾巴尼亞族的統獨之爭，斯里蘭卡的僧伽羅族和泰米爾族之爭，比利時的佛萊明人和瓦隆人的統獨之爭，西班牙的巴斯克人分離運動，法國的科西嘉人分離運動，加拿大的魁北克人分離運動，美國的夏威夷土著獨立運動和美屬波多黎各分離主義。此外，還有蘇聯解體，原來統一的多民族國家分裂成15個獨立的民族國家；厄立特里亞脫離衣索比亞獲得獨立；印尼的亞齊特區和巴布亞省分離主義；菲律賓民答那峨島摩洛人穆斯林分離主義；巴布亞紐幾內亞的布干維爾島和所羅門群島的分離要求。本研究將這兩種情形分為兩節選取部分案例進行分析，第一節是同一民族追求國家統一的案例，第二節是不同民族或不同語言文化地區追求國家分離或獨立的案例。

第一節　戰後追求國家統一的案例

　　本節選取歐洲的德國、東南亞的越南、中東的葉門、非洲的坦尚尼亞和東北亞的朝鮮五個國家的統一過程進行分析。其中，德國和越南是吸收式統一的成功案例，前者是和平統一，後者是武力統一；葉門與坦尚尼亞是聯合式統一的成功案例，前者是兩個規模相當的分裂國家實施統一，後者是規模相差懸殊的分裂國家完成統一；朝鮮半島則是尚未成功完成國家統一的地區。

一、德國

　　1990年德意志民主共和國（簡稱民主德國）加入德意志聯邦共和國（簡稱聯邦德國）意味著兩德完成了法律意義上的統一，並成為二戰後世界歷史上通過和平方式實現

國家統一的典型案例。

（一）德國統一之「勢」

德國分裂是二戰的結果。二戰前德國是統一國家狀態。這個統一國家始於 1871 年宰相俾斯麥主導下的德國統一。當然，如果探究更深層次的成因，16 世紀馬丁路德的宗教改革與俾斯麥的統一運動對德意志民族和民族國家的形成具有同等重要的決定性意義。「某種程度上，歷史上德國人說的、寫的實際上不是同一種德語，而是很多種德語。直到宗教改革後，馬丁·路德翻譯的《聖經》才賦予德國人一種通行各地的共同書面語。在相當長的時間裡，這種普通話成了維繫德國人唯一的關鍵。」[70] 19 世紀俾斯麥建立的第二帝國使德國人在語言文化基礎上終於有了一個統一的民族國家，經濟、政治、文化、社會的發展都有了一個全民性的保護性框架。[71] 1887 年德意志帝國正式成立，1918 年德國在一戰中戰敗，德意志帝國滅亡，德意志共和國與納粹德國相繼出現，但都是國家統一狀態。

納粹德國發動的侵略戰爭導致了德國的分裂。1943 年德黑蘭會議上，美英蘇三國元首達成對德國實行軍事佔領的共識。1944 年三國在倫敦簽署《關於德國佔領區和大柏林管制的議定書》。1945 年 2 月三國在雅爾達會議上對德國戰後處理政策逐漸定型和明朗。6 月美蘇英法四國發表了《關於擊敗德國並在德國承擔最高權力的宣言》，宣佈接管德國的一切權力，並公佈《關於德國佔領區的聲明》，規定將德國劃分為四個佔領區。隨後，蘇聯立即宣佈在蘇佔區成立軍事管制委員會，允許成立民主政黨和自由工會。英美法三國軍管局也分別於 8 月、9 月、12 月發佈命令宣佈允許成立工會和民主政黨。蘇聯軍管會迅速建立了蘇佔區的行政管理機構和各級地方自治機構。1946 年 11 月，蘇聯軍管會宣布將地方權力移交給新選舉產生的議會和政府。1947 年 1 月美英正式合併了兩國佔領區。此舉引發蘇聯的不安，2 月蘇佔區長官表示「雙佔區的協定可能對德國的未來政治產生嚴重的後果」。[72] 1948 年 2 月法國同意將其佔領區併入「雙佔區」，共同成立「三佔區」。蘇聯對此採取反制措施，宣佈改組蘇佔區經濟委員會，並組成 400 人的「德國人民委員會」，作為蘇佔區臨時常設機構。美蘇對抗升級的同時，兩個佔領區的政治獨立步伐都在加快。1948 年 6 月，蘇聯宣佈徹底封鎖柏林，全面切斷西柏林與聯邦德國之間的水陸交通，停止蘇佔區對西柏林煤電和副食品的供應，第一次柏林危機爆發。1949 年 4 月，美英法三國發表《華盛頓聲明》，宣佈新起草的《佔領法規》，表示聯邦德國國家成立後軍政府將宣告結束。9 月 20 日，「德意志聯邦共和國」正式成立。10 月 7 日，蘇佔區正式成立「德意志民主共和國」。德國由此分裂。「兩個德

---

[70] 李伯傑：《一個麻煩的祖國——德意志民族的德國認同危機》，《清華大學學報》（哲學社會科學版），2012 年第 2 期。
[71] 韓獻棟：《分裂國家的統一：理論與實踐》，智慧財產權出版社，2014 年，第 110 頁。
[72] 丁建弘、陸世澄、劉祺寶：《戰後德國的分裂與統一（1945—1990）》，人民出版社，1996 年，第 64—65 頁。

國的成立並不是德國人民的意願，它首先是佔領國的意志。」[73]

德國人民自身是渴望和追求國家統一的，國際強權對此有清醒認識。因此，即使德國分裂為民主德國和聯邦德國，蘇美雙方並未對反對德國的統一。蘇聯對德國統一始終持積極態度。1947年蘇聯外長莫洛托夫在《德國與賠償問題》的聲明中提出，「德國應成為一個統一的愛好和平的國家——設有兩院組成德國國會和全德政府的民主共和國」，建議立即在柏林成立德國臨時中央政府，以實現德國的政治統一。美英雖也認為德國應成為一個新的統一國家，但反對建立中央集權政府，主張實行聯邦制，並認為經濟統一是成立德國政府的基礎。由於雙方主張的政治經濟制度完全不同，未能取得任何進展。兩德取得政治獨立後，蘇聯在1952年提出一份對德和約草案，建議建立一個統一、獨立和軍事中立的德國，統一後的德國可以加入聯合國。民主德國對此表示支持，聯邦德國卻堅決拒絕，理由是「自由先於統一」，「不能以脫離西方範圍和放棄歐洲一體化的成就為代價來換取統一」。[74] 美英法三國堅持以自由選舉作為德國統一的第一步，並要求統一後的德國加入北約。1955年1月，民主德國政府發表聲明，同意舉行全德自由選舉，前提是聯邦德國不加入北約，全德政府必須是中立的。聯邦德國拒絕了這一提議，並於2月加入北約。民主德國隨即於5月加入華約。新形勢下蘇聯調整了對德政策，9月先後承認聯邦德國與民主德國的主權國家地位，並與聯邦德國建立外交關係。但此時蘇聯與西方國家的政策仍然分歧嚴重且各自立場強硬，蘇聯主張德國統一並實行中立化並在此基礎上簽訂對德合約，西方國家則堅持維持柏林現狀、不承認民主德國政府、堅持統一後的德國加入北約。1958年美蘇對抗升級，引發第二次柏林危機，由此誕生加深德國分裂的柏林牆。1973年9月，兩德同時加入了聯合國。

兩德統一肇始於20世紀80年代末期的蘇東歐劇變。1988年波蘭和匈牙利發生政治巨變，在其影響下，次年民主德國出現動盪。面對民主德國多城市大規模的遊行示威運動，自身問題重重的蘇聯表示不會干預，領導人戈巴契夫反而宣導「新思維」，對民主德國的抗議活動推波助瀾。不過戈巴契夫同時也認為，戰後存在兩個德國，這是歐洲現實不可改變的事實，人為地催促解決德國統一問題沒有法律依據。[75] 為穩住民主德國的後台，聯邦德國總理科爾1990年2月訪問蘇聯，就德國統一問題與戈巴契夫進行會談，雙方的會談公報明確表示：德國的統一問題應由德意志人民自己解決，由他們選擇以任何國家形式、在何時、以何種速度和條件實現統一。

同時聯邦德國也力爭取得盟國對德國統一的支持。美國明確表示支持德國統一，但設定了原則條件：一是必須實現自決原則，由德國人自己選擇統一方式；二是統一後

---

[73]　吳友法：《德國現當代史》，武漢大學出版社，2007年，第311頁。
[74]　陳雲林主編：《當代國家統一與分裂問題研究》，九州出版社，2009年，第78頁。
[75]　陳雲林主編：《當代國家統一與分裂問題研究》，九州出版社，2009年，第87頁。

的德國繼續留在北約和歐共體；三是統一過程必須和平漸進；四是承認戰後歐洲各國的現行邊界。此外美國還提出蘇聯在德國領土上的軍事力量應儘量減少或取消，美國則必須在德國駐軍。這些條件綜合考慮了對德國統一持消極態度的英法及波蘭等國的意見。英國是看到蘇聯同意德國統一後才由原來的反對態度改為有條件支持，主張德國漸進統一，統一後的德國留在北約並保留北約在德駐軍。法國與德國歷史上積怨較深，本不願德國統一，但在看到德國統一之勢不可避免的形勢下也轉而贊成，同樣要求統一後的德國歸屬北約。波蘭則因與德國的邊界問題一直未被聯邦德國承認而對德國統一深感不安。

　　戰後德國的分裂原本就是蘇聯與西方國家為確保自身勢力範圍而形成的結果，為維護自身利益，蘇聯在德國統一相關問題上與美國等西方國家有嚴重分歧。蘇聯外長強調德國統一的外部條件不能同有關國家的內部形勢分離開來，並拒絕統一後的德國成為北約成員以及在德國駐軍等方案。但由於民主德國內部形勢發生劇烈變化，民主德國新政府修改了原政府的立場，在統一後的德國歸屬問題上站在西方一邊，給蘇聯形成較大壓力。在兩德統一已經勢不可擋的背景下，蘇聯逐漸失去了干預和控制的能力，加上美國對蘇聯的說服與協調，力有不逮的蘇聯被迫放棄統一德國的中立化主張，但要求統一德國需要一個過渡期才能享有完全主權，該要求被西方國家拒絕。聯邦德國領導人隨後於1990年7月訪問蘇聯，加大對蘇聯的說服工作，並承諾向蘇聯提供巨額無息貸款，最終使蘇聯做出重大妥協和讓步，使德國統一進程得以按聯邦德國的設計迅速完成。8月兩德簽署《統一條約》，9月雙方立法機構透過，10月美英法蘇與兩德外長在紐約簽署宣言宣佈兩德在10月3日統一後德國擁有完全主權。國際格局演變中，西方國家戰勝了蘇聯，打破了勢力均衡，從而導致民主德國的徹底消失和以聯邦德國國名「德意志聯邦共和國」為統一後國名的德國統一。

　　（二）德國統一之「力」

　　戰後德國的統一是以聯邦德國吸收民主德國的方式完成的，聯邦德國在軟硬實力上的絕對優勢決定了民主德國民眾自願作為一個地區加入聯邦德國。尤其是聯邦德國憑藉雄厚的財力和經濟基礎可以使統一後的民主德國地區民眾過上更加富裕自由的生活，最能贏得民心。統一意味著均質化，實力較弱、發展較落後的一方會因統一有較快的生活品質提升，就會成為國家統一的堅定支持者。實力較強、發展較先進的一方則因政治利益、民族情懷和長遠目標等因素影響而主導國家統一。1990年初，聯邦德國有關機構民意調查表明：90%的民主德國民眾希望兩德重新統一，85%的聯邦德國民眾贊成德國統一，其中27%的人願意將自己的積蓄奉獻給祖國統一。[76]

　　兩德在經濟實力的競賽中民主德國無疑輸給了聯邦德國。二戰前民主德國地區是原

---

[76] 陳雲林主編：《當代國家統一與分裂問題研究》，九州出版社，2009年，第87頁。

德國相對發達的地區，1936年聯邦德國地區（除西柏林外）的人均生產率比民主德國地區低7%，但到1990年，民主德國勞動生產率只有聯邦德國的1/3到1/2，製造業民主德國生產率只有聯邦德國的1/6。民主德國人均排放的二氧化硫是聯邦德國的7倍。[77] 統一前兩德的實力差距還可以從以下指標中較明顯地體現出來：

1989年，民主德國、聯邦德國的人口分別為1640萬和6230萬，民主德國僅為聯邦德國的26%。民主德國、聯邦德國以市場價格為準的GDP分別為3534億民主德國馬克和22370億聯邦德國馬克，民主德國僅為聯邦德國的15.8%。當然，由於就業率等方面的不同，實際人均值的差距沒有那麼大：民主德國從業人員人均值、勞動力人均值、人均GDP分別是聯邦德國的49.2%、52.7%和59.2%。更直接的資料看，民主德國平均每月總工資（包括雇員的社會保障金）是聯邦德國的33%，月人均可支配收入是45%。下表可以更具體地比較當時雙方的生活水準：[78]

表 2-1 民主德國、聯邦德國生活水準比較

擁有耐用消費品的家庭	民主德國（%）	聯邦德國（%）
汽車	54	96
電視	96	99
彩電	57	95
電話	17	99
冷藏冰箱	99	81
冷凍冰箱（含冷藏）	43	75
洗衣機	99	97
有廁所的住房單元	82	96
戰後新建住房	35	70

聯邦德國雄厚的經濟實力為其和平統一民主德國奠定了堅實的物質基礎。兩德統一先從貨幣入手，再進行經濟、軍事、政治等領域的統一。1990年7月1日，在兩德實現政治統一之前，先在貨幣體系上完成了統一，聯邦德國馬克取代民主德國馬克成為在兩德流通的唯一法定貨幣。民主德國公民的工資、養老金、房租及其他經常性支付按1∶1兌換聯邦德國馬克。以民主德國馬克計算的一切債權和債務原則上按2∶1兌換。民主德國居民的銀行存款按1∶1兌換，但有每人限額，其餘存款按2∶1兌換。外國人在民主德國的存款兌換比率要高一些。當時聯邦德國馬克與民主德國馬克的市場兌換比價是1∶3，按上述規定的兌換比率進行貨幣兌換，實際上大大增加了民主德國居民的財富總量，因此有人評論說聯邦德國是將民主德國買下來的。

---

[77] [德] 格琳德·辛恩、漢斯-維爾納·辛恩：《冰冷的啟動：從國民經濟角度看德國統一》，晏揚譯，上海三聯書店，2012年，第23—24頁、第38—39頁。

[78] [德] 格琳德·辛恩、漢斯-維爾納·辛恩：《冰冷的啟動：從國民經濟角度看德國統一》，晏揚譯，上海三聯書店，2012年，第251—260頁。

经济统一最重要的是经济体制的统一。联邦德国将其私有制为基础的市场经济体制直接移植到民主德国地区，取消原来以公有制为基础的计划经济体制，将民主德国原有的8000余家大型国有企业及不动产私有化。最初预算原本以为出售这些资产至少可获得6000亿马克的收入，但因企业负债和托管局的运营经费过高，最后财政缺口达2564亿马克，全部靠联邦德国财政买单。统一前联邦德国税收是民主德国税收收入的近6倍，这使联邦德国在经济统一民主德国的过程中有足够的财力弥补民主德国的窟窿。

硬实力中的军事统一在两德法律统一之前进行。民主德国军队的2337辆坦克、5980辆装甲车、2245门大炮、479架飞机、71艘军舰、10万辆车和30万吨弹药均由联邦德国接收，其中10%的装备和弹药可以再利用，其他则于1993年前出售或废弃。1990年10月3日起解除10万余民主德国军队的任务，陆续予以复员转业或审查任用。联邦德国的联邦国防军原来就实力强于民主德国军队，兵力约25万人，军事装备先进，虽然按规定只能是一支纯粹防御性军队，但在收编了民主德国的军事力量后德国的军事实力在欧洲已经是首屈一指。

政治统一突显了联邦德国在软实力方面的优势。政权软实力是对民众的吸引力，上百万的民主德国民众向联邦德国逃离，暴露出民主德国在政权软实力方面出了问题。民众意见较为集中的地方表现在：民主不够、高官特权、出国受限等，关键是民主德国领导层面对这些问题和群众意见不愿改革。[79]由此民主德国游行示威浪潮一浪高过一浪，游行群众要求政府发扬民主并实行改革，要求「新闻自由」、「旅游自由」和「选举自由」。如果民主德国政府能够大刀阔斧推行改革，也许人们对联邦德国的追求没有那麽强烈，事实是民主德国政府改革的决心和魄力不够，步阀太小，「政府朝改革方向迈出的每一步，仅仅增加了人们的期待，而并没有丝毫地增加政府已然微弱的倖存机会。有一阵子人们似乎满足於被允许观看西德电视，接著他们似乎满意於国内改革，此后他们希望与西德建立邦联。最后，当形势看似接近时，目标转向完全的统一。同样地，人们的同情心迅速地从一个政治集团转向另一个。」[80]

（三）德国统一之「策」

国家统一问题上的策略运用是在既有的「势」与「力」的前提条件下谋划和选择的。在德国统一的过程中，民主德国政府由积极统一到消极统一，再到拒绝统一，最后不得不接受统一的现实，从背后的深刻国际形势剖析，攻守之势异也。第二次世界大战后，世界上社会主义革命、人民革命、民族解放运动蓬勃发展，严重冲击著殖民主义、资本主义体系。20世纪50年代苏联国力正处於上升势头，在苏联的支持下，民主

---

[79] 陈云林主编：《当代国家统一与分裂问题研究》，九州出版社，2009年，第85页。
[80] [德]格琳德‧辛恩，汉斯-维尔纳‧辛恩：《冰冷的启动：从国民经济角度看德国统一》，晏扬译，上海三联书店，2012年，第15—16页。

德國努力主導兩德統一，提出建立一個中立的全德政府，聯邦德國卻以「自由先於統一」為由迴避。20世紀60年代蘇聯強勢擴張，美蘇爭霸格局形成，雙方在德國問題上各不相讓，以柏林圍牆的建立為代表，民主德國認為此時兩德統一是「不現實的」，逐漸放棄了德國統一的旗幟，轉而謀求其獨立主權國家地位能夠得到國際法意義上的承認。20世紀70年代聯邦德國提出「一個民族兩個國家」理論，成為德國統一的主導者，此時民主德國則提出「兩個國家兩個民族」理論，轉攻為守，拒絕統一。20世紀80年代美國在全球爭霸中重新獲得優勢，而蘇聯則是全面收縮，國內經濟出現嚴重困難和停滯，此時面對聯邦德國對民主德國的統一攻勢完全沒有抵抗能力，民主德國政府在缺乏蘇聯支持的國際形勢下只能順應民意，聽從西方國家的安排，接受被吸收的命運。

反觀聯邦德國的統一之策，雖然也是「勢」與「力」條件下的產物，但帶有明顯的強硬色彩和時機觀念。二戰結束的德國分裂局面在聯邦德國政府看來是世界分化為兩大對立陣營的現實結果，在兩極對峙的格局下，謀求統一民主德國事實上是不可能的，同時由於西方國家的佔領和保護，聯邦德國被民主德國武力統一的可能性也不大，因此聯邦德國政府實施一邊倒的政策，堅定地站在美英法一邊，將融入西方國家陣營和推動歐洲一體化置於國家統一之上，對民主德國政府屢屢提出的統一倡議與方案採取強硬的拒絕和不理睬態度。不理睬是表示否認民主德國政府的合法性，拒絕與民主德國談判而主張舉行全德選舉，是為宣揚自己的合法性並發揮聯邦德國地區人口數量的優勢。後來民主德國同意舉行全德選舉，聯邦德國又斷然拒絕民主德國提出的選舉制度與辦法，甚至在1952年拒絕接觸抵達波恩希望商討舉行自由選舉可能性的民主德國代表團。[81] 聯邦德國的強硬政策某種程度上可以理解為其制度自信和道路自信的體現，聯邦德國政府相信自己可以在兩德發展的競爭中獲勝，時間在自己一邊，但當時推動國家統一的時機並不成熟，因為雙方的實力差距還沒有明顯拉開。

即使是時機不到，聯邦德國政府也沒有一味等待時機的到來，在講究戰略定力的同時還採取積極主動的對策為日後推動國家統一鋪墊基礎。特別是在國際場合堅定維持自身的合法性。1955年聯邦德國宣稱除蘇聯外任何國家與民主德國建立外交關係都是對聯邦德國的不友好舉動，封堵民主德國的同時還積極發展與東歐國家的經貿關係，以求孤立民主德國。後來聯邦德國政府根據形勢的變化調整策略，1966年發表聲明表示：「本屆聯邦政府同樣認為自己是德國唯一的政府，是自由、合法和民主選舉的政府，有權代表全體德國人民。但是，這並不意味著我們要想約束德國另一地區能自由選擇的同胞。」[82] 1968年民主德國公佈了新憲法，放棄了1949年憲法在全德具有效力的主張。而聯邦德國在政治和法律上堅持不承認民主德國的同時，開始從低政治領域調整統一政

---

[81] 韓獻棟：《分裂國家的統一：理論與實踐》，智慧財產權出版社，2014年，第127頁。
[82] 丁建弘、陸世澄、劉祺寶：《戰後德國的分裂與統一（1945—1990）》，人民出版社，1996年，第230頁。

策，與民主德國開始進行接觸。」

1969年上台的聯邦德國新一屆政府推行「新東方政策」，對兩德關係的定位是：「聯邦德國政府並不考慮從國際法上承認民主德國，即使德國存在兩個國家，但是它們彼此不是互為外國，它們之間的關係只能是特殊性質的關係。」[83] 民主德國也接受了這種「特殊關係論」。此後兩德開始了正式的接觸和會談。在簽署了一系列有關通郵、通航，以及從事商業、文化、體育、宗教和旅行活動的協議後，兩德於1972年12月21日正式簽署了《關於德意志聯邦共和國與德意志民主共和國之間關係的基礎條約》。在該條約基礎上兩德於次年9月同時加入聯合國。兩德透過民間交流和政府官員互訪乃至最高領導人會面不斷推動雙方關係的密切化。1985年兩德領導人在莫斯科舉行非正式會晤，再次確認兩德為「命運共同體」。

聯邦德國調整策略的背景是其軟硬實力已經開始取得對民主德國的優勢，可以轉守為攻，「以接觸求變化」，向統一民主德國邁進。隨著雙方接觸的加深，民主德國民眾對聯邦德國政府的國家治理能力逐漸瞭解和認同，民意日漸向有利於聯邦德國的方向轉變。20世紀80年代國際形勢變化，蘇東動盪之際，聯邦德國政府利用民主德國政府求穩定的訴求，順勢同意民主德國1989年11月提出的建立兩德「條約共同體」的設想，並敏銳捕捉時機，同月底趁機提出《消除德國和歐洲分裂的十點計畫》，並在12月對民主德國進行高層訪問，承諾提供經濟援助。此時民間對德國統一的熱情被激發出來，聯邦德國政府迅速做出反應，1990年2月成立「德國統一委員會」，就國家統一相關問題進行研究並提出願意與民主德國立即進行會談。此時聯邦德國政府一方面透過訪蘇穩住蘇聯並取得理解，另一方面積極介入民主德國大選，在3月份的大選中獲得聯邦德國政府支持的民主德國政黨（基督教民主聯盟）獲得勝利，為德國統一政治上鋪平道路。5月和8月，雙方簽署了兩個《國家條約》，對統一後的貨幣、經濟、社會、行政、司法、產權、政黨、國際條約等各領域事項做出詳細規定。10月3日，民主德國和平消失，聯邦德國統一民主德國的國家演化歷史進程得以完成。

（四）觀察與啟示

兩德雙方從低敏感議題著手開始了正式的接觸和會談。在簽署了一系列有關通郵、通航，以及從事商業、文化、體育、宗教和旅行活動的協定後，雙方透過民間交流和政府官員互訪乃至最高領導人會面不斷推動關係密切化。在雙方最高領導人會面中提出和確認雙方為「命運共同體」。

如果沒有特別說明兩德，上面這段德國統一前的歷史描述幾乎可以被視為台海兩岸2008—2016年的發展過程和狀況。經過30多年來的發展，兩岸關係形勢與德國統一

---

[83] 丁建弘、陸世澄、劉祺寶：《戰後德國的分裂與統一（1945—1990）》，人民出版社，1996年，第264頁。

前的狀況有許多相似之處,但當初兩德交往接下來的歷史軌跡是國家實現和平統一了,2016年5月20日台灣民進黨領導人上台後,兩岸卻中斷了制度化協商。兩岸與兩德的情況相差在哪裡?兩岸不少學者早都建議借鑒德國統一模式解決台灣問題,實現中國和平統一,但在借鑒德國模式前須知德國案例的背景有許多不同於中國之處:

「勢」的方面,德國的分裂與統一與國際冷戰格局的形成與結束密切相關,台灣問題的形成卻是中國內戰遺留並延續的政治對立。當然,台灣問題雖是中國內戰的結果,但也受國際格局的重大影響。與德國實現和平統一時的條件相比,中國面臨的台海兩岸形勢更為複雜和困難。當時支持聯邦德國的美國在美蘇爭霸中取得優勢,而支持民主德國的蘇聯卻已經處於劇變和解體的前夕,蘇聯沒有決心和能力維持民主德國的政治獨立;當前影響兩岸關係的國際勢力中,美日是台灣的後台,沒有跡象表明美日支持台灣拒絕與大陸統一的決心和能力有所削弱,恰恰相反,與大陸提出「和平統一」對台政策之初相比,美國已經不需要像當初那樣對中國讓步以實現「聯中抗蘇」戰略格局,當前中國已取代俄羅斯成為美國的頭號競爭對手,作為遏制中國崛起戰略的一部分,美日與中國在南海、東海問題上對立不斷加劇,更不可能輕易放棄台灣這顆棋子而在台灣問題上讓步,中國統一面對的國際阻力遠大於德國實現統一之時。

「力」的方面,聯邦德國是在具備軟硬實力的全面優勢條件下吸收民主德國的,中國大陸1979年提出「和平統一」對台政策時經濟政治文化等很多方面並不具備對台優勢。當前大陸在硬實力建設方面雖然綜合水準優於台灣,但軟實力還遠沒有達到預期效果。和平自願方式的統一主要依靠民意的自願力量。當初德國統一前民主德國民眾嚮往聯邦德國,主要是抱怨民主德國「民主不夠、高官特權、出國受限」等問題,並提出「新聞自由」「旅遊自由」和「選舉自由」的要求。與之相較,台灣民眾對台灣政府並沒有太多這方面的抱怨,相反在這些方面有優越感,認為大陸網路封鎖不自由、政府官員特權腐敗、大陸民眾不能像台灣人那樣有150多個國家免簽證可以自由地世界旅行。客觀地講,大陸在軟實力建設方面幾十年來進步巨大,有目共睹,但對台灣民眾產生具有吸引力的優勢還有待時日。

「策」的方面,兩德統一得以透過和平自願的途徑進行,與其雙方未曾發生戰爭、民意沒有敵視情緒密不可分,兩岸之間因內戰而分隔且台灣長期進行「反共」宣傳和教育,台灣對大陸敵意極重,這使兩岸實現和平自願統一的困難度遠高於德國。政策上看,大陸對台灣始終抱持親情和友善的姿態,並予以經濟利益的優惠、輸送和支持。這一點與當時的聯邦德國做法相同,但聯邦德國當時無論整體經濟規模還是人均產值收入都高於民主德國,且民主德國民眾對聯邦德國並無深刻的敵視情緒,因此聯邦德國的善意能轉化成民主德國民眾對聯邦德國政府的好感。大陸在對台經濟交流和優惠時,經濟發展階段和人均收入水平均大大落後於台灣,且島台灣記憶體在以「皇民意識」為基礎

的「反中」情緒和以「民國意識」為基礎的「反共」情緒，對大陸的敵視非一日之寒，化解不易，加之政黨力量的操弄，大陸釋出的善意常被歪曲而無法有效轉化為台灣民眾的好感與信任。

從以上內外因素看，台灣無論是馬英九執政還是蔡英文執政，兩岸和平統一的條件都還沒有成熟。關鍵的一點，是大陸對台灣民眾的吸引力還不夠強。和平統一的核心是較落後的一方加入較先進的一方，兩岸如果透過和平方式實現統一，就是要靠大陸的快速發展讓廣大台灣民眾心甘情願、心悅誠服地願意與大陸同屬一個國家，這就需要中國政府能夠充分展現卓越的國家治理能力，使大陸成為大多數台灣民眾羨慕和嚮往的地區。這一天還沒有到來，還需要時間。因此，習近平講，「從根本上說，決定兩岸關係走向的關鍵因素是大陸發展進步。」這也是大陸經常提到「戰略定力」的內涵與背景。

當然，講「戰略定力」不等於無所作為，聽之任之。一方面要積極處理好大陸內部的事情，另一方面要針對台灣方面的不同施政路線採取不同的博弈策略。這就是大陸為什麼非常關心台灣新當局的政策方向。如果不認同「兩岸一中」的民進黨政府公然推動「法理台獨」，兩岸關係發展到不得不攤牌的地步，和平統一的方案可能要調整。如果蔡英文政府真能做到在兩岸問題上維持現狀，大陸的對台方針政策當然無須改變，因為大陸綜合實力增長速度較之台灣和美日增長更快，這是大陸能夠保持道路自信、理論自信、制度自信的源泉和體現。

二、越南

在越南民主共和國（北越）擊敗越南共和國（南越）之後，1976年越南南北舉行普選，正式宣佈南北統一，將國名改為越南社會主義共和國。越南是二戰後透過戰爭方式獲得國家統一的典型案例。

（一）越南統一之「勢」

越南是中國的南方鄰國，但在歷史上有很長時期，尤其是自秦始皇在該地區設置郡縣後的1000多年間，越南屬於中國版圖。五代十國末期，越南開始有獨立政權。北宋以後的近千年間，越南與中國大體維持了穩定的宗藩關係。19世紀，法國入侵越南，並與越南的宗主國清朝發生戰爭，雖未取勝，卻透過談判將越南變為法國的殖民地，直至二戰時期的日本入侵。二戰結束後，以北緯16度線為界，中國與英國分別佔領越南並接受日本軍隊投降。法國透過與英國及中國談判重返越南，並實際控制越南南部，試圖恢復在整個越南的殖民統治，但遇到了成立於1945年9月的「越南民主共和國（北越）」的抵抗。經過9年的越法戰爭，失敗的法軍1956年4月全部撤出越南。在美國的支持下，1955年10月越南南部的「越南共和國（南越）」成立，取代了法國控制下的

傀儡政權「越南國」。根據1954年的《日內瓦協定》，以北緯17度線為界，越南形成南北兩個政權的對峙。

當代越南分裂與統一也是二戰後的冷戰對峙的國際格局產物。北越政權成立之初，北越政府主席胡志明曾8次致電致函美國，建議美國承認越南的獨立。但當時美蘇冷戰已經展開，從冷戰思維出發，美國國務院認定胡志明是「國際共產主義代理人」「徹頭徹尾的共產主義者」。[84] 在美國看來，北越是共產主義政權，是反資本主義的，與美國的國家利益根本對立，因此美國完全拒絕承認北越政府。相反，美國還默許和支持法國發動對越南的大規模殖民戰爭。北越政權被迫撤退到北部山區開展孤立無援的抗法游擊戰爭。這種狀況在新中國誕生後發生了根本性的轉變。

1950年中越兩國正式建立外交關係，中國成為世界上最早承認與和北越政權建交的國家。此後蘇聯及歐亞一些國家也先後承認並與北越政權建交。1950年6月朝鮮戰爭爆發是越南政治局勢發展的轉捩點，它代表著兩大陣營冷戰對峙的局面在東北亞和東南亞的形成。美國也對越南事務調整為公開干涉的政策，在冷戰格局下將「韓戰」與「越戰」視為「雙管齊下的戰爭」。[85] 1953年朝鮮停戰後，美國將更多注意力集中到越南戰場。但在中國「全面援越」的政策下，北越軍隊對法軍展開反攻，並取得奠邊府戰役的重大勝利，對法國撤軍和日內瓦會議簽署停戰協定發揮重要影響。

1954年，聯合國五個常任理事國與越南、寮國、柬埔寨三國通過《日內瓦會議最後宣言》，內容包括越南應在1956年舉行全國自由選舉以實現民主和統一，這是日內瓦國際會議所確認的在越南實現停戰和以和平方式實現國家統一的道路。然而美國卻擔心「共產黨在越南進一步擴張」最後並沒有在這個《宣言》上簽字，總統艾森豪宣稱「不受這個會議決議的約束」。此後美國大力援助南越政權，擴軍備戰，南越政權並以「北方人口比南方多」「北越沒有民主自由選舉的條件」為藉口拒絕實現日內瓦協議。美國還帶頭糾集英、法、澳、新、菲、泰和巴基斯坦等7國於1954年9月組成東南亞軍事集團，將越南南方、柬埔寨和寮國劃為「保護區」。可見，法國為重建殖民制度在二戰後發動對越南的侵略戰爭和美國後來的干涉是導致越南南北分裂的主要因素。

在北越和南越對峙期間，北越組織力量以游擊戰爭形式在南越發動解放戰爭，並引發美國軍事介入的越戰。越戰是二戰以後美國參戰人數最多、影響最重大的戰爭，經過12年戰爭最後美國在越戰中失敗撤軍。1960年9月，越南勞動黨[86]召開「三大」確定越南革命的兩個戰略任務是在北方進行社會主義革命以及解放南方，自此將解放南方和建設北方置於同行重要的地位。同年12月成立「越南南方民族解放陣線」，在南方開展

---

[84] [美]湯瑪斯·派特森等：《美國外交政策》，李慶餘譯，中國社會科學出版社，1989年，第715頁。
[85] 陳雲林主編：《當代國家統一與分裂問題研究》，九州出版社，2009年，第19頁。
[86] 越南共產黨1930年2月在香港成立，初名越南共產黨，1930年10月曾改名為印度支那共產黨，1951年改稱越南勞動黨，1976年改回越南共產黨。

反美解放運動，南越政權受到嚴重威脅。自 1961 年開始，美國以軍事力量直接介入越南南方的解放運動，協助南越政權與「越南南方民族解放陣線」領導下的越南反政府武裝作戰。

當時北越政權以武力方式發動國家統一戰爭與國際格局的變化密不可分。美蘇冷戰發展到 60 年代，蘇聯進入強勢擴張期，美國則處於戰略守勢。蘇聯迅速縮小了與美國的實力差距，特別是在軍事實力上逐步超過美國。蘇聯國家主席赫魯雪夫透過強硬手段與恫嚇方式，例如 1961 年在民主德國一夜修建柏林牆封鎖西柏林並恢復核子試驗等，試圖使美國總統甘迺迪在某些爭端上向蘇聯讓步。美國認定要在越南問題上顯示出美國的力量和對抗社會主義陣營的決心，於是派遣美國國防軍特種部隊進駐南越，被認為是越南戰爭開始的代表，並使越南戰爭成為當時冷戰格局中唯一的熱戰。此後戰爭逐步升級，由有限戰爭轉變為局部戰爭。

在美國和北越均付出慘重戰爭損失之後，1968 年美國國內反戰示威遊行已遍及全國各地，10 月美軍宣佈停戰。從 1969 年開始美國軍隊逐步撤出越南，但北越和南越的戰爭並未結束。1972 年中美關係改善對越南局勢產生重要影響。美國總統尼克森的訪華和美國國務卿季辛吉的訪美為美國結束越戰創造條件。在中國和蘇聯的壓力下北越政權回到談判桌前。1973 年 1 月參加關於越南問題的巴黎會議四方（美國、北越、南越、南越反政府武裝）在巴黎正式簽署了《關於在越南結束戰爭、恢復和平的協定》（巴黎和平條約）。隨著美國軍隊陸續全部撤出越南，北越軍隊徹底擊潰南越政府軍，1975 年消滅了南越政權。4 月 30 日，美國駐南越使館的最後一批人員乘直升機離開越南，當天南越總統府被反政府軍佔領，南越政權透過廣播宣佈無條件投降。美國勢力的撤出和中蘇對北越的支援為越南的武力統一提供了必要的外部條件。

(二) 越南統一之「力」

北越武力統一南越是憑藉硬實力優勢完成國家統一的典型案例。軍事和經濟實力的比拼不僅在中蘇與美國兩大國際勢力之間進行，更在北南雙方之間軍事鬥爭中起到關鍵作用。按照《日內瓦協定》以北緯 17 度線劃分的南北越，北越面積 15.58 萬平方公里，南越面積 17.38 萬平方公里，人口分別為 1500 萬和 1300 萬（1958 年聯合國專家估計資料）。

軍事實力方面，北越軍隊雖然數量和武器裝備並未佔優，但在長期的戰爭訓練下其動員能力、組織能力和戰鬥能力明顯強於南越軍隊。相關資料顯示，1973 年巴黎協定簽署前北越的武裝力量為 21.9 萬人，而南越的正規部隊則為 23.3 萬人，其中陸海空軍分別為 21 萬、1.4 萬和 0.9 萬人，此外還有 35 萬人的地方部隊。[87] 南方軍隊的武器裝

---

[87] 韓獻棟：《分裂國家的統一：理論與實踐》，智慧財產權出版社，2014 年，第 40 頁。

備優於北方軍隊。北越正規軍和越共游擊隊的主要武器是：T-54 坦克、Mi G-17、Mi G-19、Mi G-21、85 毫米和 37 毫米、57 毫米、100 毫米高炮和 14.5 毫米高射機槍。南越政府軍及美國、韓國、澳大利亞、泰國、紐西蘭等國聯軍的主要武器包括：M48 坦克、M-113 裝甲運兵車、F-100、F-104、F-105、F-111、F-4、F-8、A-1、A-4、A-5、A-6、A-7、A-37 型等戰鬥機、攻擊機，EB-66 電戰機，B-52 戰略轟炸機，UH-1 系列直升機，CH-47 契努克、AH-1 直升機。使用「AGM-45 百舌鳥」反輻射導彈，子母彈、氣浪彈、凝固汽油彈、毒氣彈等武器。

　　經濟實力方面，南北越分裂之前其經濟總量基本處於對等的狀態和水準。[88] 分裂之後雙方都進行了經濟恢復與重建工作，北方經濟發展速度和效果優於南方。經過三年的恢復，北越的現代工業在國民經濟中的比重由 1955 年初的 1.5% 增加到 1957 年底的 10.5%，[89] 具有了較好的北方的工業資源和工業基礎，比較容易形成一個相對完整獨立的產業體系。1955 年到 1964 年，北方透過國家計畫和主導的方式，在重工業、輕工業和農業各領域都實現了較好發展，煤炭、電力、水泥、棉織、香煙、砂糖等均實現了大幅度增長。隨著土地改革的開展，北方農村生產力獲得極大解放，農業也有大幅增收，只用 2 年時間就恢復並超過了戰前 1939 年的水準。北方原是缺糧地區，依賴從南方調運大米，到 1959 年人均糧食產量為 367.2 公斤，躍居東南亞各國的前茅，並實現了經濟資源的內部循環。日本學者資料表明，北越在經濟恢復時期工農業總產值增長了 1.32 倍，社會主義發行時期增長了 33%，「一五」計畫時期增長了 32%。[90] 南方由於缺乏工業資源，不具備建立獨立工業體系的條件，經濟發展較不均衡。分裂前所需工業品主要從北方輸入，分裂後為維持民眾正常的社會生活，不得大力發展工業，煤炭從無到有，電力也有較大增長，但與北方相比產量低下得多。由於大量日用工業品均需仰賴進口，以大米和橡膠為主的出口商品結構又過於單一，南越外貿出現巨額逆差，主要靠美援平衡財政。長期依賴外援的南越經濟在實力上無法與北越抗衡。

　　接受外援方面，北越接受了社會主義國家特別是中國的大量援助。早在 1950 年 1 月中越建交後，新中國就作出了全面援越的重大決策，中方先後派遣陳賡將軍、以韋國清為首和以羅貴波為處的政治顧問團入越，協助其訓練幹部，進行軍隊建設和作戰，掃清中越邊界敵軍，將中方援助物資送到北越。1955 年中國無償援助北越 8 億元人民幣，贈送機車和車輛，幫助裝備航空部門和郵電系統，援建火柴廠和紡織廠，同時派遣技術人員和專家前往參加恢復重建工作。即使在中國三年經濟困難時期，1961 年中越仍簽訂《中國向越南提供長期貸款和成套設備的協定》，給予北越 1.4 億盧布的長期貸款，用於

---

[88]　韓獻棟：《分裂國家的統一：理論與實踐》，智慧財產權出版社，2014 年，第 44 頁。
[89]　《越南經濟》，世界知識出版社，1962 年，第 143 頁。
[90]　[日] 江橋正彥、山田康博：《戰後北越經濟三十年（1945—1975 年）》汪慕恒譯，《南洋資料譯叢》，1981 年第 4 期。

興建和擴建越南的冶金、電力、輕工業和鐵路等 28 個工業交通企業與設施。[91] 1965—1970 年，中國先後派出防空、工程、鐵道、後勤保障和海軍掃雷部隊共 32 萬人協助北越保衛住宿和交通運輸。在 200 億美元的援助物資中，絕大部分是無償援助。[92] 相較之下，南越接受外援更多，除經濟援助外，軍事援助更加直接。美國先後投入 60 多萬軍隊，出動最多時佔其步兵的 68%，海軍陸戰隊的 60%，戰術空軍的 32%，戰略空軍的 50%。1973 年《巴黎協定》簽字前，美國將價值 60 億美元武器和軍事物資運往南越，此後兩年又給予南越政權 20 多億美元的援助。[93]

軟實力層面，北越優於南越。從政治影響力看，北越一貫堅持的國家統一主張及各種和平統一方案反映了越南全體民眾反對國土分割、要求祖國統一的強烈願望，因此深得人心。南越依靠美國援助被爭取民族獨立的越南民眾認為是帝國主義侵略戰爭，失去正義，失掉民心。政治穩定性方面，北越執政黨強於南越政權。1969 年胡志明去世之前，胡志明始終是執政黨越南勞動黨的核心，其地位和威望在黨內沒人能夠撼動，這在相當程度上保證了越南勞動黨高層領導的穩定。1951 年 9 月越南勞動黨進行整黨，有力地保證了越南勞動黨的團結和統一。南越政權卻在激化的社會矛盾背景下缺乏有力的政治領導中心。1963 年吳廷琰在軍事政變中被擊斃後，南越政權領導人進入走馬燈式輪換交替的時期，除阮文紹時期外，其他總統的任期基本只有幾個月甚至幾天，總理更是頻繁更迭，無法制定並執行能有效促進社會改革的政策，愈發喪失民眾支持。政治凝聚力方面，北越在越南勞動黨的主導下，1951 年組成「越南國民聯合陣線」，形成了一個由越南勞動黨為領導核心的包括各階層、各團體的統一戰線，從而將民眾團結在執政黨周圍，保證了越南勞動黨的政治動員能力。南越政權的政治凝聚力不強，吳廷琰可以進行政治動員的資源和範圍都很有限，保證政令執行，強化總統權力，利用血緣和親緣進行政治動員，實施家族統治，大搞裙帶關係，南越 60% 的省長由吳的親信擔任。南越政權採取的高壓控制方式使階級矛盾更加尖銳。文化凝聚力方面，南越政權不能揚長避短。1954 年，《日內瓦協定》簽署後，北越政權實行蘇聯模式的田地改革及限制宗教發展，近一百萬北越人，尤其是前地主、資本家和天主教信徒，隨法美和聯合國的海艦遷居南越，史稱「自由之路行動」。南遷與南越本土合在一起的百餘萬天主教徒成為天主教背景的吳廷琰的主要社會支援基礎。但吳廷琰政府在對天主教徒特殊優待的同時壓制佛教，激起佛教教徒抗議，上街遊行乃至引火自焚，總體上南越政權未能處理好文化和宗教信仰的問題。

（三）越南統一之「策」

---

[91] 越南史學院編：《1945—1975 年的越南事件集》，第一集，河內：越南社會科學出版社，1975 年，第 195 頁。
[92] 陳雲林主編：《當代國家統一與分裂問題研究》，九州出版社，2009 年，第 64 頁。
[93] 陳雲林主編：《當代國家統一與分裂問題研究》，九州出版社，2009 年，第 58 頁。

1954 年《日內瓦協定》簽署後，越南北方完全解放，建立了社會主義國家，南方被美國扶植的吳廷琰集團統治，建立了資本主義政權。在國家分裂的情況下，北越制定戰略任務是：「第一，在越南北方建設社會主義，第二，在南方完成民族民主革命。」[94] 北越將壯大實力為統一培育基礎作為該時期的主要策略，同時沒有放棄國家統一目標，1955 年提出透過全國範圍內的自由普選實現國家和平統一的建議，設計了南北方透過協商組織選舉的方案，把握了民意的主動權。南越卻對該主張置之不理，從 1955 年底開始還封鎖了臨時軍事分界線，切斷了南北之間的正常交往。其拒絕北越提議的理由主要是「北方不存在自由選舉的條件」。此舉明顯違背民意，1956—1957 年南越各界民眾掀起各種要求和平統一與自由民主的運動，僅 1957 年前三個月就爆發了 50 次罷工。

隨著實力增強和形勢變化，1959 年北越的越南勞動黨調整了國家統一路線，強調南方革命的基本發展道路是暴力道路，需要透過武裝鬥爭完成國家統一。此後越南南方人民的武裝反抗運動洶湧澎湃，游擊隊在解放區成立了人民自管委員會，沒收地主土地分給農民。1961 年 2 月，南方各地武裝力量統一整編為「越南南方人民解放武裝力量」，即「越南南方解放軍」，組建了統一的指揮部，發展出主力部隊、地方部隊和游擊部隊三種形式的武裝力量，其中主力部隊基本由北方輸入。隨著鬥爭激化，1961 年美國發動了針對北越的「特種戰爭」，又稱「反游擊戰爭」或「次有限戰爭」。同時美國與南越發表《聯合公報》，提出美國擴大對直越的援助並派遣美國專家等 8 項措施。然而在對手的強大攻勢面前，旨在切斷北越與南方廣大農村聯繫的「斯特利—泰勒計畫」完全失敗，吳廷琰政府垮台，本人被政變部隊打死，到 1964 年美國在南越推行的「特種戰爭」戰略宣告破產。

為了挽回敗局，美國詹森政府將「特種戰爭」升級為「局部戰爭」，大量派遣美軍進入南越，實施「南打北炸」。到 1968 年駐越美軍人數達到 53 萬人，南越軍隊擴大到超過 100 萬人，韓國及東南亞條約集團國家的駐軍隊近 7 萬人。開始，北越軍隊實施消耗戰略，在精心準備的有利地形下吸引美軍進攻，激戰至傷亡達到一定程度就撤離戰場。1968 年 1 月底，北越發動了規模空前的春節攻勢。超過 8 萬北越軍隊和越共游擊隊對南越幾乎所有的大小城市發起了進攻，其規模和慘烈程度令美國人大為震驚。在這次攻勢中，北越損失了超過 5 萬人，犧牲慘烈。南北越之間的力量對比在春節攻勢之後發生了有利於南方的變化，北越開始同意談判。同時，春節攻勢使詹森不得不承認失敗，1968 年 3 月，詹森發表演講，表示美軍將逐步撤出越南，並宣佈放棄競選下任總統。1969 年，尼克森成為美國總統，表示要推行「越南化」政策，或稱「非美化」，即「越南人打越南人」，讓美軍逐步撤出越南，並於當年 6 月撤出首批 25000 名美軍。

1969 年 1 月起越美四方會談（美國、北越、南越、南越反政府武裝）開始巴黎進

---

[94] 胡志明：《越南勞動黨的三十年》，載《越南勞動黨光輝的三十年》，世界知識出版社，1960 年，第 49 頁。

行。談判中美國提出先解決軍事問題後解決政治問題的方案，北越提出二者要同時處理。美國是希望北越從南越撤出軍隊以維持南越政權有效統治，北越是希望透過軍事讓步換取美國壓迫南越阮文紹政府辭職，從而使南方反政府軍力量進入政權核心，組建北越具有控制力的聯合政府。但在巴黎談判持續的前三年半期間，談判毫無進展，戰爭仍在繼續。美國試圖在保存南越親美政權的前提下「體面地撤軍」，為此不斷向對手施加軍事壓力。1969 年 3 月，美軍開始秘密轟炸柬埔寨境內的北越軍事基地。1970 年 5 月，美軍入侵柬埔寨，直接進攻那裡的北越軍事基地。到 1971 年，美軍死亡人數已超過 4 萬。1972 年 3 月，北越動員了全部軍事力量，發動了比 1968 年春節攻勢更大規模的「復活節攻勢」。為擺脫困境，尼克森下令美國 B-52 戰略轟炸機對北越進行全面轟炸。北越在復活節攻勢中損失超過 10 萬人，越南解放軍總指揮武元甲也因此被撤職。在此背景下，一度停滯的巴黎會談在 1972 年 4 月得以恢復。1973 年 1 月四方簽署了《關於在越南結束戰爭、恢復和平的協定》，即《巴黎協定》，並附有四個議定書。《巴黎協定》規定美國及其他外國軍隊從越南撤軍，承認越南南方存在兩個政權、兩個控制區的現實。但也規定：「越南的統一，將透過南北方之間的討論和在達成協議的基礎上，在不受任何一方的壓制或吞併以及在沒有外來干涉的情況下，透過和平方法逐步實現。」

南北越均沒有嚴格履行《巴黎協定》。南越政權在美軍撤出之後採取各種措施佔領交通要道，鞏固各級政權，進犯解放區。北越軍民利用美軍撤出南越、南越政權面臨嚴重統治危機的有利形勢，以北方正規軍為主，在南越人民武裝和人民群眾的配合下，於 1975 年 3 月發起了「春季攻勢」，經過 55 天奮戰，共殲滅和瓦解敵軍 100 多萬人，推翻了南越政權，實現了越南南北方的統一。北越取勝的策略是多方面的：首先是利用了美軍實行戰略收縮的有利時機；其次是正確選擇攻擊目標，直指敵之要害和弱點，使敵指揮失靈，運輸保障困難，進無力退無路，最終導致失敗；三是乘勢擴大戰果，不給敵以喘息之機，利用敵調整部署、兵力收縮等時機，迅速達成作戰目的；四是適時轉換作戰形式，敢於進行陣地爭奪戰、城市攻堅戰、大兵團正規作戰。在與美軍作戰時，主要採取襲擊戰這一作戰形式。在力量對比發生根本變化時，適時將北方主力部隊投入南方戰場，進行戰略決戰；五是軍事打擊與政治瓦解互相配合；六是重視炮戰和特工戰，特工戰是北越軍作戰的一個重要特點，其任務通常是破襲敵指揮機關、水陸交通樞紐、後方補給倉庫、小股部隊。

實際上，越南南方民族解放組織及其武裝運動一直都是北方領導的，因此南北越南的統一邏輯也不可能脫離北方的設計框架。1975 年越南南方共和國政權取代南越政權後，南北越南分別於當年夏天向聯合國提交了入會申請。但下半年北越在統一問題上的設想發生明顯變化，統一進程加快。11 月南北雙方代表團舉行政治協商會議，就統一問題進行了協商，並成立了國家及地方的選舉委員會。1976 年 4 月越南全境進行普選，

6月新國會舉行第一次會議，正式宣布南北統一，決定統一後的新國家名為「越南社會主義共和國」。

(四) 觀察與啟示

「勢」的方面，越南推進並完成國家統一的時代背景是二戰後如火如荼的亞非拉民族解放浪潮高漲時期，北越政權高舉抗法抗美的反侵略旗幟，在相當程度上賦予了其政治鬥爭的合法性與正統性。雖然越南南部與北部民眾之間在文化、生活習慣及社會心理等方面存在很大差異，但北越提出的「獨立、統一」政治訴求符合當時的時代潮流，具有正義進步的感召力，能夠獲得越南南北廣大民眾的政治認同和支持。而在這股時代潮流中，支持北越政權的中蘇兩大社會主義國家當時在國際上的影響正在蒸蒸日上，兩國特別是中國對北越政權源源不斷的物資援助與武器裝備使其在面對強敵長達數十年的連續戰爭中拼得起資源消耗，最終靠堅持不懈的武力統一政策實現了越南的國家統一，創造出國際冷戰格局下以武力自己主導完成國家統一的典型案例。從「勢」的方面回顧越南統一歷程，應該慶幸其在國際社會主義陣營強勢時期完成了國家統一任務，如果再拖個10年，放在冷戰後期美國處於攻勢蘇聯處於守勢的背景下其結局如何又當別論。

「力」的方面，透過戰爭形式完成國家統一的越南案例主要還應視為軟實力統一。雖然北方在人口數量和經濟實力方面都略優於南方，但對比並不懸殊。戰爭更主要拼的是軍事實力和經濟實力，南越在美國的援助下這兩方面並不遜於北越，相反，從數量和武器裝備上看北越軍隊並未佔優。北越在長達10餘年的戰爭中最終贏得了勝利，關鍵在於其軍事方面的出色的動員能力、組織能力和戰鬥能力，明顯強於南越軍隊。北越軍隊在戰爭中的損失大大超過美軍和南越軍隊，但強大的動員能力使其可以迅速恢復戰力，例如在1968年的春節攻勢和1972年的復活節攻勢中，動員了全部軍事力量的北越軍隊分別付出5萬人和10萬人慘重代價，但每次都在幾個月後就可以補充兵員恢復戰力，並確保軍隊仍然具有高昂的士氣。根據美國退伍軍人事務部（United States Departmentof Veterans Affairs, VA）2015年公佈的統計資料，越戰美軍陣亡人數是47434人，非陣亡人數是10786。估計南越軍隊死亡316000人，而北越軍隊死亡高達1176000人，大約三倍於對手。戰爭會使雙方受損，但誰能承受更大的損失本身是組織能力、動員能力的體現，共產主義思想和集體主義信念在組織和動員方面擁有更大的優勢，這是戰爭中的軟實力。有能力承受更大損失的一方往往可以成為戰爭最後的獲勝者，從而實現其優先考慮的戰略目標。

「策」的方面，北越充分運用和發揮了自己在軟硬實力方面的優勢，不斷施壓迫使對手向自己的戰略目標靠攏。在當時的時代背景下，北越政府要求國家統一代表越南民族的主流民意，也得到南方大量民眾的支持，南方反政府武裝力量願意在追求統一獨立的旗幟下接受北越政府的領導，北越對南越形成明顯的優勢。阻礙越南實現國家統一的

障礙主要是以美國為代表的外部干涉勢力，因此北越的策略首先是要求美國及其他外國軍事力量的撤出。為此，北越不惜代價發動持續而有力的進攻，邊打邊談，邊談邊打，一直打到美軍承受不起支持南越的代價，不得不全部撤出，為越南以軍事手段實現國家統一創造出充分條件。在這一過程中，北越清楚與美國的實力差距懸殊，因此運用了積極的外交手段，在周旋於中蘇之間獲取雙方大量的對越援助之外，還借助美蘇對抗的國際格局和中蘇的大國實力迫使美國在談判桌上最終讓步。在清除了南越的強大外部支持力量後，北越就可以聯合南方反政府武裝輕鬆擊敗南越政府，為南北統一鋪平道路。南越政權被消滅後，南方反政府武裝力量成立了越南南方共和國，與北越相互獨立，計畫五年後，即 1970 年以後，雙方討論國家統一問題。北越堅定的國家統一目標在此時又一次發揮了重要的作用，避免了南北分治的夜長夢多。北越利用當時對自己絕對有利的南北關係，在南越政權滅亡的當年，即 1975 下半年就發揮對南方政權的影響力，與越南南方共和國政府加緊協商國家統一方案，次年就南北合併完成了國家統一。在共同組建的統一國家中，北方人士在政府機構中佔據了壓倒性優勢，越南南方共和國的一些領導人和知名人士雖然進入新的國家機構中，但並未佔據核心決策位置，因此越南最後的國家統一方式也被認為是與聯邦德國合併民主德國類似的「吸收」方式。

三、葉門

1990 年 5 月，阿拉伯葉門共和國（北葉門）和葉門人民民主共和國（南葉門）議會批准了統一憲法草案和《沙那協定》，選舉出統一國家的最高權力機構，總統委員會主席薩利赫宣佈葉門共和國誕生，將北部的沙那定為統一國家的政治首都，南部的亞丁為經濟首都。葉門是二戰後透過戰爭與和平手段綜合運用完成國家統一的案例。

（一）葉門統一之「勢」

葉門的分裂與殖民主義的國際背景有關，但其統一與德國和越南一樣是美蘇爭霸的國際冷戰格局背景下的產物，所不同的是，越南統一完成於蘇聯強勢、美國弱勢時期，而葉門和德國的統一完成於美國強勢、蘇聯弱勢時期，也因此，越南是蘇聯支持的北越社會主義政權完成了統一，而葉門和德國則是美國支持的北葉門和聯邦德國資本主義政權完成了統一。葉門與德國的統一都在 1990 年實現，次年蘇聯解體。葉門歷史上曾經是阿拉伯帝國的一部分，信仰伊斯蘭教。從阿拉伯帝國獨立後建立過幾個王朝，後來兩度被鄂圖曼帝國統治。第一次世界大戰前，葉門被鄂圖曼帝國殖民統治，但鄂圖曼帝國承認此前以軍事和政治手段實際控制葉門南部的英國統治權力。一戰結束後，鄂圖曼帝國土崩瓦解，葉門隨之於 1918 年宣佈獨立，同時新政權也不得不承認英國對南葉門的佔領。

1962 年，北葉門「9·26」革命後建立了共和制度的阿拉伯葉門共和國，與被推翻的

封建王朝進行了長達 8 年的內戰。共和政權得到了蘇聯、埃及和敘利亞的支持，封建政權得到美國、英國和沙烏地阿拉伯的支持。1967 年第三次中東戰爭之後，出於阿拉伯國家團結的需要，以及各國自身問題，埃及和沙烏地阿拉伯都停止了原來的援助政策，主張和解。北葉門的共和派和君主派均做出妥協，簽署了《吉達協議》，同意停止內戰，君主派控制地區的行政管理維持不變，由原班人馬負責，共和派並接納部分原王室成員參政，進入中央政府，共和派與君主派合作成立聯合政府。北葉門的統一相當程度上是兩大外部勢力埃及和沙烏地阿拉伯調整對北葉門的干預政策後的結果。

原本敵視北葉門共和政權的沙烏地阿拉伯和英法在 1970 年共和派和君主派簽署了《吉達協議》同意和解後，均於 7 月正式承認了阿拉伯葉門共和國。統一後的北葉門開始著手與南葉門實現國家統一的任務，一是試圖透過與南葉門的合併來壯大自己的力量，二是國家統一是葉門人民的主流民意，三是南葉門可能有大油田，統一後可加速北葉門經濟發展。

二戰後西亞北非地區掀起了風起雲湧的民族解放運動，統治南葉門的英國殖民當局調整了殖民政策，迫使幾個酋長國和蘇丹國的首領在其擬定的「南阿拉伯酋長國聯邦」憲法上簽字，1959 年 10 月「南阿拉伯聯邦」成立。1962 年北葉門共和政府成立之後支持南葉門的民族主義運動，南葉門的民族主義者經過武裝鬥爭，於 1967 年成立了「南葉門人民共和國」。獨立後南葉門政權內部存在保守派與改革派的鬥爭，後來改革派佔據上風，決定選擇與北葉門不同的社會主義道路，外交上與蘇聯等社會主義國家結盟。1970 年頒佈了第一部憲法，將國名改為「葉門人民民主共和國」。南葉門政權在推進社會主義變革的速度上分成激進派與溫和派，激進派主張全面依靠蘇聯，快速推進社會主義變革，並與持不同觀點的溫和派發生衝突和政變，1986 年最終贏得勝利。此時蘇聯勢力在國際格局中已經消退，南葉門出於擺脫經濟困難和政局不穩的考慮，希望與北葉門改善關係。當時由於多年模仿蘇聯僵化的社會主義體制，南葉門經濟狀況不佳，並因與蘇聯跟得太近，在保守的阿拉伯世界十分孤立。內部的貧困和外部的孤立促使其在蘇聯解體前加速與北葉門的合併。北葉門抓住時機，1987 年實現雙方最高領導人的高級會談，並於次年簽署了有助於推進統一的《邊境協定》和《沙那協定》。1989 年南北雙方開始磋商兩國統一的形式，並於次年得以實施。

（二）葉門統一之「力」

北葉門硬實力略強於南葉門，但並不明顯。1970 年到 1990 年，北葉門每年的 GDP 基本上維持南葉門 GDP 的 4 到 7 倍。當然，從絕對值水準看，也門南北雙方的經濟實力都比較薄弱。北葉門的支柱產業是農業，佔國民收入的 70%，農業人口佔總人口的 90% 以上。財政收入主要來源於海灣地區阿拉伯產油國的外援和僑匯，但難以維持財政收支的平衡，經常入不敷出。然而南葉門情況更糟。財政收入同樣主要來源於

農業和原油出口,以及外援、借款和僑匯,債台高築,難以為繼。據 1990 年的統計資料,北葉門的人口是 716 萬,南葉門的人口是 258 萬,北方是南方的近 3 倍。不過北葉門幅員較狹小,只有南葉門面積的 1/2 強。

軟實力方面北葉門並未佔優。1918 年北葉門宣佈獨立後,其實力與此前相比並無明顯增長。新政權統治者葉海亞(伊瑪目葉海亞)在軟實力方面可能不進反退了。在第二次統治葉門期間,奧斯曼人對北葉門實施了比較開明的政策,進行了司法、行政方面的改革,如在一些地區設置了具有代議性質的「行政會議」,設置了教育行政管理機構,頒佈了教育法,還創立發展了醫院、郵局、鐵路等。葉海亞統治時期不但沒有承襲奧斯曼時期制度,還將其在北部山區實施的傳統部落式的統治模式擴展到全國,建立了一個政教合一的伊斯蘭教國家。作為國王,葉海亞既是政治上的最高領導,也是宗教領袖和國家最高軍事統帥以及最高法官,各部大臣及首相均由其直接任命。國家沒有議會和憲法,伊斯蘭教成為北葉門司法的唯一來源。這種專制制度令自由派人士不滿,他們發起「1948 年革命」運動,刺殺了葉海亞,成立了聯合政府,但隨後被葉海亞之子艾哈邁德鎮壓。封建神權專制統治得以延續,內部矛盾未能解決,北葉門社會經濟發展停滯。1962 年,北葉門的「自由軍官組織」發動革命,推翻了伊瑪目王朝,建立了阿拉伯葉門共和國。此後北葉門的共和派與君主派經過 8 年內戰,最後建立了維持政治平衡的聯合政府,雖然透過《民族憲章》標榜實行三權分立的民主政治,但北葉門不允許任何政黨存在,也不存在真正的立法機構。

南葉門的社會主義制度也沒有顯示出制度方面的軟實力優勢。早先,葉門社會較為落後和分散,共有 160 多個較大的部落。每個部落都有自己的組織結構,有自己的傳統領地和武裝力量。英國正是利用葉門南部各部落分散落後的特點,採取武力威脅與金錢收買相結合的手段,透過一系列條約將其勢力擴展到整個葉門南部地區。南葉門獨立後,依靠具有政治權力集中的組織官僚體系對社會進行有效控制,透過社會主義改造了地方部落的勢力,但官僚體系內的派系鬥爭始終存在,並伴隨衝突和流血,最終喪失了民眾的信任和支持。南北葉門的政權權力都集中在少數政客手中,在一個由眾多的傳統部落構成的政治結構中,主要均依靠個人關係網絡和部落的忠誠維持政權運轉,而不是透過選舉或其他制度性機制有序進行,因此南北葉門的政治權力交替過程均缺乏合法而穩定的程式或機制,常常出現透過暗殺或政變手段實現更替的現象,這一點雙方均沒有強於對方。

社會結構方面,北葉門 90% 的居民為阿拉伯人,全體居民均信仰伊斯蘭教,伊斯蘭教在 1970 年憲法中被定為國教,是一切法律的源泉。南葉門居民的 75% 是阿拉伯人,另有 11% 的印度人和 8% 的索馬里人。伊斯蘭教信徒佔 91%,基督教徒 4%,印度教徒 3.5%。南葉門的社會人口和文化結構比北葉門更加多元。親蘇的南葉門政府推崇

馬列主義,但在伊斯蘭教信徒為主體的社會中,實際上並未成為南葉門居民的主流價值思想,除在男女平等、提倡婦女解放的方面外,南北葉門居民的生活方式與價值觀並不存在太大差異。共同的宗教信仰與共同的語言風俗在拉近南北葉門的民族情感和民族認同的同時,也使雙方在軟實力方面不相上下。南北葉門的軟硬實力的接近形成雙方力量的平衡分佈,由此決定了雙方在相當長時期內無論以協商手段還是戰爭手段推動國家統一都難以產生有效結果。

(三) 葉門統一之「策」

在南北葉門要不要統一、以何種方式實現統一的問題上長期存在不同聲音,不過,由於葉門南北雙方的民意都有國家統一要求,總體而言提出推動國家統一在南北都是有強大支持力量的。當然,反對勢力也存在,而且有時表現得非常堅定,甚至屢屢出現暗殺等極端手段。雖然主張統一是主流聲音,但在策略運用上南北葉門政權均沒有明確是透過和平還是非和平方式進行統一,而是在推動統一的過程中邊談邊打,時戰時和。武力從來沒有被排除使用,即使雙方起草了國家統一憲法仍有戰爭,甚至南北已經統一後仍會爆發全面內戰。武力使用和戰爭傷害並沒有導致南北葉門反目成仇,放棄國家統一,相當程度上應該歸因於葉門南北民眾具有共同的歷史、共同的文化、共同的語言、共同的宗教和共同的風俗習慣,南北雙方民意具有高度的共同的民族情感和民族認同,南北政權在以協商或戰爭手段推動國家統一時都有賴於此。如果反思最成功的策略,應該首推統一時機的把握。沒有美蘇爭霸和冷戰的結束,南北葉門的統一進程也可能有不同的結果。當然,把握歷史時機與掌握政權的領導人政治力量密切相關。

從葉門統一的過程看,國家統一的推動力量往往是在政權強勢領導人形成後出現的。1962 年葉門北部成立阿拉伯葉門共和國、1967 年葉門南部成立「南葉門人民共和國」之後,雙方都很重視統一問題。南北葉門領導人都想高舉統一旗幟以贏得民心,不過當時任何一方政權的領導人在國內都不足夠強勢,也不具備能夠以武力手段實現統一的硬實力,因此雖然屢屢發生戰事,但都沒能一舉以武力方式完成國家統一。在阿拉伯國家協調下,1972 年南北雙方簽署了停火、統一協定並發表了統一宣言。由雙方組成 8 個統一委員會就統一事宜進行具體協商,委員會涉及憲法、軍事、外事、經濟財政、法律、教育和文化新聞、衛生等。

1974 年北葉門武裝部隊副總司令哈姆迪成立了由 10 名軍官組成的指揮委員會,並擔任指揮委員會主席兼武裝部隊總司令,全面接管了北葉門國家政權。哈姆迪曾經擔任過傳統的宗教法官,並接受過現代軍事訓練,使其具有強化國家權力的雄心和魄力。哈姆迪接管政權後,採取了一系列措施,取消了共和委員會,凍結了協商議會,終止了憲法,強化了中央權威,限制了部落酋長的權力,嚴禁部落酋長干政,清除了部落主義傾向嚴重的軍人,使北葉門中央權威得以建立。在政治強人穩定國內政局後,其必然會順

應民意雄心勃勃地著手實現國家統一。然而北南葉門在推動國家統一的進程中均存在國內外的強大阻力。北葉門最高領導人、指揮委員會主席哈姆迪積極推動與南方領導人互訪探討國家統一的舉動遭到受政治打壓的北葉門部落勢力的反對。1977年10月11日，在準備前往南葉門討論南北葉門統一方案的前一天，哈姆迪遇刺身亡。繼任的加什米在1978年6月24日會見南葉門政府特使時，特使的手提箱發生爆炸，加什米及特使當場被炸死。事件第二天，南葉門親蘇派發動武裝政變，將南也門主席魯馬伊逮捕並處決。南葉門親蘇派上台後全面依靠蘇聯，於1979年2月在蘇聯支持下向北葉門發動武裝進攻，企圖走越南模式，與北葉門的「民族民主陣線」武裝力量裡應外合消滅北葉門政權，以武力方式實現國家統一，但力有未逮，未能如願。

葉門統一的任務在北葉門的另一個政治強人出現後得以實現。1978年7月，在北葉門總統加什米遇害後，年僅36歲的薩利赫被人民議會選舉為總統兼武裝部隊總司令。薩利赫出身於葉門最有勢力的雜湊德部落，得到部落酋長們的認同和接受，其長期的軍旅生涯帶給其政治軍事資本，因此擔任總統後，薩利赫實行鐵腕統治，透過武力和談判並舉的剛柔相濟之策逐步解決了全國各地的反政府武裝，確立了在國內的政治權威。此後於1979年2月與南葉門爆發了第二次大規模邊境戰爭。在阿拉伯國家調解下北南雙方再次簽署統一聯合公報，成立憲法、經濟、軍事、司法、文教等五個委員會，分別進行會談。在蘇聯東歐劇變的前夜，南北葉門最高領導人於1987年到1989年實現互訪，1990年5月22日實現合併統一，建立只有一個立法、執法、司法機構的葉門共和國。葉門統一後的南北政權整合並不穩固，1994年南北之間再次爆發軍事衝突，南方領導人比德發表聲明正式宣佈脫離葉門共和國，成立「葉門民主共和國」，恢復南葉門的獨立地位。但薩利赫立即發表聲明，譴責該舉動為非法，並迅速依靠軍事手段粉碎了國家分裂舉動，維持了葉門統一局面。此次內戰死亡5萬人，幾十萬人受傷和流離失所，直接經濟損失100億美元以上，大大超過葉門的GDP水準，對葉門這種人口和經濟規模的國家來說是付出了巨大代價。最終統一後的葉門沒有重新分裂，首先應歸功於政權領導人對國家統一的堅定意志。沒有強勢領導人就難以統一和整合政權內部的不同意見，沒有對國家統一戰略目標的堅定追求就會在巨大的損失和代價面前猶豫不決、錯失良機。在這一點上，南北葉門的幾位強勢領導人的決策和遭遇會讓人聯想到美國南北戰爭時期為追求國家統一而遭暗殺的林肯總統，如果當初沒有林肯總統的堅定意志，北方政權在戰爭中的軍事失利面前會做出怎樣的決策同樣是難有定論的歷史假設。

（四）觀察與啟示

透過和平方式實現統一不僅需要雙方都有推進國家統一的誠意，還需要有各自均能接受的統一方案。該方案既可以是一方制度和管理權力的擴展，也就是吸收式統一，如德國模式；也可以是分階段過渡的聯合式統一，先保留各自政權及制度的基礎上，未來

實現權力與制度的統一。葉門模式屬於後者。1989 年南北葉門在磋商統一形式時，北葉門傾向在聯邦構架內與南方統一，而南也門則主張先建立邦聯，第一階段保持兩個獨立的政府，然後逐步向最後的統一過渡。經過協商，最後南葉門的方案被採納。雙方簽署的《亞丁首腦協議》規定：同意和批准統一憲法草案，依照各自憲法體系 6 個月內在各自議會透過；啟動葉門最高委員會、聯合內閣委員會和統一委員會。1990 年的《沙那協定》規定：南北葉門融合成國號為「葉門共和國」的完全的統一體，它擁有單一的立法、行政和司法機構。過渡期內，雙方議會聯席會議選舉產生由 5 人組成的總統委員會，過渡期限定為兩年半。總統委員會將組建葉門共和國政府，共和國政府將獲得憲法賦予的一切權力。

葉門模式尤其適合雙方政權實力相差不大的狀況。過渡政權由雙方執政黨遵循平衡原則進行權力分配後組成，正副總統、正副總理、正副議長、正副部長均按平衡原則均衡分配指標。這種方式暫時維持了雙方政治精英階層的既得利益，迴避了統一過程中最為敏感的權力得失問題，避免或減少了統一過程中因個人政治社會地位變遷可能引發的對國家統一的反對和阻撓，降低了社會的震盪程度。缺點是政府組織的機械合併不僅使統一後的政府組織龐大重疊，還造成各部門機構間運行缺乏一致性，甚至相互衝突。權力鬥爭雖然得到暫時迴避，但終究會在各個領域展開，處理不好仍然會爆發激烈衝突，1994 年葉門南北再次爆發內戰就是這個問題的最終產物。如何更好地解決權力分配問題仍是葉門模式需要進一步研究的內容，這屬於「策」的範疇。

四、坦尚尼亞

坦尚尼亞位於非洲大陸東部。1964 年，原來的大陸國家坦干伊加和海島國家桑吉巴統一為坦尚尼亞聯合共和國。前面德國和越南是吸收式統一的成功案例，坦尚尼亞則是與葉門相似的聯合式統一的成功案例。與南北葉門兩個規模相當的國家實施統一不同，坦尚尼亞兩國是規模相差懸殊的國家完成統一。

（一）「勢」的影響

坦干伊加和桑吉巴擁有共同的語言和文化，但聯合統一前是兩個新興的獨立主權國家。坦干伊加近代歷史上先後作為德國和英國的殖民地，二戰後聯合國大會將其作為託管地交由英國管轄，1961 年宣告獨立，1962 年成立坦干伊加共和國。海島國家桑吉巴也曾受英國統治，1963 年宣告獨立，成為由蘇丹王統治的君主立憲國家，1964 年當地民眾推翻了蘇丹王的統治，建立了桑給巴爾人民共和國。這兩個新獨立的東非國家在國際格局中的立場和位置是不一樣的。

坦干伊加與西方關係很好，接受西方援助，政治制度實行西方的總統議會制。美

英等國支持坦干伊加與桑吉巴合併，因為坦干伊加很大，桑吉巴很小，其合併被有些人認為是坦方的影響延伸。美國《紐約時報》1964年4月25日的社論說，由於與坦干伊加合併，桑吉巴成為非洲沿海的古巴的危險消除了，「我們現在看到了頂好的事情。」桑吉巴與社會主義國家友好，接受中、蘇、民主德國、古巴的援助，與美英關係緊張，政治制度上革命委員會主宰一切。在桑吉巴內部又分為三派，總統卡魯姆派、「親蘇」的漢加派和「親華」的巴布派，巴布派發展尤其迅速。然而意識形態和政治制度的差異並沒有形成坦尚尼亞之間尖銳對立，因為主導聯合統一的坦方政治傾向並不激進。坦方領導人尼雷爾是著名的泛非主義者，一直致力於建立東非聯邦乃至非洲合眾國，其對帝國主義的反對和對社會主義的寬容使得支持桑方的社會主義國家也不反對二者合併，當然，更重要的是坦尚尼亞雙方的最高領導人都是堅定的和平統一者，且具有高度的政治互信。

在桑吉巴獨立建國之初，總統卡魯姆仍要面對外部東西方兩大陣營對峙的壓力，並因外部勢力的影響導致內部政壇紛紜複雜。新政權迅速得到眾多社會主義國家的承認，中國、蘇聯等並提供大量經濟援助。美英遲遲不予承認新政權，且在附近海域派遣艦隊，沒有軍隊的桑吉巴擔心美英海軍隨時可能發動武裝進攻。除外部威脅外，內部各派勢力也在紛紛壯大自己力量，例如巴布派勢力就開始有自己的武裝力量支持。沒有自己武裝的總統卡魯姆感到勢單力孤，於是向坦干伊加總統尼雷爾借來300名武裝員警維持治安，穩定局勢。

1964年4月，尼雷爾總統和卡魯姆總統分別宣佈坦尚尼亞兩國將合併成為一個主權國家的消息，當月交換批准書，正式宣告成立坦尚尼亞聯合共和國。

坦尚尼亞合併過程中沒有太多的國際勢力的強力介入，使得統一過程迅速完成，但對外交環境還是產生巨大影響。該地區曾經是德國的殖民地，與德國關係深厚。合併前坦方與聯邦德國有外交關係，桑方與民主德國建交。統一之初，桑方要求保持與民主德國等社會主義國家的外交關係，坦方也答應同時承認兩個德國。但聯邦德國的外交原則是不與民主德國的邦交國建交，坦方被迫回過頭來壓桑方，遭到桑方激烈反對，最後迫使坦方與聯邦德國鬧僵，驅逐了所有聯邦德國援助的技術人員，轉向中國求助。

（二）「力」的對比

坦干伊加和桑吉巴聯合統一得以順利進行的關鍵是雙方具有統一基礎且互有需求，而小的一方對統一的需求更強烈。兩國都使用史瓦希利語，使得合併後的國家很容易將史瓦希利語定為國語，與英語同為官方通用語。信仰方面，坦干伊加居民中32%信奉天主教和基督教，30%信奉伊斯蘭教，其餘信奉原始拜物教；桑吉巴99%的居民幾乎全部信奉伊斯蘭教。兩國大小相差懸殊：大陸國家坦干伊加面積94萬平方公里，是海島國家桑吉巴的355倍，人口1964年是900多萬，是桑吉巴的30倍。且雙方距離很近，

桑吉巴距坦方重要城市沙蘭港只有 40 多公里。雙方力量相差懸殊，統一對雙方的安全都有好處。

歷史上桑吉巴對坦干伊加乃至整個東非沿海都有舉足輕重的影響，有時是威脅。自中世紀起，桑吉巴就是阿拉伯奴隸販子和商人去非洲大陸的基地，從非洲大陸販賣奴隸、象牙、犀牛角等物品的市場和轉運站，是近代歐洲探險家向非洲大陸出發的據點。坦干伊加總統尼雷爾曾經擔憂桑吉巴會受外國勢力入侵進而對自身帶來威脅，因此將其視為坦干伊加的最重大問題之一，曾說「這是一個外國君主國，它的臣民在涉獵政治，它很容易受到外來的影響。」[95] 桑給巴爾發生革命推翻了阿拉伯封建統治後，尼雷爾積極推動雙方的聯合統一可以提升自身的安全。

雙方聯合統一對力量弱小的桑吉巴當然更有利。桑吉巴經濟結構單一，主要靠出口丁香，人均收入水準低。坦干伊加雖然也是低發展水準國家，但合併後大陸可以為桑島供應電力、燃料、建材、食品和日用品，為桑島進口貿易提供港口服務。統一除了經濟上可以帶來好處，政治上也會帶來安全。尤其是桑島革命爆發之初，總統卡魯姆面對的不僅有革命前親英國的蘇丹君主政府，還有其他對立政黨，以及黨內不同派別，卡魯姆需要借助坦干伊加的力量抵擋外部壓力、擊退國內反對勢力，維護和鞏固新生政權。

從軟實力的角度看，坦干伊加和桑吉巴聯合統一相當程度上是領導人個人魅力的引導結果。第二次世界大戰後，亞、非、拉興起了巨大的民族解放鬥爭風暴，殖民地紛紛獨立，帝國主義的殖民體系上的瓦解。全世界 180 多個國家中，有近 100 個國家是在戰後宣佈獨立的，其中非洲 48 個。這些新興的非洲國家民主意識和民主制度都剛剛起步，領導人的個人魅力往往對國家決策發揮至關重要的作用。桑吉巴卡魯姆總統在革命成功後立即訪問坦干伊加，提出一系列援助要求，表示願意在不久的將來與坦方討論聯合或聯邦關係問題。兩個月後坦方正式提出聯合問題，卡魯姆總統馬上表示「現在就準備好了」。事實上桑吉巴內部對雙方統一並不知曉，基本上是領導人秘密談判的結果。桑給巴爾革命委員會大部分成員反對聯合，卡魯姆總統召集革命委員會開會，不少委員缺席，審議時不少人反對，是卡魯姆總統施壓強行透過的結果。卡魯姆總統召集黨員幹部訓話，威脅說：「誰敢帶人到我面前說不贊成坦尚尼亞聯合，我馬上就用槍打死他。以後如果發現有人還繼續在外面散佈反對聯邦的言論，也將被槍斃。」[96]

執政者對聯合統一的堅定態度也是影響國家統一的軟實力表現。後來有些政黨和政客鼓動桑吉巴獨立，遭到雙方領導人的強烈反對，維護了國家統一。對於1992年的「桑獨」運動，桑吉巴總統阿莫爾明確表示：「那些想乘實行多黨制之機分裂大陸和桑島聯

---

[95] 尼雷爾：《非洲合眾國》，1963 年，轉引自：陳雲林主編：《當代國家統一與分裂問題研究》，九州出版社，2009 年，第 144 頁。
[96] 陳雲林主編：《當代國家統一與分裂問題研究》，九州出版社，2009 年，第 149 頁。

合的人只能玩火自焚。」坦尚尼亞總統尼雷爾也警告說：「誰破壞聯合，誰就要犯叛國罪，就要被立即處置。」在坦尚尼亞執政者的堅持下，執政黨全國大會正式透過決議：未來正常註冊的條件，必須是包括大陸和桑島都有黨員的全國性政黨……任何政黨都不准以武力或其他手段破壞國家的統一。[97]

（三）「策」的內容

坦干伊加和桑吉巴均有聯合統一的強烈意願，決定了其自願力量可以作為系統的序參量主導國家的聯合統一。接下來的問題是採取怎樣的策略和制度安排實現統一。

坦尚尼亞統一模式具有聯邦國家的特徵，但也有自己的特色。它沒有像通常的聯邦結構那樣成立三個政府：兩個成員政府上面設有中央政府，而是僅有兩個政府：聯合共和國政府和桑吉巴政府，大陸部分由中央政府直接治理，海島部分桑吉巴政府有高度自治權，但受中央政府管轄。這種制度安排有利於坦尚尼亞最終從聯合走向統一，而三個政府的存在其實不利於最終統一，反而會侵蝕聯盟，因此尼雷爾在20世紀80年代初期和90年代初期兩次堅決止了關於再成立坦干伊加政府的要求和議會動議。由於統一前雙方都在聯合國擁有席位，統一後由中央政府取代原有的兩個席位，只佔有一席。原來在桑給巴爾設立的各國大使館降級為領事館。

坦尚尼亞中央政府管轄範圍包括：憲法、政府、外交、國防、員警、公民身份、移民、外貿、稅收、全國性公用事業、港口民航郵電、貨幣銀行外匯，並規定桑吉巴公務員、員警和國防經費由中央政府預算支付。桑吉巴則有很高的自治權，有單獨的行政、立法和司法機構，並有參加中央政府行政和立法機關的憲法權利。桑吉巴擁有的這些權利遠遠大於其按面積和人口的比例，體現出中央對堅持統一的地方的優待政策。

桑吉巴有自己的憲法和國歌，1979年由此前三位一體的革命委員會改為行政、立法、司法三權分立。桑吉巴有自己的政府，首腦稱總統，最高權力機構是革命委員會，政府各部長官由桑吉巴總統任命，中央政府不干涉。中央政府的正副總統由全國選舉產生，但不能由任何一方包攬，即如果總統是大陸人，副總統必須是桑島人，反過來如果總統是桑島人，副總統必須是大陸人。桑吉巴立法機構原為革命委員會兼職，1979年新設代表院取代，1984年後大多數議員才改由民選產生，只有少數議員由桑吉巴總統指定。桑吉巴有單獨的司法機構，不從屬於中央政府司法系統，桑吉巴最高司法長官由桑給巴爾總統任命。坦尚尼亞憲法規定，桑吉巴高等法院享有有中央政府高等法院並行的法權。為處理和解決中央政府與桑吉巴政府之間的法律爭端，1977年成立特別憲法法庭。坦尚尼亞中央政府雖在全國範圍內擁有立法徵稅的權力，但也給予桑吉巴一定程度的單獨徵稅權。桑吉巴在出入境和軍務上也行使一定的自治權。入境時來自大陸的訪

---

[97] 裴善勤：《坦尚尼亞革命黨決定在坦尚尼亞實行多黨制》，新華社沙蘭港1992年2月20日電訊。

問者在進入桑島時需要出示護照、身份證或其他官方旅行證件。桑吉巴海關對來自大陸的產品同樣徵收關稅。出境時桑島人前往大陸也需要持有出境許可證。1969年桑吉巴政府還宣佈任何娶了桑吉巴新娘去大陸的人必須償付桑島培養她而花費的醫療和教育費。在軍務上，桑軍司令和各級指揮官都由桑島人擔任，其部隊有時也派駐大陸，但大陸部隊只被允許少量派駐桑島部分地區。

坦尚尼亞雙方的執政黨合併也在客觀上有利於雙方真正走向統一。坦尚尼亞聯合初期尼雷爾就試圖搞兩黨聯合，但因桑方領導層反對和抵制而被擱置。桑方領導人更迭後，尼雷爾又提出合併方案，桑方新領導班子原則上同意該建議，但強調黨的政治活動不能滲透到雙方的行政機構中去，要求合併後保持一定的獨立性。1977年兩黨合併，新黨章規定黨的代表大會是最高權力機關，其一切決定都需由坦尚尼亞兩地各有2/3代表的同意。這意味著桑方對一切問題都擁有否決權，從而在法律上保證桑方可透過其政府機構對非聯合事務如財政、司法等行使主權。兩黨合併後桑方仍可保持很大的獨立性。

（四）觀察與啟示

坦尚尼亞與葉門都屬於聯合式統一模式。與吸收式統一模式相比，該模式較為機械，後續整合問題較多，分裂傾向波動較大，但能較好地照顧雙方的利益和感受，對外部條件要求較低，更易操作。這種模式的具體實施也同樣各有特色，坦尚尼亞較之葉門有以下不同：

第一，葉門統一過程長，坦尚尼亞過程短。南北葉門從1970簽署《塔茲協議》確認南北葉門將組成一個邦聯國家到1990年雙方正式統一為一個主權國家共用20年時間，而坦尚尼亞是在坦尚尼亞雙方領導人互訪後極短時間內就簽署並批准《聯盟條款》的，次日就宣告成立坦尚尼亞聯合共和國，前後只有幾個月時間。

第二，葉門是先有統一憲法，後有統一國家，坦尚尼亞正好相反。葉門統一憲法生效後，原來兩國各自的國家憲法即被廢除，坦尚尼亞統一憲法實施後，桑島仍保留自己的憲法。南北葉門1972年簽署《開羅協議》規定成立聯合專家委員會，其中的憲法事務委員會負責起草統一憲法。根據《開羅協定》的制憲思路，1981年完成了統一憲法的起草工作。1990年南北葉門議會批准了統一憲法草案，隨即實現國家統一。坦尚尼亞是在1964年4月先根據《坦干伊加共和國和桑吉巴人共和國聯盟條款》正式成立一個統一的主權國家，再根據《聯盟條款》的規定，新國家成立後一年內召開制憲會議透過聯合共和國憲法。後來的1965年臨時憲法、1977年憲法、1992年憲法都延續了《聯盟條款》中的基本原則。

第三，葉門統一是從邦聯制入手向單一制過渡，坦尚尼亞統一是採取聯邦制。1989年10月南北葉門開始磋商統一形式，北葉門傾向在聯邦構架內與南方統一，南葉門則

主張統一的第一階段在邦聯的框架內進行，起初基本保持兩個獨立的政府，然後逐步向最後的統一過渡。協商的結果是先從邦聯的方式開始，再向單一制過渡，並加以實施。後來由於葉門國內局勢變化，2014年葉門政府宣佈國家由單一制變為聯邦制。坦尚尼亞則採取了聯邦制統一方式，聯盟條款和後來的憲法都規定了聯邦制下中央和桑島的各種權利。

第四，葉門統一後又爆發統獨內戰，坦尚尼亞統一後的獨立風波沒有激化到內戰程度。聯合式統一模式雖然開始難度小，降低了反對和阻撓，便於操作，減輕社會震盪，但往往遺留問題也較難消化，在權力重新整合的過程中也容易出現矛盾激化。葉門兩黨聯合政府只是一個臨時性過渡政權，為贏得過渡期結束後的議會大選，雙方明爭暗鬥，導致合作危機爆發，後來甚至演化為1994年內戰，造成直接經濟損失超過100億美元。坦尚尼亞統一後也出現過幾次反聯合風潮，中央政府採取斷然措施，打破慣例，將大陸軍隊派駐桑島，實行軍事控制，並追查有關責任人員，罷免破壞統一的官員，以不流血的方式平息了分裂活動。

五、朝鮮

朝鮮半島自二戰後出現分裂局面，象中南半島的越南一樣，北南兩個政權及主流民意都積極要求國家統一，但迄今為止卻沒有取得實質性突破，為學界提供了與越南實現國家統一進程不同的比較案例。

（一）「勢」的變化與影響

自1948年8月和9月大韓民國（韓國）和朝鮮民主主義人民共和國（朝鮮）成立以來，朝鮮半島一直處於分裂狀態。其分裂的產生同樣是二戰後的國際格局產物。戰後形成的美日韓「南三角」與中蘇朝「北三角」的對立，成為維繫朝鮮半島南北分裂局面的主要外部背景，同時也是避免朝鮮半島再次爆發戰爭的重要決定因素。冷戰結束後，世界局勢及東北亞局勢的緩和加速了朝鮮半島的統一進程，南北政權之間出現和解進展，但雙方關係時冷時熱，分歧與對立仍然巨大。

二戰結束前的1943年11月，中、美、英三國舉行的開羅會議上，美國總統羅斯福提及其設想：被日本佔領的滿洲、台灣戰後歸還中國，日本佔領下的朝鮮由美國、中國和其他一個或兩個相關國家進行國際託管。之所以提出託管方案，是因為羅斯福認為殖民地人民獲得解放並建立和運行民主制度還需要接受一定時間的教育和訓練。因此，《開羅宣言》對朝鮮問題的表述是：「三大國念及朝鮮人民所遭受的奴隸待遇，決定在一定期限內朝鮮應取得自由和獨立。」[98] 1945年8月15日日本宣佈投降前，美國提出以

---

[98] United States Department of State, Foreign Relations of the United States： the Conference at Cairo and Teheran, 1943,Pubn., 7187. Washington： United States Governmtent Printing Office, 1961, p.404.

北緯38度線為界，美蘇兩國分別接收日軍投降並維持朝鮮社會秩序，蘇聯表示接受。隨後蘇軍和美軍分別進駐朝鮮北部和南部，並按各自的方式開始了對佔領區域的管理。12月，蘇美英三國外長在斯科召開會議並就朝鮮實施託管達成協議，但隨後遭到朝鮮民眾的強烈反彈。

隨著1946年1月邱吉爾發表「鐵幕」演說和1947年3月「杜魯門主義」的實施，美蘇冷戰正式拉開，雙方各自在朝鮮南北佔領區組織本土政權。朝鮮北部，1946年2月金日成建立北朝鮮臨時人民委員會，1948年8月在北方選舉產生最高人民代表大會，9月公佈憲法，成立朝鮮民主主義人民共和國（朝鮮），金日成任首相。朝鮮南部，1948年5月聯合國朝鮮臨時委員會在南部實施全面普選，7月透過憲法並選舉李承晚為總統，8月成立大韓民國（韓國）。由於美蘇兩國對朝鮮的分割佔領，南北政權的正式成立代表著朝鮮分裂格局的形成。美蘇兩國分別將南北政權納入其主導的冷戰陣營，朝鮮半島南北之間不僅存在強烈的意識形態對立，也形成日益緊張的軍事對峙。

1950年6月，朝鮮內戰爆發，北方攻入南方，開始了歷時三年的朝鮮戰爭。7月聯合國安理會透過第84號決議，派遣聯合國軍隊支援韓國抵禦朝鮮的進攻。8月朝鮮人民軍將韓軍驅至釜山一隅，攻佔了韓國90%的土地。9月以美軍為主的聯合國軍（美國、英國、加拿大、澳大利亞、紐西蘭、荷蘭、法國、土耳其、泰國、菲律賓、希臘、比利時、哥倫比亞、衣索比亞、南非、盧森堡）在仁川登陸，開始大規模反攻。10月中國人民志願軍應朝鮮請求赴朝，與朝鮮並肩作戰，戰事陷入膠著狀態。1951年7月，中華人民共和國和朝鮮方面與聯合國軍的美國代表開始停戰談判，經過多次談判後，終於在1953年7月簽署《朝鮮停戰協定》。以北緯38度線為界的朝鮮南北政權分裂格局終告定型。

整個20世紀50年代，朝鮮半島北南政權均認為自身是朝鮮半島唯一合法政府，希望以消滅對手的方式實現半島的統一。在當時世界已經出現美蘇兩大對立陣營的情況下，南北雙方不論何方如果實行武力統一都將涉及兩大陣營邊界的變動，都會引起美蘇強權的干涉，從而難以實現。朝鮮戰爭焦點談判開始後，韓國李承晚政權對停戰談判持強烈反對立場，李承晚稱在朝鮮半島實現完全統一之前進行停戰是不能想像的事情。美國對當時的國際格局和雙方實力對比顯然有更準確的瞭解和更理智的判斷，繼續在朝鮮戰場打下去並無勝算，因此透過同韓國簽署相互防衛條約迫使李承晚政權停止了「北進統一」的主張，轉為透過聯合國協調實現統一。朝鮮方面在戰後相當長一段時期也沒有放棄武力統一計畫，金日成雖然宣稱其政權是「統一朝鮮的決定性力量」，但在冷戰雙方勢力均衡的50年代，朝鮮不可能擺脫國際形勢制約在半島統一的進程中發揮決定性作用。

美蘇冷戰發展到60年代，蘇聯進入強勢擴張期，美國則處於戰略守勢。蘇聯迅速

縮小了與美國的實力差距，特別是在軍事實力上逐步超過美國。中國則在 60 年代後半期發動了意識形態激進的「文化大革命」。外部形勢的變化對朝鮮方面發揮刺激作用，其統一立場由 60 年代初期的較溫和的「聯邦制統一方案」轉為較強硬的「南朝鮮革命論」。金日成認為「美帝國主義在南朝鮮的殖民統治危機進一步加深，形勢變得有利於革命。」並明確提出「解放南朝鮮人民，實現祖國的統一」口號。[99]韓國方面，1961 年透過軍事政變上台的朴正熙政權在國家統一問題上根據國際形勢變化轉為守勢，主張「先建設後統一」，以「勝共統一」取代「武力統一」的政策。實質上是暫時放棄了對實現國家統一的追求，轉為自保。1966 年韓國政府第一次發表的統一問題白皮書中提出的主張反映了這種認識和主張：透過現代化培養國力，構築勝共統一的基礎；統一問題與國際形勢密切相關。換言之，韓國方面當時已經認識到當時國際形勢並不利於其推動統一。

20 世紀 70 年代，社會主義陣營結構發生變化，中蘇關係惡化，中美關係改善，中日關係正常化，朝鮮半島的緊張局勢也趨向緩和。朝鮮方面降低了調門，由「南朝鮮革命論」回到「過渡性聯邦制」統一方案的政策軌道，並繼而提出「高麗聯邦共和國」的統一方案，其核心是透過「一國兩制兩府」的形式組成聯邦制國家。韓國方面也抓住國際局勢變化的時機，放棄了 60 年代拒絕與朝鮮對話的政策思路，著手緩和與北方的關係，開啟了朝韓關係史上的「第一對話時代」。1971 年至 1979 年，雙方對話共進行了 124 次。在 1973 年 9 月兩德同時加入了聯合國的國際背景下，韓國方面提議朝韓雙方同時加入聯合國，但遭到朝鮮方面的拒絕。金日成認為如果以「兩個朝鮮」進入聯合國朝鮮半島必將永久分裂。這個立場與中國政府反對國際上製造「兩個中國」或「一中一台」的態度如出一轍。80 年代中國政府正式提出「和平統一、一國兩制」政策，朝鮮方面詳細闡述的「高麗民主聯邦共和國」構想也體現了這一精神。「為了實現祖國的統一，就應當根據誰也不吞併誰，誰也不被誰吞併，一方不壓倒另一方，哪一方也不被另一方壓倒的共存原則，照舊保留兩種制度，以兩個自治政府聯合起來的方法形成一個統一的國家。」[100]韓國方面，也在這一時期先後提出「和平統一」（朴正熙）、「民族和解民主統一」（全斗煥）、「韓民族共同體統一」（盧泰愚）等方案。總之這一時期朝韓雙方在中美關係緩和的背景下採取了以對話代替對抗的政策，但在實質問題上缺乏交集而沒有突破性進展。

90 年代國際形勢的最大特點是冷戰結束、蘇聯解體。在德國等國家實現了國家統一的事實激勵下，朝鮮半島統一進程開始加快，在原有對話的基礎上進入了「漸進統

---

[99] ［朝］金日成：《金日成著作集（第 25 集）》，外國文出版社，1986 年，第 247 頁；《金日成著作集（第 21 集）》，外國文出版社，1985 年，第 400 頁。轉引自韓獻棟：《分裂國家的統一：理論與實踐》，智慧財產權出版社，2014 年，第 194—195 頁。

[100] ［朝］金日成：《金日成著作集（第 41 集）》，外國文出版社，1996 年，第 193—194 頁。轉引自韓獻棟：《分裂國家的統一：理論與實踐》，智慧財產權出版社，2014 年，第 200 頁。

一」的實際操作階段。1991年9月，朝韓同時加入聯合國。蘇聯和中國分別於1990年和1992年與韓國建交。1992年，朝韓雙方簽署了《南北和解、消除緊張局勢和合作交流協議書》及《朝鮮半島無核化共同宣言》。在美國取得冷戰勝利的國際背景下，韓國對國家統一的態度與上一階段相比非常積極活躍，提出了三階段統一方案：和解合作、南北聯合、統一國家。朝鮮方面的政權交接沒有改變其國家統一政策，繼位的金正日將金日成曾經提出的「統一祖國三大原則」「高麗民主聯邦共和國創立方案」「全民族大團結十大綱領」統稱為統一祖國的三大憲章。朝方並根據1991年金日成新年賀詞提出「初級階段的聯邦制」，主旨是以一個民族、一個國家、兩種制度、兩個政府為基礎，設置民族統一機構以適應民族共同的利益。該主張與韓國希望的統一於民主價值觀和市場經濟制度的「一國一制一府」的政策存在巨大分歧，因此雙方關係很容易因觀點分歧而矛盾激化。2000年朝韓雙方首次實現首腦會晤，簽署了《615南北共同宣言》，推動了南北關係的迅速發展。但由於基本分歧並未消除，且每次韓國政府換屆都會出現統一政策的波動和搖擺，致使朝韓雙方的信任程度始終不高，南北關係仍然時熱時冷。

　　回顧1990年以來的朝鮮半島統一進程，可以發現，冷戰體制結束後上台的韓國政府，在國際形勢變化的背景下對美國的信心更加強烈，由此帶來雙重影響：一方面堅信自己實行的美國式自由民主制度有更強大生命力，有更強的信心和動力去推動吸收式南北統一；另一方面美國在「一超多強」國際格局中的地位使韓國對美國的依賴更深，不肯放棄並不斷強化韓美同盟，反過來招致朝鮮的懷疑和反對，無法與朝鮮主張的「自主性」達成一致。蘇聯雖然解體了，但戰後形成的美日韓「南三角」與中俄朝「北三角」的六方關係始終都在，各自力量的變化並未改變半島南北對峙雙方集團的均衡狀態，尤其是中國國力的迅速提升對穩定朝鮮政局發揮了重要作用，相當程度上影響了韓國方面企圖以德國模式對朝鮮實施吸收式統一的嘗試，迄今朝韓以外四方仍是對半島政治走向有決定性制約力量的外部環境因素。這也可以解釋為什麼朝鮮和德國、葉門一樣經歷了相似的90年代的國際形勢卻沒有像德國、葉門那樣實現國家統一，因為在影響朝鮮半島局勢的外部因素中，蘇聯的解體和影響減弱對局勢的影響並非最關鍵的因素。

　　（二）「力」的變化與影響

　　從要素稟賦結構來看，朝鮮半島南北各具優勢。韓國人口多，2015年約為5000萬，比朝鮮的2500萬多一倍。但朝鮮自然資源比韓國豐富，朝鮮國土面積12萬平方公里，是韓國的1.2倍。主要礦產資源儲量佔整個半島儲量的80%～90%，具有經濟開發價值的礦產蘊藏區約佔國土面積的80%，其中菱鎂礦的蘊藏量在全世界處於第1位，佔全球儲量的近一半，其他礦產包括鎢、鉬、石墨、螢石等7種在全球儲量中排前10位。朝鮮森林面積比韓國的多290萬公頃，人均森林面積幾乎是韓國的3倍。朝鮮人均耕地面積接近韓國的2倍。

由於人均資源較充沛，且日本殖民統治時期對北部開發較多，有工業基礎，因此朝韓政權各自成立時北方的經濟實力優於南方。按照官方公佈資料，1950 年代朝鮮 GDP 約為韓國的 2 倍多，人均 GDP 是韓國的 3 倍多。按照 Madison 項目對實際購買力的估算，1950 年兩國人均 GDP 同為 854 國際元，經濟發展水準相當。硬實力中的軍事實力北方也佔優，雖然總人口不如南方，但朝鮮戰爭內戰階段朝鮮軍隊數量為 12.7 萬人，高於韓國約 9.8 萬人的總兵力，且戰鬥部隊比例較大，而韓國軍隊的後勤部隊佔有較高比重。當時朝鮮軍隊擁有裝備了高速火炮的蘇式坦克旅，南方則沒有裝備任何坦克。在雙方的迫擊炮和野戰炮等火炮配置方面南方也遠不如北方。空中力量也相差懸殊，北方擁有各種飛機 120 架，南方只有 10 架左右。加上當時北方部隊士氣高昂，因此在戰爭初期北方部隊能取得勢如破竹的戰果和勝利，如果沒有美國操縱的聯合國軍參戰，朝鮮半島實現國家統一的進程應該會沒有懸念地以武力方式結束。

　　然而國際力量的介入改變了朝鮮半島南北的力量對比，導致分裂局面一直持續了幾十年。在此期間因雙方制度不同等原因，實力對比發生根本性變化。根據英國《經濟學家》雜誌的資料，2014 年韓國經濟規模是朝鮮的 40 餘倍，人均 GDP 近 30 倍，貿易規模 140 餘倍，可見南方經濟實力已經大幅超越北方。

　　軍事實力一般評估均認為南方佔優。雖然在數量方面韓國與朝鮮各有所長，北方軍隊數量是南方的 1.8 倍，且擁有南方所沒有核彈頭，但多認為南方軍隊裝備性能更優，品質更高，飛機艦艇設備技術更新，保養更好，訓練時間更長，因此硬實力方面目前韓國明顯領先朝鮮。當然，軍事力量並不完全看軍事裝備，政權資源稟賦及動員能力、軍事人員技術水準、軍隊組織和士氣都會直接影響戰鬥力。但在當前的實力對比下，北方不太可能主動採取以武力方式推動國家統一，而南方在沒有取得中國和俄羅斯同意或默許的條件下也沒有戰爭取勝的把握，更何況其國內民眾普遍不贊成武力統一。

　　「力」的分佈狀態決定國家向哪個方向運動。如果國家分裂雙方力量相差懸殊，往往實力強的一方主張統一，而實力弱的一方因統一對方無望而傾向分裂；但如果雙方力量相仿，都有機會統一對方的情況下，更可能出現雙方都追求統一的局面。朝韓雙方在相當長時期內力量相差不大，雙方都想按自己設計的方式推進國家統一，加之南北民眾有高度的民族認同，因此沒有出現主張分裂的一方。但在「勢」的條件沒有發生重大變化的前提下，南北雙方各自的力量都沒有大到可以改變現狀的程度。

　　（三）「策」的變化與影響

　　「策」決定系統如何優化，國家系統如何向統一狀態演化。朝鮮方面先後提出了「革命統一」政策和「高麗民主聯邦共和國」政策。「革命統一」政策的要點是，在朝鮮勞動黨領導下，把北方建設成為南方革命的穩固基地和戰略後方，利用南方人民對軍事獨裁統治的不滿，支持並發動南方人民民主革命，利用亞非拉民族解放運動的有利時

機，迫使美軍撤出韓國。在南方取得革命成功後，北方與南方的民主進步政府和平談判取得朝鮮半島的最終統一。該方案的核心是，在北方的領導下取得南方革命的成功。實質上是變更韓國政權的性質，以吸納方式實現統一。「高麗民主聯邦共和國」方案最初是作為革命統一政策的補充方案提出的，隨後逐漸演變為推動朝鮮半島統一的主要方案。1963年金日成首次提出聯邦制的統一模式，1973年金日成又提出統一五點計畫，明確把未來統一的國家命名為「高麗聯邦共和國」。1980年金日成又提出「高麗民主聯邦共和國」方案，其要點是：1. 在自主和平民族大團結的三項原則下，在北方和南方互相承認和容許對方指導思想和社會制度的基礎上，雙方以同等資格組建聯邦制的「高麗民主聯邦共和國」；2. 以北方和南方同等名額的代表及適量僑胞代表組成最高民族聯邦會議，由最高民族聯邦會議及其常設機構——聯邦常設委員會——來領導北方和南方的地方政府，並被授權討論和決定國家內部事務、外交和國防政策及其他雙方感興趣的問題，「高麗民主聯邦共和國」應當成為不加入任何政治聯盟的中立國家，同時主張該聯邦政府在雙方地方軍之外，考慮成立一支混編的國家武裝力量。在聯邦共和國內，任何一方不得把自己的意識形態和社會制度強加於對方，相當長時期內尊重各自的制度選擇。1998年4月，金正日闡明朝鮮半島統一的方針政策，其核心內容是，繼承金日成的遺訓，強調在民族大團結旗幟下堅持民族自主原則，以民族的共同性和共同利益代替意識形態和制度的差異，自主實現朝鮮半島的統一。

韓國方面則先後提出了四種政策：1.「北進統一」政策。李承晚提出「先統一、後建設」方針，主張韓國政府是朝鮮半島的唯一合法政府，朝鮮應儘早實施自由選舉，並選出100席議員參與韓國已成立的國會，如果朝鮮不答應，韓國則不惜以武力收復北部地方完成國家統一。2.「勝共統一」政策。1963年韓國總統朴正熙提出的該政策主張「先建設、後統一」，即對內採取一切必要的手段，全力鞏固政權，大力推動經濟建設，對外拒絕與朝鮮接觸談判，以求在政治經濟軍事各方面優於朝鮮，以達到勝共統一的目的。朴正熙在執政的第二階段，又提出了「先和平、後統一」的政策基調，並開始主張透過南北對話共同解決雙方懸而未決問題。3.「民族和解和民主統一」方案。作為對朝鮮「高麗民主聯邦共和國」方案的回應，1982年韓國總統全斗煥提出該政策。主張透過和平與民主的方式，南北雙方互派代表組成民族統一協議會，討論涉及國家形態、選舉模式等問題，並起草新的統一憲法；4.「韓民族共同體統一政策」。該政策由盧泰愚總統提出，金泳三、金大中、盧武鉉三任總統得以完善。1989年，盧泰愚提出「韓民族共同體統一方案」，主張南北雙方應放棄使用武力，以和平手段、民主程序，經由民族自決方式完成國家再統一。在統一之前，首先設立南北閣僚機構、南北高級會議等最高決策機構，促進交流合作，然後再通過統一憲法舉行大選，組成統一政府，建立一個制度統一的單一國家。1993年金泳三進一步提出以尊重民主、發揚共存共贏的精神，增

进民族繁榮三原則為基礎的和解合作南北聯合一個國家一個政府的三階段統一方案。1998年金大中上任後把三階段統一模式具體化。第一階段是組建一個南北聯合體，保持兩個獨立政府，第二階段是組建聯邦，擁有一種體制一個聯邦政府兩個地方政府，具有事實上統一國家的形式。第三階段為「一個國家一個政府」，成立完全統一的國家。2003年盧武鉉上任後幾乎全盤接收了金大中的統一政策，只是在名稱上做了修改。[101]2008年上台的李明博政府對朝採取強硬立場，2010年朝韓關係倒退至冷戰結束後的最低谷。此後李明博開始強調統一問題，四次發佈《統一白皮書》，提出了和平、經濟、民族共同體等三大共同體統一構想，並提出了征收統一稅的問題。[102]2013年執政的朴槿惠政府提出「朝鮮半島信任進程」政策，目標是：發展南北關係，鞏固半島和平，構築統一基礎。

　　朝韓雙方實際上都隨著形勢的變化作出了由武力統一向和平統一轉變的策略調整。朝鮮方面前面提出的「革命統一」方案可以視為越南模式，即在南方發動革命，以武力方式推翻南方現政權，建立與北方性質相同的政權，兩個政權再進行協商統一。後來提出的「高麗民主聯邦共和國」方案則是和平統一方案，有點類似葉門模式，即先組成一個名義上的統一國家，但保留兩個獨立的政府和兩套政治制度，完全統一是下個階段的任務。韓國方面開始提出的「北進統一」政策也是武力統一政策，是將統一任務放在國家發展的首位，打完了再建設。但與朝鮮方面一樣，在意識到武力統一的條件並不具備之後，韓國方面也調整為「先建設、後統一」的和平統一政策，並且南北主張不斷趨同，後來提出的「三階段統一」方案已經與朝方的主張有相當程度的共同路徑：保持兩個獨立政府的聯合體——擁有一種體制兩個地方政府的邦聯——成立統一議會統一政府的統一國家。然而雙方在最終前景與方向上存在根本分歧：朝鮮信奉「主體」思想，實行計劃經濟和高度集中的社會主義國家體制，韓國信奉自由民主主義價值觀念，實行市場經濟和西方國家體制，雙方都難以接受對方的政治模式作為統一的基礎和前景。其他諸如國家安全政策和外交政策等方面的分歧也嚴重制約雙方的協商合作：朝鮮主張統一後的國家「應當不做任何國家的衛星國，不依賴任何外來勢力的完全獨立自主的國家和不結盟國家」[103]韓國方面雖也主張由南北雙方自主實現民族和國家統一，但迴避統一後的外交政策和「中立國家」定位，基本上仍然將美韓同盟關係視為韓國外交政策基石，這是朝方難以接受的條件。

　　（四）觀察與啟示

　　在二戰後國際大格局的變動中，20世紀70年代蘇聯勢力擴張的國際形勢下，走社

---

[101] 陳雲林主編：《當代國家統一與分裂問題研究》，九州出版社，2009年，第130—133頁。
[102] [韓]統一部：《統一白皮書》，2012年，第38頁。
[103] 金日成：《關於建立高麗民主聯邦共和國方案》，外國文出版社，1990年，第44—45頁。

會主義道路的北越政權完成了國家統一，為什麼經歷同樣的國際形勢變化、同樣走社會主義道路的朝鮮沒有完成國家統一？90年代美國在冷戰對抗中戰勝蘇聯，走資本主義道路的聯邦德國和北葉門政權完成了國家統一，為什麼同樣作為美國盟友、走資本主義道路的韓國在同樣的國際形勢下沒有完成國家統一？雖然國際格局的變化背景對各分裂國家來說是一致或相似的，但每個國家在國際大格局的位置和作用是不同，其具體面臨的國際形勢其實是不同的。在美蘇爭霸的1970年前後，蘇聯處於攻勢，美國處於守勢，同時中蘇關係惡化，美國此時需要聯合中國對付蘇聯，當時中國在越南戰場上正全力支持北越進行抗美戰爭，美國放棄越南可以與中國緩和關係，拉攏中國對抗主要敵人蘇聯，因此在全球範圍的國際大格局來看，美國可以放棄對南越政權的支持。美軍的撤出使得越南在國家統一問題上減少了外部勢力介入，北越政權得以有能力消滅南越政權從而實現越南國家統一。而同一時期在朝鮮半島的美軍卻始終沒有撤出，使得朝鮮從來沒有擺脫過外來勢力在國家統一問題上的介入。朝鮮方面雖長年要求美軍撤出朝鮮半島，卻從來沒有獲得美國回應。因為美國不但有韓美同盟的協議約束，而且當時也沒有必要撤出朝鮮半島。美國撤出越南是國際戰略佈局和美國國內的反戰情緒共同影響的結果，美國政府從越南戰場撤軍是出於美國認為越南戰爭成本高於收益的認識，而不是美國沒有能力繼續這場戰爭。朝鮮當時如果想仿效越南以軍事手段迫使美軍撤出朝鮮半島，能不能得到中國和蘇聯的支援是有疑問的，如果沒有外力支持僅憑其自身軍事實力對於再一次發動對南方的戰爭迫使美軍撤出半島並沒有勝算把握。可見在「勢」相同的條件下「力」的對比就顯得格外重要。

　　1990年德國的統一客觀上給了韓國巨大的信心和借鑒，韓國政府也想仿照德國模式推動統一進程。1993年上台的金泳三政府判斷朝鮮體制將崩潰，民心所向，將出現兩德統一前的民主德國狀態，因此調整了上一屆政府的對朝政策，轉為強硬對立，以朝鮮體制的崩潰為目標制定政策，卻毫無建樹，被稱為「空白的五年」。這一時期的朝鮮與德國統一前的民主德國其實有很大不同，在「勢」的方面雖然沒有了蘇聯的保護，但卻還有中國這個重要的盟友給予各方面的強力支持，加之國內金氏父子的統治集團比民主德國執政黨的軟實力更強，統治更穩固，韓國金泳三政府想模仿聯邦德國對朝鮮進行吸收式統一並不具備「勢」與「力」的條件。因此1998年繼任的韓國總統金大中在任職典禮上就明確提出「不追求吸收統一」的主張，不得不改變了前任急於仿效德國統一的策略。

第二節　戰後謀求分離或獨立的案例

　　2008年世界上國家的數量是1800年的6倍，特別是二戰之後湧現大量獨立的國

家,冷戰結束後蘇聯解體沒有經過戰爭的過程就產生了15個獨立國家。民族主義浪潮的興起是這種現象產生的最主要原因。民族分離主義屬於當代民族主義的一種特殊形式,與民族獨立解放運動不同。它不是經過和平協商與談判的方式達成協議轉移主權或成立自己的國家,也不是去殖民化情況下的獨立運動。其表現方式一般是單方面宣佈獨立,而其成功的代表一般是其政權被大多數國際社會的國家所承認並且成為聯合國的正式會員國。民族分離主義現象的主要原因在於民族群體與政府之間缺乏互信。因為分離主義挑戰的是現存的主權國家,當事國政府一般都強烈反對分離主義分解國家的要求並且視分離的要求為非法行為。各國中央政府處理地方分離主義的策略也不相同,有談判方式、鎮壓方式或武力與協商相結合的方式。本節選取的案例包括歐洲的英國、亞洲的印尼、美洲的加拿大、非洲的衣索比亞及橫跨歐亞的俄羅斯。

一、英國

英國由大不列顛島上的英格蘭、威爾斯和蘇格蘭,愛爾蘭島東北部的北愛爾蘭以及一系列附屬島嶼共同組成。除本土之外,其還擁有十四個海外領地,總人口超過6400萬,以英格蘭人為主體民族。1688年的光榮革命後,英國是世界上第一個工業化國家,國力迅速壯大。18世紀至20世紀初期英國統治的領土跨越全球各大洲,號稱日不落帝國,是當時世界上最強大的國家。兩次世界大戰結束後,殖民地解放運動蓬勃發展,英國統治領土迅速減少,1931年通過《西敏法令》正式形成英聯邦,大多數前英國領土和殖民地都留在英聯邦。英聯邦只是一個供各成員國進行政治、經濟磋商與合作的鬆散組織,各成員國地位平等,不受英國管轄,英國只能統治英格蘭、威爾斯、蘇格蘭和北愛爾蘭四部分本土及一些海外領地。而在英國本土中,蘇格蘭和北愛爾蘭的分離傾向相當嚴重。

(一)蘇格蘭問題

蘇格蘭位於大不列顛島北部,面積近8萬平方公里,約佔大不列顛島面積的三分之一。蘇格蘭人口約佔英國總人口的8%,主要為凱爾特人。17世紀,蘇格蘭國王詹姆斯六世同時繼承英格蘭王位,蘇格蘭和英格蘭形成共主聯邦。

1707年蘇格蘭和英格蘭兩國共同簽署透過《聯合法案》,蘇格蘭和英格蘭放棄獨立地位,共同組成一個統一的大不列顛王國,持續了八百多年的蘇格蘭王國從此消失。20世紀上半葉的兩次世界大戰對於蘇格蘭的傷害可能超過了英國其他許多地區,英國軍隊在戰爭中在這個地區的徵兵率遠遠超過其人口比例。20世紀下半葉,蘇格蘭的本地工業受到了重大衝擊,其原本賴以生存的紡織、製造等重工業不得不從英國乃至整個西歐逐漸轉移到世界其他地區,蘇格蘭獨立的呼聲開始出現,並在1979年舉行過民意表決,但獨立派未獲得足夠支持。後來北海油田的發現促使蘇格蘭經濟逐漸復甦,但英國

中央政府控制著油田股份，且蘇格蘭每年還要向英國政府繳納石油稅，引起了蘇格蘭民眾的不滿，成立於1936年的蘇格蘭民族黨始終聲稱北海油氣田歸蘇格蘭所有，並稱蘇格蘭獨立後將控制90%的北海油田，這將有望使蘇格蘭成為全球最富裕的國家之一。在蘇格蘭的強烈要求下，2014年9月19日，蘇格蘭舉行獨立公投，但結果以44.7%的選民贊成獨立少於55.3%的選民反對獨立而沒有通過。不過此後要求再次公投的呼聲一直存在。

為什麼蘇格蘭要透過公投從英國分離出去？一般認為原因包括：一是獨立後的蘇格蘭因為有更多的石油等自然資源分配和經濟自主權而更加繁榮；二是蘇格蘭人可以借此保持甚至提高養老金和社會福利，控制社會公平度下降和收入差距拉大趨勢；三是政治上擺脫英國中央政府「強加」給蘇格蘭的「不公正、不民主」待遇；四是滿足蘇格蘭人歷史遺留的民族文化自豪感。以上均是從蘇格蘭的角度找原因。如果將分析角度從蘇格蘭轉移到英國中央政府的角度，可以運用國家統一的「勢、力、策」研究範例分析英國政府在維護國家統一過程中的問題與失誤。

「勢」的層面，首先是英國政府的政治影響力下降。18世紀後，在工業革命推動下，大英帝國進入了全盛時期，蘇格蘭人跟在英格蘭人後面享受著「日不落帝國」的榮耀。但進入20世紀後，英帝國開始走下坡路，而現代的蘇格蘭民族獨立運動也正始於20世紀初。一戰以後英國的世界霸主地位被美國取代，其原來管轄的加拿大、澳大利亞、紐西蘭、愛爾蘭、印度、緬甸等地區紛紛建立與其關係或遠或近的獨立主權國家。蘇格蘭人也日益不以衰落的英國為榮，對於本民族文化、身份的認同感也日趨增強，獨立呼聲日漸高漲。其次是英國政府的統一意志力欠缺，1997年中央政府權力過度下放，蘇格蘭作為一個地區恢復了獨立的議會和政府，不受英國國會和中央政府的領導，蘇格蘭首席大臣不需經中央政府認可，直接由英國女王任命，為蘇格蘭獨立公投創造了條件；再次是英國政府的政策感召力下降，英國積極參與對中東聖戰分子的軍事打擊政策在蘇格蘭不得人心，英格蘭竭力離開歐盟的主張反過來成為蘇格蘭離開英國的理由。最後是英國政府的社會控制力下降，蘇格蘭民族黨吸收大量左翼人才大肆宣傳蘇格蘭獨立的好處，英國執政黨保守黨和支持國家統一的工黨與自由民主黨卻在公投前很長時間內對蘇格蘭獨立聲勢缺乏作為。

「力」的層面，雖然蘇格蘭與英國整體實力相差懸殊，但由於英國中央政府並未表示會對蘇格蘭獨立進行經濟和軍事制裁，加之歐盟、北約、美國等勢力讓蘇格蘭獨立勢力抱有期待，蘇格蘭在從事獨立運動時並不顧忌英格蘭的經濟和軍事實力，相反，還要在分家時獲取較大的一份「家業」。蘇格蘭擁有人口531萬，約佔英國總人口的8.34%，經濟總量約佔英國的9.2%。若蘇格蘭獨立，英國和蘇格蘭GDP將分別為24800億和2344億美元，全球排名英國將由目前的第6降至第7，蘇格蘭為第43。雖然經濟規模

相差懸殊，但按照蘇格蘭民族黨的獨立白皮書所說，脫離中央政府後，蘇格蘭將以不到英國 10% 的人口分到英國 95% 的油田和 60% 的氣田，人均國民收入可以躍居世界第 10。軍事力量分割也會進一步削弱英國軍力，然而英軍並未對蘇格蘭發出警告，只是在蘇格蘭公投前一天，英國軍隊的 14 位高級將領發表「致蘇格蘭人民的公開信」，認為獨立將破壞蘇格蘭和英國其他地區的國防。當然，英國軍事力量的運用也確實成問題，不僅因為蘇格蘭面積佔英倫三島三分之一，實力不容低估，更重要的是統一的三百年間，蘇格蘭與英格蘭民眾互相移居，雙方早已你中有我，我中有你，實際上難以開戰。

「策」的層面，英國中央政府對蘇格蘭獨立傾向應對不當導致形勢日益惡化。在 1997 年蘇格蘭取得高度自治權後，英國中央政府又做讓步，允許其進行獨立公投，這幾乎是沒有底線的政策。曾有英國上議院議員提出，蘇格蘭的前途不應由蘇格蘭居民單方面決定，而應該由整個英國居民決定，但這項提議很快被否決。在獨立公投的時間選擇上，蘇格蘭民族黨主張定在蘇格蘭國王戰勝英國軍隊贏得民族獨立 700 周年的 2014 年，以激發民族情緒，此外，為提高勝算，蘇格蘭民族黨主張將公投最低年齡由 18 歲降到 16 歲，將公投選項由原來的 3 個減為 2 個，去掉「不獨立但增加自治權」選項，英國中央政府均讓步同意。雖然最後公投結果蘇格蘭並未實現獨立，但這些不當的策略其實增大了國家分離的風險。

（二）北愛爾蘭問題

愛爾蘭人口總數約 460 萬人，其中，80% 以上是愛爾蘭人，其餘主要是英格蘭人和蘇格蘭人等。愛爾蘭人屬於凱爾特人。西元前 6 世紀，凱爾特人陸續從中歐入侵愛爾蘭，逐漸形成統一的文字和語言，建立起許多小王國，成為現代愛爾蘭人的祖先，但未能形成統一國家。1169 年英國入侵愛爾蘭，1541 年起英王成為愛爾蘭國王。但愛爾蘭的原住民即凱爾特人與英格蘭人之間長期存在矛盾，當英國發生內戰時，凱爾特人暗中支持反對黨，當英國與歐洲發生戰爭時，凱爾特人與英國的敵人合作。1845 年因為馬鈴薯歉收問題造成愛爾蘭大饑荒，英國政府在能進口美洲糧食的情況下卻未提供太多協助，造成愛爾蘭人口減少了四分之一，讓許多愛爾蘭人對英國產生不滿，獨立運動由此開始。1919 年愛爾蘭議會以「愛爾蘭共和國」的名義發佈了單方獨立宣言，但沒有得到國際上的承認。1921 年英國允許愛爾蘭南部 26 郡成立「自由邦」，成為永久中立國。雙方達成《英愛條約》並於 1922 年獲得各方透過。根據該條約，愛爾蘭南部 26 個郡成立自由邦，而被新教徒控制的北方 6 郡則選擇留在英國。愛爾蘭從此處於南北分治狀態，北愛爾蘭問題也由此開始。1949 年英國承認愛爾蘭獨立建國，但同時英國議會透過《愛爾蘭法案》，重申對北愛爾蘭的主權。1955 年愛爾蘭加入聯合國。次年致力於武力統一愛爾蘭的北愛爾蘭準軍事組織愛爾蘭共和軍重新在仍屬英國的北部 6 郡開始活動，英國政府對其引發的暴力衝突極為頭痛。1973 年北愛爾蘭就北愛歸屬問題舉行公

民投票，結果大多數人願意留在英國，但以新芬黨為代表的另一部分人堅決主張脫離英國，以實現南北愛爾蘭的統一。為什麼北愛問題遲遲難以解決？

「勢」的層面，美國及愛爾蘭對英國北愛問題的介入大大增加了解決的難度。北愛爾蘭問題的發展和最終解決與美國一直有莫大關係。美國的愛爾蘭後裔是北愛爾蘭民族派的主要支持力量。1845年至1852年愛爾蘭發生歷史上最嚴重的「大饑荒」，7年間愛爾蘭人口銳減四分之一。除病死、餓死外，還有接近200萬人移居美國，他們構成後來支持愛爾蘭獨立的最大一支海外力量。愛爾蘭裔美國人對北愛爾蘭民族主義運動的支持使其得以堅持。前總統柯林頓即是愛爾蘭裔，他對北愛爾蘭和平進程發揮了關鍵性作用。正是柯林頓在1998年談判最後時刻的斡旋，才促成了《復活節協定》的達成。此外，圍繞北愛爾蘭問題，英國和愛爾蘭之間一直存在主權爭端，愛爾蘭支持北愛脫離英國實現愛爾蘭南北統一。在此背景下，愛爾蘭共和軍對英國政府的暴力活動不斷升級，90年代達到頂峰。1993年英國和愛爾蘭簽署了一項具有歷史意義的「唐寧街協議」，雙方同意透過協定和合作的方式結束愛爾蘭南北的分裂局面。愛爾蘭政府同意修改其憲法中有關北愛領土問題的條款，但表示應將其作為整個政治解決的一部分。該協定設定了若干框架，成為北愛和平進程正式啟動的代表。1994年在北愛爾蘭進行了長達25年的暴力活動後，愛爾蘭共和軍發表聲明實行「無條件的和不限期的」停火。1995年英愛兩國政府宣佈達成「新框架協議」，其內容包括建立一個北愛議會，擁有有限行政和立法權；兩國承諾修改關於北愛地位的法律；根據北愛多數人意願決定北愛的地位等。1998年英國、愛爾蘭及北愛兩派等衝突各方終於達成一項旨在結束長達30年流血衝突的歷史協議。根據該協定，北愛爾蘭繼續留在英國，但將與愛爾蘭建立更加緊密的關係，北愛將成立新議會和負責協調同愛爾蘭關係的「南北委員會」。同時，英國和愛爾蘭都將修改憲法，英國廢除《愛爾蘭法案》，愛爾蘭放棄對北愛的主權要求等。5月英國的北愛爾蘭地區和愛爾蘭共和國舉行歷史性全民公決，並分別以71%和94%的投票結果透過了上述北愛和平協定。

「力」的層面，英國的政治影響力不復當年使其對北愛的吸引力和控制力都大幅降低，不易掩蓋或轉移宗教信仰等方面的矛盾問題。北愛爾蘭問題集中在宗教歧視方面。在北愛爾蘭內部，歷史上新教徒對天主教徒的歧視和抑制延續下來，並且愈發嚴重。除新教徒一直獨攬政權外，在社會福利和教育方面，天主教徒也一直受到多種限制，如因學校採用新教儀式而使得天主教徒的孩子無法接受教育等。這些分歧使得北愛爾蘭天主教徒和新教徒之間的界限非常分明，如同存在兩個社會。在兩次世界大戰之前，英國冠於全球的綜合實力壓制了這些矛盾，反抗勢力也無力改變現狀。但戰後的英國不比從前，被第一次世界大戰弄得虛弱不堪的英國，無力再打一場國內戰爭，被迫於1921年與愛爾蘭臨時政府簽訂和約，承認愛爾蘭南部26郡為「自由邦」。即使如此，該和約仍

然遭到愛爾蘭共和軍部分領袖和戰士的堅決反對，他們立即宣佈自己不再屬於自由邦，選出了自己的領袖，並展開了爭取南北愛統一的武裝鬥爭。不過當時在北方6郡，由於英國幾個世紀的移民，英格蘭和蘇格蘭的後裔已佔多數，他們堅決主張北愛留在英國，這使北愛的「獨派」力量弱於「統派」力量。正因如此，英國政府認為，北愛爾蘭的歸屬應由北愛爾蘭全體居民決定。從1968年起，主張北愛脫離英國的天主教徒與願意繼續留在英國的新教徒以及英國當局之間的暴力衝突不斷升級。英國政府在既無力靠自願力量使對手放下武器，也無力靠非自願力量使對手繳械投降的情況下，只有憑藉不斷讓步的談判力求解決爭議。

當然，愛爾蘭也沒有足夠實力迫使英國放棄對北愛的主權要求。

「策」的層面，英國政府在北愛爾蘭問題上沒有及時調整政策導致問題不斷升級和激化。愛爾蘭南北分治以來，英國政府沒有意識到自身實力的相對下降和國際形勢的變化，對北愛爾蘭尋求自治權的行為一直採取強硬態度和「以暴制暴」的做法。為消弭北愛地區民族主義（「獨派」力量）和聯合主義（「統派」力量）之間的衝突，英國政府採取了「隔離」戰略。首先，根據《英愛條約》安排新教徒獲得議會多數席位，並透過不公正地劃分選區的做法，使得新教徒能夠長期保持這一優勢。這一做法直接導致1921年新選舉出來的12名「獨派」天主教議員拒絕向北愛爾蘭議會宣誓，轉而向愛爾蘭議會宣誓。其次，收回了地方議會加入自由邦的權力。「隔離」戰略使得對天主教徒的歧視進一步惡化。受60年代美國民權運動的影響，一些北愛爾蘭青年組成北愛爾蘭民權協會，走上街頭要求廢除對天主教徒的歧視做法，給予天主教徒以平等權利。該運動最終由於民族派和聯合派的衝突，演化成一場大規模的民族騷亂。英國政府於1969年派軍隊進駐北愛爾蘭，但是由於軍方採取了偏袒聯合派的做法，不僅沒有消除騷亂，反而導致騷亂的進一步升級。1972年，英國收回了北愛爾蘭的自治權，對其進行「直接統治」，並解決了一些民權運動的要求。但是，持續發生的暴力衝突證明英國政府的策略對北愛爾蘭問題已經難有作為。直到1997年工黨贏得大選，年輕的布萊爾提出了「第三條道路」的政綱。具體到北愛爾蘭問題上，「第三條道路」主張以分權為核心，採取更為靈活和務實的政策，透過和平談判的方式解決雙方存在的分歧。首先，在談判問題上採取不設前提條件的做法。之前在保守黨執政的18年裡，保守黨一直以愛爾蘭共和軍交出武器為前提，導致和談始終處於停滯狀態。布萊爾改變了這一立場，採取在談判的同時共和軍平行解除武器的折衷做法。其次，賦予北愛爾蘭政府以更多自主權，建立一種「聯邦式分權」和「分權式聯邦」的雙層政府與地方的關係。在這一結構中，北愛爾蘭政府享有特殊地位，其行政和立法權力將大於蘇格蘭和威爾斯議會。

第三，建立更為平等的北愛爾蘭族群關係。由民族派和聯合派組成跨族群和黨派的聯合政府。採用「單一可轉移投票」制，即依據各黨比例分配議會議席，在給予選民更

多選擇的同時實現黨派平等。在國際層面上，布萊爾政府與愛爾蘭就領土主權問題進行談判，促使愛爾蘭修改憲法放棄對北愛爾蘭的主權要求，為北愛爾蘭問題消除了最大的外部障礙。同時利用美國愛爾蘭裔對北愛爾蘭黨派施加影響，推動和談進程。1999年北愛議會選舉產生權力共享（由新教徒和天主教徒聯合組成）的北愛爾蘭地方政府執行機構，正式吸納新芬黨進入北愛地方政府。英國議會上下兩院相繼透過了地方管理權力法案，英國女王伊莉莎白二世批准該法案後，完成了向北愛爾蘭地方政府移交管理權力的所有法律程式。12月北愛歷史上第一個由原先對立的新教徒和天主教徒聯合組成的地方政府開始運作，代表著英國政府對北愛爾蘭長達27年的直接統治正式宣告結束。當日，愛爾蘭議會對憲法進行了修改，決定正式放棄對北愛爾蘭長達幾十年的領土要求。

（三）觀察與啟示

西方學者的角度中，有的認為民族分離主義的原因是由民族結構和宗教信仰體系以及政治發展引發的，有的認為經濟的發展是民族分離主義的動因，也有的認為文化、民族、宗教差異與嚴重的經濟，政治和社會不平等的結合產生了民族分離主義，還有的指出民族分離主義是由包括政治和經濟等一系列因素造成的。有人運用成本效益分析框架解釋民族分離運動的成因，圍繞下述四個主要變數展開分析：留在既有國家的效益，留在既有國家的成本，分離的效益和分離的成本。留在既有國家的效益下降，留在既有國家的成本上升，分離的效益上升，分離的成本下降，這幾種情況都會催生民族分離的企圖。另有人認為民族分離主義影響民族分離主義的因素有兩個大類：第一類的影響因素包括種族、宗教、價值觀、文化和領土；第二類可稱為「觸發民族分離主義集體意識的機制」包括對民族分離地區和人民的疏忽，對民族分離地區的剝削，對民族分離地區和人民的高強度控制和內部殖民，對民族分離主義地區和人民的壓迫和歧視以及兼併領土。[104]

總的來說，社會的同質性越高，穩定性越強，國家易於統一，但發展活力相對較弱；相反，社會的異質性越高，穩定性越差，國家傾向分裂，社會發展活力卻可能更強，各有利弊。異質性可能由多種因素構成，包括民族、宗教、文化、政治、經濟等方方面面。異質性產生的矛盾和對立如果不能在一個國家的框架內得到解決，就產生了國家分裂的動力。在英國案例中，蘇格蘭問題主要是民族文化差異的對立，北愛爾蘭問題主要是新教徒和天主教徒之間的宗教對立，當然在此之外還有政治權力和經濟利益的分配問題，這些矛盾其實是互相關聯並可以互相轉移的。如果能有一種制度或管道，使民族文化差異或宗教信仰差異的對立可以透過另一種方式化解或轉移，國家是不必透過分裂才能解決矛盾的，這是執政者的「策」的運用。事實上，我們看到中國、美國、南非

---

[104] 楊潔勉：《西方學者視閾下的民族分離主義》，《學術月刊》2013年4月。

等國家都是多種民族文化和宗教信仰並存的國家，卻並未因為民族文化差異或宗教信仰差異出現國家分裂，其途徑雖然並不相同，各具特色，但歸根到底是能夠透過某種力量抑制那些差異性矛盾，使之能夠在一國框架內解決。這種狀態符合孔子所說的「和而不同」。

二、俄羅斯

俄羅斯聯邦地跨歐亞兩大洲，國土面積為1707萬平方公里，人口近1.5億。1283年莫斯科公國正式建立，隸屬於蒙古四大汗國之一的金帳汗國（欽察汗國）。1328年伊凡卡裡達獲得了金帳汗冊封的「弗拉基米爾大公」的稱號，同時獲得授權代理金帳汗國徵收全俄羅斯的貢賦，成為眾羅斯大公中的第一人。1502年，莫斯科人與克里米亞人（克里米亞汗與金帳汗同為成吉思汗長子術赤後代）聯合滅亡了金帳汗國。1547年，莫斯科大公伊凡四世加冕稱沙皇，莫斯科大公國逐漸發展為東北羅斯的政治、經濟、文化和宗教中心。1721年，彼得一世與瑞典王國進行北方戰爭勝利，俄羅斯參政院授予其「俄羅斯皇帝」頭銜，俄羅斯隨著領土不斷擴張成為全球性帝國。1917年俄羅斯帝國滅亡，十月革命後成立了俄羅斯蘇維埃聯邦社會主義共和國。1922年俄羅斯、烏克蘭、白俄羅斯和外高加索聯邦一起正式組成蘇聯。1991年蘇聯解體，俄羅斯蘇維埃聯邦社會主義共和國改國名為俄羅斯聯邦。俄羅斯聯邦成立後，仍然有統一與分裂的困擾，車臣共和國想獨立沒有成功，克里米亞卻成功地從烏克蘭獨立出來與俄羅斯實現統一。

（一）車臣問題

車臣共和國位於俄羅斯南部聯邦管區的北高加索山區，面積17300平方公裡，人口近130萬。1859年沙俄經過近半個世紀的高加索戰爭把車臣併入俄國版圖。蘇聯時期成立車臣自治州（後合併為車臣－印古什蘇維埃社會主義自治共和國）。1944年，在史達林領導下的蘇聯政府以車臣人與德國侵略者合作為由，將幾乎整個車臣民族強行遷出，並撤銷了車臣的自治共和國地位。直到1957年赫魯雪夫執政時期，車臣－印古什蘇維埃社會主義自治共和國才得以恢復。蘇聯解體後，俄羅斯聯邦的不少成員，特別是外高加索地區的共和國，都希望享有獨立的地位。1991年，時任車臣共和國總統的杜達耶夫發表了獨立宣言，1992年印古什共和國與車臣共和國分開。1994年，俄羅斯總統葉爾欽指派俄軍大舉攻打車臣，內戰持續了20個月，杜達耶夫在這場戰爭中被打死。之後，雙方的衝突不但一直沒有平息。1997年俄聯邦與車臣簽署和平與相互關係原則條約，但是車臣領導人始終未放棄其「獨立」主張。1999年爆發了第二次車臣戰爭，俄羅斯第二任總統普丁以非常強硬的態度出動10萬軍人，大股車臣武裝被消滅，俄軍幾乎控制了車臣全境。2000年2月初，俄軍攻下車臣首府格羅茲尼，取得了平叛行動的決定性勝利。6月普丁簽署命令，對車臣實行總統直接治理。2001年2月起俄羅

斯當局從車臣撤軍。2009年4月16日，俄國當局宣佈車臣戰爭正式結束。但在此前後車臣分裂勢力在車臣和莫斯科的恐怖襲擊始終存在。車臣分裂活動為什麼會發生？為什麼不能徹底解決？

「勢」的層面，世界政治格局由美蘇爭霸轉為美國一超多強後，俄羅斯國際地位大不如前，自身的衰弱會導致原來有分離傾向的地區分離行動趨於活躍，正如人體的免疫力下降會誘發各種潛伏疾病。十七八世紀，高加索地區戰火不斷，內有民族爭鬥，外有波斯、鄂圖曼帝國、沙俄帝國的爭奪。沙俄終於在19世紀下半葉控制了高加索的命運，但高加索地區的反抗運動時有發生。即便在蘇聯時期，高加索局勢也不是很穩定。蘇聯時期高加索地區的民族和宗教矛盾沒有得到很好地解決，歷史遺留的心理隔閡遇到形勢變化就會促成分離運動和暴力衝突。1991年蘇聯解體就是促成分離勢力抬頭的重大條件變化，當時車臣的分離主義勢力趁著政局動盪、中央政府顧不到邊遠地區之際，開始謀求獨立。

高加索地區位於裏海和黑海之間，裏海蘊藏著豐富的油氣資源。蘇聯解體後，特別是「9·11事件」以來，美國等西方國家已大踏步地進入了外高加索地區，美國視外高加索為裏海能源的理想「外運走廊」，想透過控制外高加索而掌握裏海能源的走向。北約和歐盟也對該地區表現出了濃厚的興趣，以便為各自的下一輪「東擴」物色「候選人」。土耳其則仗著自己背後有人，欲透過加強與亞塞拜然和喬治亞的關係，而實現自己的「地區大國夢」。伊朗也認為該地區是自己的北部屏障和與俄羅斯聯繫的中間地帶，不願美國人在這裡指手畫腳。北高加索和外高加索「唇齒相依」。在波羅的海三國加入北約、美國軍事力量進入中亞的情況下，一旦外高加索成為北約的勢力範圍，俄羅斯將處於北約的半包圍之中。為介入北高加索事務，西方國家在反恐問題上一直堅持雙重標準：

口頭上支援俄在車臣的反恐行動，暗地裡卻為車臣恐怖分子提供方便甚至政治庇護。為了能保住自己的「南部屏障」，俄羅斯在不斷加強高加索地區的軍事存在，使北高加索軍區成為俄軍兵力最多、戰鬥力最強的軍區。而且，蘇聯解體後隨著獨立地區的增加，民眾凝聚意志並沒有瓦解，反而激發了俄羅斯人強烈的國家主義，紛紛支持俄國政府維護國家統一戰爭，使得車臣獨立遭到嚴厲打擊。並且，這種打擊隨著俄羅斯國力的恢復與增強力度在增大，車臣分離主義勢力受到有效遏制。

「力」的層面，從二戰結束後俄軍的戰鬥力下降已經是不爭的事實，在阿富汗戰爭中蘇聯軍隊慘敗而回，這些情況對俄軍內部人員來說非常瞭解。1991年10月，在阿富汗戰爭中曾被授予蘇聯英雄稱號的退役將軍杜達耶夫當上車臣共和國的總統後，就公開宣佈車臣獨立，並建立了車臣的第一支正規部隊——國民衛隊，人數最多時達到六萬人。然而俄羅斯政府當然不能允許車臣的武力獨立，乃至可能引起的骨牌效應，因

此 1994 年 12 月，俄國總統葉爾欽簽署《解除非法武裝和在車臣境內恢復憲法法律制度》的命令，俄聯邦武裝力量和內務部部隊 3 萬餘人進入車臣。據俄國防部統計，截至 1996 年 8 月 30 日，在車臣戰爭中，俄軍陣亡 2837 人、傷 13270 人、失蹤 337 人、被俘 432 人；損失飛機 5 架，作戰直升機 8 架，坦克、裝甲輸送車、步兵戰鬥車和裝甲偵察車 500 餘輛；直接經濟損失約 50 億美元；車臣武裝分子有 15000 人被打死。此後儘管車臣仍為俄羅斯共同體的其中一員，但實質上卻享有非正式的獨立。因此 1999 年 8 月 26 日開始，俄羅斯發動了第二次車臣戰爭，重奪車臣的控制權。根據俄軍總參謀部宣佈，至 2000 年 6 月 15 日，俄軍和內衛部隊亡 2091 人，傷 5962 人；擊斃車臣武裝分子超過 10000 人；以相當於前次三分之一的代價取得了全面的戰爭勝利。俄軍進攻車臣消耗了大量軍費，使經濟危機形勢更加嚴重。安置和救助從車臣逃亡的 30 多萬難民以及重建變成廢墟的格羅茲尼城市需花費大量資金，到 1996 年 8 月俄羅斯和車臣達成和平協議，俄羅斯政府在車臣戰爭中耗費的資金約為 50 億美元—60 億美元（約合 3 萬億盧布），這對俄羅斯是一個沉重的負擔。然而俄羅斯畢竟是有相當經濟基礎的大國，不但能夠從兩次車臣戰爭中恢復過來，而且整體國力不斷上升，這使其在與車臣分離勢力鬥爭的過程中有足夠的實力進行遏制。

哈佛大學貝爾福科學與國際事務研究中心的西蒙·薩拉江（Simon Saradzhyan）的研究顯示：1999 年，俄羅斯 GDP 還不到美國的 5%。而到了 2015 年，這一比例上升到了 6%，增幅為 36%。同一時期，俄羅斯佔全球 GDP 的份額從 1999 年的 1.32% 上升至 2015 年的 1.6%，增幅為 23%。同一時期，美、英、法、德、意五國佔全球 GDP 的份額分別下降了 10%、11%、19%、20% 及 32%。凱莉·卡德拉（Kelly Kadera）與吉羅德·索羅金（Gerald Sorokin）提出的「國力幾何指標」的估算表明，1999 至 2014 年間，俄羅斯的實力增長了 6.53%，而同期美、英、法、德、意五國的實力分別下降了 13.14%、24.42%、24.23%、29.92% 及 27.29%。佛光大學的張錦隆國家綜合實力設計結果顯示，1999 至 2015 年間，俄羅斯的實力增長了 28%，而美、英、法、德、意五國的實力分別下降了 6%、15%、29%、29% 及 41%。各種演算法都表明，俄羅斯的實力經過蘇聯解體後的低谷期後上升了。

「策」的層面，車臣與俄羅斯當局開始都過於相信武力的作用。車臣「副總統」巴薩耶夫公開稱，他的任務是要「解放整個高加索」，「如果俄羅斯不撤軍，車臣戰爭將持續至少 100 年」。車臣武裝力量在沒有得到美國、北約等國際軍事支持的條件下貿然與世界一流軍事強國俄羅斯進行武裝鬥爭，勝算有限。高加索地區位於歐亞大陸連接處，屬於「歐亞大陸的心臟地帶」。該地區人口總數不足 3000 萬，有 50 多個獨立的民族，民族問題極其複雜。北高加索問題的解決與俄羅斯未來的民族、宗教政策高度相關，解決北高問題實質上也是在解決俄羅斯與境內其他民族的民族關係和宗教關係。一方面，儘

管俄羅斯憲法規定並強調各民族完全平等,甚至給予其他民族更多的優惠政策,但實際上,蘇聯解體後俄羅斯國內民族主義情緒有增無減。另一方面,隨著蘇聯解體,民眾的信仰真空被宗教填補,伊斯蘭教在俄羅斯日漸興盛便在所難免,不同價值觀之間的衝突日益凸顯。無論在車臣、印古什還是在達吉斯坦,發端於北高加索地區的恐怖主義組織無一不是以謀求「獨立」為終極目標,只要恐怖主義不消除,謀求獨立的暗流就會湧動不止,這無疑是對俄羅斯國家主權和領土完整的最大威脅。俄國政府雖然打算用更多的「懷柔」政策平息該地區事端,但是當恐怖主義露頭時,他們採取了堅決打擊的政策,因為國家統一是俄羅斯的最高國家利益。車臣戰爭勝利後,俄政府在北高加索地區的政策已經發生了顯著變化,逐漸由過去「打壓多、安撫少」的做法逐漸過渡到恩威並重、以恩為主的思路,力圖透過擴大政府投入和各種優惠措施發展當地經濟,安撫民心,為消除社會對立做長期準備。

(二) 克里米亞問題

克里米亞位於黑海北部海岸,是俄國通往黑海並借此控制地中海與中東地區的重要戰略樞紐。面積 26100 平方公里,人口 250 萬。在古代,克里米亞半島曾經被不同民族佔領,1783 年俄國將整個克里米亞半島納入版圖。1955 年蘇聯最高蘇維埃主席團決議將克里米亞由俄羅斯劃歸烏克蘭。蘇聯解體後,克裡米亞半島成為烏克蘭的一部分。2014 年 3 月,克里米亞透過公投脫離烏克蘭獨立,並重新加入俄羅斯。俄國得以實現與克里米亞的國家統一原因何在?

「勢」的層面,一是俄國政治影響力較大。雖然 20 世紀 90 年代初期蘇聯剛解體時,俄國政治影響力大幅下降,但普丁執政後的俄國在綜合國力與世界政治地位方面均有大幅改善,俄國政府能夠得到多數克里米亞人的擁護。二是俄國統一的民意支持度較高。蘇聯解體後大片領土的喪失激發了俄羅斯人強烈的國家主義,因此後來在俄國政府維護國家統一的高加索戰爭中,俄羅斯國內有著高度的民意支持。俄國國家民意研究中心 3 月 24 日公佈的一項民意調查顯示,89% 的俄羅斯人一直認為克里米亞是俄羅斯的一部分,80% 的人都贊成俄國接納克里米亞,即使這意味著與烏克蘭之間產生衝突。在人口不到 300 萬的克里米亞,佔 60% 左右的俄裔民眾強烈擁護俄國政府,僅佔 24% 和 12% 的烏克蘭裔與韃靼裔民眾左右不了主流民意。投票率高達 83%的克里米亞公投中,97% 民眾支持克里米亞脫離烏克蘭獨立,並立即申請加入俄羅斯,這是決定克里米亞與俄羅斯實現國家統一的關鍵因素。三是俄國的統一意志力堅決。在克里米亞因政治前途分歧內部爆發武裝衝突後,俄羅斯國會立即授權總統普丁出兵克里米亞,使俄羅斯可以迅速對克里米亞展開軍事行動,控制形勢。克里米亞公投結果剛一公佈,不待各方觀望,俄總統普丁立即與克里米亞方面共同簽署有關克里米亞共和國和塞瓦斯托波爾市加入俄羅斯聯邦的條約,向議會上下兩院發表電視演講,宣稱「克里米亞是我們共同的財富,是

地區穩定的重要因素。這片戰略要地應當處於強大而穩定的主權之下，而在今天，這一主權國家只能是俄羅斯」。四是俄國中央政府有足夠的社會控制力，在統一克里米亞的過程中保持了俄羅斯境內與克里米亞境內的社會穩定。五是俄國的文化凝聚力較強。克里米亞是以俄羅斯族為主的多民族地區，俄國文化影響一直佔主導地位，烏克蘭的文化影響很弱，絕大多數居民只講俄文，俄文報紙雜誌比烏文的多20倍，只有7%—9%的克里米亞人看基輔電視台的節目。

「力」的層面，俄國的經濟、軍事實力足以支撐對克里米亞的統一。俄羅斯經濟發展水準高於克里米亞，統一克里米亞後俄國政府立即將當地退休人員的養老金提高了將近一倍，與俄羅斯的平均水準持平，這個費用在俄羅斯的預算中微不足道，卻大受克里米亞民眾的歡迎。俄國還宣佈支持克里米亞經濟發展，準備將其建設成為一個經濟特區，在該地區投資的企業可享受減稅。外債高達300億美元的烏克蘭在經濟方面難以匹敵俄羅斯，烏克蘭所依賴的西方國家雖然經濟實力強大，但卻難以撼動俄羅斯。歐盟和美國對俄公司、銀行及某些經濟部門採取了一系列制裁措施，但俄國不為所動，普丁反而因其與西方政治和經濟對抗中的強硬表現為自己奠定了「收復克里米亞的民族英雄」的歷史地位。在軍事實力方面，反對克里米亞與俄國統一的烏克蘭軍力更是遠遠無法與俄國軍隊抗衡，普丁曾在與歐盟委員會主席巴羅佐通電話時稱：「如果我想，俄羅斯軍隊能夠在兩周內佔領基輔（烏克蘭首都）。」烏克蘭所依賴的美歐也不想與俄國為克里米亞進行軍事對抗，當俄羅斯增兵克里米亞後，美國宣佈考慮在「經濟和外交」上採取全面的措施以孤立俄羅斯，事實上已經排除了軍事介入的可能。因為如果美國要還擊，就不得不顧忌在伊朗核問題、敘利亞和阿富汗問題等重要事務上與俄方必不可少的合作，更何況美軍介入也是鞭長莫及，因為黑海是十分封閉、狹小的海域，俄陸基空軍可以為俄黑海艦隊提供強大的空中掩護和空中支援，俄海空力量能在這裡構築一道強大的海空防線，而美國海軍航母如果駛入黑海則難以施展身手，且土耳其也不允許美軍為此飛越其領空。至於英國的軍事對抗表態則對俄國軍事行動構不成實質的威懾。

「策」的層面，俄羅斯在克里米亞事件中的一系列動作都嚴格遵守國際法，所有軍事動作都根據相關條約進行，並模仿當年北約轟炸南聯盟、武力干涉科索沃的做法，高舉保護人權的大旗軍事介入克里米亞公投，反倒是美國如果想要在此問題上透過大規模出兵進入黑海，很有可能違反國際法。因此，在道義上俄羅斯獲得了一批國家的支持，在國際輿論上也並未遭遇一邊倒的攻擊。更重要的是，俄國低調的軍事介入並沒有發生交火和傷亡事件，正如普丁在演講裡所說的：「你聽說過歷史上有不放槍、不死人的軍事干涉嗎？」這是典型的武力威懾型國家統一方式。

（三）觀察與啟示比較近兩年發生的蘇格蘭公投和克里米亞公投，可以有以下觀察：

第一，中央政府應有維護國家統一的堅定意志。雖然無論統一還是分離的國家形

式,都只是人們追求福祉的治理模式,但何者更優卻需要理性認清。民主自由應適度,走向極端必然導致社會的無秩序,反而不利於追求個人與集體福祉。如果任何地區或集團都可以根據自身利益分離獨立,邏輯上將會出現天

下大亂的無秩序局面。中央政府基於歷史與現實的需要,有維護或實現國家統一、保障與增強民眾福祉的責任,其責任感和意志力越強,對國家統一越有利。英國政府對蘇格蘭獨立公投的不夠堅決的態度差點釀成國家分裂的災難,英國首相卡麥隆也稱「我們本可以阻止公投,也可以將其推遲」。俄國政府這方面做得很好,在克里米亞出現國家統一的有利時機後,果斷出兵控制形勢,為實現國家統一不惜一戰的姿態迅速平息混亂局面,以令人吃驚的速度完成了與克里米亞的國家統一。

第二,中央政府的治理能力與國家建設是國家統一的關鍵。「遠人不服,則修文德以來之,既來之,則安之。」「文德」修得好不好,政治、經濟、社會、文化建設得好不好,是民意是否支持國家統一的根本。英國在光榮革命後,各種建設飛速發展,全球政治影響力驟然增強,蘇格蘭也接受了國家統一。但兩次世界大戰後,英國不再具有「日不落帝國」的政治影響力,蘇格蘭的國家分離活動也重新活躍。蘇聯解體之際,俄羅斯國內混亂,弊病叢生,面對國家分離無能為力。但在普丁「重振俄羅斯」後,憑藉對克里米亞居民的政治影響力,不費一槍一彈實現對克里米亞的國家統一。統一克里米亞後俄國政府立即將當地退休人員的養老金提高至俄羅斯的平均水準,很難想像如果克里米亞經濟水平遠高於俄羅斯平均經濟水準的情況下會對與俄國統一有那麼高支持率。

第三,經濟問題處理不好可能危及國家統一。蘇格蘭獨立公投的最主要訴求就是經濟利益,據英國媒體報導,由研究機構 TNS 所做的民意調查顯示,大多數受訪民眾認為經濟因素是蘇格蘭獨立與否的首要因素。公投結果支持蘇格蘭獨立的民眾沒有過半,很重要的原因是英國中央政府的核心政治人物發表了聯合簽署的承諾書,保證只要蘇格蘭不獨立,蘇格蘭議會馬上可以獲得更多經濟權力,包括稅收權和國民醫療服務開支自主權,且英國各地公平共用資源和機會、國防安全、經濟繁榮與公民福利。更大範圍看,近年來在歐洲盛行的國家分離主義,諸如西班牙的加泰隆尼亞、比利時的佛萊明、義大利的威尼斯、德國的巴伐利亞、法國的科西嘉等地區,大部分發生在經濟發達地區,不願受欠發達地區的拖累,國家發生經濟或債務危機時尤為明顯。中央政府有責任處理好不同地區間的經濟均衡發展與利益公平分配,同時要注意加強各地區間的經濟依賴,使之難以切割。

第四,經濟、軍事等硬實力的雄厚是維護國家統一的根本保障。作為世界第 6 大經濟體的英國,憑藉對蘇格蘭的多方面的經濟影響對公投結果發揮了作用。正如公投前英國首相卡麥隆所警告的,如果蘇格蘭獨立,蘇格蘭人將「不再有英國養老金,不再有英國護照,不再有英國英鎊,不再有一個統一的保護自己的軍隊,在外旅遊的蘇格蘭人不

再得到英國大使館的保護，給你們提供房貸的銀行一夜之間變成了外國的銀行，蘇格蘭的銀行不再能有整個英國來擔保，我們的邊界將成為國界不再能隨意跨越」。俄國在統一克里米亞時也展現了強大經濟軍事實力的重要作用。西方國家雖然對俄國統一克里米亞實施經濟制裁，卻無法擊垮俄國經濟從而改變俄國政府決策，相反俄國還有能力對西方進行反經濟制裁。軍事上更是如此，在普丁下令接納克里米亞加入俄聯邦之後，美國宣佈排除軍事干預危機的可能，歐巴馬強調要用外交手段解決克里米亞危機，稱「即便是烏克蘭也明白美國捲入與俄羅斯軍事衝突，無論對我們還是烏克蘭都是不利的」。

第五，中央政府在維護國家統一時須尊重和照顧好當地民眾的情感。英國首相卡麥隆對蘇格蘭民眾採取動之以情的策略，公投前以哀求的口氣演講：「我們由衷地請求你們選擇『在一起』，選擇留下。請投票拯救我們的英國。」公投後立即在演講中予以安撫：「我也要對支援獨立的人們表示敬意——你們進行了一場很精彩的活動」，並表達清晰立場：「結論無可爭議，也不會重來，我們已經聽到了蘇格蘭人民的堅定願望。」俄國在統一克里米亞時，總統普丁也強調「讓克里米亞人民自古以來頭一回決定自己的命運……公投已經表明，這些人中相當一部分期望加入俄羅斯……我們將會滿懷尊敬地對待居住在克里米亞的少數民族。」即使在軍事力量佔絕對優勢的情況下，俄軍依然低調行事，沒有流血衝突，在大量烏克蘭軍人投降之後，普丁演講稱「感謝烏克蘭的軍人，他們為數不少，一共有兩萬兩千全副武裝的士兵。我想感謝你們沒有用流血解決問題，沒有用血玷污了自己。」同時普丁也對烏克蘭人民說：「我們無論如何都不想傷害你們，不願傷害你們的民族感情，我們始終尊重烏克蘭的領土完整。」在相當程度上，中央政府的柔性表態可以化解敵意，為實現國家統一的長期目標奠定民心基礎。

三、加拿大

加拿大是英聯邦國家之一，位於北美洲最北，領土面積998萬平方千米，世界第二，人口約3500萬人。從16世紀起，加拿大淪為法、英殖民地。1756—1763年，英、法在加拿大爆發「七年戰爭」，法國戰敗，加拿大正式成為英屬殖民地。1926年，英國承認加拿大的「平等地位」，加拿大始獲外交獨立權。1931年，加拿大成為英聯邦成員國，其議會也獲得了同英議會平等的立法權，但仍無修憲權。1982年，英國女王簽署《加拿大憲法法案》，加議會獲得立憲、修憲的全部權力，加拿大事實上從英國獨立。聯邦成立時，將新國家定名為加拿大。魁北克位於加拿大東部，是加拿大最大的省份，面積170萬平方公里（約為法國3倍），佔全國總面積的15%，人口近800萬，佔全國人口的25%，其中80%是法國人後裔，通行法語。1967年魁北克人黨提出了要求魁北克獨立的問題，1976年該黨在省選舉中獲勝。在以該黨為代表的一些魁北克的法語民眾的獨立要求下，魁北克於1980年和1995年舉行了兩次全民公決，主張獨立的一方以

40% 及 49.4% 的得票率未能獲得透過。之後，加拿大修改了相關法律，清晰法案規定在魁北克全民公決中所提出的問題足夠明確且得到明顯多數的支持時，魁北克可以與加拿大政府進行脫離聯邦的協商程式。

（一）「勢」的變化與影響

魁北克問題的產生應溯源到英法國際爭霸。兩個傳統資本主義強國在瓜分世界殖民地的過程中，法國在加拿大尤其是魁北克地區佔了先機。1534 年法國海員雅克·卡迪埃在法王的支持下進入聖勞倫斯灣探險，最早進入現在的魁北克。1608 年，法國人建立魁北克城並創建了新法蘭西殖民地。隨著移民的不斷增加，法王決定在新法蘭西建立統治機構。到 18 世紀中葉，基於法國文化傳統並具有其自身特色的法裔魁北克社會已經形成。1763 年，英法「七年戰爭」中法國敗北，法王路易十五將北美的新法蘭西讓與英國，魁北克開始了英國統治時期。法國統治結束，法國的一些官吏、莊園主、商人和宗教界人士從魁北克撤離，但法國移民人口的大多數留了下來。由於法國移民在當地佔絕大多數，魁北克人要求政治權力的鬥爭一直存在，英國統治當局對魁北克的語言文化和風俗習慣採取寬容態度。因為當時英國打敗法國的同時，北美南邊的 13 個殖民地也在鬧獨立，英國需要避免加拿大的法國人和南方的起義軍聯合起來。1774 年的「魁北克法案」使當地法國移民獲得很多特權，這就為魁北克的日後獨立要求埋下伏筆。

20 世紀英國衰落，加拿大獲得同英國平等的獨立地位後，魁北克佔主體的法裔居民認為其特有的法語文化及特殊利益未得到重視和照顧，民族主義情緒開始醞釀。正式提出獨立要求的外部背景與二戰後亞非拉民族解放運動形勢密切相關。二戰後民族解放運動時間長，持續半個世紀，範圍廣，亞非殖民地半殖民地全部獲得獨立，帝國主義殖民體系徹底崩潰，而且大多數國家是透過和平方式取得勝利的。在這種國際大環境的影響下，20 世紀 60 年代魁北克民族主義思潮高漲。1967 年 7 月 23 日，法國總統戴高樂應魁北克省總理邀請，參觀蒙特婁國際博覽會。戴高樂對夾道歡迎他的 50 萬人群高喊「自由的魁北克萬歲」，蓄意鼓動魁北克獨立，更是為分離運動火上澆油，法裔民族情緒推向極端。從內部發展形勢看，魁北克民族主義思潮高漲是魁北克現代化轉型的平靜革命的伴生產物。平靜革命大致發生在 1960 年至 1966 年魁北克自由黨執政時期，是二戰後從法裔傳統農業社會向現代社會轉變的一次深刻社會變革。平靜革命不是以魁北克的獨立為目的的，但魁北克在向現代社會轉變的過程中，孕育了新型的民族主義思潮。魁北克民族主義主導了魁北克現代化的進程，但與此同時，魁北克民族主義也為魁北克主權獨立運動的興起奠定了基礎。

（二）「力」的變化與影響

魁北克作為加拿大的一個省，能否取得獨立相當程度上取決於該省與其他反對魁北克獨立各省的力量對比。魁北克雖然自然資源豐富，長期以來卻是加拿大經濟發展水

準較為落後的省份。二戰使這種情況有所改變。二戰爆發後，遠離戰爭中心的美國和加拿大成了同盟國的戰略後方，以及武器、彈藥和其他軍用物資的主要供應地。這極大地刺激加拿大的經濟發展，以製造業和採礦業為例，作為加拿大面積最大省份的魁北克，本來就擁有豐富的礦產資源，戰爭又進一步帶動了魁北克的軍工生產，結果，刺激了採礦業和製造業的空前繁榮。從 1939 年到 1950 年，魁北克製造業投資額增長 188%，製造業產量增長 92%。同時，與戰後美國資本成為加快整個加拿大工業化的源泉一樣，美國大量的資本投資，以及當地廉價而充足的水電資源，也成為魁北克經濟大發展的動力。戰後魁北克的重工業仍然比較薄弱，和鄰省安大略相比，1955 年時，其重工業（鋼鐵工業和交通運輸業）只及安大略製造業的 30%，即使是在魁北克本省的比重也只有 13%。從 1961 年到 1971 年魁北克人口不斷增加，城市人口達到了 80% 以上，第三產業的比重也有了很大的提高。這樣，經過 60、70 年代持續發展後，魁北克經濟也就趕上了國內英裔省份的發展，實現了現代化。

　　經濟水準的迅速提升使魁北克人有底氣爭取獨立。而且，爭取獨立也有助於改變其收入分配結構的不均衡。1961 年外國公司控制了魁北克 42% 的工業，其中美國的投資額佔 74%，其餘絕大部分由英裔加拿大人控制。另外，利潤高的壟斷性經濟部門完全由英裔人和外國資本控制，而法裔加拿大人擁有的則是利潤低的競爭性部門。魁北克法裔加拿大人的經濟地位也相對底下，主要是工資收入低於外國人和英裔加拿大人。另外，在英裔企業中，法裔中產階級大都也只是外國資本家和英裔資本家的雇員而已。他們努力尋求升遷機會由於語言問題和種族原因，而受到歧視和限制。而在由教會擁有並控制的學校、大學、醫院和社會服務機構中，雖然法裔加拿大人從業人員受過良好教育，但升遷又受到了天主教會勢力的壓制。從 1951 年至 1961 年，他們的社會比重僅從 15% 增至 18%。因此，法裔加拿大人反對美國資本和英裔資本家控制魁北克經濟，強烈要求政府進行經濟干預，發展魁北克民族經濟。

　　軟實力方面，在美國的影響下，英裔加拿大人對法裔加拿大人的文化衝擊日益顯著，也促使法裔族群的民族主義抬頭。工業化和城市化浪潮削弱了長期以來支配法裔族群生活的農業經濟和宗教勢力的基礎，改變了魁北克法裔的社會經濟結構，法裔加拿大人的傳統價值觀和文化結構解體，天主教教會的政治和社會權力也隨之削弱。美國的通俗文化透過電視節目、電台廣播、雜誌、書報等大眾傳媒，不斷衝擊魁北克的法語文化市場。法裔加拿大人無形中受到外部世界的生活方式和價值觀念的影響，其傳統文化受到衝擊最大。由於魁北克與北美和加拿大內地各省的經濟聯繫日益緊密，英語作為商業和科技語言的地位元在魁北克驟然升高，魁北克省內的法裔居民為適應加拿大市場經濟條件下的就業和晉升競爭的需要，紛紛學習英語，省外移來的居民大多將子女送入英語學校讀書。這就使得法語在全國甚至在魁北克本省的地位大為降低。魁北克的民族主義

分子和天主教教會的首領將此遷怒於英裔族群的侵權，而強烈要求修改聯邦憲法，重新確立魁北克特殊權力的地位，以促進法語和法語文化的復興與發展。

同時，魁北克省內的法裔加拿大人開始反思經濟和社會發展落後的原因，尤其是具有強烈民族意識的法裔新中間階級的知識精英，包括法語大學的教師以及新聞媒體、出版業界的記者和編輯。作為新思想的傳播者，他們認為魁北克的鄉村保守勢力和天主教會應為法裔魁北克社會保守與落後承擔責任。他們在關注法語文化傳統和語言保存的同時，更關注魁北克經濟和政治地位的提升，並且認為必須建立一個積極改革的強有力的政府機構，加強和擴大政府的經濟干預力量，實行國有化政策；只有法裔人自己控制了魁北克的經濟，克服魁北克經濟的依附性，才能發展法裔民族經濟，徹底改善和提高法裔加拿大人的經濟社會地位，魁北克的文化和特殊性才能得以保存。愈來愈多的法裔人認為，沒有法裔經濟的發展，要維護法裔文化也是不可能的；要發展經濟和維護法裔文化，沒有政府的干預是不可能的。這樣，在魁北克，傳統的法裔民族主義就逐漸發展成以國家為中心的魁北克民族主義。

（三）「策」的變化與影響

「魁獨」勢力製造國家分裂有和平與暴力兩種方式。和平方式一直是主流。20世紀60年代出現魁北克民族主義旗幟下的主權獨立派與聯邦主義派的對立。在魁北克社會向現代化過渡的進程中，社會精英總體都彙集在魁北克民族主義旗幟下，達成了社會共識：魁北克是一個「法語社會」，是一個「特殊社會」，是一個「次國家行為主體」。但在這些社會共識下，卻派生出了兩大政治派別：以魁北克自由黨為代表的聯邦派和以魁北克人黨為代表的主權獨立派。聯邦派主張魁北克留在加拿大聯邦內，即便是有部分聯邦派人士也要求魁北克主權，但這是在聯邦框架內的一種主權。而主權獨立派尋求魁北克的主權，並最終脫離加拿大聯邦；但其中的很多人主張在獲得主權獨立後與加拿大結成一種特殊的緊密聯盟，這又像是一種邦聯的構想。相對於全面改革魁北克傳統社會的「平靜革命」，魁北克解放陣線從事的行動也被稱為「喧鬧革命」。20世紀60年代，魁北克解放陣線開始了長達10年的反政府行動，該組織從1963年起選擇了一條暴力和恐怖主義的道路來尋求獨立，他們與主流的魁北克獨立主義運動有很大區別，是魁北克民族主義的最極端派別。20世紀60年代到70年代該組織先後製造了200多起暴力事件。該組織1970年10月策劃綁架了英國駐蒙特婁一名貿易專員和魁北克省勞工部長，並將其殺害。

針對這兩種類型的「魁獨」活動，加拿大政府採取了剛柔並濟的雙軌政策，以鎮壓手段對付「喧鬧革命」，以法律手段對付和平分裂。在魁北克第二次獨立公投前，加拿大政府主要從三個方面來緩解魁獨勢力威脅。第一，部分承認魁北克社會的獨特性。在語言方面，1969年，聯邦政府頒佈《官方語言法》，專門確認法、英語同為官方語言。

雖然1979年和1982年聯邦高等法院兩度宣佈魁北克否定英語官方地位違憲，但並無實質措施對之予以限制，實際上接受了魁北克法語單語制的現實。在移民及外交方面，1978年，聯邦政府准許魁北克省自行制定移民標準。1985年，聯邦同意魁北克和聯邦政府同時加入法語國家和政府首腦會議。第二，堅決打擊極端的分裂活動。如1968年魁獨政黨解放陣線發起綁架和殺害政府官員的恐怖活動，聯邦政府頒佈戰時條例，以軍事手段予以鎮壓。第三，以自由主義公民身份解構族群身份。二戰後到70年代初，加拿大完成了基本公民權利體系的構建，公民權利的授予取消了族群歧視和等級區分，個體公民不分族群差異被授予了同樣的民權、政治權及社會福利權，此舉意在將法裔等族群身份認同變為個人私事，淡化族群認同以提升法裔等少數族群的國家認同。

1995年第二次獨立公投後，加拿大聯邦政府加強了對魁北克分離主義的安撫和限制。第一，以財政和政治「胡蘿蔔」拉攏魁北克。聯邦政府宣佈，只要魁北克不獨立，會繼續向魁北克提供高額財政補貼。1995年12月，加拿大國會決議承認「魁北克是加拿大內部的獨特社會」，承認它「法語人口佔多數、獨特的文化和法律傳統」。2006年，國會透過聯邦總理的動議，宣稱魁北克在語言和文化上是一個「國中國」。第二，以法律「大棒」限制魁北克分離。1996年，聯邦政府邀請一批著名的法學家研究魁北克問題，結論認為魁北克沒有遭受殖民統治、外國佔領或託管及種族主義的壓迫，無獨立依據。2000年，聯邦《明晰法》規定，省區公投前必須清晰地向公眾表明獨立意圖和後果，表明是否清晰由眾議院在30天內判定（大選時50天），公投贊同比重是否達到明顯多數由眾議院判定。省區獨立必須獲得聯邦議會透過、2/3以上省區支持，必須獲得憲法認可。第三，以統一陣線抑制魁北克分離傾向。1996年2月底，聯邦總理強調魁北克獨立問題應由全國國民決定。1996年，加拿大《憲法否決法》規定，沒有各省50%以上的人口同意，憲法不得修改。1997年9月，除了魁北克外，加拿大各省區省長發表《卡爾加里宣言》，反對給予魁北克超越其他省區的權利。同時，鑒於魁北克內少數族裔和原住民對魁北克獨立多持反對立場，聯邦政府宣佈魁北克獨立必須徵得魁北克內少數族裔和原住民的同意。[105]

（四）觀察與啟示

在諸多具有主權爭議的地區中，人口構成往往是最重要的決定因素。魁北克存在統獨主張的爭議，最根本原因還是該地區人口構成與加拿大其他省份有所不同，存在民族語言文化的差異性。這種差異性使魁北克人認為自己具有特殊性，加拿大聯邦政府對魁北克人特殊要求的認可和妥協對魁北克人的自我差異認識形成正回饋，直到具備了「勢」與「力」的條件後，獨立要求就成為一種社會潮流四處氾濫。對魁北克而言，當60年代國際上民族解放運動蓬勃發展推動眾多新興主權國家出現時，加上復興法國的

---

[105] 賀建濤：《加拿大如何應對分離主義》，《學習時報》，2013年11月4日。

支持，也就具備提出獨立要求的「勢」。而魁北克平靜革命在經濟文化方面取得顯著成績，使其具備提出獨立要求的軟硬實力條件。「勢」與「力」的條件往往會催生要求獨立的政治力量。

1968年10月，主張透過漸進民主方式推動魁北克成為主權國家的魁北克人黨誕生，並在1976年贏得省大選。執政黨對左右政局走向會發揮關鍵作用。魁北克人黨1979年10月正式提出政治獨立的主張，並在1980年5月20日就是否要同中央政府談判獨立問題舉行公民投票，支持者沒有過半。但該黨在1995年10月30日再次組織的公民投票中，支持獨立的人數已經達到49.4%的近半人數。如果中央政府不採取有效措施，這樣下去過半魁北克人支持獨立可能只是時間問題。

如果魁北克分裂出去，加拿大領土面積將從全球第二降到第五，經濟規模也將大幅滑落，國際地位大大降低，因此加拿大聯邦政府並不想放棄魁北克，這不符合加拿大的國家利益。在策略上必須立場堅定才能有效維護國家利益。在魁北克人民族意識高漲的60年代，中央政府採取安撫策略，以立法形式確認法語與英語同為加拿大官方語言。此舉反而激發了魁北克人與其他省的對立。隨著魁北克與中央在統獨問題上的矛盾激化，加拿大中央政府對該問題訴諸法律，1996年8月加拿大最高法院做出歷史性判決：一個省無權單方面決定從加拿大聯邦分裂出去，無論是加拿大聯邦憲法，還是國際法中所說的人民自決權，都不允許一個省單方面決定獨立。2000年3月加拿大聯邦議會通過了為魁北克脫離聯邦設置重重限制條件的《明晰法案》，對「清晰問題」「清晰多數」、中央同意、其他省同意作出明確規定。根據該法案，魁北克人黨在1980年和1995年全民投票中的議題都是不能接受的，投票結果是無效的。這樣嚴厲而強硬的法案出台後，魁北克統獨矛盾並未激化，分離運動反而弱化，證明中央政府在國家統獨問題上的堅定立場和嚴厲手段是控制事態發展的正確策略。

四、衣索比亞

衣索比亞與厄利垂亞位於非洲東北部。歷史上衣索比亞形成國家後，其歷代君王始終未放棄對厄利垂亞的統治。近代厄利垂亞先後成為義大利殖民地和英國託管地。1952年聯合國大會決定厄利垂亞和衣索比亞合併為一個聯邦。後來衣索比亞以其具有壓倒性優勢的軍事力量擊敗了厄利垂亞，並於1962年單方面廢除聯邦，使厄利垂亞成為自己的一個省。此後厄利垂亞開始以武力爭取獨立。1993年厄利垂亞舉行全民公決，以絕對多數贊成正式宣告獨立。

（一）「勢」的變化

正如地緣戰略學者很早就指出的：衣索比亞與厄利垂亞幾十年的衝突實際是兩極世

界角逐中東、北非、印度洋一帶主要戰略地區的一個組成部分。美國與蘇聯支援該地區有關國家各自的政治訴求，實際上都是為了保持和擴大自己的戰略利益。衣索比亞與厄利垂亞的統一與分裂都是美蘇爭霸下的產物。

美國當年促成建立衣索比亞厄利垂亞聯邦出於以下戰略考慮：一是防範蘇聯的影響擴大到中東和非洲之角地區，威脅那裡的石油產區及其運輸航道；二是確保美國佔用厄利垂亞軍事設施，以對抗蘇聯的擴張。1950年7月，美、英、意三國代表在華盛頓會晤，認為可以滿足衣索比亞對厄利垂亞的政治要求，建立一個在中東地區反共的堡壘。1952年美國國務卿杜勒斯在聯合國安理會直言：「從正義角度而言，厄利垂亞人民的意願應得到考慮。然而，美國基於紅海盆地及世界和平的戰略利益，需要這個國家與我們的盟國衣索比亞聯合起來。」[106]

1949年5月在聯合國大會上英國和義大利曾提出將厄利垂亞均分給蘇丹和衣索比亞的動議，衣索比亞支持，厄利垂亞反對。美國則首次提出衣厄聯邦方案。1950年初，受四屆聯大指派，由瓜地馬拉、巴基斯坦、緬甸、南非和挪威代表團組成調查團訪問厄利垂亞，此舉的結果是：瓜地馬拉、巴基斯坦主張由聯合國託管一段時間後讓厄利垂亞獨立，緬甸和南非建議厄利垂亞與衣索比亞結成聯邦，挪威則主張厄衣合併。英、美、巴西等14國提出「聯邦方案」草案，要求厄利垂亞與衣索比亞結成聯邦。1950年12月聯大拒絕蘇聯東歐集團、巴基斯坦和伊拉克關於厄利垂亞立即刻獨立的提案，透過了《聯合國390-A（V）決議》，決定厄利垂亞作為一個自治體同衣索比亞結成聯邦。聯合國關於衣厄聯邦決議的《聯邦法》規定：「(1)厄利垂亞應作為一個自治體在衣索比亞帝國主權下與衣索比亞結成聯邦；(2)厄利垂亞政府在國內事務方面擁有立法、行政和司法權。」這意味著衣索比亞皇帝是聯邦的唯一元首或聯邦政府唯一首腦，將在衣索比亞和厄利垂亞行使其聯邦權力，衣索比亞和厄利垂亞在各自領域享有剩餘的權力。

由於當時的衣索比亞政府在美蘇爭霸的世界格局中選擇了倒向美國，蘇聯自然支持厄利垂亞獨立。蘇聯代表當時批評美英主導的做法：「如果聯邦制是解決厄利垂亞問題的方法，也應由厄利垂亞人民自己、而不是由一個國際組織來決定。」然而1974年9月衣索比亞皇帝下台後，美國終止發展與衣索比亞的外交關係，並停止向其供應所有軍火。蘇聯及其盟國則隨即填補真空，態度180度大轉彎，開始全力支持衣索比亞鎮壓厄利垂亞的獨立運動。社會主義古巴曾在1967年—1971年精心挑選並培訓了大量厄利垂亞青年準備從事獨立運動，親美的衣索比亞政府倒台後，古巴總統卡斯楚接受法國《非亞》雜誌記者採訪時稱衣索比亞軍政權是「真正進步的力量」，而厄利垂亞人是為「國際反動陰謀」服務。蘇聯《真理報》也認為厄利垂亞爭取自決鬥爭是「為他人玩遊戲」。蘇聯、東歐和古巴向衣索比亞援助大量軍火，派遣軍事顧問，直接指揮軍隊和駕駛戰

---

[106] 延飛：《衣索比亞與厄利垂亞衝突的根源——衣索比亞厄利垂亞聯邦始末》，《西亞非洲》，2008年第9期。

機，但仍未幫助衣索比亞平息厄利垂亞的武裝鬥爭。戈巴契夫成為蘇聯總統以後，蘇聯對其社會主義盟國的援助不斷減少，衣索比亞軍政權統治也開始岌岌可危。1991年5月衣索比亞軍政權垮台。厄利垂亞全境解放，成立了厄利垂亞臨時政府。隨即厄利垂亞與衣索比亞過渡政府達成協議，厄利垂亞將在兩年內舉行全民公決，決定厄利垂亞的獨立問題。1993年4月厄利垂亞如期舉行全民公決，5月24日厄利垂亞正式宣告成立。

(二)「力」的對比

從力量的對比看，雙方差距是巨大的。衣索比亞的國土面積為110萬平方公里，是厄利垂亞的近10倍，厄利垂亞只有11萬平方公里。厄利垂亞擁有510萬人口，而它的對手衣索比亞則有8250萬人，約為厄利垂亞人口的16倍。

厄利垂亞屬世界上經濟最不發達的國家之一。80%的人口從事農牧業，生產落後，豐年糧食自給率僅60%—70%。工廠只有十幾家，均為紡織與服裝加工（9%）、製革、製鞋、食品加工（50%）、農畜產品加工、金屬加工、化工及塑膠製品加工（8%）、建材等現代化程度不高的小廠。全國僅一家柴油發電廠，人均年用電量不及70度。除首都和馬薩瓦外，其他城市每日僅供電6—7小時，農村普遍無電力供應。2007年工業總產值佔當年國內生產總值的19.2%。2014年GDP為38億美元，人均GDP為680美元。衣索比亞也是世界最不發達國家之一。衣索比亞以農牧業為主，工業基礎薄弱。農業系國民經濟和出口創匯的支柱，佔GDP約50%。農牧民佔總人口85%以上，主要從事種植和畜牧業，另有少量漁業和林業。工業門類不齊全，結構不合理，零部件、原材料依靠進口，2013年工業產值佔國內生產總值的9%。製造業以食品、飲料、紡織、皮革加工為主，集中於首都等二三個城市。2013年GDP為388億美元，是厄利垂亞的10倍多。人均GDP為426美元，僅為厄利垂亞的60%多。

厄利垂亞長期居於衣索比亞的殖民地地位，超過70%的對外貿易都要依附於衣索比亞，而衣索比亞卻擁有多元的交易夥伴。

軍事力量方面，衣索比亞2010年國防軍總兵力約18萬人，其中正規軍約15萬人，安全部隊和民兵預備役約3萬人，空軍約8000人，有作戰飛機120架。厄利垂亞常備4萬正規軍。1998年—2000年厄埃邊界戰爭期間，政府大量擴軍，曾達30萬人。陸軍有約150輛坦克、80輛各式火箭炮、自走火炮、自走防空炮和大約50餘套防空系統。厄陸軍士兵主要裝備的是以AKM為主的蘇式步槍。空軍有60餘架作戰飛機和30餘架直升機，海軍有20餘艘艦艇。厄利垂亞年度國防開支相當於國內生產總值20%。厄軍士兵佔全國勞動力11%強，廣泛參與農業生產、修路築橋等經濟建設活動。

(三)「策」的運用

衣索比亞與厄利垂亞統一的過程採取的是威懾統一方式。1952年成立的衣索比亞

厄利垂亞聯邦是在聯合國主持下的封建佃農經濟和高度集權絕對君主制的衣索比亞與資本主義經濟和多元政治的厄利垂亞結成聯邦，衣索比亞皇帝從一開始就沒準備讓厄利垂亞人保持《聯邦法》中的獨立。1952年3月底，厄利垂亞透過間接選舉產生議會，在英國當局操縱下，親衣索比亞、親英的議員取得議會席位的2/3。6月，由於衣索比亞操縱厄利垂亞聯合黨在厄利垂亞境內搞恐怖暴力活動，英國人推舉的行政長官頒佈緊急狀態令。9月，衣索比亞皇帝任命厄利垂亞行政長官，衣厄聯邦事實上已名存實亡。1958年12月，厄利垂亞議會被迫表決降下厄利垂亞國旗，改用衣索比亞國旗。次年，厄利垂亞改稱「厄利垂亞行政當局」，「行政長官」改稱「首席行政官」，放棄厄利垂亞「國璽國徽」，厄利垂亞成為「衣索比亞皇帝海爾．塞拉西一世統治下的厄利垂亞行政區」。1959年9月，議會通過更換厄利垂亞《憲法》，並接受衣索比亞《憲法》。1962年11月，衣索比駐厄利垂亞部隊佔領主要城鎮要害地帶，噴氣戰機在上空盤旋恫嚇市民。厄利垂亞議員在槍口威逼下開會，「首席行政官」用少數議員才聽得懂的阿姆哈拉語宣讀事先備好的聲明：「我即將向你們宣讀的聲明是厄利垂亞一事的最終解決，你們只能原封不動地接受，我們將宣佈聯邦完全無效，從今以後我們完全同祖國統一起來。」衣厄聯邦廢止，衣索比亞吞併了厄利垂亞。

厄利垂亞人的獨立則是由和平方式轉為武力方式才最終得以完成的。1953年—1962年，厄利垂亞政治領袖以為能說服衣索比亞政府放棄破壞聯邦體制，曾派代表團分別到衣索比亞政府和聯合國請願，同時組織遊行、罷工，並試圖讓厄利垂亞與衣索比亞兩個政府直接磋商。一切努力均未成功。1958年底厄利垂亞人從請願轉向違抗，衣索比亞則報之以鐵腕鎮壓。逃亡國外的一部分原厄利垂亞聯邦政府官員成立了「厄利垂亞解放運動」，並在厄利垂亞境內發展組織，進行反抗衣索比亞佔領軍的武裝鬥爭。1962年衣厄聯邦被廢止，厄利垂亞民族主義力量認為此後的目標是「反殖民鬥爭」，最終實現民族自治乃至全面獨立。衣索比亞封建君主政府被社會主義軍政府取代後，「厄利垂亞解放運動」與「厄利垂亞人民解放陣線」均要求透過公投實現厄利垂亞獨立，衣索比亞軍政權在無法與之達成一致意見的情況下發動「紅海戰役」，調動了衣索比亞85%的軍隊，並邀請蘇聯、民主德國、利比亞和南葉門等國派出大量部隊參戰，但未能取勝。反倒是衣索比亞人民革命民主陣線透過與厄利垂亞人的共同戰鬥，1991年5月推翻了衣索比亞軍政權，解放了厄利垂亞全境，成立了厄利垂亞臨時政府。

五、印巴

從英屬印度到印巴分治、再到孟加拉建國是兩次國家分裂的案例。印度淪為英國殖民地之前，處在統一的莫臥兒王朝，在帝國的全盛時期，領土幾乎囊括整個印度次大陸。1858年英國取消了東印度公司，由印度事務大臣接管其全部職權，並成立以印度

總督為首的印度政府，正式結束了印度本土的莫臥兒王朝，印度進入由英政府直接統治的時代，此時印度並未分裂。二戰結束後，英國實力急劇衰落，其在印度的殖民統治已經不可能維持。1947 年英國提出蒙巴頓方案。根據該方案，英國在印度的統治宣告結束，巴基斯坦和印度兩個自治領分別於1947 年 8 月 14 日和 8 月 15 日成立。1950 年 1 月，印度共和國成立，為英聯邦成員國。1956 年 3 月，巴基斯坦伊斯蘭共和國正式成立，仍為英聯邦成員國。後來巴基斯坦又發生分裂，1971 年 3 月，東部巴基斯坦宣佈成立孟加拉人民共和國，同年 12 月孟加拉正式獨立。印度與巴基斯坦的分裂，以及巴基斯坦與孟加拉的分裂雖然屬於內生型國家分裂的案例，但外部形勢的影響仍然發揮至關重要的作用。

（一）印巴分裂

「勢」的層面，英國統治印度期間埋下分裂的種子，美國基於美蘇冷戰的戰略考慮為拉攏巴基斯坦而最終支持印巴分裂。印度在 16 世紀以後的莫臥兒帝國時期，伊斯蘭教僅次於印度教是南亞次大陸的第二大宗教。在穆斯林逐漸成為次大陸統治者的過程中，伊斯蘭教被作為國教在帝國統治區內推廣，穆斯林征服者為低種姓的印度人提供了透過改變宗教信仰來改變處境的管道，原來大量的印度教徒皈依伊斯蘭教，莫臥兒王朝不同統治者採取宗教寬容和宗教歧視政策，穆斯林和印度教徒之間的宗教矛盾時而緩和時而突顯。英國統治者在殖民統治印度近二百年的時間裡，沒有去消除兩大教派之間的矛盾，而是利用這種矛盾鞏固自己的統治。在莫臥兒王朝統治時期，穆斯林不僅壟斷了政治、軍事權力，而且在經濟與文化領域也佔有舉足輕重的地位。為削弱其傳統勢力，英國統治者在法律、行政權力等方面嚴厲打擊穆斯林勢力，並對穆斯林上層保持疏遠。到了 19 世紀 70 年代末至 80 年代初，由於印度民族獨立運動的逐步興起，對英國殖民統治形成威脅，殖民當局開始改變策略，實行拉攏穆斯林上層、牽制以印度教為主的國大黨的政策。總之在英國殖民統治時期，英國殖民者的統治政策加劇了穆斯林和印度教徒之間的矛盾。

在宗教矛盾難以化解的情況下，1940 年 3 月穆斯林聯盟正式提出將印度分裂成印度和穆斯林兩個國家的目標，並逐步得到國際支持。1941 年太平洋戰爭爆發後，美國為換取印度參加對日本作戰，竭力主張印度獨立。英國首相丘吉爾對此十分不滿。後來隨著二戰戰場上盟國的勝利已成定局，面對印度民族主義者的要求，印度獨立問題也到了必須解決的時刻。與此同時，南亞次大陸的兩極政治形勢也漸趨明朗，國大黨領袖甘地對印度的分裂已無能為力。1947 年春，英國當局感到印度形勢極其嚴峻：臨時政府無法工作，制憲會議形同虛設。穆盟開始是不願意加入臨時政府，後來同意了，但仍然以實現巴基斯坦為目標，當制憲會議召開的時候，穆盟宣佈抵制。因為穆盟要求召開單獨的立憲會議，制定巴基斯坦憲法。教派衝突接連發生，工人罷工，農民運動也掀起高

潮，土邦人民的鬥爭也有進一步的發展。英國當局急於在形勢沒有完全失控前移交政權，1947年2月，英國政府發表一個聲明，宣稱在不遲於1948年6月實行把權力轉移給負責任的印度人手裡。新上任的總督蒙巴頓在和各黨派的磋商中也曾提出保持印度統一的希望，但防止分治的種種努力均告失敗。

在印度分裂的問題上，美國開始的態度是堅定的，即支持一個統一的印度。

在當時的亞洲，中國的內戰已經讓美國大傷腦筋，由於印度與中國和蘇聯接壤，美國認為分裂將嚴重削弱印度的國力，從而給蘇聯擴張製造可乘之機。1945—1946年的印度大選，真納領導的穆斯林聯盟取得了巨大的勝利，這讓美國真正感受到了其在印度的力量不可忽視，美國政府開始考慮關於對真納和巴基斯坦的新的政策聲明。發生轉折的關鍵還是蘇美之間開始了冷戰。1947年3月美國提出「杜魯門主義」代表著冷戰的開始。美國將遏制蘇聯作為美國全球戰略的重點，於是極力拉攏印度和巴基斯坦。1947年8月真納宣誓就任巴基斯坦總督之時，美國第一個給予了其外交上的承認，也是唯一一個派出外交代表正式表達祝賀的國家。[107] 而蘇聯將印度和巴基斯坦視為西方的勢力範圍，對與兩國建立友好聯繫興趣不大，這使印度和巴基斯坦的分裂具備了充分的外部條件。

「力」的層面，主張印巴分治的穆斯林力量已經足夠強大。由於英國的殖民統治，印度的上層社會普遍接受英國的西方化教育及西方政治影響。在此背景下1885年印度人成立了第一個政黨「國民大會黨」（或稱國大黨），並於1892年頒佈印度議會法，建立地方自治機關和地方行政區，選舉範圍擴大到印度人，但其黨員及幹部90%以上是印度教徒，不能充分照顧穆斯林利益。1906年印度成立了由穆斯林組成的「全印度穆斯林聯盟」（或稱穆斯林聯盟，穆盟）。作為穆斯林領袖的真納因不同意國大黨領導人甘地的不合作綱領脫離國大黨。1940年他提出「巴基斯坦」計畫，首先提出印度教徒和穆斯林為「兩個民族」，只有堅持政治上的平等，才能實現印度的安定和穆斯林自治。主張在穆斯林聚居地區建立獨立的伊斯蘭國家。此後，「全印穆斯林聯盟」在政治上控制了旁遮普以外的穆斯林佔多數的省份。1945年，「全印穆斯林聯盟」參加了中央立法議會選舉，贏得了穆斯林的所有席位。

長期以來，在英國殖民當局的「扶印抑穆」的政策下，穆斯林資產階級集團在競爭中居於劣勢地位，他們為了改變自己的劣勢，以便在經濟競爭中取勝，便要求本集團內部協調一致和在政治上爭取更多權益。這種訴求很容易獲得了回應。印巴分治得到穆斯林上層的支持。當民族獨立運動蓬勃發展、印度獨立已成為大勢所趨時，穆斯林上層害怕自己在獨立後繼續處於劣勢地位，因而堅決要求建立獨立的巴基斯坦國，以保護自己的經濟、政治利益。同時印巴分治得到穆斯林農民的支持。印度的穆斯林農民與印度地

---

[107] 李曉妮：《杜魯門政府的印巴分治政策》，《社會科學戰線》，2014年第2期，世界史研究。

主、放債者的利益是相衝突的。例如孟加拉的農民所以支持爭取巴基斯坦自治的運動，是因為他們指望孟加拉加入伊斯蘭教國家能使他們擺脫地主和高利貸者的奴役。這樣巴基斯坦運動就得到了廣大穆斯林群眾的擁護，成為一場具有群眾基礎的社會政治運動。1946年，由於二戰對英國國力的衝擊導致英國無法維持對印度的殖民統治，於是由英國派出的內閣使團與印度各派政治勢力討論印度的自治事宜，並提出了聯邦制下自治（或獨立）的構想。該方案原本被國大黨和穆斯林聯盟接受，但以尼赫魯為首的國大黨單方面撕毀協定要求重新談判。這導致了穆斯林聯盟退出建立統一印度的計畫，轉而尋求建立一個獨立的伊斯蘭國家。

　　印度穆斯林聯盟與印度國大黨之間的分歧不斷擴大，仇恨進日益加深，兩派爆發相互殘殺的流血事件，暴力對抗升級。情況很明顯，不分治就要打內戰。英國政府於1947年2月改派蒙巴頓任印度總督，6月公佈了印巴分治的「蒙巴頓方案」。方案中印度被分割成：(1)巴基斯坦國，包括西巴基斯坦和東巴基斯坦，人口7千萬；(2)印度聯邦，包括英屬印度的其餘部分，人口2.25億；(3)王公土邦562個，佔印度面積2/5，人口8.1千萬，在政權移交後享有獨立地位，但可參加印度或巴基斯坦。後來大多數土邦加入了印度，但原北部土邦喀什米爾歸屬未定，印巴兩國在此地發生兩次大規模武裝衝突。國大黨和穆斯林聯盟雖然一開始對《蒙巴頓方案》不滿意，但最終都正式透過決議宣佈接受這個方案。1947年7月英國議會透過《印度獨立方案》，規定在同年8月15日前結束對印度的統治，分別成立印度和巴基斯坦兩個自治領。印度國大黨在堅決主張印巴分治的穆斯林力量面前最終不得不接受印度分裂的結果。

　　「策」的層面，國大黨與穆盟關係如果處理得當，印巴分治還是有可能避免的，至少可以避免暴力分裂，不必要出現至少50萬人中喪生、1200萬人無家可歸的分裂衝突。從國大黨方面來看，國大黨與穆盟關係的破裂是由於國大黨對穆斯林政策上出現嚴重失誤所導致的結果，主要表現是：第一，國大黨對教派問題的重要性估計不足，在具體問題上處理失當。甘地領導下的國大黨從復興印度教的角度去激發人們的民族感情，這樣做的後果自然引起了穆斯林的不安。第二，對穆盟的地位和實力缺乏正確認識，表現為對穆盟採取兼併、排斥政策。國大黨主要領導人不承認穆斯林文化在印度的地位，更不承認穆斯林是一個民族，尼赫魯甚至說：「國內只有兩方——國大黨和英國人」，而不存在第三方穆盟。尤其是在1937年真納關於在大選中建立聯合戰線和組織聯合政府的問題上，尼赫魯提出種種苛刻條件予以拒絕。1936年到1937年舉行了各省政府選舉，結果國大黨在中央立法會議上和五個主要省份中獲絕對優勢。當慘敗的穆盟請求成立聯合政府時，遭到了國大黨人的拒絕，並要求穆盟併入國大黨。曾經願意與國大黨合作的真納公開說，穆斯林在國大黨的統治下不能指望獲得公道和公平的對待。

　　從穆盟方面來看，與國大黨關係的破裂、穆盟立場發生重大轉變的原因是多方面

的。從政治原因看，穆盟的啟蒙思想家本來是贊同改革的，但當國大黨提出的憲政改革要求在群眾中獲得越來越大的迴響時，他們卻認為這對穆斯林的未來地位構成了威脅。印度教徒佔印度人口的 3/4，穆斯林只佔 1/4 左右，在這種情況下代議制只對印度教徒有利。教派分歧、教派利益至上是態度轉變的根本原因。此外，「兩個民族」理論的形成對穆盟最終選擇並堅定分裂立場發揮重要作用。該理論是英國殖民統治時期印度社會的一種政治思潮，認為穆斯林和印度教徒的社會習俗、生活方式、思想觀念各異，是獨立的宗教、語言和文化實體，從而各自形成獨立的民族，應以此為基礎，分別建立起獨立的印度教國家和伊斯蘭國家。這一理論由賽義德·阿赫默德汗（al—Sayyid Ahmad Khan）於 1883 年首次提出，後經旁遮普的詩人哲學家穆罕默德·伊克巴爾（Shaikh Mohammed Iqbal）和穆罕默德·阿里·真納（Muhammad Ali Jinnah）發展和集成。[108] 真納對巴基斯坦的貢獻在於，他把作為觀念形態的「穆斯林民族」經由公共的想像共同體變成了社會實體，領導次大陸穆斯林民族主義運動走向成功。他提出：印度穆斯林有無可否認的民族自決權。「無論根據何種民族理論，穆斯林都是一個民族，他們必須擁有自己的家園，必須擁有自己的領土和國家。」「我們能夠接受的唯一出路是，透過給予其主要的民族單獨建國，把印度劃分為幾個自治的民族國家。這樣，這些民族國家之間就沒有必要相互為敵了。」[109] 在實踐上，「兩個民族」理論與建立起伊斯蘭國家巴基斯坦的社會運動——巴基斯坦立國運動相結合，成為巴基斯坦的立國之基和印巴分治的推動力量。

（二）巴基斯坦分裂

1947 年印巴分治後，巴基斯坦由東、西兩部分組成，分別被簡稱為東巴和西巴。西巴主要使用烏爾都語，東巴主要使用孟加拉語。東、西巴的領土相隔 1500 多公里，中間被印度分開。由於中央政府的大權長期控制在西巴人手中，東巴人憤憤不平，東巴與西巴之間的隔閡日漸加深。1971 年印度介入巴基斯坦西部與東部的紛爭，導致第三次印巴戰爭，戰爭後巴基斯坦分裂，1972 年 1 月東巴基斯坦獨立為孟加拉人民共和國。

「勢」的層面，印度是巴基斯坦的宿敵，該外部力量的介入是巴基斯坦最終分裂的決定性力量。印度對巴基斯坦的政策是繼續分治前國大黨對穆盟的政策。分治前，印度總理尼赫魯把統一的次大陸作為實現印度未來大國理想的基礎。對於穆盟的「兩個民族理論」和「巴基斯坦計畫」，他和其他國大黨領導人都堅決、不遺餘力地反對。剛分治時，尼赫魯認為「新的巴基斯坦不會長期存在，穆盟將因巴基斯坦的出現而受到懲罰，巴基斯坦在短期內一肯定會垮台。」「印度這個先進的世俗制國家註定要合併落後的神權制國家巴基斯坦。」當時英屬印巴軍隊總司令向倫敦報告說，他和他的同僚都認為尼

---

[108] 汪長明：《「兩個民族」理論與印巴分治》，《延邊大學學報》(社會科學版)，第 44 卷第 4 期。
[109] Jamil-ud-din Ahmad. Some Recent Speeches and Writings of Mr.Jinnah, Vol.1. Lahore : Shaikh Muhammad Ashraf, 1952. 129—131, 177—180.

赫魯領導的政府下決心要竭盡全力不讓巴基斯坦建立在穩固的基礎上。隨著巴基斯坦政權的穩固和印巴間衝突不斷，印度認識到巴基斯坦不可能短期內垮台和滅亡，而且自己又面臨需要和平建設經濟，因此適當調整了對巴基斯坦的政策：承認印巴關係敵對一的現實，試圖與巴基斯坦和平相處，維持印巴地區現狀，將巴基斯坦威脅印度的能力限制在最低點。後來因為喀什米爾問題雙方爆發了兩次戰爭。巴基斯坦鎮壓東巴分裂後，巴政府領導人指責印度目標就是分裂巴基斯坦。印度則轉變初始的謹慎行動政策，開始大力支持東巴行動，並決心武力干涉，幫助東巴獨立。最終兩國爆發第三次戰爭，東巴獨立，巴基斯坦分裂。

從更廣闊的國際背景看，美蘇爭霸仍然是南亞次大陸分分合合的主因。南亞是蘇聯向第三世界滲透與擴張戰略中的一個重要的組成部分，也是美蘇爭奪的重要地區之一。蘇聯打著支持民族獨立運動的旗號，指望透過加強與印度的關係來擴大自己在第三世界和不結盟運動中的影響，蘇聯領導人曾聲稱：「當各種各樣的外部勢力向捍衛切身利益的印度施加壓力的時候，蘇聯總是和印度站在一起。蘇印關係是兩個不同社會制度國家之間關係的典範。」在印度同鄰國的爭端中，蘇聯明顯袒護印度，這一點在第三次印巴戰爭中得到了充分的表現。美國也曾經設想過同印度結盟，但尼赫魯的不結盟政策未能使美國如願以償，於是美國將南亞政策的重心從印度轉向巴基斯坦，密切與巴國的關係以其作為南亞戰略的平衡力量。從 1954 年起，美國開始對巴基斯坦提供軍事援助。這一決定損害了美印關係的發展。隨後，美國又把巴基斯坦拉入東南亞條約組織和巴格達條約組織。美國「重巴輕印」的南亞政策使印度認為，其政策和舉動威脅了自己的國家安全。美蘇在背後各自支援一家，這樣就為印巴矛盾的深化提供了源源不斷的動力。

1969 年中蘇爆發邊界戰爭，中蘇關係的惡化到最低點。蘇聯為極力遏制中國制訂了包括印度在內的亞洲集體安全體系。美國透過巴基斯坦對中國的主動接近使蘇聯將以前較為平衡的南亞政策改變為堅決支持印度的政策。1971 年中國還處於「文化大革命」時期，國內政治不穩定。中國的處境和蘇聯的積極拉攏政策使印度意識到這是訴諸戰爭，削弱巴基斯坦的難得機會。東巴反叛後，印度輿論強烈要求政府進行干預。但印度政府剛選舉結束，新政府需要穩固自己的政權，同時也害怕支持東巴的獨立運動會刺激國內地區分裂勢力活動。再者軍事鎮壓剛過，國際社會會對此持什麼樣的態度還不明朗。聯合國宣稱這是巴基斯坦的內政問題。如果印度這時按照公眾的意見公開支援東巴，那麼國際社會就會指責印度干涉別國內政。基於以上的考慮，印度政府採取了密切關注事態發展的謹慎政策。

孟加拉大批難民湧入印度給了印度政府掌控輿論的很好機會。當巴基斯坦改變立場配合聯合國的行動時，印度卻利用難民問題阻撓政治解決的順利進行。印度政府派出代表團出訪東西歐、北美、亞洲的一些主要國家，總理甘地也親自進行了為期近一個月的

國事訪問，先後到過蘇聯、比利時、澳大利亞、聯邦德國、英國、法國和美國等國。每到一地都是向所在國政府和人民講述這次孟加拉危機的「真相」、嚴重性以及因此而引發的難民問題，並多次強調這些都正在威脅著印度的安全，威脅著印度的「生存」。印度的「難民牌」外交達到了它的目的，其訪問過的所有國家幾乎都對印度表示同情，並對東巴人所處的困境以及印度所面臨的難處表示理解。世界輿論倒向印度一方，巴基斯坦在國際上日趨孤立。印度利用難民問題，阻撓了東巴危機的政治解決，為它的軍事干涉做了時間準備。

印度為防止在干涉巴基斯坦事務時會遭到中國軍事反對，1971 年簽署了為期 20 年的《印蘇友好合作條約》，這形同印度放棄了自獨立以來一直奉行的「不結盟」外交政策，沒有哪個國家料到印度會如此突然地選擇與蘇聯簽訂有結盟性質的條約。在此之前，美國國務卿季辛吉印度之行時已向甘地傳達：「如果中國干預由東巴危機而引起的印巴衝突，美國不會給予印度任何支持。」這個資訊加重了甘地對中國將介入的疑懼心理。為防止中國像 1962 年那樣再次重創印軍，甘地決定在軍事干涉前與蘇聯簽訂條約。在簽約的協商談判過程中，蘇聯曾口頭許諾：如果印巴戰爭爆發，蘇聯將全力支持印度。《印蘇友好合作條約》簽訂後，蘇聯給印度提供大量的經濟、軍事援助，在聯合國安理會蘇聯否決每一個可能導致巴基斯坦政治解決而印度堅決反對的建議，如否定東巴人民的自治的建議。條約簽訂後，以美中巴接近對印蘇聯合的局勢形成。條約的簽訂壯大了印度對巴基斯坦出兵的膽量，也增強了印度戰勝巴基斯坦的信心。戰爭全面爆發後，內困外孤的巴基斯坦抵擋不住精心備戰的印度的強勢進攻，印度政府看到巴基斯坦戰敗已成定局，正式承認孟加拉獨立，完成巴基斯坦分裂的最後一擊。

「力」的層面，當時巴基斯坦的政治經濟和軍事結構決定了西巴比東巴更具優勢，如果不是印度出兵，東巴獨立難度很大。巴基斯坦全國領土為 880254 平方公里，孟加拉全國總面積為 147570 平方公里。東巴基斯坦佔全巴基斯坦面積 16% 和人口的 56%。孟加拉族是南亞次大陸古老民族之一。孟加拉在 13 世紀改信伊斯蘭教，到 16 世紀時，發展成次大陸上人口最稠密、經濟最發達、文化昌盛的地區。17 世紀被莫臥兒帝國征服，18 世紀後半葉淪為英國殖民地，為英屬印度的一個省。1947 年印巴分治時，孟加拉地區被分割：西孟加拉地區歸印度（今西孟加拉邦），東孟加拉地區（後改名稱東巴基斯坦）歸巴基斯坦。後來東巴獨立成立孟加拉人民共和國。孟加拉是世界上最不發達的國家之一，經濟基礎薄弱，國民經濟主要依靠農業。巴基斯坦儘管 1947 年獨立時很窮，但擁有多元化的經濟體系，在隨後 40 年中取得了高於世界平均的經濟增長，成長為世界第 25 大經濟體。在 1959—1960 年，西巴的人均收入比東巴的高 32%；1969—1970 年，西巴的人均收入比東巴高 61%。

1970 年 12 月，巴基斯坦舉行首次全國大選。東巴以拉赫曼為首的人民聯盟主張東

西巴完全平等，得到大多數東巴人的擁護。仰仗東巴人口上的優勢，人民聯盟在選舉中獲得了國民議會的多數席位，成為議會第一大黨。面對大選結果，東巴人欣喜若狂，西巴人則憂心忡忡。拉赫曼與巴基斯坦總統葉海亞商討東巴自治問題，以期改變東巴長期遭受的不平等的對待。可是雙方分歧太大，會談最終破裂。第二年的3月初，東巴各地掀起罷工和示威的浪潮，紛紛要求實行東巴自治，局勢一片混亂。後來出現軍隊嘩變，人民聯盟宣佈東巴基斯坦脫離巴基斯坦獨立。為了阻止分裂，葉海亞總統急忙宣佈取締人民聯盟，並且派遣大批軍隊開赴東巴，鎮壓人民聯盟的獨立運動。經過幾個月的戰鬥，西巴軍隊雖然控制了東巴的局勢，但造成一百萬孟加拉人喪生，一千萬孟加拉難民逃往印度。

印度出兵使剛剛穩定的局勢急轉直下。軍事實力的對比應該是在印巴之間比較，而不是西巴與東巴，因為大部分東巴軍隊也在西巴控制中。印度在東巴方向投入的兵力共3個軍團、7個師，空軍12個中隊，作戰飛機200架、海軍艦艇26艘，約17萬人；在西巴方向投入的兵力共13個師8個旅，空軍20個中隊，作戰飛機300架，海軍艦艇20艘，約30萬人。巴基斯坦在東巴方向投入的兵力共4個步兵師，空軍兩個中隊，作戰飛機17架，約9萬人；在西巴方向投入的兵力共12個師6個旅，空軍20個中隊，作戰飛機200架，海軍艦艇20餘艘，約25萬人。雙方兵力對比，在東巴方向，印軍佔有明顯優勢，巴軍處於劣勢；在西巴方向，兩軍旗鼓相當，印軍略佔優勢。

1971年11月印度軍隊向東巴發動了海陸空全方位的攻擊，12月印軍又越過喀什米爾軍事分界線猛攻西巴，試圖牽制巴軍主力，不讓他們騰出手來支援東巴戰場，第三次印巴戰爭爆發。巴基斯坦總統葉海亞立刻宣佈全國處於緊急狀態，全力抗擊印軍的入侵。聯合國大會以一百零四票的壓倒優勢透過了要求印巴雙方停火和撤軍的決議。可是印度在蘇聯的支持下，拒不執行聯合國的決議，宣佈印度將「打到孟加拉獲得解放為止」。印度陸軍在順利完成對東巴守軍的合圍同時，印度的海軍和空軍則從海上和空中實施嚴密封鎖，完全卡斷了東巴與西巴的任何聯繫，東巴守軍被迫投降。在西巴戰場，雙方進行了以空戰為主的交戰。印軍憑藉其空軍力量的優勢，力圖重創巴空軍於基地，破壞巴交通運輸線，孤立巴軍各戰場的相互聯繫，阻止巴地面部隊機動和集結，達到削弱與鉗制西巴地面部隊的目的。印軍已在東巴戰場取得勝利後宣佈在西巴地區實行「單方面停火」。巴基斯坦被迫接受了印度的停火建議，第三次印巴戰爭以巴基斯坦的失敗而告終。1972年1月，孟加拉人民共和國正式宣告成立，得到釋放的拉赫曼就任孟加拉第一任總統。

「策」的層面，孟加拉獨立是被迫選擇武力的方式。與印巴分治不同，巴基斯坦分裂並非宗教分歧和對立的結果，而是對權利結構失衡處理不當的結果。巴基斯坦獨立之後，雖然東巴孟加拉族人數佔全巴的人口56%，但其中央政權基本上掌握在西巴人手

中。因此，東孟加拉人認為在國家機構中受到排擠和歧視。在英國殖民統治時期，東巴的大多數穆斯林都是貧苦農民，因此很少有機會在殖民當局擔任重要職務。「印巴分治時，在為巴基斯坦選拔的133名印度文官中，僅有1名是孟加拉人。」[110]西巴軍隊中的重要職務幾乎都是西巴人擔任。所以自建國起，巴基斯坦中央和各省級的重要部門都被西巴人所控制。建國後中央政府針對東、西巴間政治權力分配不平衡的現象進行了適當調整。但東巴人即使身居高官也處處受牽制，根本無法掌握實權。在軍隊高級軍官中，東巴人所佔的比例很小。在巴獨立的最初十年，96%的軍隊高級官員是西巴人，東巴人中能夠任高級軍官的人屈指可數。一直到1971年孟加拉誕生時，僅有兩名孟加拉人達到星級軍銜。在高級文官中，東巴人同樣處於少數地位。巴基斯坦獨立初期的十年中，93%的高級文官是西巴人。

在經濟方面，東巴的農產品為巴基斯坦創造大量外匯收入，而東西巴之間在國民收入分配上長期嚴重不均，東巴的大量收入主要用於西巴建設，東巴僅能得到其中的20%左右，而西巴農業發展速度4倍於東巴。東西巴之間的經濟差距越來越大，矛盾也隨之加深。雖然東巴與西巴兩地居民大多信奉伊斯蘭教，但在語言、文化、和風俗習慣等方面存在很大差異。在文化上，儘管巴基斯坦有54%的人講孟加拉語，中央政府卻堅持將西巴人使用的烏爾都語作為國語。巴基斯坦中央政府認為，烏爾都語受阿拉伯語和波斯語影響較深，較正統地體現了伊斯蘭文化傳統，於是定為唯一國語。然而在東巴，使用烏爾都語的人口只佔其總人口的1%，使用孟加拉語的穆斯林中產階級是重要的社會力量。他們認為孟加拉語是其民族世世代代勞動和創造的結晶，否定孟加拉語就是對孟加拉民族歷史的不尊重。當然，國語之爭的背後掩藏著一種實際利益之爭，因為如果確定烏爾都語為唯一國語，那麼孟加拉人在與西巴基斯坦人競爭政府部門職位時將明顯處於不利地位。為此，學生和知識界人士紛紛起來領導大規模的罷工、罷課、集會和遊行示威活動，並與員警發生暴力衝突。後來巴中央政府被迫在憲法中承認孟加拉語和烏爾都語同為國語（但事實上巴國政府、貨幣、郵票等上面卻只使用英語和烏爾都語），但以國語之爭運動為開端，以爭取自治權利為主要內容的東巴自治運動已經展開並難以控制。

總之，獨立後巴基斯坦國家領導人在各方面偏袒西巴的政策加劇了東西巴間的矛盾，招致東巴人的各種不滿。他們不滿中央政府強迫他們接受烏爾都語，不滿西巴對外國援助投資的壟斷，不滿中央政府一直將東巴的外貿收入挪用為西巴的進口籌措資金，不滿中央政府強迫他們從西巴購買比其他地方價格昂貴得多的物資。這些不滿情緒導致長期以來東巴孟加拉人為爭取自治權利而進行鬥爭，但開始也並未迅速演化為武裝鬥爭。1970年巴基斯坦的大選後，軍政府一再拖延國民議會的召開，激發了東巴人的積

---

[110] 唐吳·彭沛：《巴基斯坦孟加拉：面對種族和宗教的衝突》，四川人民出版社，2002年，第116頁。

怨，由此引發了對中央政府的反叛。巴中央政府的軍事鎮壓正式導致危機爆發。

（三）觀察與啟示

關於國家的統一與分裂，有學者曾經提出社會同質性高就易於統一，異質性高則易於分裂，一定程度上的確如此。一國在種族、宗教、語言、文化、政治、經濟等各方面都會出現異質性，如果不能很好地解決這些差異問題，分裂主義就會佔據上風。印巴分治就是這樣的典型案例。印度和巴基斯坦原來是一個國家，由於印度教徒和穆斯林的異質性難以有效彌合，衝突不斷加深，到了矛盾難以調和的程度，於是1947年分別成立印度共和國和巴基斯坦伊斯蘭共和國。

這種分裂的國際背景還是原統治者的衰落，如果仍有一個強大的權力中心可以調和不同種族和宗教間的矛盾，就不一定必須依靠國家分裂解決問題。英國取代莫臥兒王朝統治印度時印巴並沒有分裂。二戰後英國雖然在戰爭中取得勝利，然而其國力嚴重受損，失去了原有的大國地位。加之非殖民化運動的興起，英國最大的殖民地英屬印度的獨立已經不可避免。在爭取印度獨立的過程中，多數派印度教徒和少數派伊斯蘭教徒之間的對立日益激化，強烈主張印度教徒和伊斯蘭教徒的分離，英國已經無力調和這種宗教矛盾。甘地雖然反對這些分離思想，提倡實現統一印度，但他印度教色彩明顯。印度國大黨也出於政教分離和世俗主義的立場而對因宗教的分離表示謹慎，印度共產黨和印度民族主義者雖然也有各自的反應，但都未能阻止分裂的大勢。

巴基斯坦的分裂同樣突顯「勢」的重要。東巴、西巴之間沒有宗教信仰方面的差異和對立，矛盾引發點主要是政治權力和經濟利益的分配不均，這種矛盾在沒有外力的影響下是有辦法在國家統一的條件下解決的。但作為巴基斯坦的重要鄰國，印度與巴基斯坦一直關係緊張，長期敵對，甚至爆發戰爭，因此希望透過促使巴基斯坦分裂減少對自己的威脅。印度外力的介入促成了巴基斯坦的最終分裂。巴基斯坦的分裂使之失去了大面積肥沃的領土和大量人口，實力受到嚴重削弱。這正符合印度的戰略意圖。同時，透過對危機的干涉，印度的國際地位得到提高，成為南亞地區唯一的地區大國。巴基斯坦的分裂使南亞國際格局發生深刻變化，對以後南亞國際關係的發展有深遠影響。另外，東、西巴間地理上的差距也是造成巴基斯坦分裂的原因之一。東巴、西巴隔印度相望，在地理上不是一個整體。由於自1947年後印巴關係敵對，東西巴間實際上不可能保持直接的陸路聯繫。地理上的差距給管理帶來諸多不便，也使東、西巴間缺乏經濟上的有機聯繫。西巴與波斯灣地區聯繫緊密，東巴則與印度、東南亞國家聯繫緊密。這樣，地理的差距逐漸使東巴形成獨立的經濟主體，確立了東巴逐漸走向分裂的趨勢。

歷史上國家統一的系統演化動力：從中國視角看分裂與統一

第三章
中國古代案例

本章選取中國古代與近代的 12 個追求國家統一或分裂的案例，既有成功案例也有失敗案例，這些案例的演化結果，也都離不開勢、力、策三要素的影響。

第一節　長江南北追求國家統一的案例

一、西晉

東漢末年，從黃巾起義（184 年）到赤壁之戰（208 年）的 24 年，大體形成了以曹操、劉備、孫權為代表的三個主要勢力集團，後來分別建立了魏（220 年）、蜀（221 年）、吳（222 年）三個政權，延續了 426 年的漢朝分裂為三個國家。40 多年後實力最弱的蜀國被魏國消滅（263 年）。魏國隨後禍起蕭牆，內部政權更迭，由司馬氏建晉。晉國滅亡吳國最終完成國家統一（280 年），史稱西晉。由於政治形勢、軟硬實力、策略運用不同，國家統一沒有在曹操統一北方後立即實現，而是由曹魏的繼承者——司馬氏建立的西晉政權完成。

政治形勢方面，赤壁之戰前曹操已經統一北方大部分地區，並且有「挾天子以令諸侯」的政治優勢，對孫權的江東集團形成巨大的震懾，從總體政治形勢上看是非常有利的。曹操未能畢其功於一役實現國家統一，雖然策略運用出現較多失誤，但在「勢」與「力」兩方面還是與西晉統一東吳的情況有較大差別。曹操滅袁紹、擊烏桓、降荊州，然後大兵壓境勸降孫權，雖然形勢有利，但當時還有劉備、劉表、張魯、馬騰等軍事集團存在，曹操集團在與孫權集團較量時受到的阻撓和掣肘比西晉伐吳時要大很多。西晉伐吳時中原基本統一，蜀漢政權投降後長江上游已被西晉控制，西晉政權可以全力以赴完成對吳作戰。政權核心也發生重要變化，曹操當時面對的是戰略清晰、善於用人的孫權；西晉伐吳時司馬炎的對手孫皓卻殘暴無道，君臣離心離德，自失民心。

硬實力方面，西晉政權在完成國家統一時具備明顯的實力優勢。首先是晉伐吳時江北人才明顯多於江南人才。赤壁之戰孫劉聯軍得以取勝、三國鼎立最終形成的重要原

因之一是當時曹孫劉三大集團的人才均勢發揮了決定性的作用。[111] 東漢豪強地主集團分為士族地主集團和庶族地主集團兩個階層。士族地主集團多謀士，庶族地主集團多武將。曹操、孫權、劉備三家都是庶族地主集團，憑借個人的政治魅力和用人路線，收羅眾多庶族戰將，又得到出色士族謀士的支持，所以在赤壁之戰中各有出色人才，江北政權對江南政權的人才優勢不大。但到了晉伐吳時，江北人才儲備充足，而江南在孫皓的統治下少有人才施展的空間。良臣稀少，將士疲弱，陸遜死後已沒有能與晉軍對抗的出色將領。體制相似的情形下，君主賢明程度決定人才聚散。

其次是軍事實力方面，晉勝於吳，較之赤壁之戰時更具優勢。晉、吳軍隊數量分別是 50 萬 [112] 和 23 萬 [113]，最後進行統一戰爭時晉國動員了 20 餘萬軍隊包圍南京，與吳軍的數量比例基本上是 1∶1。雖然吳軍數量也不少，水陸兩軍各在 10 萬以上，且水軍龐大，艦船 5000 餘艘，有可以容納上百匹馬的大船，但晉國憑借雄厚的經濟實力迅速建造大型船隊，抵消了東吳水軍的優勢。晉軍大船可容納 2000 人，能跑馬。晉軍在長江上游巴蜀地區造戰船時砍削下的木片，遮蔽江面，長達 7 年，這使晉軍已經有了一支足以與東吳抗衡的強大水師。赤壁之戰時，曹軍對孫劉聯軍雖然有更大的數量優勢，但西晉已有自己的水軍，且養精蓄銳已久，而曹操當時只能靠剛剛投降的荊州水軍伐吳，軍心穩定程度和忠誠度都不夠，遇亂則潰。戰爭中，人心之向背與士氣高低往往是勝負的決定性因素。

最後是經濟實力，晉對吳的優勢超過三國時期曹魏的優勢。三國時期，魏國人口 440 萬，吳國人口 240 萬，蜀國人口僅 90 萬。赤壁之戰前，中原地區戰亂頻繁，對經濟破壞嚴重，《三國志》載「中國蕭條，或百里無煙，城邑空虛，道殣相望」，「天下戶口減耗，十裁一在」，加之龐大的養兵開支，曹魏財政緊張，經濟優勢不明顯。後來魏晉政權對農業問題極為重視，大興農田水利，拓展軍隊屯田，為後來的滅吳戰爭提供了堅實的物質基礎。晉伐吳時，晉國土地面積是吳國的 3 倍（晉約 700 萬平方公里，吳約 240 萬平方公里），人口是吳國的 6 倍（分別約為 1360 萬和 230 萬人）。[114] 晉國的田租高出以前曹魏一倍，絹、綿稅收高出一半，吳國也將稅收提高一倍，糧食納稅十取四五。但晉國統治下的北方地區生產工具和耕作栽培技術繼承了漢代的成就並有重大創新與發展，農業生產恢復較快，而吳國所統治的嶺南地區開發程度非常低，人口稀少，生產水準也遠遠落後於中原地區，其經濟力量並不足以與晉國抗衡，在軍備競賽中日益暴露出經濟上的不足。東吳宰相陸凱向孫皓指出：「臣聞國無三年之儲，謂之非國，而今無一年之蓄」，可見東吳經濟屢弱。晉對吳的經濟實力優勢已經相當明顯。

---

[111] 張大可：《三國鼎立形成的歷史原因》，《青海社會科學》，1988 年第 3 期。
[112] 《資治通鑒》卷七十。
[113] 《三國志·吳志·孫皓傳》。
[114] 林曉虢：《晉滅吳之戰》，http://lt.cjdby.net/archiver/tid-1390057.html。

策略運用方面，晉國統一吳國策略與時機選擇正確，準備工作充分，用人得當，軍事指揮有方，成為統一成功的重要條件。相較而言，曹操發動赤壁之戰的時機和策略都有問題。赤壁之戰時曹操是在連續征戰、士卒疲敝的狀態下與東吳開戰的，當時謀士賈詡提出了安民休軍的建議，認為可「不勞眾」而可使「江東稽服」。曹操不從其議，「軍遂無利」。而孫、劉集團的抵抗策略事後來看判斷準確。謀士魯肅早對孫權說：「夫荊楚與國鄰接，水流順北，外帶江漢，內阻山陵，有金城之固，沃野萬里，士民殷富，若據而有之，此帝王之資也。」孫權本欲按魯肅設想先沿長江發展，競長江所極與北方曹操爭奪天下，但荊襄投降使曹操突然佔領長江中游，強敵當前，孫權改變策略，借荊州給劉備，是極其明智的戰略抉擇。劉備集團則看到聯吳破曹的機會，諸葛亮遊說孫權時準確預測到：「操軍破，必北還，如此則荊、吳之勢強，鼎足之形成矣。」當發動戰爭的時機不成熟時，戰爭結果有較大不確定性。

　　晉滅吳的統一戰爭因準備充分，條件也較赤壁之戰時成熟許多。從晉武帝司馬炎與羊祜密謀伐吳開始，到發動統一戰爭，西晉準備了11年的時間。期間晉朝多數大臣反對伐吳，而羊祜、杜預、張華、王濬等則力勸晉武帝下決心伐吳，完成統一。王濬以「臣作船七年，日有朽敗，又臣年已七十，死亡無日」等理由勸說晉武帝伐吳。從後來的滅吳戰爭進程來看，羊祜等人的判斷是正確的和及時的。晉滅吳的戰爭規劃也比曹操清晰。曹操在赤壁之戰時，雖也兵分水陸兩路，以江上水軍為前鋒，以北岸步騎重兵為接應的戰略部署，事後又部署了江陵、當陽、襄陽等地的守衛工作，然後北還，[115] 但多為隨機應變之舉，不似晉軍出兵前的縝密規劃。羊祜在《平吳疏》中指出，滅吳戰爭要多路進兵、水陸俱下，從長江上游、中游、下游同時發起進攻。同時還要用旗鼓來迷惑敵人，用各種方法造成敵人的錯覺，分散吳軍兵力。趁其慌亂以益州（四川）和荊州（兩湖）的奇兵乘虛而入。一旦晉軍佔據長江，吳軍只能退保城池，放棄水戰，如此則必敗無疑。這是一份科學的消滅吳國的軍事戰略規劃，被實踐證明是正確的[116]。羊祜在荊州的軍事實踐中對伐吳的策略有了新認識，認為伐吳最好的辦法是從長江上游的巴蜀出兵，順江而下，一舉滅吳。這在一定程度上也可視為赤壁之戰的失敗給予後人成功的教訓和啟示。

二、前秦

　　東漢末年至三國時期，人口驟減7/8，全國只剩不足800萬人。為彌補人口減少造成的兵源不足，魏、蜀、吳三國均在鼓勵人口生育的同時，大力征招少數民族加入，周邊大量少數民族主動或被動內遷且軍事力量不斷增強，為西晉以後「五胡時期」埋下伏

---

[115] 施丁：《論赤壁之戰的幾個問題》，《史學月刊》，1981年第6期。
[116] 袁延勝：《論西晉統一的歷史經驗》，《中州學刊》，2009年7月第4期（總第172期）。

筆。五胡時期苻堅統治下的前秦一度幾乎完成了統一大業，卻因淝水之戰的失敗功虧一簣。淝水之戰爆發前，前秦東西萬里戰線大軍壓境，其聲勢與百年前西晉大軍討伐東吳相似，卻沒有像西晉一樣完成國家統一，也沒有像曹操赤壁之戰後退踞北方再做準備，而是在戰爭失敗後瞬間解體，徹底失去了推動國家統一的能力。

關鍵的原因是苻堅發動統一戰爭的時機尚不成熟，也就是「勢」還沒到，政治形勢和統一條件不充分。前秦雖然在短時間內統一北方，但氐族統治集團的文化先進性遠不能與漢族相比，要求北方各民族服從還需要足夠長的時間來解決政權認同問題，畢竟這是中國歷史上第一次由一個少數民族政權對長期擁有更先進文明的漢族政權發起的國家統一戰爭，此前近百年間北方地區胡漢之間的民族仇殺造成的民族對立尚未化解，東晉民眾對異族政權的認同還遠遠不夠，由此導致東晉軍隊保家衛國的鬥志高昂，而北方各少數民族剛剛統一於氐族政權，也還沒有建立起牢固的政權認同，大量手握兵權的將領各懷異志，一有機會就可能興風作浪，在這樣的背景下發動大規模戰爭有很高的政治風險。

淝水之戰爆發前，前秦的政治影響力高於東晉。前秦疆域「東極滄海，西並龜茲，南包襄陽，北盡沙漠」，[117] 周圍 62 個國家都進貢臣服，「鄯善王、車師前部王來朝，大宛獻汗血馬，肅慎貢楛矢，天竺獻火浣布，康居、于闐及海東諸國，凡六十有二王，皆遣使貢其方物。」[118] 前秦朝中也是佈滿各族大臣將領，北方各族均臣服於前秦政權。前秦君主苻堅的個人魅力也遠在對手東晉君主孝武帝司馬曜之上。苻堅幾乎具備各種大國明君的素質和特點，尤其是善用賢能。

淝水之戰爆發前，前秦經濟實力優於東晉。前秦統治人口約 2000 萬，其中漢族人口約 1600 萬。東晉統治人口約 600 萬，其中在籍人口（非流民）約 350 萬。前秦勞動力是東晉的近 3 倍。白壽彝主編的《中國通史》認為從財政上看，淝水之戰前是東晉財力較為充足的時期。晉帝曾下詔說：京師已有足夠消費一年的儲備，暫停一年向京師運米、布。[119] 但這是建立在高稅賦的基礎上的，王羲之稱其為「重斂以資奸吏」。[120] 有東晉官吏在淝水之戰後五年上疏揭弊說：「今政煩（苛）役殷（眾），所在凋敝，倉廩空虛，國用傾竭，下民侵削，流亡相屬。略計戶口，但咸安已來，十分去三。」[121]（可見若淝水之戰推遲 5 年，東晉將處於財政困難。）無論東晉在戰前的年景有多好，其經濟實力肯定是無法與前秦比肩的。

淝水之戰爆發前，前秦軍事動員力強於東晉。前秦伐晉動員兵力約為東晉的 10

---

[117]《高僧傳・釋道安》。
[118]《晉書・載記・苻堅上》。
[119]《晉書・簡文帝紀》。
[120]《晉書・王羲之傳》。
[121]《晉書・劉波傳》。

倍。苻融等人率步騎 25 萬為前鋒，苻堅又發長安戎卒 60 餘萬，騎 27 萬，計 112 萬；而東晉動員兵力約 8 萬多。有學者（翦伯贊）認為，苻堅發動南征的總兵力是 90 萬，而參加淝水之戰的實際兵力是 25 萬[122]。也有人（王仲犖）認為，苻堅南征的總兵力是 100 萬，參加淝水之戰的實際兵力是 30 萬，而東晉北府兵不滿 10 萬[123]。當然，如前所述，淝水之戰局部地區雙方兵力應該相差不大。

另一方面，前秦也存在明顯劣勢。淝水之戰爆發前，前秦的社會控制力是相對薄弱的。主要是因為北方地區長期戰亂，民族矛盾嚴重，統一局面更多是維持在表面上，社會融合步履艱辛。苻堅下令把氐族人分散到全國各地去居住。氐族人悲歌：「遠徙種人留鮮卑，一旦緩急當語誰！」可見氐族人對鮮卑人的敵視和提防心理還很嚴重。由於苻堅一貫寵任降秦的鮮卑、西羌等貴族，大臣多有建言多加防範，其最親信的弟弟苻融也勸說：前燕降秦的慕容氏父子兄弟，「森然滿朝，執政履職，勢傾勳貴」，對前秦政權絕對是一大隱患。苻堅未能重視這一問題，以致後來在淝水之戰中，前秦的多民族士兵互相產生消極影響，一退百退，而在氐族政權遭受重創後，異族反叛勢力忽成星火燎原之勢，不可遏制。與之相比，東晉的門閥制度雖然也有較嚴重的階級對立問題，甚至後來爆發大規模五斗米教的農民起義，但內部較少民族矛盾。

淝水之戰爆發前，前秦的文化凝聚力遜於東晉。之所以當時南北多數人均以東晉為正朔，相當程度上是其繼承了中華文化的主要衣缽，文化人才輩出，文化之風濃厚，有較強的文化凝聚力。苻堅雖然重視文化，個人學習非常刻苦，潛心研讀經史典籍，執政後又推動禮治建設，設立學校辦教育，提高民眾的文化素質，扭轉氐族普遍輕視文化知識的落後觀念，廣修學宮，強制公卿以下的子孫入學讀書，並定期到太學親自考問諸生經義，品評優劣，挑選品學兼優的學生到各級權力機構任職。但文化修養畢竟不是一朝一夕的事，更不能只看少數幾個人，前秦的文化軟實力總體上距東晉甚遠。

淝水之戰爆發前，由於統治集團內部意見嚴重不一，前秦政府意志力弱於東晉。當初西晉伐東吳前內部雖然也有分歧，但主流意見支持，而前秦伐東晉前內部主流意見持反對態度。淝水戰前，苻堅曾與他的王公大臣們討論伐晉問題，參與朝議的王公大臣幾乎全部反對伐晉。在前秦朝野普遍厭戰的情緒下，伐晉並未形成前秦統治集團的共識，與東晉上下同心抵禦強敵的情緒相比，前秦在對待國家統一戰爭的問題上，政府意志力其實弱於對手，也是國家統一形勢未到的重要表現。

因此，總的說來，前秦雖有政治、經濟、軍事等方面的優勢，但在社會、文化和政府意志方面還需要時間鞏固，以實現政權認同。如果苻堅能將伐晉戰爭推遲 10 年，利用這段時間堅持德治，繼續鞏固社會基礎，擴大政治影響，增強國內外對其政權的認

---

[122] 翦伯贊：《中國史綱要》第 2 冊，人民出版社，1965 年。
[123] 王仲犖：《魏晉南北朝史》上冊，上海人民出版社，1979 年。

同，捕捉東晉政權內部混亂的時機，那麼西晉伐吳時摧枯拉朽的局面完全可能再現。苻堅急於伐晉的結果，是將這一局面推遲了 200 年，直到隋朝伐陳時才得以實現。

三、隋朝

苻堅伐晉失敗後，中國北方重新陷入分裂和混戰局面。南方東晉將領劉裕則憑藉一系列軍事勝利樹立起極高的威望，最終取代東晉政權建立劉宋政權，於是中國進入南北朝時期。南北雙方互有征伐，均未能消滅對方。直到北朝的北周權臣楊堅稱帝建隋，一個當時世界上最強大的國家出現於北方。隋文帝楊堅調動 50 餘萬軍隊，一舉滅亡了東晉以來存在近 300 年的江南政權，實現了國家統一。與 200 多年前前秦征東晉的淝水之戰時相比，北軍進行統一戰爭時君臣齊心，政治形勢改善，經濟軍事實力有壓倒優勢，社會安定，策略正確，而對手較之淝水之戰時更差，故一戰克捷。

「勢」的方面。一是南北朝後期，南北平衡的局面被打破，北強南弱的非平衡條件形成。[124] 二是長時間的民族交往，使北方地區各族人民在政治、經濟、文化、社會生活、風俗習慣乃至血緣等方面都大體融合，各族間的對抗情緒大大降低。三是形成於東漢、極盛於魏晉的士族階層到南北朝後期已經衰落，分裂割據的主要社會基礎受到削弱，為統一局面的形成創造了有利條件。四是追求統一日漸成為世人普遍要求。

政治形勢方面，楊堅隋朝政治清明，國家統一意志堅定，有強大民意支持。隋文帝勵精圖治，上下齊心，北擊突厥後，君臣都認為平陳戰爭時機已到，而後向陳朝民眾散發數十萬份討伐檄文，對瓦解江南民心起到作用。陳朝疏於防備，後主沉溺歌舞，敗亡之兆，朝野可見。戰前隋文帝楊堅對統一戰爭意志堅定，其與前秦天王苻堅的充滿責任感的理由沒什麼區別：「我為百姓父母，豈可因限一衣帶水而不拯救江南百姓！」南朝皇帝陳叔寶卻明顯缺乏堅定的政治理想，亡國之後還在向隋文帝討要官職，理由是和人打交道可以方便一點。

社會文化方面，北朝地區的統治者和人民基本上完全漢化，皇帝楊堅本人就是漢族，南朝再以激發民族情結來抵拒北方軍隊已經難以奏效。楊堅利用其總攬軍政大權的重臣身份滅周建隋後，令漢人各復本姓，廢棄宇文泰所給鮮卑姓。同時恢復漢、魏官制，輕徭薄賦，改革律法，減輕罰則，開創在中國沿用 1300 多年的科舉制度，選賢任能，這些都符合各族尤其是漢族人的願望，深得民心，為其統一事業奠定雄厚的執政基礎。總體社會矛盾方面，北朝也較南朝緩和。[125]

實力對比方面，隋朝人才濟濟，隋朝開皇七年（587 年），尚書左僕射高熲、信州總管楊素、吳州總管賀若弼、光州刺史高勱、虢州刺史崔仲方等人紛紛向隋文帝獻平陳

---

[124] 樊廣平：《楊堅建隋以及對全國的統一》，《文科教學》，1995 年第 1 期。
[125] 韓國磐：《簡論隋朝的統一》，《歷史教學》（下半月刊），1962 年第 5 期。

之策。在戰爭拉開之前，隋朝就已顯示出政治和人才優勢。戰爭期間，高熲、賀若弼、韓擒虎、楊素等名將均一時之人傑。陳朝也有蕭摩訶、魯廣達等名將，卻未能充分發揮其才能。從軟實力角度講，唯有清明之治，方能人才濟濟，人盡其能。軍事實力方面，隋軍戰力明顯優於陳軍。淝水之戰時東晉有由北方人組成的戰鬥力強悍的「北府兵」，在淝水前線一舉擊潰了前秦軍隊，陳朝沒有這種精銳的職業軍隊。隋朝在平陳戰爭中動員 50 餘萬軍隊，陳朝約有 20 餘萬水陸士兵，隋軍倍於陳軍，而且局部戰役看隋軍往往發揮以少勝多的更強戰力。經濟實力方面，隋朝有戶 360 餘萬，人口 2900 萬，陳朝只有 50 萬戶，人口 200 多萬。隋朝開墾土地激增，統一陳朝後的全國墾田數量（1944 萬頃）及全國人口數量（4600 多萬人）均為後來的盛唐時期所不及（唐玄宗開元時期全國 4100 萬人）。隋朝統治下的黃河流域當時比陳朝統治下的長江流域及其沿海地區經濟更為發達，尤其是手工業方面，北方要遠比南方先進。[126] 隋文帝進一步推行均田，幾次減賦，縮短服役年限，緩和階級矛盾。史載隋朝賦稅富饒，官方文書稱府庫都滿，不能再藏，只好堆積在廊廡下。而陳叔寶卻賦稅繁重，刑法苛暴，加之自耕農民的破產逃亡和豪強大族的兼併土地戶口，小農大量破產，人民怨聲載道。

為成功推動統一戰爭，隋朝做了充分的準備工作，策略得當。內外建設取得豐碩成果，包括安頓內部、集權中央、平服外患等，費時約七、八年，實現了文化認同與中央集權、平服突厥與收並後梁、南北交戰轉守為攻、秘密進行軍事部署等。[127] 隋軍的軍事策略和戰術運用也很成功。戰爭打前，長江下游隋軍大量購買陳朝船隻，藏匿起來，又將幾十艘破舊船隻泊於小河，使陳軍以為隋軍沒有戰船。同時，頻繁換防士兵，大張旗幟，營幕遍野，還使士卒沿江射獵，人馬喧噪，以迷惑陳軍，使之習以為常，不加戒備。戰爭展開後，隋軍突然大兵壓境，陳軍猝不及防，完全陷入被動。

四、北宋

隋唐盛世迎來了中國歷史上政治、經濟、文化、軍事方面的發展高峰，但在「安史之亂」後，唐朝走向衰落，藩鎮割據的局面最終導致國家分裂。軍閥朱溫結束了唐朝統治後，中國進入五代十國時代。後周將領趙匡胤建立了長達 300 年的宋朝。趙匡胤登基的第三年（962 年）開始，宋朝連續進行大規模的消

滅各地割據勢力的統一戰爭。用了 10 年時間剿滅群雄，周圍只剩下兩個漢族政權還沒有徹底臣服：北方的北漢政權和南方的南唐政權。趙匡胤考慮到北漢政權有強大的契丹（遼）政權支持，一時不易攻取，而南唐政權軟弱，於是制定了「先南後北」的統一策略。趙匡胤具備推動統一的政治意志和手段。與此前推動渡江統一的君主一樣，趙

---

[126] 魏明孔：《隋唐手工業與我國經濟重心的南北易位》，《中國經濟史研究》，1999 年第 2 期。
[127] 高明士：《隋代中國的統一——兼述歷史發展的必然性與偶然性》，《唐史論叢（第七輯）》，1998 年。

匡胤也有旺盛的企圖心、權力欲和責任感，而透過兵變方式獲取政權的領導人更傾向透過完成國家統一強化自身政權的合法性。例如西晉的司馬氏透過兵變奪取曹魏政權後渡江統一孫吳；前秦苻堅透過兵變除掉暴君苻丕奪取政權後發動對東晉的統一戰爭；隋朝楊堅透過兵變奪取北周政權後渡江統一陳朝；趙匡胤也是透過兵變奪取後周政權，繼而發動一系列統一戰爭，包括對南唐的渡江戰爭。

　　政治的核心是民心。趙匡胤是中國古代皇帝中比較寬容的君主。他運用「杯酒釋兵權」的辦法，不但鞏固了中央集權，還贏得了朝野的讚譽和社會的穩定。對外征討趙匡胤也秉持爭取人心的懷柔政策。每次出兵之前都要強調，天下戰亂頻繁已久，採取武力征討是迫不得已，將領們要爭取做到戰爭中不殺人或少殺人。平定南唐前，趙匡胤對大將曹彬當面交代：「破城日，不可妄殺一人。朕寧不得江南，不可輒殺也！」趙匡胤的政治吸引力影響到南唐士人。南唐樊若水便是其中之一，也認為宋朝平定南唐是遲早的事，自己在採石磯一帶勘察丈量江面寬度，繪製測量圖紙潛往開封，向宋朝獻平唐之計。宋朝眾將認為架設浮橋沒有先例，而趙匡胤以為可行。後來架橋施工「三日而成，不差尺寸」，宋軍渡江，若履平地，這在歷史上還是第一次。南唐李煜在政治號召和用人方面則明顯暗弱。他身邊的很多重臣都不對他抱有希望，認為南唐政權必亡於宋朝。

　　文化方面，雖然南唐李後主才情難以匹敵，但北宋趙匡胤在推動文化建設方面絕對不遑多讓。趙匡胤尊孔崇儒，完善科舉，創設殿試，知人善任，厚祿養廉等一系列重大舉措，成為中國歷史上最受推崇的一代文治之君，徹底扭轉了唐末以來武夫專權的局面，使宋代的文化空前繁盛。

　　經濟實力方面，南唐最盛時幅員35州，大約地跨今江西全省及安徽、江蘇、福建和湖北、湖南等省的一部分。但被後周軍隊擊敗（958年）後，被迫割讓長江以北領土，失去江蘇產鹽區，從以前的食鹽出口國，迅速跌落為食鹽進口國，這對南唐經濟是個極為沉重的打擊。南唐不得不每年由北周供給南唐30萬石食鹽，需要支付銅錢60萬貫以上，加上此外每年必須支付的數十萬貢納，南唐財政已是捉襟見肘。宋滅南唐那一年（975年），北宋與南唐的戶口分別為244萬戶和66萬戶，人口分別約為1200萬和400萬。但南唐東側的錢氏吳越政權還有55萬戶約300萬人，在宋滅南唐的戰爭中堅定地站在宋朝一邊，協同出兵進攻南唐，因此交戰雙方的人口對比接近4比1。

　　軍事實力方面，宋太祖時北宋禁軍不過20萬，禁軍廂軍合計不過40萬，對南唐發動軍事進攻大約動用了20餘萬的兵力，曹彬、潘美率水軍、步軍、騎軍10萬作為攻唐主力。南唐全國大約有20萬士兵，幾乎全部調動抵抗宋軍南下，其中保衛南京的兵力有10萬人，因此在宋滅南唐的統一戰爭中雙方的兵力基本是在伯仲之間，但宋軍的戰力和士氣明顯更強。

　　北宋開始發動統一戰爭後，南方各國在趙匡胤政權的威懾下無一具有抵抗宋軍堅

定信念的心理基礎。各國多討好宋朝以自保，最終被各個擊破。一個重要的原因是，隋唐幾百年統一和穩定的社會環境，使大一統觀念深植於漢民族心理，在分裂割據的亂世裡，軍事力量強大的王朝往往成為一統天下的符號，多數對手聞風喪膽，會失去抵抗的勇氣和力量。[128]

五、金朝

北宋時期，崛起於中國東北的女真人建立金政權。金兵一路南下，亡遼滅宋，佔領北宋都城，俘虜北宋皇帝。幸運的是，皇室趙構逃跑到南方居然重新受到擁戴，繼續維持相對獨立的趙宋漢人政權，史稱「南宋」。南宋與金大體以江淮為界，金兵幾次南征，雖曾跨越長江，卻始終未能滅亡南宋。

北宋後金朝向南宋發動了旨在徹底滅亡宋朝的渡江戰役主要有兩次，卻均未實現統一南北的戰略目標。第一次是為懲罰和消滅趙氏政權。北宋康王趙構逃過劫難，跑到南方稱帝建國，違背了金朝希望南方的漢人政權應由自己指定皇帝的初衷，以「推戴趙構，妄稱興復」為罪名發動了旨在滅亡南宋的跨越長江之戰。在宋將韓世忠、岳飛等軍隊的阻截下，金兵受到重創。接下來的10年間，金、宋圍繞江淮之地展開反覆爭奪，戰鬥艱苦而激烈。後來金朝透過南宋宰相秦檜殺害了主張北伐的南宋重要將領岳飛，宋廷接受稱臣、賠款的議和條件，於1142年簽署和約，史稱「紹興和議」（也稱「皇統和議」）。南宋成為金朝的附屬國，金朝被視為當時中國的中央政權，西夏、高麗等國均對其臣服。

第二次渡江戰役是在20多年後的1161年，金朝出兵的理由是索取淮南地區，實則企圖消滅南宋。金朝第四位皇帝海陵王完顏亮（女真名迪古乃，也稱海煬王）發動政變上台後，積極著手攻伐南宋以統一中國。徵調牲畜，戰馬多達56萬匹。囤積糧食，在北京通州大造戰船。對百姓預征徵5年稅賦，凡年20歲以上、50歲以下的猛安謀克（相當於清代的八旗）民眾，一律納入軍籍，聽候調遣。準備了兩年後，完顏亮不顧大臣們的反對，執意南征。但在宋將虞允文等人的防禦下，金軍渡江失敗，人心浮動，內部嘩變，完顏亮在帳中為部將所殺，金軍北退。此戰過後，金軍再未能渡過長江。金朝南征失敗，提出議和。宋朝也發生皇帝更迭，並一度發動北伐，同樣失利。這樣，在1164年，金宋重新議和，史稱「隆興和議」。隆興和議簽訂後，金宋兩國近40年沒有發生戰事。雙方在這段時間都出現了社會穩定繁榮的局面。金朝沒能渡過長江實現中國的南北統一還是勢、力、策三方面沒有到位。

政治形勢中最重要的是南北民意對金政權的認同程度遠遠不夠。雖然金朝是當時中

---

[128] 章深：《宋朝統一嶺南的戰爭——兼論古代「合縱連橫」傳統的湮沒》，《學術研究》，2007年第10期。

國名義上的中央政權，南宋對其稱臣，但它和前秦政權一樣，是由北方少數民族建立起來的政權，當時女真族文明程度遠低於漢文明，金政權也不易得到南宋民眾的認同。更何況，原屬北宋的中原地區民眾剛被征服，也未建立起對金政權的認同和效忠，金朝在消化和鞏固華北地區的統治之前，還不具備統一南方的政治形勢。後來女真人與漢人不斷融合，百年後蒙古滅金時已不分金、漢。從軍事實力來看，雖然金兵勇猛善戰，但南宋軍隊在數量和局部品質上都不可小視。北宋初年軍隊約40萬，但因政府財力雄厚，採用雇傭軍制度，至宋仁宗時已經膨脹到140萬的頂峰。[129] 至北宋滅亡時的徽宗朝及欽宗朝，宋軍隨著政治腐敗而日趨瓦解，軍隊空額頗多，實際數量降至約30萬。南宋初期的紹興四年（1134年），「內外大軍凡十九萬四千餘，而川陝不與。」[130] 若加上川陝軍隊，宋軍總數仍應有40萬人。宋高宗趙構逝時，宋軍總兵力已經多達70萬人，並大體保持至南宋滅亡。宋軍不僅規模比金軍龐大，同時也不乏勁旅。南宋軍中，不少隊伍令金軍膽寒，如岳飛軍、韓世忠軍、張俊軍、吳玠與吳璘軍等，金軍甚至感歎「撼山易，撼岳家軍難」。[131] 宋軍武器裝備也領先於金軍。宋朝重視軍事裝備生產，規模龐大。京師有「南北弓坊」和「弓弩院」，地方諸州也設置有軍器作坊。據《宋史·兵志》記載，每年宋朝製作的弓弩，中央作坊有1650萬件，地方作坊有620餘萬件。鐵甲每年3.2萬件。不僅冷兵器的製造規模空前龐大，製作工藝有所提高，更引人注目的火器的製造和運用。[132] 火器自宋朝開始登上戰爭舞台，並在很多戰役中令金軍大吃苦頭。

　　宋軍屢敗主要弱在不能團結協同作戰。宋朝的軍事體制和官場文化，造成諸大將之間互不統屬，互相猜忌，互不配合，互不支援。同是抗金名將，張俊卻依附秦檜陷害岳飛致死。即使在抗金態度最堅決的宋將岳飛被冤殺後，很長時期內朝廷中也沒幾個人鳴不平。宋軍弱勢的其他原因還包括：一是在治國方略上，積極推行「重文抑武」的國策，致使文官體系迅速膨脹，軍人地位急劇下降，同一品級的官吏，文職官員的位置在武職官員之上。二是在軍事戰略上，嚴守「守內虛外」的消極防禦戰略，一些「老於邊事、洞曉敵情」的戰將往往不受重用，且沒有好下場，諸如楊業戰死以明志，狄青鬱鬱而病終，李綱被貶，岳飛被殺。三是宋朝軍事指揮系統分立與相互牽制及皇權對作戰的干預，嚴重干擾了作戰指揮及戰場決斷。宦官作為內臣，很少能有軍事指揮才能，更不要說去實地參與戰鬥，因此，派宦官監督作戰，無異於讓外行指揮內行。四是兵源把控不嚴與歧視政策打擊士氣。宋代士兵社會地位十分低下，臉上還要刺字，招募士兵稱為「招刺」。當士兵帶著壓抑甚至怨恨的情緒進行戰鬥時，很難說會有殺敵立功的激情。五是騎兵匱乏直接導致了士兵戰鬥力的低下。宋代是漢族各個朝代中騎兵最少的，北宋僅

---

[129] 程明生：《宋代軍隊數量考》，《社會科學戰線》，2009年第5期。
[130] 李心傳：《建炎以來朝野雜記》甲集卷18。
[131] 《宋史·岳飛傳》。
[132] 蘇光：《北宋時期軍隊兵器發展研究》，《搏擊（武術科學）》，2011年第9期。

有 10 多萬，不到唐朝的 1/3，因此其使始終建立不起強大的騎兵部隊，在與北軍對抗時處於先天劣勢。[133]

金朝的經濟實力更無法與宋朝相比。由於宋朝是歷史上最重視商業發展的朝代（70% 財政收入來自商業），宋朝是中國古代最富的朝代，後來的明、清兩代都遠未達到宋朝的財政收入水準（如果完全折算成銀兩比較，明朝財政收入約為宋朝的 1/8，清朝財政收入在鴉片戰爭前約為宋朝的 1/2）。宋朝經濟發達的兩大特色，一是海外貿易，二是消費經濟。南宋時每年透過市舶司獲得的稅收已經達到 200 萬貫，佔到了全國財政收入的 6%。這只是官方的收益，民間也有許多人從事海外貿易，獲利頗豐。汴梁城內皇族、官員、軍人、商人雲集，人口達百萬之眾，吃穿用不是附近州縣能夠充足供應的，於是北宋依靠運河漕運，從日漸富庶的江南地區運送大量的物資到汴梁。汴梁城龐大的消費力和強大的購買力，刺激了全國各地的生產力。[134]

策略運用上，金軍攻下北宋都城汴梁後，對宋朝君臣及民眾採取殘酷迫害的態度，後來的幾次南侵也是沿途暴行，這對統一戰爭而言均是完全錯誤的策略運用，南宋民眾因此無法接受金朝的統一。野蠻掠奪和殘酷屠殺完全不能使南宋軍民放棄抵抗，反而會激起南宋民眾的拼死抵抗，而金朝的軍事實力又不足以擊潰這種抵抗，以致金軍雖屢屢南犯，卻少有渡江的勝利。

策略運用上的另一個失誤是忽略了長江上游在渡江戰役中的作用。在中國古代史上，北方政權發動統一南方的渡江戰爭時，能否在長江上游先取得勝利，往往影響到統一成敗。「赤壁之戰」「淝水之戰」以及金軍滅宋之戰都是在北軍尚未控制長江上游的條件下發動的，均未取得成功。相反，秦國先據有四川再渡江滅楚，西晉先有蜀漢再渡江滅吳，北宋先滅後蜀再渡江滅南唐，元朝以不惜以大軍陣亡的代價攻佔四川後才渡江滅南宋，這些歷史經驗顯示出先取長江上游、共用制江權應是渡江統一戰爭的成功的有效作戰策略。

六、元朝

漢唐亡於內，兩宋亡於外。這與兩宋「守內虛外」「安內重於攘外」的國策有關。宋太宗明確表示：「國家若無外憂，必有內患，外憂不過邊事，皆可預為之防。惟奸邪無狀，若為內患，甚為可懼，帝王合當用心於此。」[135] 故兩宋無政變，卻多外患。不過，南宋政權何以不亡於金卻亡於元？元朝為何能成為中國歷史上第一個完全由少數民族建立的南北統一的全國性政權？

---

[133] 周寶硯：《北宋軍事衰弱的原因探析》，《世紀橋》，2009 年第 12 期（總第 190 期）。
[134] 波音：《別說宋朝不差錢》，《透過錢眼看中國歷史》，北京航空航太大學出版社，2011 年。
[135] 江少虞：《宋朝事實類苑・楊文公談苑》，上海古籍出版社，1981 年。

自從 1206 年成吉思汗建立政權以來，一直以族名為國名，稱大蒙古國，而沒有像北魏和遼、夏、金那樣建立國號。忽必烈稱汗後，年號「中統」，但也沒有另立國名。在建國十多年之後（1271 年）才依據漢族的古代文獻《易經》正式建國號為「大元」。建立元朝後，元世祖忽必烈將消滅宋朝作為首要目標。此時蒙古帝國已經滅亡了西夏、金國和大理，征服了高麗，蒙古軍隊不僅控制了中亞，還打敗了歐洲聯軍。對南宋的戰爭也進行了多年，只是蒙哥之死暫時中止了蒙古的攻宋戰爭。忽必烈穩定了內部政局後對南宋展開了殲滅戰。在較短的時間內，元軍造戰艦五千艘，練水兵七萬，1279 年一舉完成南北統一。

其實與百年前的金宋戰爭時相比，南宋國力未必弱於當初。一是人口規模迅速增加。南宋初年（1159 年，宋高宗紹興二十九年），其統治人口約 1684 萬。但經過高宗、孝宗兩朝，（1190 年，宋光宗紹熙元年），人口的統計數達 2850 萬，接近於北宋神宗時版圖內人口總數。人口快速增加很大程度上是由於北方漢人大量南遷，南宋經濟發達也有利於人口繁衍。

二是財政收入繼續增長。宋朝稅賦主要有錢、金、銀、穀、布五種形式，北宋後期將這些項目加在一起折合每年財政收入大約 8000 多萬兩白銀。南宋初年收入銳減，但經過三四十年的發展很快又達到了同等財政收入水準。南宋隨著版圖的縮小，可徵稅的土地也隨之減少，但北方大量人口南渡，再加上人口的自然增值使南宋人口仍然維持在一個較高水準。有人就有稅。南宋政府基本沿襲了北宋的財稅制度，對茶、鹽、酒等最為重要的生活必需品實現官方專賣制度，稅源極其穩定，佔據了財政收入的半壁江山。再透過增創新稅及擴大舊稅的徵斂額而增加稅收，使南宋財政收入比之北宋還更寬裕。

三是軍事力量有所壯大。南宋初期軍隊總數近 40 萬人，後增至 70 萬人，南宋末年隸於兵籍的仍有 70 餘萬人。南宋軍隊軍事裝備日益先進。南宋將領杜杲創造三弓弩，「可及千步（1550 米）」。裝上火藥的連弩當時已廣泛裝備各軍之中。宋軍使用霹靂炮、震天雷、引火毬、鐵火炮、火箭、火毬、火槍、火炮等火器，投石機方面有車行炮、單梢炮、七梢炮與旋風炮等[136]。《金史》對震天雷做過描述：「火藥發作，聲如雷震，熱力達半畝之上，人與牛皮皆碎並無跡，甲鐵皆透。」南宋火器使用遠多於北宋。

雖然南宋不弱北宋，但其對手元朝卻較金朝更為強大。元朝與金朝相比，在滅宋過程中有以下幾個特點：

其一，強調少殺戮的政治攻勢比金朝高明。元軍在攻宋時一改原來蒙古軍隊征戰時頻頻屠城的做法，強調力爭少殺人，這比金軍南下一路燒殺而激發南宋軍民強烈抵抗意志的做法有效。忽必烈滅亡南宋統一中國，在中國自秦漢以來的歷代王朝更替重建統

---

[136] 《中國文明史・宋遼金時期》，第三章積弱的軍事和繁榮的兵學，地球出版社，1995 年，第 376 頁。

一帝國的戰爭中，有人甚至認為是戰事最少，殺戮最少，破壞最小的案例。[137] 這與元朝君主日漸接受契丹及漢人的仁義勸誡有關。忽必烈重視儒生與漢法，也較多地聽取了「行仁政，不嗜殺」而取天下的建議。

蒙哥汗去世前也曾留下遺言：「日後攻下釣魚城，當盡屠城中之民。」但南宋滅亡後釣魚城降元，忽必烈卻赦免了城內軍民，沒有屠城。在元軍出發平宋之前，忽必烈對主帥伯顏引用宋初大將曹彬滅南唐不亂殺人的故事進行曉諭：「昔曹彬以不嗜殺平江南，汝其體朕心，為吾曹彬可也。」[138] 元朝君臣的不殺聲明雖有明顯的政治宣傳意味，但與蒙古軍隊以往征戰時動輒屠城的做法相比的確收斂了許多，客觀上有利於爭取江南民心。伯顏不僅三令五申嚴禁擾民，而且在建康（南京）駐軍時，還開倉賑濟饑民，派軍醫深入民間為百姓治病。在南宋首都臨安（杭州）投降之後，伯顏嚴禁軍士入城擾民，僅遣宋降將持黃榜安撫城內外軍民，使整個受降交接過程井然有序。

其二是經濟實力較金朝更為雄厚。元朝土地廣袤，人口眾多，經濟實力較之金朝更為雄厚。忽必烈稱汗時，實際管轄的政治版圖包括中原地區、東北地區（包括整個黑龍江流域）、吐蕃地區（包括今青海、西藏等地）、蒙古草原全境，西伯利亞南部地區以及今新疆東半部。雖不包括蒙古四大汗國所統治的中亞和歐洲地區，但也相當遼闊，經濟規模足以支撐元朝的滅宋戰爭。元朝採取「重農不抑商」的政策使北方經濟得以較快恢復和發展。蒙古人初佔華北之際，很多蒙古貴族主張將農田全部變為牧場，「漢人無補於國，當悉空其人以為牧地」。將農業區變為牧業區，肯定會造成生產力的巨大破壞。以耶律楚材為代表的漢地官員極力反對，並對蒙古政權算帳說，保留漢地農業生產，每年可得「銀五十萬兩，帛八萬匹，粟四十萬石」，如實行遊牧經濟，則不會有這麼高效益。後來元政府多次下詔：「禁以民田為牧地。」[139] 元朝皇帝模仿中原皇帝祭祀神農后稷，耕起籍田，並明詔天下：「國以民為本，民以衣食為本，衣食以農桑為本。」同時開挖河渠，為發展農業和商業大興農田水利。據不完全統計，元朝興修的水利工程多達260處，其中工程最大的有兩項：一是修治黃河，疏浚了幾十條故道；另一項是鑿通南北大運河。[140] 此外元朝更將商業傳統發揚光大。這樣，元朝的經濟實力已經大大超越了其所滅亡的金朝。

其三是軍事實力更加強大。完全遊牧生活的蒙古人比半農半獵的女真人具有更強的攻擊性和運動縱深。金初兵力強悍，遼軍「每遇女真，望風奔潰」。元初軍隊基本也是如此。據《蒙韃備錄》記載，「韃人生長鞍馬間，人自習戰，……故無步卒，悉是騎

---

[137] 潘修人：《元朝統一中國過程中的殺掠問題辨析》，《內蒙古民族師院學報（哲社版）》1993年第3期。
[138] 《元史・伯顏傳》。
[139] 《元史・世祖紀》。
[140] 王麗英：《試論元初「重農不抑商」政策思想及其對社會經濟的積極影響》，《廣州師院學報（社會科學版）》，第19卷第10期。

軍。」蒙古諸部族「男子十五以上，七十以下，無眾寡，盡簽為兵。」而且蒙古不但全民皆兵，每名騎兵均有馬數匹，可輪流換乘，故長途賓士，馬不疲困。在軍事策略上，蒙古軍隊的軍事指揮藝術高於金軍。元軍有積極主動、靈活機動的戰略戰術。元軍為揚長避短，儘量減少攻堅戰，充分利用騎兵機動性強的特點，進行運動戰。對堅固設防城邑，一般採取誘敵出城或圍城打援戰法。如敵不中計，則留部分兵力監視，主力繞道前進。對必須攻取的城池，用火攻、水淹、掘地道等方法實施強攻。此外，蒙古軍善用心理戰，常驅俘虜攻城，渙散守城軍心。元軍之敏捷機智，金軍很難望其項背。[141]

最後，漢唐盛世的繁榮穩定讓大一統觀念在中國深入人心，後來南北分裂時期，不斷有人呼籲及投身國家統一事業，民意也一直有國家統一的要求。有宋一代，宋政權無力擔負起國家統一的重任，這一事業就只能由綜合實力更強大的北方政權完成。更重要的是，遼金300餘年的少數民族統治加速了北方各民族的融合及北方漢人對少數民族統治的認同，為蒙古政權入主中原奠定了統治基礎，國家統一形勢與條件日益成熟，因此最終由元朝完成國家統一。比較而言，在金與南宋的戰爭中，北方雖被金朝佔領，但民眾心向南宋。給金軍以重創的宋軍將領多為北方漢人：岳飛、牛皋河南人，韓世忠、張浚、張宗顏陝西人，吳玠、吳璘、郭浩甘肅人，王彥山西人，李寶河北人，等等。統計諸名將，無一不出自北方。其他不甚著名而守城殉節的將領也多是北方人。[142]而在元與南宋的戰爭中，北方被元朝佔領，民眾歷經金朝百餘年的統治，對宋朝的文化認同程度已經不比當初。在元宋戰爭中能戰之將多出北方，如元宋兩軍統帥張弘範和張世傑均是河北范陽人。原金朝治下的民眾對宋政權也不再有南宋初期的那種文化認同和忠誠，反而在元朝佔領北方後迅速建立起對元朝的忠誠，使元朝在滅宋戰爭中沒有後顧之憂。

第二節　中國邊疆地區統一與分裂的鬥爭案例

一、青藏

西藏與漢地政權的關係幾經變化。清朝的藏區分四部分：藏（後藏，今西藏西部）、衛（前藏，今西藏中部）、康（喀木，今西藏東部及川西）、青（今青海省）。康熙時期，中國西北的蒙古政權準噶爾部突襲拉薩，吞併西藏。中央政府果斷出兵平叛，維護了邊疆藏區與內地的統一。

政治形勢方面，當時西藏的政治形態是三駕馬車：宗教領袖達賴，行政主管藏王（藏語稱「第巴」，是西藏地方政府最高政務官的稱呼），軍事首領和碩特首領（此時西

---

[141] 何平立：《蒙金戰爭略論》，《軍事歷史研究》，1994年第5期。
[142] [清] 趙翼：《廿二史劄記・金史》，中國書店，1987年。

藏由漠西蒙古四大部落中的和碩特部軍事佔領）。五世達賴在當時的西藏無論是宗教還是政治領域都有最高的影響力，其去世時，藏王（桑結嘉措）為保持自己的權力地位，秘不發喪，偽稱達賴閉關靜坐，借達賴之名發佈命令長達 15 年。期間，藏王以達賴名義向清朝邀封自己「法王」稱號，又稱「土伯特國王」。為將和碩特部逐出西藏，藏王還暗中支持準噶爾部的噶爾丹，但噶爾丹敗亡後清朝從其降卒中得知五世達賴早已圓寂的消息。康熙派人嚴詞責問，藏王派密使赴京解釋，辯稱主要是為維持藏區社會安定，且達賴轉世已經認定。清朝接受了藏王的解釋，並同意藏王尋找的轉世靈童倉央嘉措繼任六世達賴。新的和碩特部首領拉藏汗繼位後，與藏王矛盾迅速激化，雙方爆發戰爭，藏王被擒殺。拉藏汗取得勝利後，立即向清朝報告事變經過，奏稱倉央嘉措是假達賴，平日耽於酒色，不守清規，請予廢黜，並另找了一個僧人立為達賴。清朝同意了拉藏汗的奏請，並批准新達賴為六世達賴。但藏區很多人不承認這個新達賴，以致西藏局勢不穩。準噶爾汗策妄阿拉布坦抓住這一機會，康熙五十五年（1716 年）發動了旨在吞併西藏的突然襲擊。他本來娶了拉藏汗的姐姐，又將女兒嫁給拉藏汗的兒子，關係非常親密。但當他聽說拉藏汗改立達賴導致西藏很多人反對，覺得有機可乘，於是制定了奇襲西藏的計畫。策妄阿拉布坦派出兩支軍隊，一支以護送女兒、女婿回拉薩的名義突襲西藏，另一支奔赴青海西寧塔爾寺，企圖劫持已故六世達賴的轉世靈童格桑嘉措，以號令藏區民眾。準噶爾軍宣稱他們已經從青海接到了真正的達賴喇嘛，將送到拉薩來，拉藏汗軍心渙散。事實上，派去塔爾寺的準噶爾軍隊已被清軍擊潰，並未劫持到轉世達賴，但消息難辨真假，拉藏汗倉促撤回拉薩城，立即請求清朝派兵救援。準噶爾軍攻破拉薩，拉藏汗在突圍時被殺。準軍廢黜拉藏汗立的新達賴，並處死「護送」來的拉藏汗的兒子，將西藏全境納入準噶爾部的版圖。半年後，西藏準噶爾軍被趕來支援的清軍徹底擊潰，大部分被殲。清軍進入拉薩，撤銷了原來的「土伯特」國號，改稱「西藏」，開始了清朝對西藏的直接統治。不但開始駐軍西藏，還改由中央政府任命 5 位當地王公組成西藏地方政府，聯合執政。

從雙方實力對比看，準噶爾的軟硬實力均無法與清朝抗衡。其敢於偷襲西藏主要是利用了西藏內訌和其地理距離相對較近之便。正如主政西藏的蒙古和碩特部也是由當年的部落首領固始汗從新疆出發，率兵從青海一路打到日喀則、成為全藏族地區的新的統治者一樣，準噶爾汗策妄阿拉布坦也想複製該模式成為藏區的新的統治者。但固始汗是得到中央政權認可的，而策妄阿拉布坦沒有。固始汗一入藏就主動和清朝聯繫朝貢之事。清朝定都北京後，固始汗派其子赴京上書順治帝，表示對清政府的諭旨「無不奉命」。清政府給固始汗送去金冊金印，承認他的統治藏族地區的汗王的地位。自此之後，西藏蒙古貴族與藏族宗教首領幾乎年年必遣使莅京，通貢不絕，清朝也厚給回賜。策妄阿拉布坦起初對清廷恭順供貢，但噶爾丹死後策妄阿拉布坦認為自己完全代表準

噶爾部，對清朝的態度開始強硬，並主動挑釁清朝，以 2000 人的軍隊突襲哈密，被清軍 200 人擊退了。此次偷襲西藏動用 6000 人馬，並利用藏北草原有利地形餓斃全殲清朝第一次派出的約 7000 名士兵，引發清朝的重視，因此後來動用不少於 2 萬人的精銳軍隊再次入藏平叛。藏區民眾原本以為準噶爾軍隊是來幫其振興黃教，不料進城後準軍扶植傀儡，委派官員，向僧俗勒索財物，對不服從的寺院和地方則派兵燒殺搶劫，使藏區民眾大失所望。康熙此時則正式冊封格桑嘉措為「弘法覺眾第六世達賴喇嘛」，並派兵護送入藏，得到藏區民眾支持，一舉殲滅侵藏的準噶爾軍隊。並開始加強對西藏的統一管理。

　　在策略運用上，準噶爾汗策妄阿拉布坦和清朝康熙皇帝均有成功之處。策妄阿拉布坦先是以疑兵進攻哈密，康熙認為是勢力漸強的準噶爾大舉進攻清朝的先聲，於是隨即調大軍佈防。清軍兵分三路：阿爾泰山為北路軍，天山北路為中路軍，天山南路為南路軍，嚴密防守。等到清朝三路大軍全都佈防到以哈密為中心的南北沿線後，策妄阿拉布坦的兩支精兵已經出襲青海、西藏。清朝為應對可能的變局先後出動三十萬大軍，在很長的西部邊界線上不停地調動，而牽制清朝三十萬大軍的準噶爾兵總共不到萬人。康熙對準噶爾入侵西藏的反擊應對得當。此前康熙早已意識到西藏局勢存在危險，特派人入藏協同拉藏汗辦理西藏事務，並警告他要提防策妄阿拉布坦的野心，但未引起拉藏汗的重視。康熙還曾搶在策妄阿拉布坦迎請原六世達賴倉央嘉措到準噶爾之前，命護軍統領將倉央嘉措擒解至京。但康熙低估了入藏準軍的實力，前來救援的清軍因准備不足在藏北草原全軍覆沒，清廷朝野震動。康熙力排不宜用兵的意見，以護送六世達賴格桑嘉措到拉薩坐床的名義再次出兵西藏。當時諸皇子及大臣對此不甚理解：「一假達賴喇嘛，擒之何為？」康熙答：「朕意以眾蒙古俱傾心皈向達賴喇嘛，此雖係假達賴喇嘛，而有達賴喇嘛之名，眾蒙古皆服之，若為策妄阿拉布坦迎去，則西域、蒙古皆向策妄阿拉布坦矣。」[143] 清朝分三路進軍，一路進剿駐藏準軍，攻取拉薩；一路攻擊準噶爾本部，使準軍無法向西藏增援；一路邊戰邊進，護送達賴抵達拉薩。

　　雍正時期，清朝又對同屬青藏高原的青海進行了軍事平叛。清初，蒙古族和碩特部落首領固始汗曾軍事統一青海和西藏，並服從清朝中央政府的領導。他去世後，諸子爭位，最後青海和西藏分頭領導。西藏這一支到固始汗的曾孫被入侵的準噶爾軍消滅政權。青海這一支，缺乏統一領導，大體上各部獨立為政，但都接受清朝的冊封，固始汗的孫子羅卜藏丹津就承襲清朝冊封其父親的親王爵位，並曾隨同清軍進藏驅逐準噶爾勢力。羅卜藏丹津是青海蒙古族和碩特部中的唯一親王，立功後他不滿清朝將政治權力分散給青海蒙古各部，在康熙去世、鎮守西部邊疆的皇十四子回京奔喪之際起兵造反。羅卜藏丹津下令各部恢復原來的稱號，不再稱清朝冊封的王、貝勒、貝子、公等爵號，並

---

[143]　《清聖祖實錄》卷 227，康熙四十五年十月乙巳條。

集結兵力進攻西寧。雍正做出迅速而強烈的反應，從陝甘調兵往青海平叛。青海各部蒙古首領聽說清軍將至，紛紛投降。清軍長驅直入，奇兵奔襲叛軍總部。只用了15天時間，平定了面積約60萬平方公里的青海叛亂。平定叛亂後，清朝採納了年羹堯的《青海善後事宜十三條》和《禁約青海十二事》，對青海行政建制進行重大改革，青海完全置於清朝中央政府直接管轄之下。例如根據「宜分別遊牧居住」原則，將青海蒙古族仿照內蒙古分編為29旗，各旗劃定遊牧界限，規定不得強佔牧地，不得互相統屬，不得互相往來，這就從制度上杜絕了青海出現挑戰中央的政治強人的可能。

　　乾隆時期清朝再次出兵安藏。清朝在驅除侵藏準軍後，由清廷直接任命5個西藏貴族，組成管理西藏的領導班子，實行集體決策。但不久又出現一人獨大的局面。由於雍正裁撤了康熙設置在西藏的清朝駐軍，清朝在西藏的震懾力減弱，駐藏大臣受到排擠。1751年，駐藏大臣採取先下手為強的策略，誘殺了新郡王。但隨後被新郡王的黨羽殺害，拉薩發生暴亂。清軍再次入藏，調查暴亂事件，認為問題出在西藏「地廣、兵強、事權專一」。乾隆以此次平亂為契機，改革西藏地方政制，廢除郡王專政，建立由達賴喇嘛領導的一僧三俗的四常委（噶倫）制度。常委之間地位平等，遇事秉承駐藏大臣和達賴喇嘛的指示，共同處理地方各項事務。後來又逐漸演化成達賴、駐藏大臣和攝政王三駕馬車的政治體制。1788年，廓爾喀以錢幣兌換問題和西藏地方「商稅增額」等爭端為藉口，出動三千人馬入侵後藏三地。由於處理不善，1791年廓爾喀以西藏方面爽約為由，悍然發動了第二次侵藏戰爭。在短短的十幾天內迅速佔領了多處地方，並洗劫了著名的紮什倫布寺。1792年清軍入藏收復全部失地，將廓爾喀軍驅除，並乘勢長驅直入廓爾喀境內，迫使其投降，交出了從前「賄和」的合同，退還了所有搶去的紮什倫布寺的財物，放回了所抓西藏貴族，簽寫「永不犯藏」的保證，並定期納貢。此後清朝中央政府核准頒佈實施《欽定藏內善後章程》。根據該章程，駐藏大臣地位與權力有所提升，其地位與達賴、班禪平等，督辦西藏行政人事，負責每年兩次檢閱三千名西藏正規軍，並發放糧餉。一切西藏外事交涉權，統歸駐藏大臣負責辦理。西藏地方與外國行文，須以駐藏大臣為主與達賴喇嘛協商處理。外藩所獻貢物，給達賴喇嘛等人的信函須呈駐藏大臣查閱，並代為酌定回書，交來人帶回。所有噶倫不得私自向外藩通信，當外藩行文噶倫時，必須交駐藏大臣並達賴喇嘛審閱處理，不得私自回信。外國來藏商旅，必須登記、造具名冊呈報駐藏大臣衙門，按其路線簽發路證，並由駐紮軍隊檢查路證。《欽定藏內善後章程》顯示清朝中央政府對西藏行使完全主權。

　　無論從軍事還是經濟等方面對比實力，青藏地區政權都無法與中央政權相抗衡，是以元朝以後西藏一直臣服中央。軍事實力的相對薄弱使蒙古騎兵可以長驅直入地打到拉薩或日喀則，佔領西藏，這在歷史上出現過三次：1239年蒙古大汗窩闊台之子闊端率軍征服西藏、1642年蒙古和碩特部首領固始汗率兵佔領西藏、1716年蒙古準噶爾部首

領策妄阿拉布坦發兵吞併西藏。甚至尼泊爾的廓爾喀軍隊都可以在1788年入侵西藏。但中央政權對西藏的實力優勢並不是確保西藏維持穩定的統一局面的充分條件，清朝中央政府是以軍事實力為後盾，憑藉對西藏僧俗首領的尊重與控制來影響西藏民心的。換句話說，軟硬實力並用。西藏民眾受藏傳佛教影響深刻而久遠，且藏傳佛教更崇拜自己的祖師，加上後來活佛轉世制度的採用，使宗教領袖對民眾的影響遠比其他地區強大。清朝透過尊奉藏傳佛教、撥款修建寺廟、免征喇嘛賦稅、差役和兵役等政策措施，與西藏民眾建立了強有力的共同精神信仰，使西藏宗教領袖樂於配合中央對西藏的管轄。歷史經驗來看，康熙五十五年（1716年）準噶爾軍突襲西藏之所以勢如破竹，相當程度上是利用西藏民眾對拉藏汗更換達賴喇嘛懷疑和不滿的心理，謠傳接到已故六世達賴的轉世靈童格桑嘉措，得以號令藏區民眾配合其進攻拉薩，而拉藏汗方面則因宗教問題上沒處理好導致軍心渙散，無法抵擋準噶爾軍的進攻。同樣，康熙五十七年（1718年），清軍兵分三路、由皇十四子允禵為撫遠大將軍統帥諸師進藏，也是以護送青海的六世達賴格桑嘉措到拉薩坐床的宗教名義出兵西藏，並贏得西藏民眾的歡迎和支持。

二、新疆

新疆自古以來是一個多民族聚居和多種宗教並存的地區。據歷史記載，先後在這一地區居住的民族主要有塞、月氏、烏孫、羌、匈奴、漢、柔然、高車、吐谷渾、突厥、吐蕃、回鶻（原稱回紇）、契丹、蒙古、滿、錫伯、索倫（達斡爾）等。有確切記載的史料中，最早統一管轄新疆的政權應是匈奴和西漢政權。西元前60年天山南北諸地均歸漢朝中央政府統屬，漢朝設「西域都護府」管轄整個西域。隋唐時期，中原政權恢復了對西域地區的統治，唐朝先後在西域設「安西都護府」和「北庭都護府」，完成了對天山南北的收復和統一。唐朝版圖西達波斯邊境，曾設「波斯都督府」[144]。明朝政府承襲元朝對新疆地區的宗主權，設立哈密衛（1406年），任用哈密當地的世族首領為各級官吏統轄當地軍政事宜，維持中西商貿通道安全，並對西域其他地區實施控制。清朝平定了長期割據西北的準噶爾政權以及新疆境內伊斯蘭教大、小和卓的叛亂，鞏固了對西域各地的軍政統轄，維護了國家統一。乾隆時期開始在新疆各地置官立府，行使中央政府對天山南北各地的管轄治理。光緒十年（1884年），清政府發佈新疆建省上諭。

清朝初期準噶爾政權首領噶爾丹在西北經營起一個強大政權，控制地域約為中國版圖的1/3，並企圖獨立於清朝中央政府。其獨立的政治路線是：遠交近攻，擴張版圖。噶爾丹政權臣服和結交清、俄兩強，將戰爭目標鎖定周邊，意圖先控制漠西四部，再侵入南疆地區，最後征服漠北和漠南蒙古。為此，噶爾丹侵入漠北蒙古之前，幾乎每年遣使向清朝進貢，並上奏準噶爾部重大事宜。同時，一改前任與俄國的對立態度，表示願

---

[144]《劍橋中國隋唐史》，第五章之「對外關係」，中國社會科學出版社，1990年。

意為沙皇服務。另一方面，則是集中力量吞併了與其面積相仿的伊斯蘭教政權葉爾羌汗國（在今南疆），又出兵哈薩克、青海和面積同樣廣闊的漠北蒙古，戰略核心是與已定鼎中原的清政府爭奪對相關地區的控制權，實現其「聖上（清朝）君南方，我長（掌控）北方」的戰略目標。經濟路線是：立足自給，加強商貿。噶爾丹採取一些發展農業和手工業生產的措施。儘管準噶爾部的手工業已有一定的規模和水準，但無論其產品的種類或數量都還不能滿足本部的需要，尤其是一些生活用品，必須透過貿易來換取。準噶爾部長期與中亞和內地保持著貿易關係。與內地的貿易以兩種形式進行：一是在甘肅和青海特定市場交易；二是以貢使的名義赴北京，商隊把攜帶的牲畜和畜產品等貨物在沿途或北京出售，向清朝進獻方物的同時，領取賞物賞金，並購買綢緞、布匹、茶葉、藥材等貨物後返回。噶爾丹重視增強軍事實力。噶爾丹將準噶爾分成三部分，輪流出兵對外作戰，確保軍隊不會衰竭，周邊各國均感畏懼。噶爾丹還為準噶爾士兵配備先進武器，每人都持有鳥炮短槍，腰挎弓矢佩刀。作戰時，駱駝馱著大炮，先炮轟敵軍，然後依次用鳥炮短槍和弓箭射擊，再用刀劍擊刺。另為士兵配備小連環鎖甲，輕便得像平時穿的衣服一樣，但非常堅固，如能被弓箭射穿，就殺掉製作的工匠。這些裝備使準噶爾騎兵的戰鬥力大大增強。在軟實力方面，推行的文化路線是：弘揚黃教，以教領政。噶爾丹以當時在蒙古族盛行的喇嘛教為國教，極力向各地推廣，甚至武力傳教。其征服哈薩克後要求當地民眾改教、交稅，即令哈薩克人改以黃教為本民族宗教信仰，並將賦稅交給準噶爾部。後來噶爾丹將這些賦稅獻給了黃教的宗教領袖達賴，以顯示其對達賴的虔誠。噶爾丹從小接受藏傳佛教，又在藏傳佛教聖地拉薩生活十年左右，黃教領袖達賴喇嘛承擔了他親人、師長、良友等角色，所以達賴對噶爾丹的個人生活和政治生涯有深遠影響。噶爾丹出兵天山南路，也是接受達賴喇嘛旨意而為，其能順利接手，同樣得益於達賴直接插手天山南路黑山派與白山派爭鬥。

　　清朝方面也在積極防範噶爾丹的獨立反叛。清朝面對噶爾丹和準噶爾的崛起，採取了先禮後兵、後發制人的策略。康熙在噶爾丹擴張之初按兵不動，靜觀其變，一是尚不清楚噶爾丹的真實意圖，二是忙於鞏固清政權，三是並無領土擴張之意。清朝對蒙古透過和親政策凝聚在一起，但與三部分蒙古的關係遠近也有所不同：漠南蒙古已歸屬清朝，漠北蒙古恭順友好，漠西蒙古與清廷的關係稍疏一些，準噶爾還未歸順清朝。儘管如此，雙方爆發衝突之前，噶爾丹對康熙也還較為恭順。康熙二十一年（1682年），清朝遣使赴噶爾丹處賞賜，「噶爾丹俯身兩手受之」。

　　當時最令康熙重視的情況是：俄國人正在不斷侵擾東北。事實上俄國東侵西伯利亞已經進行了100多年。自從蒙古人建立的統治俄羅斯的金帳汗國衰落後，俄羅斯人就開始了長達幾個世紀的領土擴張步伐。由於俄國人有歐洲先進的火槍和火炮，又對西伯利亞寒冷的草原與森林地帶有無限的興趣，他們在越過並不算高的烏拉爾山后就迅速地

向東擴散。滿清入關前後，沙皇俄國分三路侵入中國北部邊陲。西路是沿額爾齊斯河而上，侵入準噶爾部遊牧地區；中路是沿葉尼塞斯河而上，侵入貝加爾湖和漠北蒙古地區；東路是沿勒拿河而上，侵入黑龍江流域。在西路和中路，俄國主要是派殖民官吏對世居當地的中國少數民族諸部落交替使用政治誘騙和武裝蠶食的兩面手法；在東路，則組織哥薩克殖民軍，對中國黑龍江流域各族人民進行屠殺和掠奪。清朝雖多次對沙俄侵略軍予以武力反擊，但這些殖民軍採取游擊戰術，敵進我退，敵退我進，清朝不堪其擾。清帝雖多次警告沙俄，都無濟於事。康熙二十四年（1685年）春，清軍約3000人攜戰艦、火炮和刀矛、盾牌等兵器，分水陸兩路抵達雅克薩城下，擊退俄軍。次年夏，清俄軍再戰雅克薩，俄國攝政王（此時彼得大帝尚未親政）遣使請求清朝撤圍，議定中俄邊界。清朝答應所請，准許俄軍殘部撤往尼布楚。中俄邊界談判期間，康熙二十七年（1688年）噶爾丹進軍漠北蒙古，與清朝爆發軍事衝突。衝突的實質是對漠北蒙古控制權的爭奪和軍事實力的較量。

　　噶爾丹在完成統一新疆和征服中亞之後，將目標鎖定為對清朝保持臣附關係的漠北蒙古，意圖透過兼併戰爭建立統一的蒙古帝國，不再對清朝稱臣。俄國也支持噶爾丹進攻漠北蒙古，當時中俄尼布楚談判正在緊張進行，俄國希望借噶爾丹之手，重擊漠北蒙古，減少清朝籌碼，使俄國在談判中處於有利地位。在得到俄國的支持後，噶爾丹認為時機已趨成熟。1688年噶爾丹藉口兩年前漠北蒙古不尊敬達賴使者，率軍3萬，大舉進攻與其屢有摩擦的漠北蒙古。噶爾丹發動侵略漠北蒙古的戰爭後，清廷最後決定在尼布楚談判中對俄國作重大讓步，不再堅持收回尼布楚。這一決策調整雖使清朝在中俄雅克薩之戰中的勝利未能充分轉化為實質利益，但策略上有利於中方擺脫在邊境問題上與俄國的糾纏，贏得了外交上的主動，可以全力對付咄咄逼人的準噶爾騎兵。漠北三部本來正在抗擊俄軍侵擾，且有內部矛盾，突然陷入腹背受敵、兩線作戰的不利境地，加上此前噶爾丹派遣的千餘名喇嘛做內應，在與噶爾丹騎兵混戰三日後，大敗而退，舉部內附。康熙先安頓潰逃的漠北蒙古牧民，調糧賑濟，再從內蒙古北部劃出部分水草地，暫供其遊牧。同時，一邊派出國防部長帶清軍接應漠北蒙古，並監視噶爾丹動向；一邊派外交大使赴噶爾丹處與之談判，嘗試和平解決漠西蒙古與漠北蒙古的紛爭。雙方和談未能達成一致意見。康熙決心嚴懲，於是立即籌畫在最短的時間內彙集主力部隊，在漠南蒙古境內一舉殲滅噶爾丹軍隊。噶爾丹致清廷的誓文中曾說：「自此不敢犯中華皇帝之所屬之眾」。但經過數年的休養，1695年，噶爾丹在藏王的支持下，再次進軍漠北。康熙發兵10萬，分東、中、西三路進擊。大敗噶爾丹後一路追剿，迫使噶爾丹服毒自盡。

　　噶爾丹的侄子策妄阿拉布坦發動政變偷襲，其後加速了噶爾丹的失敗。噶爾丹兵敗自殺後，策妄阿拉布坦遣使清朝，正式登上了準噶爾汗位。策妄阿拉布坦與其兒子統治時期是準噶爾部的鼎盛階段，領土廣大，人口500餘萬，軍隊30萬。策妄阿拉布坦憑

藉強大實力四處擴張，北退俄羅斯，西征哈薩克，南襲西藏，東擾清廷。康熙五十四年（1715年），策妄阿拉布坦「以兵二千，掠哈密」。哈密是清朝和準噶爾相鄰之地，也是準噶爾與內地交通、貿易的要衝。當初噶爾丹佔領了哈密、吐魯番，噶爾丹敗後哈密人即向清廷「誠心歸投」，清朝在哈密正式駐軍防守。對策妄阿拉布坦發兵進攻哈密，清朝駐軍立即進行了反擊，策妄阿拉布坦之兵退去。此次攻擊哈密，史料中並未明確記載策妄阿拉布坦是想要與清朝為敵還是欲佔領清朝土地。策妄阿拉布坦的所作所為嚴重威脅清朝在西部地區的統治地位，康熙決定對準噶爾部再次用兵。康熙五十五年（1716年），清軍出兵佔領吐魯番。清軍在吐魯番地區的軍事行動雖然取得了很大成功，但糧食供應卻成為一個突出的問題。吐魯番地區經過長期戰亂，農業生產遭到嚴重破壞，連當地維吾爾人的吃糧都成問題，更無法解決數萬清軍的糧食。從遙遠的內地運送糧食至吐魯番更是困難重重。為此，清朝政府決定在吐魯番進行屯田，設立了軍屯區。康熙不僅攻下了準噶爾佔領的吐魯番，還從策妄阿拉布坦手中奪回了西藏。正當西征清軍士氣高漲的時候，康熙卻去世了。繼位的雍正與策妄阿拉布坦議和。雍正五年（1727年），策妄阿拉布坦死，其長子繼位成為準噶爾部首領，並立即派遣使臣到北京朝貢，吐魯番地區也因此出現了數年較為平靜的局面。後來準噶爾部又興兵與清朝爭奪吐魯番，清軍雖屢屢獲勝，但清廷出於整體政治形勢的考慮，決定放棄對吐魯番地區的控制。雍正去世前，清、準雙方初步達成停戰協定，劃分了雙方控制的大致疆界。乾隆初年，清軍只在哈密留兵5000名進行防守。至此，清朝與準噶爾關於吐魯番地區的爭奪暫時結束。

策妄阿拉布坦的外孫阿睦爾撒納在內部權力鬥爭中失敗後向清朝投誠。乾隆對阿睦爾撒納率眾歸附十分重視，發放牛羊、口糧，並晉封阿睦爾撒納為親王，給予優厚待遇。阿睦爾撒納在觀見乾隆時，懇求清廷立即出兵討伐準噶爾。乾隆二十年（1755年）清軍兵分兩路，3個月佔領伊犁。清廷獲勝後，決定「將衛拉特（漠西蒙古）分封四汗，賞功策勳，用獎勞績」，並晉封阿睦爾撒納為雙親王，食親王雙俸。但阿睦爾撒納並不滿意，於是尋找機會反叛。後在伊犁公開反叛，襲殺了鎮守的清軍500人。乾隆二十一年（1756年）和乾隆二十二年（1757年），清廷兩次出兵，全殲阿睦爾撒納。至此，準噶爾部平定。在平定阿睦爾撒納叛亂後，清廷對新疆地區的地圖繪製正式開始，完整地包括了準噶爾統轄的疆域。

自噶爾丹至阿睦爾撒納這四代蒙古準噶爾部的首領，一心想建立與清朝中央政府平起平坐的蒙古汗國，但最終失敗了。政權歸屬也是一種競爭性質的自然法則，在古代，綜合實力，尤其是軍事實力較強的一方往往是競爭的獲勝者。當時清朝正處在鼎盛時期，國力蒸蒸日上，且康熙與乾隆在統一問題上意志堅定。清廷的成功是「勢」之所歸，「力」之所至，「策」之所定。

三、台灣

康熙元年（1662 年），擁護明朝的鄭成功病逝，距其收復台灣僅 4 個月。清政權當時面對的政治形勢雖已趨於穩固，但隱患四伏。首先是三藩勢大，足以抗衡清廷。三個降清的明將分別鎮守雲貴、廣東、福建，擁有重兵，互通聲息，每年清廷還需向他們提供大量餉銀。其次是南明殘餘勢力。最大的武裝部隊應屬距守台灣的鄭氏，擁兵數萬，為精銳水師，而雲南、四川、湖北也有反清武裝力量。再有是沙俄不斷蠶食東北，在黑龍江流域不斷佔領土地，掠奪財物人口，還策動少數民族頭目叛逃清朝。漠西蒙古的準噶爾部正在壯大，不斷侵擾其他各部。內政方面還要考慮如何翦除權臣、治理水患、疏通漕運這三大要務。在當時的清政權看來，台灣問題的重要性和緊迫性並不居首。因為鄭氏雖能侵擾沿海，卻無力撼動清廷，且清軍當下並無可以與其匹敵的水師，剿滅也做不到，因此採取了招撫的策略。

剛上台的鄭經也採取了兩手策略。為表和談誠意，他向清朝交出了南明皇帝賜給的敕書、印璽，但開出的條件是：照朝鮮例，不剃髮，僅稱臣納貢而已。鄭經肅清了內部反對勢力、確立了其在鄭氏集團的領導地位後，以不能接受清朝提出的「遷回內地、剃髮易服」等必要的招撫條件為由，中止了談判。後來（康熙六年，1667 年）議和時鄭經又補充了拒絕招撫的理由：第一，鄭氏有能力在台灣建立不隸屬大清的獨立政權，「萬世之基已立於不拔」；第二，台灣軍力足以與清軍周旋，甚至可以在沿海反守為攻，「風帆所指，南極高瓊，北盡登遼，何地不可以開屯，何地不可以聚兵？」第三，統一缺乏足夠的吸引力，台灣經濟足以自立，物產豐富，荒地眾多，外貿發達，「又何慕於藩封，何羨於中土哉？」[145]

清政權改變策略的原因還不只是台灣拒絕招撫，更重要的是「三藩之亂」期間鄭經出兵大陸的舉動，改變了清朝對台灣問題的看法，使其認識到台灣鄭氏政權的存在，並不是少一點土地和稅收的問題，而是隨時會威脅清朝在大陸的政權。康熙十三年（1674 年）「三藩之亂」期間，鄭經乘機反攻大陸，佔領廈門與漳州、泉州、潮州、惠州等地，聲勢浩大，且屢敗清軍。因此，「三藩之亂」後，康熙調整了對台灣鄭氏政權的認識，將其提升到清政權的隱患的高度，雖未放棄對台招撫工作的努力，但政策重點已由和平統一轉向武力統一。

康熙二年（1663 年），清朝組建第一支海軍並以施琅為首任水師提督後，施琅就向清廷提出進攻廈門的方案——《密陳進攻廈門疏》。恰好此時鄭氏集團內訌，鄭經確立接班後排斥異己，大量鄭軍降清，軍心浮動，清朝出兵攻取廈門，並乘勝奪取金門。鄭經退至台灣，清朝採納施琅意見，出兵台灣。但運氣實在不好，兩次東征均非颱風季

---

[145] 《康熙統一台灣檔案史料先輯》之《鄭經複孔元章書》。

節，卻都在海上突遇颱風，船隻沉沒或受損，均無功而返。清朝武力攻台的計畫暫時擱置。鄭經病逝，康熙又開始為武力統一台灣積極進行籌畫和準備。然而在清廷內部意見並不一致，反對武力攻取台灣的人仍然很多。康熙最終還是排除了眾多反對意見，決定採取「剿撫並用、以剿為主」的方針底定海疆。施琅重新擔任福建水師提督一職，於康熙二十二年（1683 年）率兵取得澎湖大捷。當年施琅率軍登上台灣島，鄭經的兒子鄭克塽上表求降，結束了鄭氏在台灣的 22 年統治。康熙二十三年（1684 年），清朝接受施琅的建議，將台灣收入清朝版圖稱為台灣府，下設三縣，由福建省巡撫管理。在台澎分別駐兵 1 萬人，設官治理、築城戍守，台灣得以統一於清朝政府之下。

從力量對比看，康熙時期清朝國力強盛，台灣的經濟、軍事實力當然無法與清朝相抗衡，但澎湖海戰中雙方軍事力量相差無幾。清軍兩萬餘人，戰船二百餘艘，台灣將領劉國軒所率兵將戰船與清軍相當。經過七晝夜激戰，清軍擊沉敵船 159 艘，僅剩 31 艘船逃回台灣。鄭軍死傷 12000 人。清朝軍事上的成功得益於幾方面：一是正確用將。以力主武力平台且精通海戰的施琅為清軍統帥，並賦予專征權。二是策略靈活。不指定攻台日期和路線，由施琅相機而動，把握好了海戰中最重要的天時地利。三是鼓舞士氣。康熙敢於大膽任用鄭軍降將，並在朝廷內部和戰爭議不絕中堅定支持攻台方案，穩定軍心，振作士氣。施琅為鼓舞士氣，令家族中 30 餘人隨船出征，包括其 4 個兒子。四是戰術得當。施琅在澎湖海戰中採用集中兵力以多打少的「五點梅花陣」，多艘戰船圍攻一艘敵船，大獲成功。此外，外交方面也較成功。清朝不但多次利用荷蘭海軍共同與鄭軍作戰，還避免了鄭氏集團向日本借兵抗清的複雜局面。政治方面清朝總體上秉持堅定的統一意志。在清廷與鄭氏的前後 13 次談判中，鄭經多次提出希望保留分裂政權，但最終康熙守住了維持兩岸統一不能分裂的底線。最後，清朝運用軟實力爭取民心取得一定成果。清朝利用強大的軍事壓力和鄭軍將士對故土親人的眷戀之情招降納叛，並對來降的鄭軍予以重用，在交戰時效果明顯，一旦戰事不利，鄭軍往往不戰而降。鄭軍首失廈門時，留守銅山的 10 萬兵民降清，後來鄭經第二次反攻大陸時，鄭軍在銅山又有 300 艘艦船、2 萬餘將士降清[146]，零星降清的鄭軍更是不計其數，對雙方軍事力量的消長起到重要作用。施琅在澎湖海戰勝利後對台灣本島的攻心戰更直接促使鄭氏不戰而降。

---

[146] 安然：《施琅大將軍平定台灣傳奇》，新華出版社，2006 年。

第三節　中國周邊國家與中國統一與分裂的案例

一、朝鮮

　　朝鮮半島的古代政治歷史大體經歷了箕子朝鮮時期、衛滿朝鮮時期、高氏高麗時期（高句麗，「朝鮮三國時期」）、新羅時期（「後三國時期」）、王氏高麗時期、李氏朝鮮時期，期間還有作為漢朝的郡縣、元朝的行省等與中國統一的歷史時期。隋朝四次攻打高句麗慘敗後，國內發生民變而滅亡。唐高祖李淵建立唐朝後，曾努力與高句麗修好，雙方交換過戰俘。朝鮮半島三國國王均接受唐高祖的冊封，高句麗王並接受了唐朝的年號。唐太宗李世民繼位後，相當長時間裡，與高句麗大致維持著友好的關係。高句麗發動對朝鮮半島另一國家新羅的戰爭，新羅向盟友唐朝求援。唐太宗於是遣使到高句麗，下令高句麗和百濟停止攻打新羅，被拒絕。645 年，唐朝軍隊兵分兩路進攻高句麗。6 萬陸軍從北京進軍遼東，4 萬餘水軍乘 500 艘戰船從山東出發，渡黃海向平壤進軍。後來在戰事陷入膠著的情況下唐太宗下令撤退。唐軍以損失數千士兵的代價，殲敵 4 萬，攻取 10 城，戰果也相當輝煌。此戰雖未最終勝利，但唐太宗在政治方面取得積極影響，敵軍佩服，民心歸附，為以後滅亡高句麗奠定基礎。

　　唐高宗即位後，先對高句麗發動了三次小型戰役，均取得勝利。660 年，唐高宗定下「先滅百濟、再南北合擊高句麗」的戰略方針，命令唐朝名將蘇定方率軍 13 萬討伐百濟。蘇定方引軍自山東渡海，新羅也出兵助唐，唐羅聯軍很快攻陷了百濟王城，百濟滅亡。唐朝又派 10 餘萬軍隊渡遼水，與新羅聯軍合擊高句麗，重創高句麗。668 年，各路唐大軍在鴨綠江邊會師。高句麗發動最後的反擊，唐軍依然繼續推進到平壤城。高句麗軍守城數月，最終滅亡。唐平高句麗後，在平壤設安東都護府進行統治，名將薛仁貴領兵 2 萬鎮守其地。

　　然而吐蕃入侵唐朝使新羅趁機與唐朝發生戰爭，唐朝最終失去對已滅亡的高句麗和百濟故地的統治。新羅其實一直計畫吞併高句麗和百濟，在借唐朝之手消滅這兩個國家後，便積極招降納叛，擴張領土。唐高宗下詔責備。新羅一面遣使謝罪，一面整軍備戰。恰在此時（670 年），吐蕃大舉入侵，攻取了唐朝安西四鎮，與之相鄰的吐谷渾、鄯善等地也被吐蕃佔領[147]，唐朝西北局勢告急。唐朝不得不調任剛剛在高句麗戰場獲勝的薛仁貴前往西北戰場。只留下為數很少的軍隊駐守高句麗。唐朝在該地區軍事力量的削弱給新羅發動戰爭提供了良好時機，新羅借機佔領了百濟大部分地區。674 年，唐軍在仁川附近（買肖城）三勝新羅軍。新羅王遣使入貢請罪。唐朝接受新羅請罪，還徹底退出原百濟地區，將安東都護府移至遼東（676 年），對朝鮮半島採取退守政策。

---

[147]　《新唐書‧吐蕃傳》。

最終，新羅控制了朝鮮半島大同江以南地區。一個以原新羅人、百濟人為主體、收容了部分高句麗人的一個統一新羅出現了。從民族角度講，韓（朝鮮）民族在唐羅戰爭後也逐漸形成了。高句麗人亡國後大部分留在當地或內遷，成為中國境內一個重要的少數民族，經過遼、金、元、明等朝代的歷史變遷，高句麗人最終融入漢族。另有部分高句麗人流亡到朝鮮半島南部和日本。

「勢」的角度看，隋唐征高句麗是中央為加強地方管理進行的統一戰爭。[148]

朝鮮半島距脫離中原中央政權不過三四百年，期間中央政權衰落。隋唐時期中國重新出現統一強大的中央政權，對朝鮮半島提出恢復西漢時期服從中央秩序的要求也是歷史發展形勢使然。歷史上朝鮮半島文明始自商末從中原遷移至中國東北和朝鮮半島北部的「箕子朝鮮」，漢武帝在朝鮮半島北部設置漢四郡，朝鮮統一於中央政權。隨著西漢中央政權力量的衰弱，失去控制的遼東與朝鮮半島又出現小政權林立的局面。其中的高句麗利用中原地區分裂動盪的局面，不斷壯大，逐步統一其周邊國家，並在西晉末年吞併了漢四郡的最後一郡。中國南北朝分裂時期，高句麗進入鼎盛時期，控制了朝鮮半島大部分地區及中國遼東半島。此時隋唐崛起使政治形勢發生變化。隋朝大臣曾對隋煬帝說：「高麗本箕子所封之地，漢、晉皆為郡縣；今乃不臣，別為異域，先帝欲征之久矣。」[149] 唐太宗認為高句麗據有的遼東為「舊中國之有」，而今「九瀛大定，唯此一隅」，也有統一的意願。但統一後很快又分裂出去，最主要是唐朝西北邊患嚴重，無法充分應對兩線作戰。唐朝勝而退兵，「實由吐蕃熾盛，唐室為西北強敵所牽制，不得已乃在東北方取消極退守之策略」（陳寅恪語）。因此唐朝是兩害相權取其輕，留下態度恭順的新羅政權，集中力量打擊西北敵患。

「力」的角度看，唐朝初年，國力強盛，軍力強大。因此在征討戰爭中不斷湧現以少勝多的精彩戰例。唐太宗曾指揮3萬唐軍攻擊5倍於己的高句麗援軍，逼得高句麗援軍主將走投無路，率領近4萬高句麗將士投降。在遼東城下，唐軍前鋒部隊4000餘騎與高句麗援軍步騎4萬遭遇，李勣指揮唐軍衝擊，高句麗軍最終崩潰，被殲1000餘人。在滅亡高句麗的戰役中，薛仁貴曾經以2000騎兵奔襲夫餘城，14個小時斬獲敵軍萬餘，威震遼東，高句麗40餘城隨後向薛仁貴投降，最終攻破都城平壤。但高句麗畢竟是地方強權，隋朝四征而不勝，唐朝最初寄望以10萬之眾滅其國，是犯了秦國滅楚時李信式的輕敵錯誤。事後來看，高宗時期唐朝國力進一步加強後，最終派出20餘萬精銳部隊，並與新羅聯合，才完成統一高句麗的任務。在這樣有相當戰力的地方，不以重兵駐守進行長時間的同化融合是很難完成統一的。但當時（670年）吐蕃大舉入侵，

---

[148] 馬大正：《略論高句麗歷史研究中的幾個相關問題》，《歐亞學研究》。
[149] 《資治通鑒》卷一百八十一。

攻取了唐朝安西四鎮，與之相鄰的吐谷渾、鄯善等地也被吐蕃佔領[150]，唐朝西北局勢告急。唐朝不得不調任剛剛在高句麗戰場獲勝的薛仁貴前往西北戰場。只留下為數很少的軍隊駐守高句麗。唐朝在該地區軍事力量的削弱給新羅發動戰爭謀求獨立提供了良好時機。

「策」的角度看，唐朝雖然未能在朝鮮半島保持統一的郡縣制，但令當地政權臣服的戰略目標已經達到，如果再出兵可能成本遠大於收益。朝鮮半島政權採取的策略是在武裝獨立的基礎上以極低姿態化解與唐朝政權的敵意。新羅雖然對唐開戰，但卻始終承認唐朝是宗主國，新羅是藩屬國，並數次請罪，歷代新羅王大部分時間（663年以後）都在受封國王的同時世襲唐朝都督一職，其身份是唐朝在朝鮮半島的地方行政官員。唐朝對這樣的政權安排並無不滿。

二、越南

越南是中國的南方鄰國，但在歷史上有很長時期，尤其是自秦始皇在該地區設置郡縣後的1000多年間，越南屬於中國版圖。五代十國末期，越南開始有獨立政權。北宋以後的近千年間，越南與中國大體維持了穩定的宗藩關係。明朝時期越南發生政變，遇難一方向宗主國明朝求救。明朝在解決紛爭過程中受到欺騙，於是出兵消滅了越南政權，對該地區恢復直接統治，正式下詔（1408年）把「安南」更名為「交趾布政使司」，將該地區設置為中國的一個行省。但後來明廷放棄了用兵平叛、繼續維持對該地區直接統治的政策，宣佈（1427年）廢「交趾布政使司」，仍為「安南國」，承認其獨立。

1400年，陳朝末期的權臣胡季犛（原名黎季犛）滅陳朝自立為皇帝，改國號為大虞，自己也改名胡一元。由於受到眾多陳朝遺臣的強烈反對，篡位當年，胡一元不得不傳位給了有陳朝皇室血統的次子胡漢蒼，自稱太上皇。為取得中原政權的諒解，胡一元自稱是帝舜的後裔，遣使奉表到明朝，詭稱陳氏宗族已絕，作為陳氏外戚，由自己兒子暫時登基理政。當時明朝正值「靖難之役」，明朝政府對胡一元的請示置之不理。明成祖朱棣登基後，胡朝遣使者到南京朝賀並請封。朱棣派使者對安南政治情況詳加考察後冊封胡漢蒼為安南國王。不久陳朝宗室陳天平來到明朝揭露真相，明朝決定幫他復國。表面恭順的胡漢蒼使詐殺掉陳天平後，明朝政府為主持公正（1406年）出兵安南。當時並不想消滅安南國。明成祖朱棣特頒諭旨，說明此次出征「罪人既得，即擇陳氏子孫之賢者立之，使撫治一方，然後還師，告成宗廟，揚功名於無窮。」明軍出師僅一年，就大獲全勝，消滅了篡位的胡氏政權，將胡一元及其長子胡澄、次子胡漢蒼和偽太子胡芮一一擒獲，全部押送京師。得府州四十八、縣一百八十、戶三百十二萬。由於陳朝宗室已被胡朝清理，後繼無人，朱棣改安南為交趾布政使司，分設官吏，改置17府，自此

---

[150] 《新唐書·吐蕃傳》。

安南正式成了明朝的一個行政區。

在統一過程中，政治形勢上，明朝堅持匡扶正義原則，以有道伐無道，一入安南境內，先採攻心之策，命人將胡一元父子的二十條罪狀寫成榜文，刻於木牌上，順流放下，安南軍民見到榜文後，人心離散。軍事實力上，明軍兵力有限，但戰力強悍。一路斬關而進，勇往直前，大敗胡軍。胡氏父子傾全國之兵號稱二百餘萬，伐木築寨，綿延九百餘里，又沿江置木椿，徵發國內所有船只，大量使用體型巨大、不避弓矢的戰象，安南兵騎於象背居高臨下射箭進攻。但明軍策略得當，都有辦法戰勝，屢屢擊潰安南兵。胡氏父子見敗局已定，焚毀宮室，亡命海中，明軍水陸並進，窮追不捨，又斬首三萬七千餘級。胡一元長子胡澄以戰船三百艘來戰，明軍迎頭痛擊，斬首萬級，終於將其全部擒獲。

但明軍班師不久，安南地方勢力就起兵叛亂，明朝駐軍鎮壓不力，致使叛亂不斷蔓延。明朝再度發兵二十萬討伐。安南亂軍聚集戰船六百餘艘，被明軍擊敗，擒其將帥。兩年後，安南再次興兵作亂。明軍第三次征討安南，克服各種困難，不斷取得勝利，1414年安南全部平定。在明軍的武力鎮壓下，交趾雖然再次平定。後來安南人黎利召集各部起兵反明，迅速形成燎原之勢，明軍多次進剿失敗，損失慘重。明宣宗朱瞻基決計罷兵，赦免黎利抗命之罪，封陳高為安南國王，罷交趾布政使司。安南重新獲得獨立。陳高作為黎利的傀儡，很快被逼服毒自盡。明英宗正式冊封黎利為安南國王，黎朝也始終奉明朝正朔。

越南在被明朝統一後重新又獨立出去，從「勢」的方面看是還沒有形成統一的政治制度與越南民眾的觀念文化之間的正回饋。越南民眾在經過較長時間的獨立政治形態之後具有較強的慣性思維，必須有足夠的壓力和適應機制才能使其重新適應統一的政治制度。然而明朝政府對此重視不夠，以為像內地其他地區統一後的治理模式一樣，殊不知內地民眾是適應大一統政治格局的，而越南民眾的心態已經與內地截然不同。加之明朝官吏不善安撫，內部又鉤心鬥角，安南民心不附是很自然的結果，一旦有政治強人揭竿而起，就很容易形成分裂獨立的聲勢。此時明朝有缺乏堅定的統一意志。當時明朝邊將私下與安南的叛軍領袖黎利議和，並送其使者入朝，請封所謂的陳氏後人陳高為安南國王。明朝對安南反覆叛亂形成兩種意見：三次平定安南的英國公張輔堅持認為這是黎利詐謀，「必不可從，當再益兵討賊，臣誓將元兇首惡，縶獻闕下。」但以楊榮、楊士奇為代表的重臣，皆言交趾荒遠，不如許了黎利，以息兵爭。新皇帝明宣宗朱瞻基不像其祖父朱棣那樣勇武有為，最後選擇放棄了對越南地區的統一。

三、蒙古

中國北方蒙古高原上崛起的蒙古族建立了人類歷史上面積最大的國家，中國的元朝

一度成為各蒙古汗國的宗主國。元末明初，殘元勢力退居漠北，清朝崛起後重新將這片地區納入中原中央政權管轄。按照與清政府的親疏不同，蒙古地區習慣上被分為內蒙古（漠南）與外蒙古（漠北）。外蒙古土地面積156萬平方公里。清朝先後統一了蒙古人控制的漠南、漠北和漠西，但在這三個地方實施的政策和後果是不同的。漠北後來產生強烈的獨立傾向。在沙俄及後來蘇聯的協助下，外蒙古20世紀中期從中國獨立出去，成為世界上最大的內陸國家。

漠南蒙古歸順清朝時，蒙古人統治的另外兩塊地區——漠北蒙古和漠西蒙古尚未歸屬清朝。但在清軍入關前，漠北蒙古三個主要部落首領（土謝圖汗、劄薩克圖汗、車臣汗）紛紛向清朝遣使朝貢，與清朝關係密切。康熙年間，漠北蒙古遭到漠西蒙古的進攻，漠北蒙古各部內附投清。康熙與內外蒙古各部首領會盟（1691年，多倫），宣佈保留漠北蒙古三部首領的汗號，並賜以滿洲貴族的封號，其行政體制也和內蒙古一樣，加強和鞏固了清朝對漠北蒙古各部的管轄。接著，清朝順勢加快對漠西蒙古的統一，歷經康、雍、乾三朝用兵，徹底將其重新納入中央政權的管轄版圖（1757年）。清朝早在後金時期就與內蒙古（漠南蒙古）聯姻，二者融合程度高，內蒙古貴族可以和清朝貴族共同分享主宰天下的權勢和榮光，因此十分認同清朝。清廷對內蒙古也非常信任，管理基本上是「自治」。外蒙古（漠北蒙古）歸附的時間晚，又是在被漠西蒙古擊潰後不得已而降清的，且其後又有反覆，所以清朝對外蒙古並不十分信任，雖也封官予爵，但還要在庫倫（今烏蘭巴托）設立辦事大臣進行監督。

導致外蒙古產生獨立傾向的是最初原因是政府負擔太重。當初蒙古擴張時，每征服一地或與他國結盟，立即征人征馬徵稅，清朝也認為自己幫助外蒙古打敗其敵人噶爾丹付出那麼多，外蒙古也不應該為支援清朝吝惜什麼，於是分配其承擔對清朝的種種義務。清朝發動對漠西蒙古的戰爭，外蒙古承擔了大量物資與人力支持。外蒙古不堪重負，牧民大量破產，成群的人逃到俄羅斯避難。據俄國檔案記載，一年間（1730年）有多達2091帳的蒙古人趕著5210峰駱駝、68465匹馬、14962頭牛和131610隻羊逃到俄國境內。與此同時，清朝對於內蒙古則是採取輕徭薄賦的政策，內蒙古只需供應少量的戰馬、湯羊、乳酒等物，雖然也要承擔一些守卡、驛遞等勞役，但相對負擔較輕。遇到天災，清廷要調撥大量的米糧、皮裘、牲畜、氈房、銀兩給予救濟。除此之外還實行養贍制度，相當於現代的扶貧政策，使內蒙古經濟很快得到恢復。兩相對比，外蒙古人對清朝的不滿日益高漲，終於釀成1756年的「撤驛之變」。此前外蒙古發生了白災和瘟疫，生計艱難的外蒙古人對清朝的賦稅雜役愈發厭惡。偏在此時，清朝乾隆皇帝殺死了因為疏忽而放走準噶爾首領阿睦爾撒納的一個外蒙古親王，這個親王是外蒙古活佛哲布尊丹巴二世的哥哥。他的被殺引起了外蒙古諸王公的普遍憤怒，紛紛撤驛站、棄哨探，各地牧民舉行暴動，襲擊清軍，打擊漢商，清朝在漠北的驛站全部癱瘓。但這次撤驛之

變僅維持了數月便徹底失敗，發起人及追隨者遭到殺害和鎮壓。這次事件使清廷對外蒙古加強了警惕和控制。清朝設置了駐庫倫辦事大臣，直接對中央負責，管理當地所有事務，將土謝圖汗、車臣汗和哲布尊丹巴活佛這些在外蒙古有著崇高威望和號召力的貴族架空，處於絕對控制之下。清朝並將外蒙古的軍政管轄從間接轉為直接。

哲布尊丹巴活佛地位的不斷下降成為外蒙古獨立的直接導火線。哲布尊丹巴活佛一世和二世都是在外蒙古貴族土謝圖汗家族中轉世，從三世起，清朝指定必須在藏人中轉世，並成為定制。活佛系統和外蒙古貴族的血緣聯繫被切斷。這些措施有利於穩定清朝對外蒙古地區的統治，但加重了外蒙古貴族和普通牧民對清廷的不滿。1840 年以後，哲布尊丹巴八世沒有一次被清廷召見，而在他之前的五十年，歷任哲布尊丹巴活佛沒有受過一次朝廷的褒獎。1878 年，新上任的滿族辦事大臣要求廢除以往辦事大臣謁見哲布尊丹巴時的叩拜禮，並要求哲布尊丹巴站立迎接。幾經交涉後，哲布尊丹巴雖不用起身迎接，但也從此免除了清朝辦事大臣對哲布尊丹巴的叩拜之禮。這對當時的外蒙古人是不可忍受的恥辱。

1911 年辛亥革命爆發，為蒙古脫離中央政府提供了條件。此前一些蒙古王公向哲布尊丹巴八世遞送了建議獨立的呈文，提出為了「保護我們的黃教」要「爭取獨立」，「將派特使去我們的北方鄰邦俄國，並以友好的方式闡述這些事實，請求它考慮給我們援助。」[151] 另一個謀求獨立的重要原因，是在清朝對蒙古族地區實行蒙地放墾和設置州縣政策的背景下，大量蒙古族人失去了大片牧場，經濟條件惡化，欲謀求經濟和政治上的自主權力。1911 年 7 月，以哲布尊丹巴活佛為首的外蒙古王公，以會盟為名，在庫倫召開秘密會議，決定實行蒙古獨立，並派遣代表團密往俄國尋求庇護。[152] 沙俄政府決定：「不承擔以武力支持喀爾喀蒙人脫離中國之義務，而是居間調停，透過外交途徑支持蒙人捍衛獨立之願望，勿與其宗主國君主清朝大皇帝脫離關係。」但允諾「將支援他們為捍衛喀爾喀之獨特制度，同中國人進行鬥爭」。

1911 年 10 月 10 日武昌起義爆發。蒙古王公宣佈「蒙古全土自行保護，定為大蒙古獨立帝國，公推哲布尊丹巴為大皇帝，不日登極」，要清朝辦事大臣立刻出境。12 月 16 日，庫倫獨立集團正式宣佈成立大蒙古國，以共戴為年號，奉哲布尊丹巴呼圖克圖為皇帝。但此獨立未被當時的清朝政府和後繼的中華民國政府承認。趁中國中央政府無暇北顧，且西藏正在謀求軍事獨立，1912 年 5 月，庫倫獨立軍 5000 餘人進攻科布多中央駐軍。科布多守軍 300 餘人奮戰幾十天後淪陷。至此，蒙古獨立政權控制了蒙古全境。在此過程中，蒙古還企圖將內蒙古併入。內蒙古地區歷經明清兩代大量漢族、回族人口遷入，蒙古族原住民已不佔多數，而且文化交流頻繁，在蒙古有著至高無上地位的黃教，

---

[151] 希‧散達格：《蒙古政治外交》第 1 卷，烏蘭巴托 1971 年版，第 244 頁。
[152] 阿‧波波夫：《沙俄與蒙古》，《紅檔》雜誌第 6 卷，1929 年第 37 期。

在內蒙古並不能成為爭取獨立的理由。雖然有一些王公傾向獨立或是併入蒙古，但無法形成蒙古那種一呼百應的局面，最後未取得任何結果。

獨立運動往往與中央政權實力下降和外部強權插手密切相關。蒙古與「西藏的獨立」運動的背後分別有俄國和英國的支持。蒙古獨立先是沙俄支持，後又得到蘇聯的扶植。1911 年外蒙古在沙俄鼓動下驅逐清政府官員，宣佈獨立。1913 年沙俄迫使袁世凱執政的北洋政府簽訂了《中俄聲明》。聲明規定：蒙古承認中國宗主權，為中國領土的一部分。中國、俄國承認蒙古自治。中國不得在蒙古派駐官員、軍隊，不得移民。1915 年中俄蒙簽定《恰克圖協定》，重申中國對蒙古的宗主權。據此蒙古宣佈取消「獨立的大蒙古國」。袁世凱冊封八世哲布尊丹巴為「呼圖克圖汗」，並赦免獨立運動人士。蒙古實行自治，但實際上為沙俄所控制。十月革命後俄國陷入內戰而無暇顧及蒙古，1919 年 11 月中華民國總統徐世昌和總理段祺瑞下令出兵蒙古，軟禁哲布尊丹巴活佛，全面否定《中俄聲明》。北洋政府下令取締外蒙古自治，恢復舊制，同時取消《中俄聲明》和《恰克圖協定》，在庫倫設立「中華民國西北籌邊使公署」。1921 年，蒙古中國駐軍先後遭蘇聯白匪和紅軍的進攻，最後撤回內地。蘇聯紅軍進入蒙古，協助蒙古人民黨建立了親蘇的「君主立憲政府」。1922 年簽訂《蘇蒙修好條約》，蘇聯承認蒙古「獨立」。當時的中國中央政府（北洋政府）發表嚴厲聲明，拒絕承認蒙古獨立，但由於當時中國陷於內戰，北洋政府沒有派軍隊收復蒙古。在蘇聯第三國際以及蒙古人民黨的支持與行動下，蒙古政府 1924 年宣佈廢除君主

立憲制，成立「蒙古人民共和國」，定都烏蘭巴托（原庫倫）。1924 年當時的中國中央政府（北洋政府）和蘇聯簽訂《中俄解決懸案大綱協定》，也叫《中蘇協定》，其中第六條明確「承認蒙古是中國領土，中國在蒙古有完全的永久的主權」。這意味著此時蒙古至少在名義上尚未能獲得獨立。1928 年，蒙古發生大規模反對獨立並要求回歸祖國的統一進步運動，蘇聯以「平叛」為由出兵蒙古進行血腥鎮壓。蒙古統一人士要求中華民國政府出兵蒙古，中蘇軍隊在蒙古東部邊界發生小規模戰鬥。

1945 年德國投降後，蔣介石政府於 1945 年 8 月 14 日，與蘇聯簽訂了《中蘇友好同盟條約》，在條約中正式承認了「蒙古人民共和國」。根據《中蘇友好同盟條約》，允許蒙古依公正的公民投票的結果決定是否獨立。10 月 20 日蒙古舉行公民投票，在蘇聯勢力的影響下，97.8% 的蒙古公民贊成蒙古從中國獨立出去。儘管聯合國所派觀察員不承認此次投票，中華民國政府仍在 1946 年 1 月 5 日承認蒙古人民共和國獨立。2 月 13 日，中華民國政府與蒙古建立外交關係。從此，中國失去了對蒙古的宗主權。

從蒙古的獨立過程可以看出，中央政權強大，地方政權就會歸附，或維持統一，反之就可能走向分裂。國際格局影響巨大，清朝強而沙俄弱時，蒙古歸降清朝，主動要求內附。即使後來對清朝政府不滿也沒有分裂獨立。清朝滅亡另內亂，蒙古才有可能在

沙俄的支持下獨立。俄國內亂力量削弱時，中國中央政府可以出兵平叛，收回企圖獨立的蒙古。蘇聯成立後力量重新強大，蒙古又再次在其干涉下從中國分裂出去。蒙古的獨立幾乎可以說就是國際格局下的產物，沒有強大的沙俄和蘇聯，蒙古就不會獨立出去。當然，蒙古在成為蘇聯保護下的蒙古人民共和國後，僅僅是名義上的獨立國家。有自己的政府，但總理任命得由蘇聯說了算，有自己的軍隊，但完全聽命於蘇聯。開國領袖蘇赫巴特爾就是因為民族精神過於突出，而在國家成立僅一年後，便不明不白的死在了醫院。蘇聯時代，蒙古有十位總理因為反對蘇聯的政策而被殺害。原有文字被廢除，改為俄文字母拼寫。原來要求獨立而保護的黃教也遭到了滅頂之災，曾經是被人崇敬的喇嘛集團被成群的逼令還俗，不肯還俗的則被殺掉。這種情況直到90年代蘇聯解體後才改變。

歷史上國家統一的系統演化動力：從中國視角看分裂與統一

第四章
台灣問題的複雜性思維

　　將複雜性科學的思維應用於國家統一問題的研究有五個特點：一是第三觀點，跳出國家統一的博弈雙方角度，從多層次系統的角度審視國家演化的客觀規律；二是強解釋力，可以利用系統演化原理解釋國家統一與分裂過程中各種現象的深刻聯繫；三是非線性觀，打破傳統的單一因果關係的線性思維，強調政治、經濟、社會、文化、軍事、涉外等領域之間的互相影響；四是自組織力，把握國家系統演化的自發性，核心是透過正回饋機制自我走向穩定結構；五是不確定性，認識到事物演化過程中的大量隨機性與偶然性，對國家演化規律持有限預測觀。將國家系統演化理論應用於分析台灣問題，可能有不同於以往的思維方式、理論解釋和結論建議。本章分四節，第一節以複雜性思維總論台灣問題，第二、三、四節分別從國家系統與國際大系統之間的互動、國家系統內政權之間的互動、政權內部子系統之間的互動這三個系統層級具體分析台灣問題的現狀。

第一節　以複雜性思維審視台灣問題

一、台灣問題

　　從複雜性思維的角度看，台灣問題的本質是中國國家系統演化的方向選擇：是兩岸統一還是兩岸分裂。中國歷史上的不同版圖與不同制度都是中國國家系統不同的「相」。系統相變有其客觀規律，國家系統作為人類社會大系統中的一個系統層級，其不斷演化的過程始終受到系統環境和系統內部要素變動的影響。近現代國際政治格局是產生台灣問題的主要外部因素。19世紀末的中日甲午戰爭導致台灣與中國的分離，20世紀中期日本在第二次世界大戰中戰敗決定了台灣回歸中國。二戰後美蘇形成冷戰格局影響了中國內戰結果，台灣沒有隨著中國其他地區實現政權更迭，並形成與大陸子系統相對隔絕且演化路徑大相徑庭的台灣子系統。國共兩黨不同政治制度的道路選擇是產生台灣問題的最主要內部因素。中國共產黨在大陸建立了社會主義制度，而在內戰中失敗的中國國民黨則退守台灣保留了資本主義制度。內外因素共同導致台灣與大陸兩個子系統

之間的交換方式發生改變,兩個政權在治理上互不隸屬且持有存在根本分歧的主張,使得中國國家系統存在不穩定的隱患。怎樣消除隱患是解決台灣問題的根本所在。問題的解決也許會透過急風暴雨式的變革畢其功於一役,也可能並不是一步到位,而是先有一個微小的改變,然後形勢逐步向某個方向發展,最後瓜熟蒂落水到渠成,整個系統發生相變實際上是透過系統內部機制的自我運行自動完成的。後一種解決方式更具有系統演化的代表性。

在系統內部複雜回饋機制的作用下,系統演化具有自動趨向穩定狀態目的點的特性。被雙方接受的國家統一或雙方均接受的國家分裂都是國家系統的穩定狀態,而雙方沒有一致意見的國家分治則是充滿諸多不確定因素的不穩定狀態。中國國家系統正處於不穩定的分治狀態。當前兩岸子系統的政治現實是:中國對外最高權力是唯一的,中華人民共和國政府是代表全中國的唯一合法政府,為國際社會普遍承認;但中國對內最高權力不是唯一的,台、澎、金、馬地區與大陸地區分別由台灣政府與中華人民共和國政府實際管轄,雙方法律條文均聲稱對全中國具有統治權,[153]因此兩岸處於分治狀態,但國家沒有分裂。[154]國民黨台灣執政時期兩岸雙方以「九二共識」描述這種現狀。[155]

大陸方面的最終政治目標是由當前的分治狀態轉為國家統一,在一個中國框架內同台灣方面進行平等協商,對如何實現全中國對內最高權力唯一化做出合情合理安排。台灣方面很多時候的目標是使中國對內、對外最高權力均不唯一,企圖由台灣政府完全具備台、澎、金、馬地區(所謂「現狀」)的對內、對外最高權力。在此問題上,台灣兩個主要政黨均要求大陸正視中華民國的存在,都不肯放棄或協商台灣政府的台灣最高權力,且力圖擁有對外獨立地位,兩個政黨的政治主張最主要區別在於,民進黨爭取台灣「國際獨立」地位時明確提出不涵括中國大陸,國民黨在追求中華民國國際承認時沒有放棄中國大陸,但認為中華民國獲得國際承認優先於兩岸統一。

自國民黨政權敗退台灣之後,1949年至1979年是台海兩岸對峙隔絕的狀態,兩岸執政當局均以武力實現國家統一為己任;1979年至1999年兩岸關係由隔絕走向交流,兩岸政策均由武力統一轉向和平統一,大陸主張「和平統一、一國兩制」,台灣聲

---

[153] 在國民黨執政台灣的大部分時期,兩岸雙方都主張自己是「主權獨立國家」,視對方為己方主張的中國領土範圍內的「地區政權」,但對方不是另外一國、且爭議可以擱置。

[154] 大陸方面對此的官方表述是:「1949年以來,大陸和台灣儘管尚未統一,但不是中國領土和主權的分裂,而是上個世紀40年代中後期中國內戰遺留並延續的政治對立,這沒有改變大陸和台灣同屬一個中國的事實。兩岸復歸統一,不是主權和領土再造,而是結束政治對立。」引自胡錦濤:《攜手推動兩岸關係和平發展同心實現中華民族偉大復興──在紀念〈告台灣同胞書〉發表30周年座談會上的講話》,2008年12月31日。

[155] 海協會與台灣海基會經過1992年3月北京工作性商談、10月香港工作性商談以及11月3日至12月3日函電往來,達成了各自以口頭方式表述「海峽兩岸均堅持一個中國原則」的共識。海基會的表述要點為「在海峽兩岸共同努力謀求國家統一的過程中,雙方雖均堅持一個中國的原則,但對於一個中國的涵義,認知各有不同」。海協會的表述要點為「海峽兩岸都堅持一個中國的原則,努力謀求國家的統一。但在海峽兩岸事務性商談中,不涉及『一個中國』的政治含義」。後來雙方都使用「九二共識」這一概括名詞。「九二共識」的核心是確立了堅持一個中國原則這一共同認知,由此明確了兩岸關係不是國與國的關係,兩岸應當在一個中國的框架內進行平等協商。

稱「三民主義統一中國」；1999 年至 2016 年，兩岸關係幾經波折，大陸在「和平統一、一國兩制」政策基礎上提出「兩岸關係和平發展重要思想」，台灣政府則先後拋出「特殊兩國論」「一邊一國論」「不統不獨論」「維持現狀論」[156]，不同程度地背離了國家統一方向。

二、線性思維

傳統線性思維的特點是單一因果關係，即某種現象是決定因素，另一種現像是被決定因素，被決定因素反作用於決定因素，但二者有主次之分。這種思維方式的優點和缺點都很明顯：邏輯清晰，結論簡單，易於操作，便於應用；但理論化色彩較強，對事物規律的認識傾向於簡單化，往往流於片面，以偏概全，不能全面準確反映實際。而且線性思維在解釋事物時必須強調階段性，對循環因果現象難以解釋，例如雞和蛋的因果關係問題。傳統思維運用在台灣問題的解釋和解決方面主要有以下幾種觀點和思路：

第一，政權硬實力是決定因素。側重點是政權的軍事實力，認為台灣問題的存在是因為大陸軍事實力不足以在美日軍事干預的情況下收復台灣，因此解決台灣問題的辦法是集中力量發展經濟和軍事實力，在足夠強大的前提下以武力解決，或者，「不戰而屈人之兵」。這種觀點將政權硬實力視為決定兩岸關係演化方向的根本動力，認為實力更強的一方會戰勝較弱的一方最終決定國家系統演化的方向。這種情況在迄今為止的人類歷史上的確是常見現象。不過，歷史經驗顯示情況也並非總是如此，實力強大的政權也時常會讓步於實力較弱的政權。例如中國唐朝滅亡高句麗在平壤設安東都護府、恢復漢朝時中央政權在朝鮮半島的有效管轄後，統一局面沒有維持多久就再次讓朝鮮半島獨立於中國版圖之外。再如中國明朝將越南重新納入版圖、設交趾布政使司後不久，又重新許其獨立而不再是中國的一部分。更近一些的例子，蒙古的軍事實力遠不如中華民國，卻只能任由其分裂出去。中國在抗戰結束後的政權對抗中，開始軍事實力較弱的中國共產黨政權不但沒有被當時強大的國民黨政權消滅，反而最終在大陸推翻了中國國民黨的統治。在國外案例中，軍事力量強大的蘇聯並沒有阻止 1991 年發生國家分裂。昔日的英聯邦國家後來也紛紛獨立。事實上，眾多的影響因素下，即使有足夠強的政權硬實力也不必然能轉化成決定國家統一或分裂演化方向的力量。

第二，政權軟實力是決定因素。這種觀點認為，政權的硬實力強弱並不是國家系統演化的決定性因素，軟實力才是。強大的軟實力包括先進的制度、文化、政治價值觀及外交政策，認為政權的軟實力強大的一方決定國家系統的走向。由於軟實力的界定其

---

[156] 李登輝當局 1999 年拋出「特殊兩國論」，陳水扁當局 2002 年炮製「一邊一國論」，2008 年以來馬英九當局提出的「不統不獨不武論」雖然並不排斥終極統一的可能，但明確宣稱任期內不會談統一問題，2016 年上台的蔡英文的「維持現狀論」以不承認「九二共識」和「一中原則」為前提。

實相當模糊，以至於會有很多自相矛盾的案例。在中國歷史上，軟實力明顯更強的南宋政權和明朝政權分別被制度、文化水平遠遠落後於自己的元朝政權和清朝政權滅亡。當然，如果將團結精神與戰鬥精神視為軟實力的重要內容，則會有不同的比較結論。近現代以來，世界上有各種制度的政權出現，但人們對哪種制度的軟實力代表更先進或更強大認識並不相同。聯邦德國統一民主德國，有人認為是因為資本主義制度更優越，但這無法解釋資本主義韓國統一不了社會主義朝鮮，也解釋不了資本主義制度的南越被社會主義制度的北越統一的歷史事實。擁有強大軟實力的英國卻面臨蘇格蘭分裂出去的危機，加拿大也同樣面臨魁北克的獨立要求。即使是同一種文化，美國仍然在1776年宣佈獨立、1783年簽訂《巴黎和約》獲得從英國分裂出去的承認。就台灣問題而言，制度層面看，台灣認為其三民主義制度更優越，那為什麼1949年更多中國人選擇了社會主義制度？不過反過來，大陸認為社會主義制度更有優越性，為什麼多數台灣人不願接受社會主義中國的統一？文化層面看，台灣政府自1966年起大搞中華文化復興運動，並沒能推動國家實現統一；大陸近年來也在大力振興中華文化，卻也沒能使台灣民眾的統一意願增強。軟實力的衡量標準眾多，幾乎很難斷定究竟誰的軟實力更強，也就談不上誰更有能力決定國家系統的演化走向。單一強調軟實力的強弱並不能解釋和解決國家統一問題。

　　第三，民意是決定因素。這種觀點認為台灣問題存在的原因是台灣主流民意沒有統一的意願，因此提出的解決方案是細水長流地做好對台工作，逐步消除敵意，改善兩岸關係，更重要的是要讓廣大大陸同胞建立對台灣民眾的同胞意識。[157] 這種觀點也會引發很多質疑。同樣是古代案例，南宋末年人口比重佔絕對優勢的漢族民眾多數不願被蒙古人統治，但元朝還是滅亡並取代了宋朝。清朝取代明朝也是一樣。秦國統一六國還是如此。被秦國統一之時六國民意雖不情願，秦漢以後也沒有人再提出恢復六國。世界範圍內的類似案例更是不勝枚舉。美國南北戰爭爆發前南方民意要求分裂，但並沒有成功，美國實現統一靠的不是南方的民意。1991年3月27日全蘇聯進行的全民公投結果顯示，76.4%的蘇聯公民贊同保留蘇聯，但仍然未能阻止蘇聯解體。二戰結束初期大部分的印度人都希望擺脫英國殖民統治後能維持統一國家局面，但巴基斯坦還是從印度分裂出去。1993年厄利垂亞從人口是其16倍的衣索比亞中分裂出去也不是靠的多數民意。80年代末台海兩岸民意都強烈要求國家和平統一，但國家統一並沒有實現，正如二戰後朝鮮半島南北民意都要求國家統一卻並未能決定走勢和成為現實。就台灣民意而言，主流民意贊成統一時，兩岸並未實現統一；主流民意傾向分裂時，國家也未曾分裂；在民意影響政策的同時，政策也在影響著民意變化。

---

[157] 陳孔立：《心繫兩岸》，九州出版社，2013年，第262—263頁。

三、非線性思維

單一強調政權或民意都屬於傳統思維方式。按照複雜性科學的思維方式，系統演化並不是單一變數線性決定發展方向，而是在系統環境的影響下，不同要素透過非線性作用形成系統的自組織，完成自身調節和演化以達到穩定有序的狀態。自組織運行的核心是回饋機制[158]。一旦兩個變數之間形成正回饋，趨勢化效應就會自我增強，形成推動系統演化的內生動力。這樣的回饋機制在系統內外無處不在，並互相影響，不斷發生非線性作用。對國家系統演化而言，有三組回饋機制最為重要：國家系統與國際大系統之間的回饋、政權子系統之間的回饋、政權內部的回饋。

首先是系統環境的影響，系統環境也就是母系統，任何系統對於更高一級的大系統來說都是需要服從總體運行規律的子系統。中國國家系統的演化必然要受制於國際大系統的形勢變化。在二戰結束後的國際冷戰格局形成之初，中共政權採取了「一邊倒」的親蘇外交政策，美國對華政策隨之由中立不干涉改為扶蔣保台，阻礙了大陸方面解放台灣。後來中蘇交惡提供了中美關係緩和的契機，美國在拉攏中國對抗蘇聯的戰略中對台灣問題做出一定程度讓步，中國大陸也在美國對台政策鬆動的背景下將對台方針由「解放台灣」轉變為「和平統一」。中國大陸調整方針政策開啟改革開放後，國力蒸蒸日上，隨著蘇聯的解體和中國提升為全球第二大經濟體，美國越來越將中國視為全球最主要競爭對手，對台政策日趨強硬，使中國大陸對台工作面臨新的形勢。當前的形勢是，美日雖然在與中華人民共和國的建交公報或聯合聲明中明確承認「中華人民共和國政府是中國的唯一合法政府」，並承諾只與台灣保持「民間的」「地區性的」「非官方關係」，但美國同時又透過《與台灣關係法》及「六項保證」對台灣政府「提供防禦性武器」並保護其某些分裂動作，日本則透過《周邊事態措施法》等相關法案插手台灣問題，構築日美聯合干預台灣局勢的戰略框架。[159]台灣在國民黨執政時期的「親美、友日、和中」政策與民進黨執政時期的「親日、友美、反中」政策反映出台灣與美日的關係比兩岸更近。與兩德統一時的形勢不同，聯邦德國是作為美國的盟友去統一民主德國，而台灣作為美國的盟友是統一的被動方，在中國日益成為美國主要競爭對手的背景下，美國不會以支持兩德統一的態度對待兩岸統一，相反，美國會更頻繁將台灣作為籌碼用以制衡中國。

其次是政權子系統之間的互動回饋。兩個政權子系統之間如果實力相差不大，都有統一對方的意願，此時統一議題易於在雙方接觸互動中形成正回饋；但若兩個子系統之

---

[158] 回饋是系統的輸出和輸入之間的相互作用。負反饋是使系統運動發展保持既有方向的反饋，也是使系統保持穩定的因素。例如政府透過對施政成效的檢測、評估和分析，採取措施糾正偏差，可以使國家系統穩定運行，向前發展。正回饋使系統運動偏離已有狀態，使系統運動趨於失穩，一旦突破量的規定性發生質變，系統就進入新的穩定狀態。負反饋抵消系統中隨機偶然的因素，使系統穩定運行；正回饋放大系統中隨機偶然的因素，使系統演化創新。正負反饋相輔相成，相互轉化，形成了系統整體的、多層次的聯繫之網，使系統的存在與演化相統一。

[159] 中國共產黨中央台辦、國台辦編：《台灣問題（幹部讀本）》，九州出版社，2015年，第176—185頁。

間實力相差過大,則實力弱小的一方更傾向於選擇分裂,統一目標就無法在兩個政權子系統之間形成正回饋。兩岸也經歷了這樣的過程。1949年後,台灣依靠美國援助、從大陸帶去的大量資源和人才以及合理的經濟發展策略較好實現了經濟起飛,並在90年代初達到了經濟輝煌的頂點。1991年台灣GDP為大陸的44%,達到史上最小的兩岸經濟規模差距,當年台灣貿易規模高於大陸。[160] 此時是台灣政府實現「三民主義統一中國」信心最強的時期,在這樣的背景下有了海峽兩岸關係協會與海峽交流基金會的成立並建立聯繫,以及開啟了兩會協商談判的歷史進程,後來才有了「九二共識」和辜汪會談。然而此後兩岸各方面實力差距迅速拉大。以1992年鄧小平南方談話為代表,大陸經濟加速發展,大陸領先台灣經濟與外貿規模的差距開始迅速拉大。台灣的統一信心不斷衰減。表現在經濟方面,台灣的大陸經貿政策由1990年代初期的「務實、穩健、前瞻」開放政策退縮為中期的「戒急用忍」政策。軍事方面,台灣對大陸的軍事戰略也不斷收縮,先後歷經「攻勢戰略」「攻守一體」和「守勢戰略」,1994年台灣政府明確將軍事戰略調整為「守勢防衛」。[161] 兩岸實力的消長令台灣政府開始喪失統一中國的信心,台灣領導人的變化更加快了這一轉變的發生。

1949年至1988年,台灣政府的權力核心是蔣介石與蔣經國,他們都有在全中國執政的經歷,具有重新統治全中國的格局、願望和信心。但出生於台灣且青少年時期受日本皇民化教育的李登輝作為蔣氏父子的繼任者並沒有將統治權擴展到全中國的信心、意願和動力。李登輝繼任之初暫時支持國家統一,直到個人權力穩固後開始公開分裂舉動,建立「中華民國在台灣」的體制,並主導6次「修憲」,透過省市長和總統直接選舉、虛化國民大會、凍結台灣省選舉等措施,明顯改變了原有的政治體制,將權力擴張邊界由全中國重新定位成「在台灣」,並透過改變台灣政體建立和強化台灣政府台灣統治權的合法性。這些改變國家統一目標的努力是李登輝當局在兩岸實力格局發生改變的新形勢下對比追求統一中國與保存在台權力的現實性與可能性後採取的自利性理性舉措。後來國民黨的馬英九當局執政期間也明確表態「不統」,同樣是在兩岸實力差距拉大背景下對台灣統一大陸沒有信心的表現。至於民進黨的陳水扁和蔡英文執政走「台獨」路線,則是由民進黨不願同時也是不敢與大陸談統一的理念所決定的。實力差距過大不僅難以形成統一的正回饋,相反會出現分裂的正回饋,因為弱勢一方越追求分裂,強勢一方越傾向以強硬政策取代懷柔政策,而在這種日益強硬的政策壓力下,弱勢一方更不願推動統一進程。

最後是子系統內部的政權政策與民意之間的回饋。大陸長期以來重視愛國主義教育,在國家統一問題上有充分的民意支持,民意的統一要求反過來促使中國政府在台

---

[160] 資料來源:台灣「經建會」編印 Taiwan statistical data book 及中國國家統計局公佈資料。
[161] 中國共產黨中央台辦、國台辦編:《台灣問題(幹部讀本)》,九州出版社,2015年,第23—25頁。

灣問題上不敢懈怠。台灣情況則要複雜得多，基本上在政權與民意之間已經形成趨於分裂的正回饋，即台灣不敢公開主張統一甚至會公開主張分裂，民意受其影響視「台獨」為正當或平常，主流民意容忍「台獨」反對統一，更為台灣政府的分裂主張提供藉口和支撐。正回饋機制正在將台灣民意引向分裂。台灣民意的分裂傾向是與台灣民主化進程混合在一起發展起來的。

從1986年台灣「政治革新」開始後的十年間，台灣透過開放「黨禁」「報禁」「回歸憲政」、省市長與總統實行直接選舉等「民主化」措施，將台灣政治體系由原來的「自上而下」的威權主義（authoritarianism）體制逐漸轉變為「自下而上」的民主主義（democratism）體制，培育和加強台灣民眾對台灣政府的認同感和合法性，但同時台灣政府的政權影響力也隨之更加限縮在台灣而不是全中國。1949年至1989年的相當長時期內，國家統一在台灣執政當局與民眾之間都不存在問題，台灣主流民意擁護國家統一。然而90年代後台灣民意中偏向「獨立」的人數比重迅速增加，超過偏向統一的人數比重後差距還在不斷擴大。該趨勢反映在多家台灣學術性民調機構的資料中。以台灣政治大學選舉研究中心所做的連續性民調資料為例（見圖4-1），[162] 1995年台灣主張維持現狀但偏向統一的人數比重為19.4%，高出主張維持現狀但偏向獨立的人數比重8.1%一倍多；但到2015年情況反轉，主張維持現狀但偏向獨立的人數比重為16.4%，高出主張維持現狀但偏向統一的人數比重7.4%一倍多；主張維持現狀不決定統獨的觀望者比重則基本穩定在30%-40%之間。

---

[162] 趨勢圖為台灣政治大學選舉研究中心所作。資料是根據選舉研究中心該年的電話訪問研究案，調查物件為台灣地區（不含金門、馬祖）年滿二十歲以上的成年人，研究的抽樣方法為電話簿抽樣法。建構統「獨」立場所依據的問卷題目為：「關於台灣和大陸的關係，有下面幾種不同的看法 1.儘快統一；2.儘快宣佈獨立；3.維持現狀，以後走向統一；4.維持現狀，以後走向獨立；5.維持現狀，看情形再決定獨立或統一；6.永遠維持現狀；7.無反應。請問您比較偏向那一種？」本文選用趨勢資料是選項3、4、5。

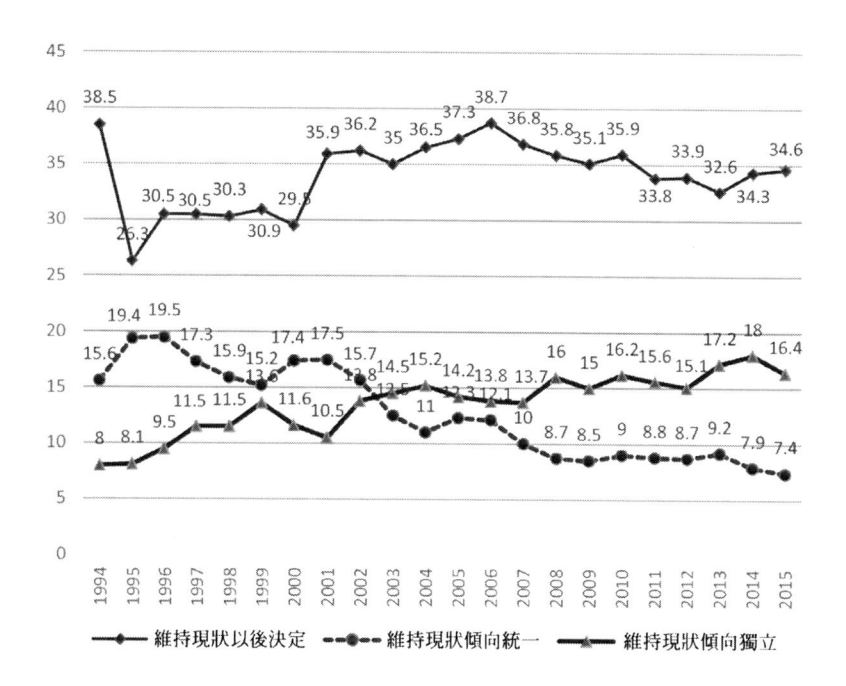

圖4-1 台灣民眾統「獨」立場趨勢分布圖
資料來源：台灣政治大學選舉研究中心重要政治態度分佈趨勢圖

　　台灣政府為維護對台灣的最高權力，不斷向台灣民眾宣揚與大陸的差異化理念並塑造對大陸的優越感心態。對內台灣政府提出並宣揚「台灣文化主體性」與「台灣主體意識」，鼓吹和標榜台灣的「民主生活方式」與「自由和均富的核心價值觀」，[163] 強調台灣與大陸的不同。對外台灣政府透過出境旅行免簽待遇等「外交成果」彰顯其軟實力，彌補其缺少國際承認的絕對劣勢[164]。台灣政府還透過技術性措施誘導台灣民眾放棄國家統一的觀念：90年代以來，台灣政府不斷對台灣民眾做關於「你認為自己是中國人還是台灣人」的民意調查，人為地將「台灣」與「中國」兩個從屬關係的概念塑造成平行並列的關係，潛移默化改變台灣民眾的國家認同，並避談國家統一或分裂對國民的利弊，引導台灣民眾只從出生地和生活現狀感受判斷自己的身份和價值認同，然後再以兩岸統一支持者持續下滑的民調資料反過來作為台灣政府面對大陸拒談統一的民意支撐。

　　此外，關於統一和分裂的價值評判，傳統思維要麼從台灣的利益分析，要麼從大

---

[163] 曾任台灣文化部長的龍應台稱：「海峽兩岸，哪裡是統一和獨立的對決？哪裡是社會主義和資本主義的相沖？哪裡是民族主義和分離主義的矛盾？對大部分的台灣人而言，其實是一個生活方式的選擇。」「自由民主和均富，恰恰是台灣人最在乎、最重要、最要保護、最不能動搖不能放棄的兩個核心價值。」龍應台：《你可能不知道的台灣——觀連宋訪大陸有感》，2005年5月25日。轉自《中國青年報》，http://zqb.cyol.com/gb/zqb/2005-05/25/content_8773.htm。

[164] 截至2015年，台灣共獲150多個國家或地區給予免簽證或落地簽證待遇，幾乎全面覆蓋台灣人常去的國家和地區，突顯與中國大陸的不同。

陸的角度審視，最多是從兩岸民眾的福祉進行統一利弊的判斷。在複雜性思維中，判斷一個系統的相變有利與否可以從更高層級的系統去看。在國家系統的演化方向問題上，不僅要看哪種形式對國家系統有利，還要看哪種形式對國際大系統有利。趨利避害是任何一個系統演化時自然遵循的法則。任何一個系統的演化方向都要服從於更高層級系統的需要。一個統一有序、管理高效的多層級國家系統有利於國家系統功能湧現和提升並且符合民眾利益最大化，同時一個負責任的統一國家對國際社會的繁榮穩定是有利的形式。因此國家系統向統一演化符合複雜系統趨於有序的演化方向及人類社會組織形式的總體發展趨勢。透過人工優化來加速國家系統向統一方向演化，突破口在於構建具有更高權益彈性的兩岸統一制度，透過制度創新重建系統內外的回饋機制，改變系統運行的方向。

　　從政權和民意的統「獨」傾向的角度看，兩岸關係經過 30 年的發展，內部政權和民意對統一的意願反而減弱的根本原因是多層次系統內形成了三個以「台灣獨立」為指向的正回饋機制：「勢」的方面，中美關係越對抗，美國在台灣問題上越保守，造成中美關係更加緊張；「力」的方面，台灣政府對統一後的自身權益越沒有信心，政策越趨於保守，台灣政府自我設限會進一步擴大兩岸實力差距，導致台灣政府對統一更加恐懼；「策」的方面，台灣政府越是避統容「獨」，進行「獨化」教育，台灣民意越認為「獨立」的正當性大於統一，靠選舉上台的執政黨就更不敢輕言統一。這三組正回饋機制在非線性作用下會互相形成因果連接：中國日益成為美國的競爭對手，美國愈發不願放棄以台制華的戰略，台灣因此與大陸對抗信心增加，出現更多不利於兩岸統一的政策和言論，台灣民意受政黨立場引導益加遠離國家統一，國家分裂狀態對中美競爭時中國提升國力牽制作用越來越大。產生這三組正回饋機制的轉捩點發生在 90 年代，當時發生三件大事促成三組正回饋機制的形成：蘇聯解體使美國原來的「聯中反蘇」戰略失去存在的價值和基礎；中國大陸與台灣的實力差距迅速拉開使台灣當局失去統一大陸的信心；台灣總統直選制度的施行使以國家統一為目標的國民黨失去了長期執政的制度基礎。如果不採取任何措施，以目前的趨勢系統運行方向是趨於國家分裂的。未來扭轉方向需要使中美—兩岸—台灣這三個層次的系統朝國家統一方向形成正回饋機制，即美國出於需要中國說明而軟化對台政策；大陸能夠消除台灣政府的恐懼感並深化互信；台灣支持主張國家統一的政黨在台灣執政並推行統一教育。當這三個正回饋機制形成後，兩岸分治的格局將朝統一方向演化，當系統遠離平衡後，大陸可以透過某一偶然性事件促使兩岸兩個子系統向國家統一轉化。1949 年兩岸分治就是因為系統的權益彈性不足以整合或滿足兩種國家發展路線的政治集團的需要，重新統一則必須能解決這一核心問題，即不同主張的利益集團能在一個國家內部解決分歧。

第二節　中外關係發展現狀

任何系統對於更高一級的系統來說都是需要服從總體運行規律的子系統。中國國家系統的演化必然要受制於國際大系統的形勢變化。中外關係的發展對中國國家系統的演化有顯著作用。中國目前正步入世界格局的核心，中國與國際力量的互動對中國能否順利實現國家統一有密切關係，反過來中國國家統一進程也對國際社會產生重要影響。目前中國的對外政策是對話不對抗，結伴不結盟，同世界各國互鑒互學、相互包容、互聯互通、合作共贏，最終創建人類利益和命運共同體。

一、中美關係

美國是對中國國家統一影響最大的外部因素。美國對華政策的特點是「遏制＋接觸」，一方面力圖保持美國的國際地位和戰略優勢，避免中國崛起可能對現存國際秩序及美國領導地位有所動搖，另一方面美國需要與中國保持接觸以獲得中國在國際事務與地區事務中的合作。在此總體對華政策框架下，美國的台灣問題政策具有「雙軌＋模糊」的特點。「雙軌」是指美國既保持與中國的外交關係，簽署一系列中美聯合公報，同時又與台灣保持實質關係，堅守《台灣關係法》，在承認「一個中國」的同時，堅持「和平解決」台灣問題。「模糊」是指美國對兩岸可能發生的戰爭是否軍事介入保持不置可否的戰略模糊，力圖使兩岸長期保持「不獨、不統、不武」的最符合美國利益的局面。中美之爭不僅是國家戰略優勢之爭，更是制度與文明之爭。對中美兩國而言，誰能更好掌握符合自身及未來發展趨勢的制度優勢，誰就可能成為下個百年人類文明的領航者。中美兩國可以為此展開相互促進的良性之爭。從這個角度看，台灣問題並非中美之爭的關鍵。台灣對美國而言至多是較重要利益，絕非核心利益；但對中國而言則是事關國家統一、無可退讓的核心利益。當中美兩國「勢」與「力」的對比發生顯著變化時，美國調整其台灣問題政策是完全有可能的。

1949 年中國共產黨在內戰中取得決定性勝利導致戰後東亞國際關係經歷一次革命性的轉變。歷史的演變過程相當複雜，取決於很多具體事件的積累。多數人的觀點是，鑒於當時美蘇對立的冷戰結構和當時國共兩黨內戰的狀況，歷史總態勢決定了中美關係必然走向對抗。從 1949 年到 1972 年，中美之間還發生過流血衝突，包括朝鮮戰爭、越南戰爭，使得美國對中國的敵視一度甚至超過蘇聯。但在 70 年代前後，蘇聯對美國的壓力和威脅增大，與美國大致形成戰略均勢，特別是核均勢，而中蘇則由盟友轉為敵人，1969 年 3 月甚至發生中蘇珍寶島軍事衝突事件。蘇聯一系列擴張政策特別是入侵捷克斯洛伐克事件使中國更加確定其主要安全威脅的來自蘇聯，於是有了緩和中美關係的傾向，與美國「聯中制蘇」的戰略契合，於是 1972 年美國總統尼克森訪華，中美邁

出戰略合作的關鍵一步。中美戰略和解對兩國都有深遠影響：美國開始扭轉因在印度軍事干涉而造成的被動局面，中國則啟動國家安全戰略和對外政策的革命性轉變。中美和解最重要的戰略後果是讓東亞冷戰體系帶來根本改變，解構了此前的東亞冷戰格局。

中國實行改革開放之初，鄧小平是將處理對美關係同中國選擇現代化模式一起考慮的，他將建立穩定積極的中美關係視為中國實現富強的首要外部條件，因此改革開放與中美戰略關係互為表裡、相輔相成。鄧小平積極推動中美建交，因為他認為中國「對外開放」首先就是對美國開放，「不對美國開放，對任何其他國家開放都沒有用。」「要從世界的全域出發，用長遠的政治和戰略觀點來看待和處理中美關係」，「中美關係一定要搞好。」所以他在建交談判中要親力親為，而且一定要親自訪美，他當時說訪美後已完成歷史使命，「這輩子就哪兒都不去了」，事實也確實如此。中國政府是認真對待中美關係的，正如鄧小平 80 年代初期曾經明確地說過的：「中國謀求與美國合作的政策是戰略性的」，而不是策略性的、暫時的。[165] 90 年代中國提出中美建立「建設性戰略夥伴關係」與此思路一脈相承。1997 年江澤民訪問美國時兩國發表的《中美聯合聲明》提出「努力建立面向二十一世紀的建設性的戰略夥伴關係」，主旨是不搞對抗，相互友好，加強合作。這種關係大致包括三層意思：其一，兩國應該是夥伴，而不是對手；其二，這種夥伴關係是建立在戰略全域上的，而不是局部的，是長期的，而不是權宜之計；其三，這種戰略夥伴關係是建設性的，而不是排他性的。

美國對中國提出的「建設性戰略夥伴關係」存有懷疑和消極態度的原因是其冷戰結束後對外戰略的調整。冷戰期間，美國全球戰略的重點清晰、明確而又固定，就是對付主要對手蘇聯，所有的政策幾乎都是圍繞著這一重點展開。冷戰結束後，美國對外戰略的重點不再是相對固定的，主要根據緊要性議題的變化而變化。比如，在柯林頓執政期間，美國的主要戰略重點是如何消化和吸收冷戰成果，戰略重心仍是在歐洲。小布希政府時期，美國面臨的最緊迫問題是恐怖主義威脅，美國的戰略重點轉向了恐怖主義肆虐的中東地區。歐巴馬政府時期，對外戰略重心似乎是有些搖擺的，歐巴馬上台之後不久就提出要「重返亞洲」，與此同時又被不斷出現的各種緊要性問題所牽扯，如「阿拉伯之春」「烏克蘭問題」「敘利亞問題」「伊斯蘭國問題」「伊核問題」等。但歐巴馬上台後不久就推出「亞太再平衡」戰略來看，美國已經將應對中國的崛起當作一個越來越重要的問題來加以看待，突出表現在南海問題上對中國施壓挑釁。

總體來看，當前中美關係與冷戰時期的俄美不同，相似之處是中國快速發展被美國視為挑戰，體現為守成大國與上升大國的矛盾。第一，中美戰略力量對比發生變化。中美兩國在經濟、軍事、科技等領域差距明顯縮小。2015 年中國 GDP 總量約合 10.2 萬億美元，美國大約為 17.4 萬億美元。中美經濟總量之比已從 10 年前大約 1/8 變為 3/5。第

---

[165] 《如何理解中美歷史競合——專訪北京大學國際關係學院牛軍教授》，《領導文萃》，2016 年第 7 期。

二，中美彼此的戰略態勢發生了變化。從中國看美國，美國的「亞太再平衡」在中國周邊佈局，在釣魚台和南海問題上「打群架」，讓中國很容易形成美國轉向應對中國的印象；而在美國來看，中國外交從過去韜光養晦、擱置爭議到轉向積極作為、強勢維權，以及打造以中國為中心的新的經濟安全體系，包括「一帶一路」、亞投行等。第三，中美雙方的戰略基礎發生了變化。中美兩個不同意識形態、不同發展階段的大國過去的合作因為有戰略基礎在支撐：冷戰時期共同對抗蘇聯、冷戰後共同的經貿利益、「9·11」後反恐合作，但 2011 年本賓拉登被擊斃後，中美合作的戰略基礎有所減弱。面對上述變化，雙方都在調適。

中國仍然在努力構建中美新型大國關係。中美新型大國關係的內涵：一是不衝突、不對抗。就是要客觀理性看待彼此戰略意圖，堅持做夥伴、不做對手，透過對話合作而非對抗衝突的方式，妥善處理矛盾和分歧。二是相互尊重。就是要尊重各自選擇的社會制度和發展道路，尊重彼此核心利益和重大關切，求同存異，包容互鑒，共同進步。三是合作共贏。就是要摒棄零和思維，在追求自身利益時兼顧對方利益，在尋求自身發展時促進共同發展，不斷深化利益交融格局。2016 年 11 月 14 日習近平祝賀川普當選美國總統時表示，中美建交 37 年來，兩國關係不斷向前發展，給兩國人民帶來了實實在在的利益，也促進了世界和地區和平、穩定、繁榮。事實證明，合作是中美兩國唯一的正確選擇。當前，中美合作擁有重要機遇和巨大潛力，雙方要加強協調，推動兩國經濟發展和全球經濟增長，拓展各領域交流合作，讓兩國人民獲得更多實惠，推動中美關係更好向前發展。由於台灣問題是中美關係中最重要、最敏感的問題，建立積極穩定的中美關係有利於台灣問題的合理解決。

二、中俄關係

中俄兩國接壤邊界長達 4300 公里，俄國又是世界一流軍事強國，中俄關係的好壞對中國解決台灣問題會產生直接影響。目前中俄已經建立的全面戰略協作夥伴關係正在向更高水準發展，中俄兩國互相尊重和支持對方的國家主權與領土完整，俄國是中國解決台灣問題的積極因素。未來中國應繼續推動以務實合作為主導的互利雙贏的中俄關係。

長期以來，俄羅斯基本上遵守了一個中國原則，不支持台灣的「一中一台」和加入國際組織的圖謀。1992 年 12 月葉爾欽首次訪華推進兩國關係正常化，啟動雙邊合作；1994 年 9 月江澤民訪俄開始兩國著手建立面向新世紀的夥伴關係；1996 年開始建立面向 21 世紀戰略協作夥伴關係。1998 年俄方在過去承諾的「三不」原則（台灣是中國不可分割的一部分、俄不與台灣發生任何官方往來和不使用中華民國國徽、代表和稱呼等）基礎上又增加了第「四不」──不向台灣出售武器。2001 年兩國簽署《中俄睦鄰友

好合作條約》，確定長期發展睦鄰友好與平等信任的戰略協作夥伴關係。2011年兩國宣佈發展平等信任、相互支持、共同繁榮、世代友好的全面戰略協作夥伴關係。戰略協作夥伴關係，其中的「戰略」是指這種關係的作用範圍的全域性和全球性，而不是一種單純的雙邊關係，「協作」是指這種關係的性質不具有聯盟的特質，而是一種在雙方協商共識基礎上的外交合作；「夥伴關係」是指雙方在這種關係中的平等地位。中俄之間建立戰略協作夥伴關係，是力圖透過下列機制和方式進行範圍廣泛的合作。其一，確定雙方最高領導人的定期磋商制度，其二，培養21世紀中俄友好的社會土壤，其三，進一步推進經貿合作，其四，在雙方重大內政問題上給予相互理解，其五，加強在國際事務中的戰略合作，反對建立單極世界。

　　2016年是中俄兩國建立戰略協作夥伴關係20周年。20年間，中俄戰略協作夥伴關係取得的豐碩成果主要如下：第一，政治合作。兩國元首、政府首腦和外交部長定期會晤機制相繼建立，中俄總理定期會晤機制下的總理定期會晤委員會（副總理級）、人文合作委員會和能源談判代表會晤機制也相繼成立。第二，外交協作。中俄外交協作在全球、地區、雙邊和多邊四個層面展開。其中最能體現戰略性的是全球層面的外交協作。儘管中俄兩國在一些國際事務中的戰略協作具有反制或牽制美國的特點，並且不無成效，但是雙方都無意建立廣泛意義上的反美同盟。第三，軍事技術合作。蘇聯解體後，由於西方對華實施武器禁售，俄羅斯軍事工業因財政危機而面臨生存困境等原因，中俄軍事技術合作一經啟動就呈現快速發展狀態。第四，能源合作。在能源領域的長期戰略合作已成為中俄戰略協作夥伴關係的重要組成部分。第五，經貿合作。2011—2015年，中國一直是俄羅斯第一大交易夥伴國，俄羅斯則在中國十大交易夥伴之列。中俄戰略協作模式具有以下特點：其一，戰略性，主要體現在協作的關鍵領域所屬的高級政治範疇、作用所及的全域性以及協作行動的長期性上。其二，非針對性，即不針對第三國。因為中俄戰略協作模式限於友好合作，而非結盟，並不針對第三國。其三，非意識形態化。這既是中俄戰略協作模式的特點，又是雙方鑒於中蘇關係歷史教訓，在建立這種關係之初就確定的一個原則。其四，協作的廣度和深度不斷拓展。在戰略安全協作的帶動下，中俄戰略協作不斷「外溢」，已經囊括政治、經貿、軍事安全與技術、能源、人文、科技、農業、航太等諸多領域，越來越符合全面戰略協作夥伴關係的定位。

　　美國對中俄戰略協作夥伴關係的影響是雙重的：一方面是促成和強化作用，如其「遏制」政策使中俄加強戰略協作；另一方面是弱化作用，其主要透過離間中俄關係或拉攏一方壓制另一方的方式來操作。「9·11」事件後，美國出於反恐需要，改善了與俄羅斯的關係，中俄戰略協作隨之明顯鬆懈。2004年烏克蘭發生「橙色革命」之後，中俄兩國在包括抵禦「顏色革命」在內的諸多問題上加強了戰略協作。烏克蘭危機爆發以來，美國再次選擇了同時「遏制」中俄兩國的政策，這就使中俄戰略協作夥伴關係再度大大

加強。儘管中俄戰略協作夥伴關係日益成熟，兩國仍需慎重對待美國因素。中美俄三邊關係的穩定性和軌跡存在差異和不同：中俄關係熱度不減，結伴而不結盟的雙邊關係提升和拓展的空間廣闊，將保持持續向上發展的勢頭；中美關係有暗礁，競爭增多，但仍以合作為主；俄美衝突面擴大，不確定因素添加，轉圜難度大。未來的三角關係仍將處在演變的過程中，三方關係的態勢仍將各具特點和不同。從中期前景看，中俄關係的基礎要強於俄美和中美關係，而美國政策的取向仍在相當大的程度上決定著俄美和中美關係，但總體上仍將保持相對均衡的狀態。

三、中日關係

日本是對中國解決台灣問題有重大影響的外部因素。日本對華政策的特點是「制衡＋交往」，一方面日本對其大國雄心受挫感到焦慮，不甘心其在地區乃至國際的影響力居於中國之下，另一方面日本在諸多領域，尤其是經濟領域需要中國的支持與合作。日本國力雖弱於美國，但其對台灣的重視程度卻遠強於美國，因此其台灣問題政策較之美國更為保守，具有「彈性＋干涉」的特點。「彈性」是日本雖秉持「一個中國」政策，但對台灣地位保持彈性，對中國關於台灣是中國一部分的立場只是「理解和尊重」，從未「承認」，也不反對「台灣獨立」「兩個中國」或「一中一台」。「干涉」是日本明確反對中國對台動武，並將台灣問題與日美安保體制聯繫起來，以「周邊事態法」將台灣納入其武力干涉範圍。

中日之爭既有領土之爭，更有安全與尊嚴之爭。日本作為與中國一衣帶水的鄰邦島國，土地與資源有限，安全與尊嚴意識強烈。日本歷史上多採取「與強為盟」的策略，尤其近代以來，先後與英國、德國、美國等稱雄一時的世界一流強國結盟，這也反映出日本自身缺乏單獨成為世界一流強國的條件。80年代以來，日本一直努力追求成為政治大國與軍事大國，但隨著中國的迅速發展，其在地區及全球的影響力不是上升了，而是相對下降了。再加上中日兩國的歷史恩怨，日本目前還難以接受中國崛起。近年來日本台灣右翼分子挑起中日兩國的釣魚台爭端，由於領土問題是任何主權國家最核心、最敏感的議題，中日雙方都很難在這一問題上退步。因此，日本未來可能有更強烈的干涉台灣問題的傾向性，以換取中日解決爭端談判的籌碼。針對日本國民特性，中國必須在「勢」與「力」的各方面大力發展自身，重塑強者風範，獲得日本認同。軍事對抗永遠是需要盡力避免的最後手段。考慮到日本在政治和經濟的現實利益層面還需要保持與中國的交往，其台灣問題政策也需要追隨美國的立場，中日之間即使不能在短期內解決棘手問題，與其保持穩定適度的合作關係還是有利於中國國家統一的。

1991年蘇聯解體，世界進入了後冷戰時代。由於失去了針對蘇聯的共同目標，日美同盟在20世紀90年代前期陷入了「漂移期」。日本國內出現了日美同盟還有沒有必

要存在下去的聲音，美國則出現了所謂「日本威脅論」。與之相對，當時中日關係狀況仍相當好，日本重量級官員只要在歷史問題上吐露錯誤言論，就立即遭到嚴厲批評甚至被迫辭職。然而隨著中國的日益崛起，日本政府對中國的疑慮、恐懼和壓制增加，日本民眾對中國的好感也迅速下降，中日關係開始惡化，日本也開始調整其對台政策。近年來日本安倍政府逐步加強對台政策，並顯現出「親民進黨」「提升日台經濟合作層級」「增加台灣對日依賴性」等三大特徵。與此同時，因迫於台灣政治現實及中日競爭態勢加劇的考慮，安倍政府在台灣問題上急於實現四個重要的戰略取向：(1) 在台扶持一個「親日派」政府，或者至少確保台灣新政府不會與其發生直接的政治衝突；(2) 進一步強化對台影響力及控制力，並適度為台灣爭取所謂「國際空間」；(3) 深度介入台灣問題，並在南海問題上嘗試構建日美台三邊合作機制，為其抗衡中國積累戰略籌碼；(4) 維持台海局勢及兩岸關係的現狀。

四、其他國際關係

東盟國家是中國解決台灣問題不可忽略的外部因素。當前東盟對華政策的特點是「防範＋合作」，一方面對中國的崛起抱有疑慮，認為強大的中國會擠壓他們的利益，因此需要防範中國，另一方面對中國的經濟高速增長有需求和期待，希望能透過合作促進本國經濟的發展。在此總體對華政策框架下，東盟各國對台灣問題的政策具有「明確＋低調」的特點。各國均明確表示堅持一個中國政策，承認台灣是中國的一部分，不支持「台灣獨立」「兩個中國」或「一中一台」，不支持台灣加入由主權國家組成的國際組織，同時，各國均要求以和平方式解決台灣問題，反對使用武力。相比美日，東盟各國對「以台制華」的想法更加克制和低調，各國都在保持和加強與台灣的實質關係，一定程度上牽制大陸，並且不認為台灣問題是中國的內政，而是一個「地區問題」。

中國與東盟之間互補關係大於競爭關係。雙方不存在國際地位的競爭關係，也沒有強烈的意識形態的敵視態度，有充分理由可以發展成為平等互利、包容互鑒、合作共贏的夥伴關係。雖然在美國「重返亞太」後，東盟不少國家採取了「安全上靠美國、經濟上靠中國」的外交政策，個別國家還在南海領土問題上與中國的摩擦加劇，但各國的台灣問題政策基本保持穩定，仍限於與台灣開展經貿文化關係，畢竟中國大陸能夠給予東盟的政治經濟利益遠非台灣可比，而且挑戰中國的核心利益對其顯然是得不償失的不理性舉動。中國在「勢」與「力」的方面均佔有明顯優勢，未來需要在「策」的方面下更大功夫穩定和安撫好這些周邊國家，儘量避免其成為國家統一與大國較量中對中國不利的棋子。

歐洲國家對台灣問題有一定影響。中國與歐洲 1975 年建交以來，雙方關係雖然經歷過波折起伏，但透過中歐雙方共同努力，建立了高級別戰略對話、經貿高層對話、高

級別人文交流對話三大機制，增進了瞭解，擴大了共識。經貿上，中國是歐盟第二大交易夥伴，歐盟連續十多年為中國第一大交易夥伴，中歐經貿關係是世界上規模最大、最具活力的經貿關係之一。人文交往上，雙方每年超過 500 萬人次人員往來，溝通了心靈和情感，促進了文明間交流與交融。在國際和地區事務中，中歐保持對話與協調，共同推動多邊主義和發揮聯合國在國際事務中的核心作用，積極合作應對全球性挑戰。中歐關係連續升溫，從中歐合作夥伴關係、中歐全面夥伴關係、中歐全面戰略合作夥伴關係連上三個層次。中歐已經成為全面戰略合作夥伴，《中歐合作 2020 戰略規劃》描繪了雙方合作藍圖。中國和歐盟宣示要共同打造和平、增長、改革、文明四大夥伴關係。

中歐人口和經濟總量分別佔到世界四分之一和三分之一。雙方在啟動中歐投資協定談判，一個重要目標是至 2020 年中歐貿易額要達到 1 萬億美元。中歐經濟利益和決策互補性很強，是互不可缺的夥伴。歐盟具有技術、管理的優勢，可以成為中國實現「中國夢」的重要合作夥伴。而中國作為世界最大的消費市場，可以為歐洲擴大就業和經濟增長提供動力。中歐關係一要堅持相互尊重求同存異的原則，反對干涉別國內政和損害對方核心利益和重大關切；二要堅持平等合作互利共贏的原則，反對貿易和投資保護主義，堅持按通行的國際規則協商解決貿易分歧；三要加強宏觀政策溝通協調，推動經濟持續增長；四要積極推動中歐投資協定談判，著力改善雙邊投資環境，雙方要深入交流中歐投資協定相關問題，儘快商定協定範圍，就重要問題達成共識；五是「一帶一路」倡議和歐洲投資計畫的對接，大力加強國際合作，擴大雙方投資合作；六要擴大經貿領域務實合作，探索數字經濟新的合作領域，中歐合作是寬領域深層次全方位的合作。

近年來中歐關係保持良性互動。歐盟的務實主義對華政策佔據上風。歐洲國家的外交一直受到價值觀和經濟利益雙重因素的影響。從近年來歐洲大國德國、英國、法國對華交以及中東歐國家對華政策，都可以看到務實主義色彩。以往，中國和歐洲發展關係受到一些干擾，干擾因素中價值觀色彩影響比較突出。雖然，價值觀因素在歐洲對華政策中沒有消失，但在降溫、在淡化。歐洲國家開始表現出認同中國發展模式的現實性。歐洲國家傳統對外政策只有兩個方面，一是置身於歐洲一體化，二是構建跨大西洋夥伴關係。如今中歐構建新型經濟體關係已經成為歐洲第三個方面。歐盟外交走向多元化，不再是只和美國及歐洲大陸要保持緊密的關係，而是要抓住中國與新興發展中大國的機遇，促進共同發展、共同增長、共同塑造世界。與美國把中國視為戰略競爭對手不同，歐盟視中國為共同發展的全面戰略合作夥伴。歐洲對歷史上大國興衰，比美國經歷豐富，經驗和教訓也多，現在歐洲已經在心理上準備迎接中國成為超級大國。今後中歐各種力量之間互動會不斷繼續和深化，並對中歐同美國關係產生良性影響，也能有利於中國大陸對台政策的推動與落實。冷戰結束之初，台歐關係曾短暫升溫，隨著大陸的迅速崛起，歐盟在對台政策上採取審慎克制而又靈活務實的態度，歐盟在承認一個中國原則

下與大陸建立「全面戰略夥伴關係」的同時與台灣維持非官方關係，積極加強對台經貿合作和民間交流，尊重中國大陸的對台政策。

印度因素。印度是近年來迅速發展的「金磚五國」中的重要國家，雖然堅持「一個中國」政策，但對中國時常流露出相當程度的敵意與不信任，充滿濃厚的較勁意味，這與印度在 60 年代中印邊境衝突中失敗有關。近年來印度對與台灣發展關係及參與南海爭端顯示出較大興趣，尤其是經濟關係發展迅速，台灣當局視其為重要的合作夥伴。中國應與印度發展成熟理性的毗鄰大國關係，讓兩個古老文明相互促進與共同融合，減少可能介入台灣問題的外部力量。

第三節　兩岸關係發展現狀

20 世紀 40 年代中後期的中國內戰導致台灣迄今尚未與中國大陸統一，解決台灣問題是實現中國完全統一的關鍵步驟。1949 年以來，大陸方面始終堅定不移地推動兩岸復歸統一，並在 1979 年以後形成並不斷豐富發展「和平統一、一國兩制」的政策內涵，成為解決台灣問題的基本方針和迄今為止實現國家統一的最佳方案。台灣方面 1986 年啟動「政治革新」，解除戒嚴，開放黨禁，開放民眾赴大陸探親，兩岸同胞長期隔絕狀態被打破，兩岸同胞交往日益密切，兩岸經濟合作蓬勃發展，形成互補互利的格局，兩岸關係在近 30 年裡取得豐碩成果。

一、政治經濟

1986 年以來的 30 年間，兩岸關係發展大體經歷三個階段：

第一階段：兩岸開始協商與談判（1986 年—1999 年）。1986 年因台灣的中華航空公司貨機機長駕機降落廣州機場要求在大陸定居，在中國民航的邀請下，華航經政府同意與中國民航經過四次協商達成協議，這是 1949 年以來兩岸的第一次公開商談。此前，蔣經國曾對大陸的「和平統一」倡議實施所謂「不接觸、不談判、不妥協」的「三不政策」，即「不論在任何情況下絕對不與中國共產黨政權交涉，並且絕對不放棄光復大陸解救同胞的神聖任務，這個立場絕不會變更。」然而 1987 年兩岸隔絕狀態結束後，兩岸人員往來和經濟文化交流隨即興起，並衍生許多需要透過兩岸協商解決的具體問題，同時台灣民眾要求台灣政府改變不合理政策與做法的呼聲高漲。在各方壓力下，台灣政府被動調整「三不政策」。

1990 年台灣成立海基會，接受台灣政府委託、授權與大陸協商處理涉及公權力的兩岸事務。大陸隨之於 1991 年成立海協會，確立了與海基會進行制度化接觸商談的管道。兩岸兩會經過多次溝通協商，1992 年 12 月達成「各自以口頭方式表述海峽兩岸均

堅持一個中國原則」的共識,後來被稱為「九二共識」。1993年海協會會長汪道涵與海基會董事長辜振甫在新加坡舉行辜汪會談,這是1949年以後兩岸高層人士第一次以民間名義公開進行的最高層次會談。1995年李登輝赴美一度造成兩岸兩會各層級商談中斷,此後1998年在上海舉行了汪辜會晤,為開啟兩岸政治對話進行了探索和嘗試。然而1999年7月李登輝拋出「特殊兩國論」分裂主張,嚴重破壞兩岸兩會對話基礎,導致兩岸兩會商談長期中斷。

　　第二階段:兩岸協商與談判中斷(1999年—2008年)。繼李登輝之後,2000年上台後的陳水扁拒不接受一個中國原則,否認「九二共識」,加緊推動「台獨」活動,導致兩會協商無法恢復,中斷時間長達9年之久。特別是陳水扁2002年8月拋出「一邊一國論」,公然宣揚「台灣是主權獨立的國家」的分裂主張,並鼓吹「公民投票」決定「台灣前途」,2003年提出「催生台灣新憲法」時間表,2004年推動「憲政改造」,謀求台灣「法理獨立」。這一系列舉動嚴重惡化了兩岸關係,威脅了中國主權和領土完整。2005年3月,大陸全國人大以零反對票透過了《反分裂國家法》。這部法律將中國共產黨中央關於解決台灣問題的大政方針以法律形式固定下來,表明了大陸方面維護國家統一與台海和平的堅定決心。

　　在反「台獨」鬥爭尖銳之際,大陸形成併發展出了「兩岸關係和平發展重要思想」,成為中國共產黨中央對台工作大政方針與時俱進的新指南。2005年中國共產黨中央總書記胡錦濤和中國國民黨主席連戰進行60年來國共兩黨領導人第一次會談,發表《兩岸和平發展共同願景》,首次提出「兩岸關係和平發展」的概念。2008年3月,台灣陳水扁當局推動舉辦「以台灣名義加入聯合國公投(入聯公投)」未達透過票數,妄圖挾民意以推動「法理台獨」的圖謀破產。同時,民進黨在總統選舉中大敗。台灣局勢發生積極變化,兩岸關係發展迎來歷史新機遇。

　　第三階段:兩岸關係大交流、大合作與大發展(2008年—2016年)。2008年5月,承認「九二共識」的國民黨在總統選舉中獲勝,兩岸兩會的制度化協商得以恢復,自2008年6月至2015年8月,兩會在兩岸輪流舉行了11次會談,簽署23項協議,達成一系列共識,拓展了兩岸合作領域,豐富了兩岸交往內涵,推動了兩岸關係和平發展進程,為兩岸民眾帶來實實在在的利益。2014年2月,國台辦與陸委會在此基礎上建立起兩岸事務主管部門常態化聯繫溝通機制,實現負責人互訪會面。2015年11月7日,中國國家主席習近平在新加坡與中華民國總統馬英九實現了兩岸最高領導人66年來的首次會面,成為載入兩岸關係史冊的重要里程碑。

　　兩岸關係經過30年的發展,發生了重大變化,取得了豐碩成果。主要表現在:

　　一是兩岸政治互信與協商談判取得重要成果。兩岸由互不往來到高層互動,建立起兩岸事務主管部門常態化聯繫溝通機制,並實現了兩岸領導人會面,推動了兩岸各領域

交流合作空前發展。30 年歷史曲折發展的正反兩方面對比充分表明：堅持一個中國原則是兩岸關係改善發展的根本政治基礎。兩岸兩會正是在此政治基礎簽署了與兩岸民生密切相關的 23 項重要協定並達成多項共識，有力推動了兩岸關係向前發展。

二是兩岸經濟關係正常化、制度化得以實現。大陸方面自 1979 年起就一直倡議並積極推動的兩岸全面直接雙向「三通」終於在 2009 年得以實現，代表著兩岸經濟關係正常化的初步完成。2010 年《海峽兩岸經濟合作框架協定》（ECFA）正式簽署是兩岸經濟關係制度化的重要里程碑，後續協議中的《投資保護和促進協定》、《海關合作協定》、《兩岸服務貿易協定》均已完成簽署，《兩岸貨幣清算合作備忘錄》簽署並啟動，兩岸經貿團體互設辦事機構等制度化安排得到具體落實。

三是兩岸社會文化大交流格局基本形成。在兩岸關係改善發展的背景下，兩岸各領域、各界別交流蓬勃開展，層次提高，領域拓寬，內容更加豐富，形式屢有創新，形成全方位、寬領域、多層次的格局。2009 年後，大陸省區市黨政主要負責人 30 多人次相繼率團訪台，深入基層。2010 年起，大陸成為台灣旅遊第一大客源地。兩岸文化交流與救災捐款也越來越頻繁。兩岸各界大交流推動兩岸經濟文化社會聯繫達到前所未有的水準。

四是兩岸民意高度認同兩岸關係和平發展理念。30 年來兩岸關係發展的實踐說明：推動兩岸關係發展，必須牢牢把握兩岸關係和平發展的主題，為兩岸同胞謀福祉、為台海地區謀和平，維護國家主權和領土完整，維護中華民族根本利益。同時，30 年的實踐充分證明：大陸改革開放和現代化建設不斷取得巨大進步，是推動兩岸關係發展、實現和平統一的雄厚基礎和可靠保障，決定了兩岸關係的基本格局和發展方向。各方面情況表明：兩岸特別是台灣主流民意接受並支持兩岸關係和平發展，支持兩岸交流合作、平等協商。[166]

尤其是 2008 年馬英九在執政後，兩岸關係走上和平發展道路。在「九二共識」、反對「台獨」的基礎上，兩岸關係穩定發展，兩岸經濟交流與合作取得豐碩成果，給兩岸同胞帶來了實實在在的好處。

（一）兩岸經濟關係正常化基本實現

大陸 1979 年倡議、兩岸同胞期盼 30 年之久的兩岸全面直接雙向「三通」得以實現。2008 年兩岸週末包機如期實施，兩岸兩會共同簽訂兩岸空運直航、海運直航、郵政合作等四項協定，實現了兩岸同胞期盼已久的直接通航、通郵。2009 年兩岸實現定期航班，通航、通郵進一步擴大，使兩岸同胞的往來更加便捷。當年 6 月台灣政府開放大陸企業赴台投資，「陸資入島」正式啟動，兩岸「三通」由「局部、間接、單向」發展

---

[166] 中國共產黨中央台辦、國台辦編：《台灣問題（幹部讀本）》，九州出版社，2015 年，第 93 頁。

為「全面、直接、雙向」，正常交流使兩岸經濟聯繫更加密切，便利了兩岸民眾往來，提高了兩岸產業合作效率，兩岸之間的經濟合作更加緊密，為兩岸關係和平發展增添了新動力。

兩岸人員往來基本實現了正常的雙向交流，旅遊成為兩岸人員往來的主要管道。2008年台灣開放大陸居民赴台灣旅遊，兩岸同胞企盼已久的陸客團隊遊正式啟動。2010年大陸全面開放所有省、區、直轄市赴台團隊旅遊，2011年正式實施大陸居民赴台灣地區個人旅遊，截至2015年大陸赴台個人遊開放城市達到47個。兩岸建立並逐步完善了旅遊市場監管、突發事件應急處置等合作機制，大陸居民赴台旅遊品質整體良好。兩岸旅遊交流合作實現了互利雙贏。大陸是台灣第一大入境旅遊市場，台灣是大陸第三大入境旅遊市場，兩岸已形成互為重要客源市場的穩定格局。旅遊開放不僅帶動了兩岸服務貿易發展，也在拉動兩岸經濟增長、調整產業結構、擴大消費、增加就業、改善民生等方面發揮了積極作用，兩岸同胞也借此實現了多通路、大範圍、多層次交流。

兩岸金融監管部門簽署一系列協議和備忘錄，使屬於特許經營行業的兩岸金融業交流與合作可以正常展開。2009年兩岸簽署金融合作協定，兩岸銀行業、證券期貨業、保險業監管機構分別簽署監管合作備忘錄，兩岸金融監管機構據此建立監管合作機制，兩岸銀行業、證券期貨業和保險業合作可以開展實質合作並進一步深化。2012年兩岸簽署《海峽兩岸貨幣清算合作備忘錄》，建立兩岸貨幣清算機制，有利於降低兩岸民眾和企業的匯兌成本和匯率風險，促進兩岸投資貿易更為便利，進一步深化和擴大兩岸經濟合作。此外，台灣人民幣業務於2013年正式開辦，發展態勢良好。

(二)兩岸經濟關係制度化取得突破

兩岸兩會自2008年恢復協商以來，至今已經舉行11次會談，針對兩岸交流中的制度性問題，簽署了23項協定。具體包括：《海峽兩岸關於大陸居民赴台灣旅遊協議》、《海峽兩岸包機會談紀要》、《海峽兩岸空運協議》、《海峽兩岸食品安全協定》、《海峽兩岸郵政協定》、《海峽兩岸海運協定》、《海峽兩岸金融合作協議》、《海峽兩岸空運補充協議》、《海峽兩岸共同打擊犯罪及司法互助協議》、《海峽兩岸標準計量檢驗認證合作協定》、《海峽兩岸漁船船員勞務合作協定》、《海峽兩岸農產品檢疫檢驗合作協定》、《海峽兩岸經濟合作框架協議》以及《海峽兩岸知識產權保護合作協定》、《海峽兩岸醫藥衛生合作協定》、《海峽兩岸核電安全合作協議》、《海峽兩岸投資保障和促進協議》、《海峽兩岸海關合作協定》、《海峽兩岸服務貿易協定》、《海峽兩岸氣象合作協定》、《海峽兩岸地震監測合作協定》、《海峽兩岸避免雙重課稅及加強稅務合作協定》、《海峽兩岸民航飛行安全與適航合作協議》。這些協定涵蓋各個領域，有力地促進了兩岸經濟交流合作，增進了兩岸同胞特別是基層民眾的福祉，得到了兩岸大多數民眾的歡迎和支援。這些協議搭建起兩岸和平穩定與經濟互利的橋樑，使兩岸關係進入66年來最為和

平穩定、百姓獲得政策紅利最多的一個階段。

雙方兩岸事務主管部門聯繫溝通機制有效運行，為推動兩岸各領域交流合作發揮重要作用。2014年2月，中國國務院台灣事務辦公室主任張志軍與台灣大陸委員會主委王郁琦在南京會面，這是雙方兩岸事務主管部門負責人第一次正式會面並交換意見。隨著兩岸經濟合作的深化，協商所考慮的層面愈來愈廣，已逐漸碰觸到深水區。兩岸事務主管部門負責人進行面對面的溝通與調解，不但對於後續洽談的經濟合作有所幫助，對於日後兩岸洽談非經濟事務也有穩固的基礎。國台辦和陸委會建立常態化聯繫溝通機制，有利雙方加強溝通、增進瞭解、深化互信，推動妥善處理和解決兩岸交往中、特別是兩岸經濟合作過程中遇到的突出問題。2015年兩岸熱線正式啟用，有助於雙方及時溝通、避免誤判，處理緊急問題，迄今共通話4次。在兩岸均認同「九二共識」的基礎上，2015年11月7日，兩岸領導人在新加坡實現了66年來的首次會面，兩岸政治交往取得歷史性突破，更為兩岸經濟關係制度化夯實基礎。習近平在這次會面中明確表達了大陸對兩岸經濟合作的立場：「我們願意首先與台灣同胞分享大陸發展機遇。兩岸可以加強宏觀政策溝通，發揮好各自優勢，拓展經濟合作空間，做大共同利益蛋糕，增加兩岸同胞的受益面和獲得感。」

（三）兩岸經濟關係自由化有所推進

2010年兩岸簽署《海峽兩岸經濟合作框架協定》（ECFA）明確了兩岸經濟往來自由化的目標，構建了兩岸經濟合作機制化平台。兩岸簽署框架協定是兩岸遵循世界貿易組織規則，結合兩岸經濟發展的現狀和特點，按照平等互惠原則簽署的經濟合作協定，旨在逐步減少或消除彼此間的貿易和投資障礙，創造公平的貿易與投資環境，進一步增進雙方的貿易與投資關係，建立有利於兩岸經濟共同繁榮與發展的合作機制。框架協議具有鮮明的兩岸特色，是開放、漸進的經濟合作協定。框架協定規定，兩岸將在框架協議生效後繼續商簽貨物貿易、服務貿易、投資等多個單項協議，逐步推進兩岸間的進一步開放，最大限度實現兩岸經濟優勢互補，互利雙贏。框架協議也是全面、綜合的經濟合作協議，內容涵蓋了兩岸間的主要經濟活動，確定了未來兩岸經濟合作的基本結構和發展規劃。框架協定既關注協定簽署後帶來的即時的經濟效益，關注兩岸產業國際競爭力的提高，更關注兩岸經濟的長遠發展，關注兩岸人民的福祉。

ECFA後續協議取得重要成果，充分體現了兩岸政治互信對兩岸經濟關係自由化的基礎性作用。ECFA簽署後，雙方已經簽署了《兩岸投資保護與促進協議》、《兩岸海關合作協定》、《兩岸服務貿易協定》，未簽署的《兩岸貨貿和爭端解決協議》商談也在不同程度上取得了進展。2011年，海峽兩岸經合會作為由兩岸共同成立的執行與磋商機構在ECFA下成立，經合會例會每半年在兩岸輪流舉行，磋商、監督並評估ECFA的執行，通報重要經貿資訊等，起到兩岸深化經濟合作重要平台的作用。兩岸經合會產業

合作工作小組下設汽車、無線城市、冷鏈物流、顯示、LED 照明、紡織、醫藥、電子商務等 8 個產業分組，推進試點專案和重大專案合作。2011 年以來，台灣早收清單項下貨品對大陸出口值逐年增加，出口成長率均大幅高於整體貨物出口成長率。

兩岸在海關合作、產業合作、中小企業合作、經貿社團互設辦事機構、青年創業等方面也成果豐富。2015 年兩岸海關電子資訊交換系統上線運行，兩岸貨物通關效率大幅提高。兩岸海關還共同解決了部分因協力廠商貿易無法適用 ECFA 優惠稅率的情況，使更多經營者享受到 ECFA 帶來的利益。大陸推出便利通關與檢驗檢疫措施，推動台灣農產品拓展大陸銷售管道和提升貿易便利化程度。兩岸產業合作進一步深化。兩岸企業家峰會 7 個產業合作推進小組在各自領域取得積極進展，產業合作試點專案取得新成果。兩岸資訊產業和技術標準論壇迄今在 9 個產業領域共達成 288 項共識，發表 31 項兩岸共通標準。兩岸在冷鏈物流、LED 照明、電子商務等產業合作方面取得進展，中小企業合作穩步推進。兩岸農業合作不斷深化，大陸積極發揮市場作用，進一步推動台灣農漁產品進入大陸市場，台灣農民創業園的設立有助進一步完善創業平台建設，大陸還積極開展兩岸基層鄉村交流和兩岸農民交流互訪。擴大開放台灣居民在大陸申請設立個體工商戶。2013 年大陸機電商會與台灣貿易中心分別在台北和上海、北京（後來增加廣州、青島）設立了辦事處。2014 年大陸海峽兩岸經貿交流協會（海貿會）與台灣區電機電子工業同業公會（電電公會）成為兩岸第二家互設辦事機構的經貿社團。大陸還設立了 21 個海峽兩岸青年創業基地和 1 個海峽兩岸青年就業創業示範點，推動有條件的國企、民企和台企為台灣青年實習、就業提供崗位。

(四) 兩岸經濟關係緊密化不斷深化

兩岸貿易投資平穩發展，經濟合作持續開展，兩岸經濟相互依賴不斷深化。兩岸年貿易額由 1200 多億美元升至近 2000 億美元，台灣對大陸的貿易和出口依賴度分別接近 30% 和 40%；大陸實際使用台資累計金額由不到 500 億美元上升到將近 1500 億美元，台灣對大陸的投資依賴度約為 60%。在兩岸經濟聯繫日益密切的背景下，兩岸人員往來迅速擴大，兩岸人員往來總量由不到 500 萬人次升至近 1000 萬人次，數量增長翻一番。大陸實施台灣同胞來往大陸免簽注和卡式台胞證，使兩岸人員往來更加方便。

兩岸經濟關係日益緊密對台灣經濟有顯著的正面作用。首先是有力支持了台灣經濟增長。台灣是出口導向型經濟，外貿依賴度高達 120%，經濟增長的主要源泉均來自對外貿易順差，兩岸貿易差額在出口、投資和消費等拉動台灣經濟增長的三駕馬車中扮演最重要的力量。如果沒有兩岸經貿往來，八年來台灣外貿將缺少 7344 億美元的貿易順差，由當前累計 2477 億美元的貿易順差變為 4867 億美元的貿易逆差。即使考慮貿易轉移效果，沒有這 7000 多億美元的貿易順差，台灣經濟發展與台灣就業狀況將遠遠達不到目前的水準。

其次是直接和間接強化了台灣經濟潛力。兩岸經濟關係緊密化使台灣企業可以更充分地利用大陸的市場、人才和資金從事企業轉型和升級，對於台灣企業的規模成長和市場擴張直發揮到重要支撐。更重要的是，兩岸經濟關係日趨緊密和兩岸關係和平發展使得不少國家願意和台灣加深貿易關係，提供技術支持與深化策略合作，間接提升了台灣企業和台灣經濟的競爭力。

最後是保障和擴大了台灣經濟福利。開放兩岸全面直接雙向「三通」方便了兩岸民眾往來，提高了台灣企業經營效率，增加了兩岸經濟合作的商機。開放大陸遊客赴台及開放陸生赴台就讀帶動了兩岸間人流、物流、資金流、資訊流不斷擴大，促進兩岸交通、基礎設施、台灣教育等多領域投資，促進了兩岸經濟社會共同進步。開放大陸企業赴台投資及兩岸金融交流與合作帶動了台灣就業和消費，刺激了台灣資本市場發展與兩岸資本市場合作，拓展了兩岸金融機構與企業的合作空間。兩岸貿易人民幣結算比例逐步提高，台灣金融機構大陸營業網點繼續增加，為兩岸企業和民眾帶來更多便利。兩岸各項經濟協議的簽署均為優化台灣企業投資環境和經營條件、擴大台灣民眾的投資機會和就業機會、維護台灣民眾的合法權益與政策優惠提供了前所未有的機遇與保障。在相關協議的保障下，台灣民眾的食品安全、人身安全、金融安全、核電安全、智慧財產權、防災防疫等生產生活條件均可得到提高和改善。此外，海峽西岸經濟區、平潭綜合實驗區、昆山深化兩岸產業合作試驗區建設的順利推進，上海自由貿易試驗區的建立，為深化兩岸經濟合作，探索合作新模式提供了新的平台。廈金海纜與福（州）淡（水）海纜，以及福建向金門地區供水工程正式開通或開工方便了台灣地區金門與淡水民眾的生產生活。

30 年來，兩岸關係發生了歷史性的深刻變化。當前兩岸關係雖然已經走上了和平發展道路，但卻面臨政治與經濟兩個領域的瓶頸期。瓶頸期意味著兩岸關係在政治、經濟領域的發展均已達到相當高的程度，但卻開始有動力減弱跡象，如果無法突破甚至有倒退隱憂。

兩岸政治關係瓶頸期主要表現在：

一是兩岸政治談判難以突破，經濟協商成果也受到政治干擾。馬英九第二任期內兩岸兩會簽署協定的頻率在下降，且難以進入政治議題。2005 年中國共產黨中央總書記胡錦濤與中國國民黨主席連戰會面時達成並共同發佈的「兩岸和平發展共同願景」中，其他 4 項均已實現，唯有政治領域的第 2 項「促進終止敵對狀態，達成和平協定」始終不能有效協商。經濟協定如《海峽兩岸服務貿易協定》雖然簽署卻因台灣立法院不予通過而遲遲無法生效。陸資入台投資面臨的歧視性政策壁壘也因政治因素遲遲不能鬆綁。更關鍵的是，雖然兩岸官方都認同兩岸關係和平發展是符合主流民意的道路，但大陸的政策目標是經由「和平發展」實現「和平統一」，台灣國民黨當局的「不統、不獨、不

武」現行政策中首先是「不統」，並不以兩岸統一作為兩岸關係發展的必然目標，顯示兩岸在和平發展的最終方向上仍然缺乏共識。

　　二是台灣政治局勢發生變化，民進黨對兩岸政治關係發展制約力量增強。自2014年11月29日涵蓋全台22個縣市的台灣「九合一」選舉民進黨大勝後，台灣長期以來的「北藍」格局被打破，北部地方8縣市中泛綠陣營佔5縣市。民進黨各縣市得票率高達49.6%，執政人口數達61.7%，若加上台北市柯文哲得票率，領先國民黨的差距更大。民進黨這次的勝選氣勢基本延續到2016大選前。如果民進黨2016年上台，並堅持不肯承認「九二共識」，失去一個中國原則的政治基礎必然導致兩岸兩會協商再次中斷，無法繼續簽署惠及兩岸民生的各項協議。即使民進黨沒有再次執政，其阻撓兩岸協議生效的力量也較以前大為增強，近兩年的事實已經證明這一點。

　　三是台灣民意走勢不利於推動兩岸和平統一。台灣政府的政策制定大多受台灣主流民意影響較大，包括兩岸政策。近30年來，台灣民意中，偏向「獨立」的比重在增加，偏向統一的比重在減少，並且出現交叉，偏向「獨立」的人數比重超過偏向統一後差距在不斷擴大。這一趨勢反映在多家台灣學術性民調機構的資料中。以台灣政治大學選舉研究中心所做的連續性民調資料為例（見圖4–1），1995年台灣主張維持現狀但偏向統一的人數比重為19.4%，高出主張維持現狀但偏向「獨立」的人數比重（8.1%）一倍多；但到2015年這個比例倒過來，主張維持現狀但偏向「獨立」的人數比重為16.4%，高出主張維持現狀但偏向統一的人數比重（7.4%）一倍多。

　　雖然推動兩岸關係和平發展可以先易後難，先經後政，但當前兩岸經濟關係的發展也並不容易，同樣面臨瓶頸期的問題。兩岸經濟關係瓶頸期主要表現在：一是兩岸貿易依賴程度總體達到較高水準，但貿易增速下降。台灣對大陸的貿易和出口依賴度30多年來總體水準不斷提升，按大陸海關資料計算，2014年已經分別達到33.7%和48.4%[167]，接近80年代台灣對美國的38.4%和48.8%的貿易和出口依賴度最高值，兩岸貿易如果沒有新的動力恐怕不易超越該峰值。遺憾的是兩岸貿易增長率卻總體呈現下降趨勢（圖4–2）。兩岸貿易及台灣對大陸出口的年均增長率，1981年到1995年是36.7%和44.7%，1996年到2005年是18.7%和19.5%，2006到2015年是8.4%和14.3%。2015年分別同比下降4.9%及5.5%。2016年，台灣海關統計，兩岸貿易（含香港）1576.3億美元，增長-1%，佔台灣對外貿易總額的30.8%；台灣出口大陸1123億美元，增長-0.2%，佔台灣出口總額的40.05%；大陸出口台灣453.3億美元，增長-3%，佔台灣進口總額的19.6%；台灣對大陸順差669.7億美元，增長-1.8%，佔台灣順差總額的135.3%。大陸海關統計，兩岸貿易總額1796億美元，增長-4.5%；台灣出口大陸

---

[167] 該數字如果按照台灣方面統計（含香港）應該為29.7%與39.7%。台灣統計兩岸貿易數據分為包含或不包含香港，台港間貿易有的是透過香港轉入大陸，有的不是，難以準確分割。因此雖然大陸海關統計資料也有可能不准之處，但仍採用大陸方面公佈資料計算。

為1392.3億美元,增長-2.8%;大陸出口台灣為403.7億美元,增長-10.1%;台灣對大陸順差988.6億美元,增長0.1%。

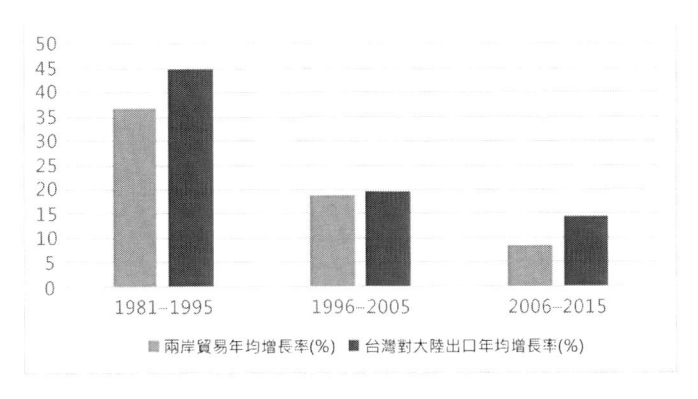

圖4-2 兩岸貿易年增長率分階段比較圖

資料來源:根據國台辦公佈大陸海關資料繪製。

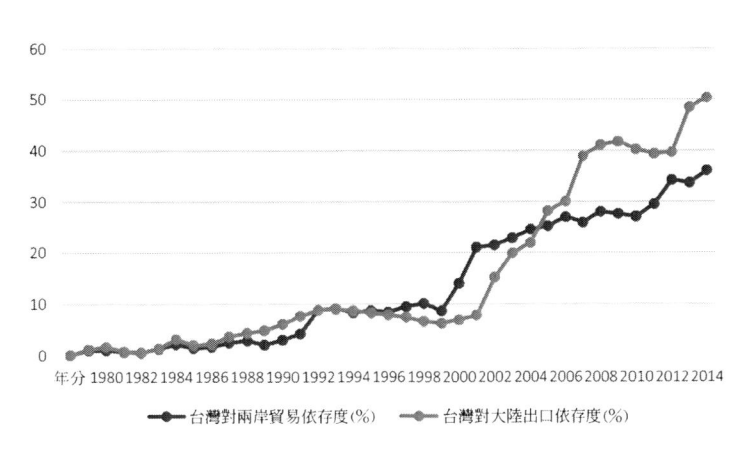

圖4-3 1979–2015年台灣對大陸的貿易和出口依賴度

資料來源:根據兩岸海關公佈資料整理繪製。

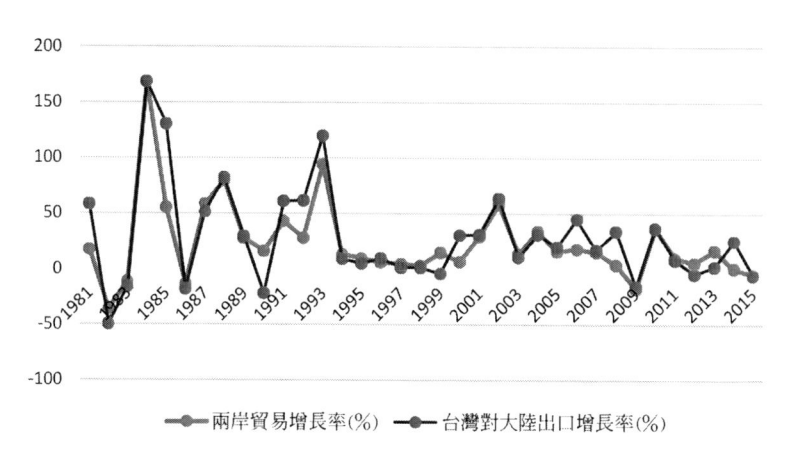

圖4-4 兩岸貿易及台灣對大陸出口年增長率

資料來源：根據國台辦公佈大陸海關資料繪製。

從大陸的角度看，兩岸貿易規模與大陸的其他貿易關係相比已經處於相對較高的水準。雖然台灣市場佔大陸出口市場的比重長期僅維持在2%左右，但兩岸貿易規模已經達到近2000億美元，約相當於中俄貿易額的2倍、中韓貿易額的70%、中日貿易額的50%、中美貿易額的35%。2014年台灣的經濟規模只相當於俄國的28.8%、韓國的30.6%、日本的11.5%、美國的3%，根據國際貿易理論中的引力模型，雙方的經濟規模越大、地理距離越近相應的貿易規模也會越大，就台灣經濟規模而言，兩岸貿易規模相對水準已經不低。

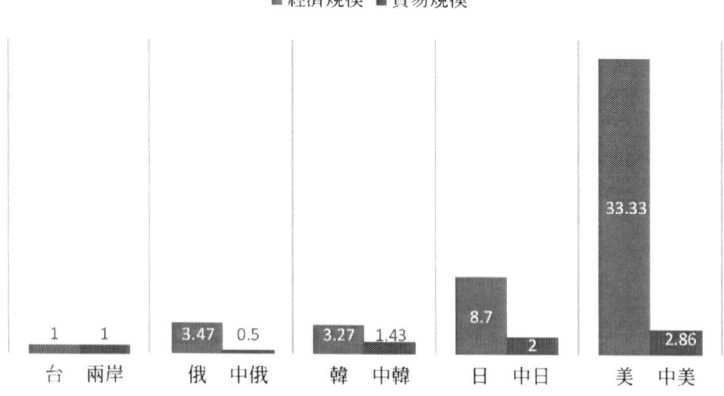

圖4-5 貿易規模與經濟規模的比較

資料來源：根據兩岸及各國官方公佈資料整理繪製。

二是台灣到大陸投資規模總體水準較高，但增速下滑明顯。自1991年台商赴大陸

170

投資台灣「合法化」以來，台資在大陸實際到資額基本穩定在 20 億美元—40 億美元之間，增長率波動區間大體穩定在正負 40% 以內。台灣對大陸投資（自 1983 年起）佔其全部境外投資（自 1952 年起）的比重，累計是 62%，2014 年當年是 57.4%，顯示台商對大陸投資的最高峰時期已過。與香港對內地投資約佔其對外總投資的 40%、新加坡對中國大陸投資約佔 30%、韓國對中國大陸投資約佔 20% 的情況相比，台灣在大陸的投資比重算是已經相對較高的。台商赴大陸投資的年均增長率衰退嚴重（圖 4–6），1991 年至 2000 年為 41%，2001 年至 2010 年為 5%，2011 年至 2015 年為 -7%。據台灣投審會統計，2016 年台商赴大陸投資 324 項，增長 -24.4% 金額 96.7 億美元，增長 -11.8%；截至 2016 年 12 月底，累計台商赴大陸投資 42009 件，投資金額 1645.9 億美元。按大陸統計，2016 年大陸吸引台資 3517 項，增長 18.7%；實際金額 19.6 億美元，增長 27.7%；按投資者註冊地統計，截至 2016 年 12 月底，大陸累計批准台資專案 98815 個，累計吸收台灣直接投資 646.5 億美元；按實際使用外資統計，台灣在大陸累計吸收境外投資中佔 3.7%。

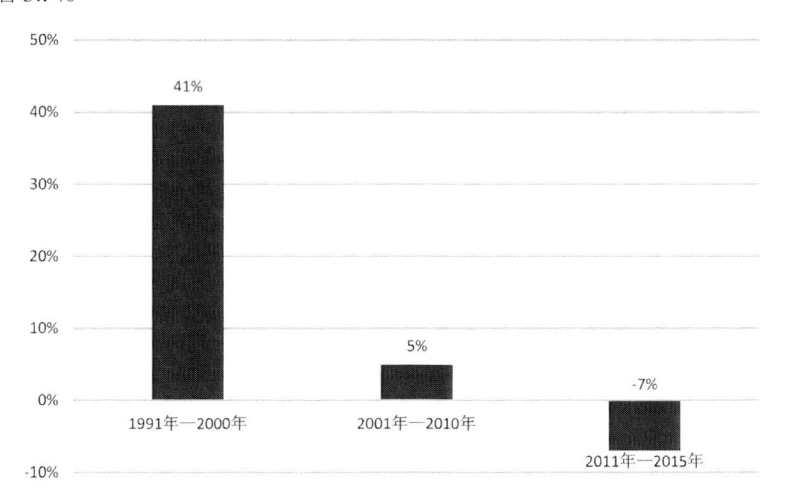

圖4-6 1991-2015年台商赴大陸投資年均增長率分階段比較圖

資料來源：大陸海關資料。

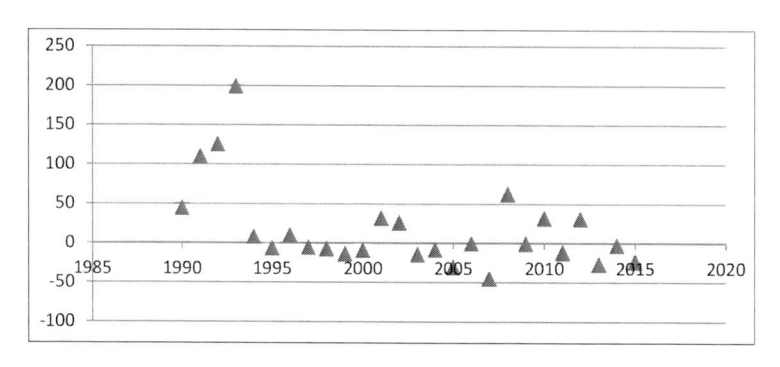

图4-7 1990-2015年台商赴大陆投资增长率
资料来源：根据商务部公佈资料整理绘製。

三是两岸金融往来的制度化框架已经基本建立，但两岸金融交流与合作的水準较为落後，且有停顿之虞。30年前的1986年，台湾政府还没有开放台湾民众赴大陆探亲，不允许台湾民众与大陆进行贸易投资往来，两岸金融往来更是完全禁止，两岸间不能匯款，不能货币兑换，不能投融资。当前两岸金融往来的形势已经发生巨大变化，主要体现在以下四方面：

1. 两岸货币兑换与清算获得制度化安排。1988年中国银行厦门分行、福州分行与马江支行开始开办新台币兑入业务，对新台币的匯率主要是银行内部按美元标準折算。对於新台币的兑换业务，则直到2004年1月1日开始中国国家外匯管理局才批准中国银行指定分支机构在福州、泉州、漳州、莆田、厦门等福建沿海5地市在一定範围内办理。由於不对外掛牌，不公开宣传，兑换价格内部釐定，利率不浮动，此项试点业务远远不能满足两岸投资贸易的匯兑需求。2005年，福建省公佈实施《福建省对台湾地区旅遊外匯管理暂行办法》，并经中国人民银行批准，同意福建省旅行社在与台湾地区旅行社之间开展业务往来中，可以自行兑换货币与进行人民币结算等业务。[168]而在台湾，台湾政府1991年虽然承认人民币为有价证券，确立了人民币的合法性，但规定不能在台湾内部流通，也不能作为支付手段，更不能自由兑换。2008年台湾政府开放人民币的兑换业务。2012年两岸货币清算的基本框架得以建立。台湾选定了台湾银行上海分行为台湾在大陆地区的货币清算行，大陆则选定中国银行台北分行为大陆在台湾的人民币清算行。2013年大陆新台币的双向兑换和银联卡在台湾的使用範围也进一步扩展，为两岸同胞货币兑换和大陆居民在台湾消费提供了更多的便利。[169]

2. 两岸金融机构互设分支机构和开展业务。不同经济体之间的匯兑、融资、结算、投资都涉及金融机构的互设问题。两岸金融往来初期双方都未向对方开放金融机构的设

[168] 朱磊：《台湾产业与金融研究》，九州出版社，2012年，第325—333页。
[169] 朱磊：《两岸金融合作新进展与前瞻》，《台湾研究》，2013年第3期，第19—23页。

立。2001 年為應對兩岸先後加入世貿組織（WTO），兩岸均通過開放台灣金融機構在大陸設立代表處並開辦相關業務的政策，但此後相當長時期內沒有實質性進展。2010 年 3 月 16 日和 2011 年 8 月 31 日台灣政府兩次訂定「台灣地區與大陸地區金融業務往來及投資許可管理辦法」修正草案，放寬台資銀行進入大陸市場的主體、經營形態和金融業務範圍。截至 2013 年 8 月，大陸批准了台灣銀行機構在大陸 11 家設分行、1 家設子行，同時大陸也有 4 家銀行獲准在台灣設代表處，其中 3 家設立了分行。此後少有進展。台灣政府長期以來對大陸金融機構進入台灣態度謹慎，只批准了大陸地區的中國銀行、交通銀行、建設銀行設立台北分行，後來批准深圳招商銀行設立台北辦事處，但對符合條件且已獲中國人民銀行批准的浦東發展銀行、工商銀行香港子公司（工行亞銀）、福建興業銀行等 3 家銀行提出赴台設立辦事處的申請一直未批准。[170] 2005 年 2 月，經修正的《兩岸證券期貨業務往來許可辦法及證券商管理規則》生效，意味著台灣券商赴大陸投資名正言順。2013 年 6 月簽署的《海峽兩岸服務貿易協定》（尚未生效）對開放兩岸特別是台資證券公司有較大放寬。大陸迄今批准 15 家台資證券公司在大陸設立 25 個辦事處，3 家兩岸合資的基金管理公司。台資及外資保險公司進入大陸受到 2002 年 2 月 1 日生效的《中華人民共和國外資保險公司管理條例》的規範。大陸迄今批准 11 家保險公司在大陸設立了 15 家辦事處、1 家台灣保險經紀人公司與 4 家保險合資公司。

3. 兩岸金融市場不同程度地向對方開放。投資大陸的台商主要有債權融資和股權融資兩大類融資管道，對應大陸相繼開放的間接金融市場和直接金融市場。為協助大陸台商解決融資難問題，大陸方面早在 20 世紀 90 年代初，就曾安排台資企業固定資產專項配套資金，為台資企業解決 30 多億元人民幣的資金需求。2005 年、2006 年，大陸的國家開發銀行、中國農業銀行、華夏銀行紛紛為台商提供專項融資額度。2009 年大陸的中國工商銀行、中國銀行、國家開發銀行等大型銀行聯合提供給台商 1300 億元的新增貸款，以協助中小企業渡過金融危機。《兩岸經濟合作框架協議》（ECFA）簽署後台資銀行在大陸也逐步可以進行人民幣貸款。海峽兩岸的資本市場相互開放也是一個漸進的過程。大陸資本市場向台灣企業及投資者開放經歷了兩個階段，第一階段從 1990 年到 2003 年，是台灣企業上市大陸 B 股階段。2003 年浙江國祥製冷股份有限公司在上海證券交易所正式掛牌上市，成為首家在大陸 A 股上市的台資企業。2013 年大陸開放在大陸生活、工作的台胞個人投資 A 股。台灣證券交易所於 1962 年正式開業，2006 年基本實現對外資投資台灣證券的全面開放。然而長期以來，台灣當局一直以安全為由嚴防大陸資金，包括進入台灣資本市場。不但嚴格禁止大陸資金直接投資台灣股市，只允許含極小比例大陸資金的海外公司赴台投資，且要求 QFII 須提交不含大陸資金聲明，還以各種規定嚴格限制台灣基金對大陸與港澳股市的投資規模。2008 年以來，台灣政府一

---

[170] 陳德銘：《中國金融開放與兩岸金融合作》，2013-12-03，中國服務外包研究中心網站，http://coi.mofcom.gov.cn/article/zt_zgjrwbfh/lanmuone/201312/20131200410736.shtml

定程度開放台灣資本市場，鬆綁兩岸資金往來，不過迄今為止成果仍然非常有限。現行規定下，陸資企業還是無法直接赴台第一上市，只有不在大陸註冊的陸資企業才有可能赴台第二上市。目前台當局共核定了19家證券市場，在這些市場中，上市滿6個月的企業可申請赴台第二上市（櫃），發行台灣存托憑證（TDR）。

　　4. 兩岸金融監管合作機制建立並加強。兩岸於2009年4月簽署並於6月生效了《海峽兩岸金融合作協定》，2009年11月兩岸簽署了《海峽兩岸銀行業監督管理合作諒解備忘錄》、《海峽兩岸證券及期貨監督管理合作諒解備忘錄》和《海峽兩岸保險業監督管理合作諒解備忘錄》，代表著兩岸金融監管機構將據此建立監管合作機制。2012年8月，兩岸貨幣管理機構簽署了《海峽兩岸貨幣清算合作備忘錄》。兩岸金融監管合作機制、貨幣清算機制得以建立健全。大陸銀監會與台灣「金管會」迄今共進行五次會議，大陸證監會與台灣「金管會」共舉行三次會議，高層互訪與磋商機制的進行使兩岸金融監管合作的日常工作的聯繫不斷加強。

　　《兩岸經濟合作框架協議》（ECFA）的後續協定商談因台灣政治因素阻撓而中斷，助推兩岸金融進一步開放的《海峽兩岸服務貿易協定》雖然簽署卻因台灣立法院不予透過而遲遲無法生效，兩岸單方面金融開放效果有限，目前兩岸金融合作進展陷入2009年以來的最大困境。

　　此外，兩岸經濟關係制度化建設與台灣參與區域經濟整合困難凸顯。雖然胡錦濤在紀念《告台灣同胞書》發表30周年座談會上的講話中提到「建立更加緊密的兩岸經濟合作機制進程……有利於探討兩岸經濟共同發展同亞太區域經濟合作機制相銜接的可行途徑」，馬英九也希望透過「先兩岸、後國際」的經濟整合路徑參與全球產業分工，但兩岸在「可行途徑」的具體方案上一直沒有明確共識。本來兩岸經濟關係制度化建設取得階段性成果後可以為台灣參與區域經濟整合提供極為有利的條件，但《兩岸經濟合作框架協定》（ECFA）的後續協定中，《兩岸服務貿易協定》在台灣擱淺影響到兩岸經濟關係制度化的建設，台灣如何參與《跨太平洋夥伴協議》（TPP）、《區域全面經濟夥伴協定》（RCEP）等區域經濟整合議題也難以解決。

　　兩岸政治關係與經濟關係瓶頸期的出現，是台灣問題的本質、兩岸綜合實力的變化、當前國際政治經濟格局的演變等因素共同作用下的必然結果。產生兩岸政治關係瓶頸期的原因主要有：

　　一是兩岸在國家政治權力分配問題上存在目標分歧。台灣問題的本質是關係台灣政治走向的國家統一問題。國家和平統一最終不可避免要面對國家政治權力的分配問題。國家有不斷演化的內在規律，國家政治權力的變化是重要推動力。[171] 國家統一的本

---

[171] [美] 大衛·波普諾（David. Popenoe）：《社會學》（第十一版），李強等譯，中國人民大學出版社，2013年，第524—528頁。

質，是保持國家最高權力的唯一性。兩岸關係的當前狀況是既未統一也未分裂的分離狀態。由分離走向統一，權力問題的解決是國家統一模式能否為各方尤其是具有分裂傾向一方所接受的關鍵[172]，這個瓶頸無法迴避。當前的政治現實是：中華人民共和國政府是代表全中國的唯一合法政府，為國際社會普遍承認，即中國對外最高權力是唯一的；但台、澎、金、馬地區與大陸地區分別由台灣政府與中華人民共和國政府管轄，因此中國對內最高權力不是唯一的。大陸的最終政治目標是在一中框架內與台灣方面進行平等協商，對如何實現全中國對內最高權力唯一化作出合情合理安排。台灣的政治目標則是要求大陸正視中華民國的存在，確保其對內最高權力的同時，盡力爭取突顯台灣的國際存在，客觀上挑戰中國對外最高權力的唯一性。在這點上，國、民兩黨的共同點是都不肯放棄和協商台灣政府在台灣的各項對內最高權力，且希望爭取擁有對外最高權力，爭取國際認同；不同點是以何種名義爭取、以及是否要涵括中國大陸。

二是台灣兩個主要政黨在適應和引導主流民意問題上存在差異。一般認為國民黨在經濟和兩岸議題上更有經驗和優勢，但不可否認的是，民進黨近年來在台灣的勢力壯大，除了國民黨執政績效的因素外，一定程度上與其更善於迎合和誘導台灣新時期主流民意有關。在台灣實現經濟起飛之後，與繼續追求財富增加相比，台灣民眾更加關心改善人與自然的關係、人與人的關係、人與自我的關係，並由此產生環保、民主、尊嚴的要求，民進黨於是提出「反核四」「反黑箱」「反一中」等訴求，具有迷惑性地迎合了台灣主流民意，可以拉選票。

三是推動兩岸談判國家政治權力分配的民意條件正處在關鍵發展階段。台灣自1987年開放「黨禁」以來基本形成國民黨與民進黨兩黨競爭、藍綠兩大陣營對抗的政治格局和選舉體制，在這種體制下台灣主流民意對台灣主要政黨的政策主張影響極大。台灣主流民意的統「獨」態度變化其實是兩岸綜合實力的函數，其發展軌跡理論上大體有三個階段：先是兩岸綜合實力差距不大，甚至台灣在不少方面較為先進，台灣民意統大於「獨」；其後大陸綜合實力明顯超過台灣，台灣統一大陸毫無可能、但又不甘心被大陸統一，台灣民意出現獨大於統；最後大陸綜合實力遠遠領先台灣，甚至超越支持台灣的國際勢力，在多數領域都比台灣更為先進，台灣民意將再次出現統大於「獨」的情況。當前兩岸現狀處於第二階段，國際政治格局短期內不會有大的變化，台灣尚沒有足夠民意支持和推動台灣執政黨與大陸進行政治談判。

兩岸經濟關係出現瓶頸期更多的是經濟因素所致，當然也有政治和社會因素的影響：

一是需求面挑戰。首先是國際經濟格局轉變，佔兩岸貿易50%左右的台商「三角貿易」在2008年以後因國際金融危機造成的美歐市場萎縮受衝擊嚴重。其次是大陸經

---

[172] 李義虎等：《「一國兩制」台灣模式》，人民出版社，2015年，第222頁。

濟轉型，傳統台企低成本經營模式與產品結構受到衝擊，實體店又受到電子商務的排擠，台商在產品需求導向、品牌通路方面困難較多。最後是兩岸產業分工變動，大陸產業鏈日益完整且生產能力不斷擴充，兩岸產業分工日益由原來的垂直分工轉向水準分工，甚至倒垂直分工，擠掉了一部分原來台灣製造業的產品需求。

二是供給面挑戰。兩岸經濟均處於結構轉型、增長減速的背景下，兩岸之間經貿增速會受到限制。中國大陸進入了經濟增長速度放緩的「新常態」直接影響到兩岸經濟關係的發展速度。2008年國際金融危機使世界各主要經濟體均受到不同程度的波及，中國大陸經濟增長率也開始掉頭向下，2015年中國大陸經濟增速甚至罕見地開始掉到7%以下，創了1991年以來20多年的新低。大陸經濟增速自2008年開始明顯放緩，不僅僅是外部受到國際金融危機衝擊，更重要的是內部經濟發展開始進入新階段。經過改革開放以來40年的經濟高速增長，中國已經成功步入中等收入國家行列，經濟總量位居世界第二。在工業化過程中，當一個經濟體達到中等收入水準之後經濟增速都有一個回落階段，這是一個普遍規律。隨著人口紅利衰減和消失、「中等收入陷阱」風險累積等一系列內在消極因素的增長，中國也開始進入經濟起飛階段後的減速階段。這種中國經濟發展階段性因素與國際金融危機時代背景的疊加促使中國經濟進入「新常態」。「新常態」有4大特點：1.增長速度從高速轉向中高速，2.發展方式從規模速度型轉向品質效益型，3.經濟結構調整從增量擴能為主轉向調整存量、做優增量並舉，4.發展動力從主要依靠資源和低成本勞動力等要素投入轉向創新驅動。進入「新常態」階段，兩岸經濟交往會受到明顯影響。

台灣自2011年起人均GDP進入2萬美元時代，根據同為海島型經濟的日本和美國的發展經驗，進入2萬美元時代後，日本年均經濟增長率為1.6%；英國為2.2%，台灣如無特殊情況，年均經濟增長率也不會很高。另一方面，台灣經濟發展的內部供給因素存在很大限制。包括：1.制度層面台灣社會缺乏推動經濟發展的主導力量。台灣社會多元化特點的重要後果就是缺乏凝聚社會共識推動經濟發展的力量，台灣任何政黨執政都會受到在野黨的強烈掣肘，難以真正貫徹落實改革方案和理念。2.政策層面台灣政府自我限制。對大陸企業的高度防範與限制破壞了市場自動平衡功能，資金出多進少妨礙經濟發展。3.產業層面台灣產業結構轉型緩慢，資源配置不合理，人才供需不協調，每年畢業生數量不少卻難以滿足企業實際需求。4.人口層面台灣人口結構老化日益明顯，少子化傾向名列世界前茅，長期人才供給短缺。5.資金層面台灣投資報酬率偏低導致資金外流嚴重，台灣投資減少。

三是政策面挑戰。台灣政府對兩岸經貿的政策限制較之台灣與其他經濟體的政策限制明顯更嚴格，阻礙兩岸經濟交流的雙向往來。貿易方面，台灣對大陸以外的國家或地區允許自由進口貨物佔進口總貨物項目數的99.2%，但允許大陸自由進口貨物只佔進口

總貨物項目數的 77.8%。投資方面，台灣對大陸以外的國家或地區資金的開放投資專案比例達 96%，而對大陸資金的開放投資項目平均比例為 66%；台灣對僑外資投資採負面表列，禁止或限制投資的領域不超過 40 項，而對陸資仍採正面表列，禁止或限制投資的領域約 200 項。

此外，台灣經濟自身特點對兩岸經濟的衝擊也非常明顯。

台灣經濟增長率總體已進入低增長階段，但近年來經濟表現尤其低迷。從蔣經國、李登輝、陳水扁、馬英九執政時期的經濟表現看，1978—1988 年台灣經濟年均增長率 8.9%，1989—2000 年台灣經濟年均增長率 6.4%，2001—2008 年台灣經濟年均增長率 4.2%，2009—2016 年台灣經濟年均增長率 2.9%。[173] 人均 GDP 進入 2 萬美元時代後年均經濟增長率會明顯降低，同為海島型經濟，日本為 1.6%，英國為 2.2%，台灣自 2011 年達到人均生產總值 2 萬美元之後年均增長率降到 3% 以下也屬正常，低增長率會成為台灣經濟未來的「新常態」。不過，蔡英文上台後的 2016 年的 1.26% 經濟增長水準即使在台灣的低增長階段也是偏低的。這當然也會影響到兩岸經貿往來。

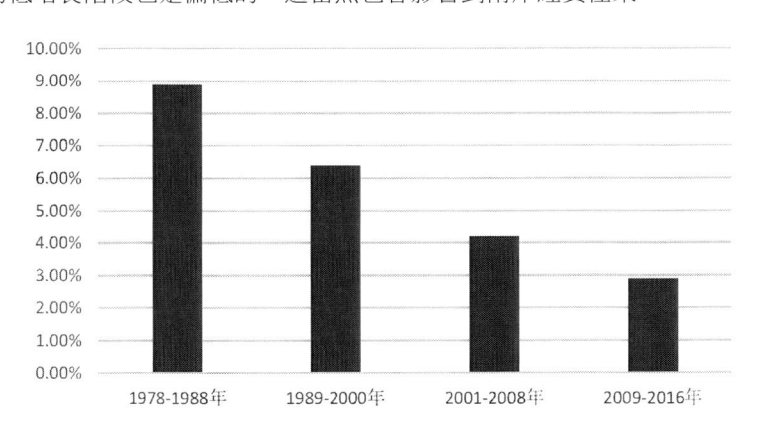

圖4-8 近38年台灣經濟分階段年均增長率水準

資料來源：1978—2001 年資料取自 Taiwanstatisticaldatabook, 2002 年以後資料取自《中華民國統計月報》及「主計總處」公佈資料。

橫向比較同樣是在亞洲四小龍中墊底的。在世界經濟景氣波動週期中，台灣在景氣回升階段往往不是四小龍中最高的，但在景氣蕭條階段往往是最低的。2015 年的經濟增長率就是以 0.8% 排在末位。根據美國經濟諮詢公司環球透視（global insight）發佈的資料，2016 年韓、新、港、台的經濟增長率分別為 2.64%、1.87%、1.47% 和 1.22%，台灣可能仍是增長最慢的。

---

[173] 根據台灣「主計總處」公佈資料計算。

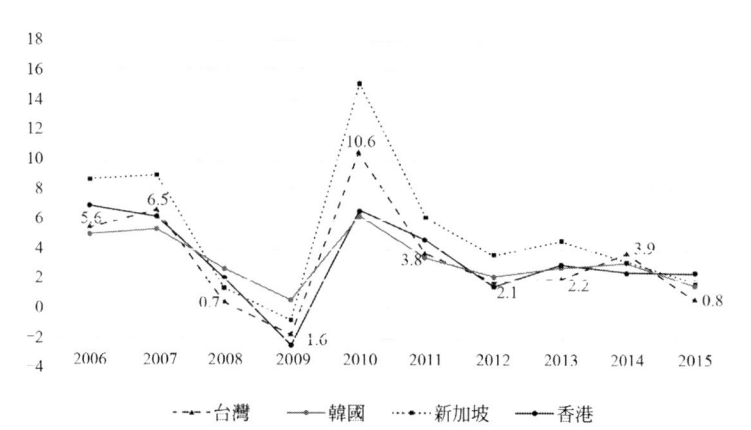

圖4-9 近十年亞洲四小龍經濟增長率（2006–2015年）

資料來源：台灣「經濟部統計處」網站，http://dmz21.moea.gov.tw

　　低增長的主要原因在於台灣出口競爭力下降。2016年台灣經濟增長動力主要來自台灣需求，貢獻約1.33個百分點，淨輸出對經濟增長的貢獻呈現負值，為–0.3%。台灣是高度依賴外需的海島型經濟，外貿依賴度高達120%，外需不振會直接拉低經濟增長。根據美國經濟諮詢公司環球透視（global insight）2016年10月中旬發佈的資料，2016年全球經濟增長2.4%，為2008年國際金融危機後的新低。除世界經濟景氣低迷的影響外，台灣出口競爭力下降是主要原因。

　　衡量出口競爭力的一個重要指標是出口商品中的附加值含量，附加值越高競爭力越強。台灣近10年的出口商品附加值含量在不斷下降。根據2015年10月OECD/WTO公佈的全球附加值貿易資料庫資料，台灣出口總值雖逐年成長，但實際從出口中賺取到的附加值卻是逐年遞減。台灣附加值出口佔整體出口總值比重自1995年的69%逐年衰退至2011年的56%。[174]

　　台灣出口競爭力下降的一個重要原因在於台灣沒有順應國際潮流積極參與區域經濟整合，特別是沒有積極主動利用和融入中國大陸市場，由此導致和表現為出口、投資、消費疲弱造成的經濟增長動能不足。在區域經濟合作風起雲湧的時代潮流下，中國大陸已與20多個國家和地區簽署了自貿協定，台灣沒有參與其中，與香港、韓國、新加坡自由貿易協定覆蓋率分別超過50%、70%和80%相比，台灣不到10%，這就意味著當競爭對手的產品在大部分市場上進行零關稅出口時，台灣產品特別是中間產品卻要負擔高於競爭對手的高關稅，致使台灣產品在全球市場中處於不利的競爭地位。在中國大陸市場上，亞洲四小龍中的其他三個經濟體都與大陸簽署了自由貿易協定，只有台灣與大

---

[174] OECD.（2015）. Ti VA 2015 indicators-definitions. Version 2, Oct. 2015. https://www.oecd.org/sti/.../tiva/TIVA_2015_Indicators_Definitions.pdf

陸的 ECFA 協商半途而廢。台商為擺脫這種不利的競爭條件被迫轉移投資，台灣投資因而不足，進而造成台灣失業人口上升、未失業人口薪資停滯，台灣消費因而漸弱，於是出口、投資、消費三駕馬車都喪失了動力，台灣經濟發展動能因此不足。可以運用多種指標證明以上判斷，例如，代表產業貿易比較優勢的出口競爭力指標「顯示性比較優勢（Revealed Comparative Advantage, RCA）」即可比較分析兩岸出口產業競爭力變化的特點：近年來台灣出口附加值多集中在最終產品，而大陸出口附加值則多集中在中間產品，[175] 由此可見兩岸因參與區域經濟整合程度不同對兩岸投資環境及出口和消費動力的影響。

提升台灣出口競爭力的有效途徑是透過積極參與區域經濟整合改善台灣的投資環境，理想路線是先完成兩岸經濟整合，再共同參與區域經濟整合。遺憾的是兩岸經濟整合過程因新上台的民進黨政府破壞了兩岸制度化協商的政治基礎而被迫中斷。兩岸已經先後簽署了《海峽兩岸經濟合作框架協議》（ECFA）及《海峽兩岸投資保護和促進協議》、《海峽兩岸海關合作協定》和《海峽兩岸服務貿易協定》，還有《海峽兩岸貨物貿易協定》、《海峽兩岸爭端解決協議》兩項後續協議沒有完成。沒有完成簽署和雖已簽署但未生效的各項協定原本將對兩岸經濟關係發展及台灣經濟增長有重要的正面影響，由於民進黨政府拒絕承認「九二共識」導致兩岸兩會商談的中止和多項協議的停擺，台灣經濟受到較大影響。

以《兩岸貨貿協議》為例，目前已經完成第 12 輪談判和大部分條文協商但尚未完成簽署，簽署生效後台灣將有 6700 多項出口大陸產品由目前平均高達 8.9% 的關稅稅率降為零關稅，並且享有通關便捷的優惠，對於提升台灣出口大陸產品的競爭力將有極大的幫助。現在這些產品在大陸市場面對東南亞國家與韓國產品的激烈競爭，處境非常不利。大陸與東盟的 FTA 已於 2010 年生效，2015 年雙方完成了 FTA 的升級協定書，現有的中國—東盟自貿區零關稅已經覆蓋了雙方 90%—95% 稅目的產品，其餘少量產品僅徵收平均 0.1% 的關稅，所有產品並享有通關便捷化措施。中韓 FTA 自 2015 年底正式生效後，90% 產品零關稅，韓國在中國大陸的進口市場佔有率迅速上升到 11.3%，創造了新的歷史紀錄。更早的還有 2009 年 1 月 1 日開始生效的中國與新加坡的 FTA，新加坡產品進入大陸市場 2010 年 1 月 1 日前實現了 97.1% 的零關稅。2003 年內地與香港正式簽署 CEPA，兩地實現貨物貿易零關稅。台灣產品在其最大的出口市場上正面臨前所未有的競爭壓力。

蔡英文政府針對台灣經濟困境開出的政策藥方有兩大主軸：「多元」和「創新」。「多元」就是要分散市場，降低對大陸的市場依賴，「積極參與多邊及雙邊經濟合作及自

---

[175] 吳再益、李俊杉：《兩岸關係發展的新形勢與新挑戰：兩岸經貿演變與合作空間》，2016 年第三屆兩岸智庫學術論壇論文。

由貿易談判，包括 TPP、RCEP 等，並且，推動新南向政策，提升對外經濟的格局及多元性，告別以往過於依賴單一市場的現象。」「創新」就是要「優先推動五大創新研發計畫，藉著這些產業來重新塑造台灣的全球競爭力。」[176]「新南向政策」不符合市場規律，無法替代兩岸經濟整合。因為東南亞在市場規模、投資環境、勞工素質、文化制度、地理距離等方面都不具有中國大陸的優勢。「五大創新研發計畫」也同樣離不開兩岸經濟合作。放棄利用大陸的市場、資金和人才肯定不利於台灣企業的研發創新和轉型升級，並且意味著失去兩岸經貿為台灣提供的每年數百億美元的巨額貿易順差和大量投資及就業機會。

二、社會融合

（一）社會融合與兩岸社會融合的內涵

社會融合（Social Cohesion/Social Inclusion））也被稱為「社會整合」或「社會一體化」（Social Integration），與「社會分裂」（Social Disruption）、「社會解體」（Social Disorganization）、「社會排斥」（Social Exclusion）相對應，是指社會不同的人群結合為一個統一、協調整體的過程及結果。社會融合與社會分裂是互逆的過程，前者是凝聚的過程，後者是分散的過程。

國外研究對「社會融合」的理解主要有「同化論」和「多元論」兩種流派，前者主張透過增強社會同質性培養凝聚力，後者主張透過異質性並存實現降低和消除社會對立。美國社會學家佩里（C.A.Perry, 1929）提出社會融合是

相互同化和文化認同的過程，認為社會融合是一個涉及宏觀國家、中觀城市和微觀個體三個層面的多維度的、動態的和結構性的過程。戈登（Cordon, 1964）提出從 7 個方面來測量族群的社會融合程度：文化接觸、結構性同化、通婚、族群認同、偏見、歧視、價值和權力衝突。1998 年度諾貝爾經濟學獎得主阿馬蒂亞‧庫馬爾‧森（Amartya Kumar Sen, 1992）認為，融合社會（inclusive society）是指這樣一個社會：社會成員積極而充滿意義地參與，享受平等，共享社會經驗並獲得基本的社會福利。歐盟（2003）對社會融合的定義是：社會融合是這樣的一個過程，它確保具有風險和社會排斥的群體能夠獲得必要的機會和資源，透過這些資源和機會，他們能夠全面參與經濟、社會、文化生活和享受正常的生活，以及在他們居住的社會認為應該享受的正常社會福利。卡梅倫‧克勞福德（Cameron Crawford, 2013）認為，社會融合至少包含兩層意思：一是在社區中能在社會、政治、經濟、文化生活層面上平等地受到重視和關懷；二是在家庭、朋友和社區擁有互相信任、欣賞和尊敬的人際關係。[177]

---

[176] 蔡英文 520 就職演說，http://www.CRNTT.com2016-05-20。
[177] Crawford, C.（2013）. Looking Into Poverty： Income Sources of Poor People with Disabilities in Canada.

大陸研究方面，任遠、鄔民樂（2006）認為社會融合（socialin clusion）是個體和個體之間、不同群體之間或不同文化之間互相配合、互相適應的過程。周皓（2012）認為社會融合是外來人群與當地人群構建良性互動交往、最終形成相互滲透、交融、互惠、互補、相互認可的狀態。嘎日達、黃匡時（2009）提出：（1）融入不是一個靜態的事情，它是一個對現狀一直進行挑戰的動態過程；（2）社會融合既是目的，同時也是手段；（3）沒有人可以透過強制力量達到社會融合，社會融合不僅是制度性的，同時也是主觀性的融入；（4）社會融合是多維度的，包括經濟融合、政治融合、社會融合、制度融合、文化融合以及心理融合；（5）社會融合是多層面的，既有全國範圍的社會融合和城市範圍的社會融合，又有跨國家的區域社會融合，既有宏觀層面的社會融合和中觀層面的社會融合，也有微觀層面的社會融合。[178]

綜合以上國內外學界對社會融合的理解，本文從研究物件與目標出發，將社會融合的內涵定位在一國民眾的不同群體之間透過多方面的互動、理解與認同，實現經濟、政治、生活和文化四個領域的平等與基本認同，消除因政治歷史等因素造成的相互之間的隔閡與不適應。具體而言，社會融合的互動領域涵蓋經濟、政治、生活和文化四個方面，透過逐步實現各方面的無差異化，推動實現四個依次遞進、又交叉互動的融合狀態：經濟平等、政治公正、生活交融和文化認同。經濟平等是社會融合的基礎，包括貿易、投資、金融、產業、旅遊、園區、稅費等經濟領域的內容，不同群體之間實現平等的勞動就業機會、經濟行為機會和獲得均等公共服務的機會，且相互之間具有緊密的經濟聯繫，共同利益大於利益競爭與衝突。政治公正是解決不同群體之間長時期政治疏離的必然過程和內容，包括身份、權利、選舉、社團、待遇、歧視等政治領域的內容。生活交融反映的是社會融合的廣度和深度，主要是指醫療、保險、飲食、求學、購物、交通、住房、求職等生活領域的內容，融合的代表是不同群體之間相互適應對方的生活環境和生活方式。文化認同屬於精神層面，是社會融合的最高形式。包括習俗、教育、生活方式、文學藝術、宗教、行為規範、價值觀念等內容，文化認同不僅意味著不同群體之間互相尊重對方的風俗習慣和文化理念，走出差異性對抗，而且一致和認同的精神內容不斷增多，最終實現心理認同及身份認同。

關於兩岸社會融合，大陸學者更重視「一體化」的研究，台灣學者則更重視「多元化」的研究。陳先才、劉國深（2010）將兩岸社會融合視為兩岸社會一體化的目標。「兩岸社會一體化實質就是海峽兩岸在諸領域的社會整合，以最終推動兩岸社會的全面融合。」他們認為兩岸社會融合的內容包括兩岸民眾在生產、就業、求學、教育、市場、消費、居住、婚姻、醫療、養老、娛樂、社會管理、公共服務等諸多領域的全面

Toronto：Institute for Research and Development on Inclusion and Society（IRIS）.
[178] 嘎日達、黃匡時：《西方社會融合概念探析及其啟發》，《國外社會科學》，2009年第2期。

整合。[179]

陳先才（2014）提出兩岸民間社會融合在性質上就是兩岸民眾在頻繁往來過程中的認同感和歸屬感化二為一的過程。從此種角度講，兩岸民間社會的融合問題其實就是要解決兩岸民眾的認同問題。[180] 這種看法代表了大陸學者的普遍觀點，即將兩岸社會融合的目標與表現歸結為認同問題。兩岸社會融合發展，就是更強調交流合作的目的，要緊緊圍繞增進同胞親情和福祉，拉近同胞心靈距離，增強對兩岸命運體的共同認知，也就是把握住兩岸同胞要以心相交，增進民族認同、文化認同、國家認同，以實現同胞心靈契合為導向。[181] 有學者就此提出，「文化認同總是與民族認同連繫在一起，而政治認同則更多地與國家認同如影隨形。文化認同側重的是民族成員不可退出的族屬命運，而政治認同則凸顯了社會成員選擇、判斷和評估的主觀價值意旨。近代以降，政治認同的現實式微逐漸演變為普遍的社會現象。」（詹小美、王仕民，2013）[182] 兩岸社會融合當然既要促進兩岸文化認同，也要促進兩岸政治認同。當然，「不論是認同主體對國家的選擇，還是國家對認同主體的接納，都不再完全局限於特定的族群、文化、宗教、制度所形成的規定性，它們之間是相互開放的系統。」（林尚立，2013）[183]

台灣學者對兩岸社會融合的研究更側重「多元化」的方向。對於多元文化現象，台灣社會是隨著80年代台灣少數民族運動與客家運動的發展而逐漸重視起來。在80年代後期的民主化過程中，多元族群文化紛紛得到宣揚與發展，最終形成以「四大族群」為主、「兩性平等關係」為輔、掺雜「鄉土文化」「母語」懷舊的多元文化（張茂桂，2002；劉美慧，2011）。[184] 正是在多元文化競相表達的過程中，為了整合與聯繫不同的文化差異，「多元文化台灣」逐漸成為台灣社會廣泛的認同方式（葉玉賢，2012）。2004年台灣政府提出《族群多元、「國家」一體決議文》，明確提出：摒棄同化融合政策，主張尊重差異、共存共榮的多元文化政策。同年台灣教育部制定「發展新移民文化計畫」，一方面協助大陸配偶與外籍配偶融入台灣社會，另一方面促使民眾接納不同文化，共同建構「包容融合的多元文化社會」（劉美慧，2011）。台灣部分研究指出，台灣政治面向的國家認同因素影響，或許大於兩岸社會接觸的效果（陳志柔、於德林，2005）。不管兩岸民眾接觸程度如何，民眾原先的政治態度和統「獨」思想，才是決定其對待大陸兩岸政策與交流的態度的關鍵。事實上，台灣政治動員和政治競爭的影響，高於族群的社會接觸（王甫昌，2002）。相互交流可能改善兩岸民眾互相的觀感，但也

---

[179] 陳先才、劉國深：《兩岸社會一體化的理論架構與實現路徑》，《台灣研究集刊》，2010年第6期。
[180] 陳先才：《兩岸特色民間社會融合問題研究》，《台灣研究集刊》，2014年第4期。
[181] 吳為：《深化兩岸社會融合發展的重要性及新態勢》，《海峽縱橫》，2016年第6期。
[182] 詹小美、王仕民：《文化認同視域下的政治認同》，《中國社會科學》，2013年第9期。
[183] 林尚立：《現代國家認同建構的政治邏輯》，《中國社會科學》，2013年第8期。
[184] 薛天棟等：《台灣的未來》，台北：華泰文化出版社，2002年，第223—273頁。

可能加深原先的偏見，既定的統「獨」思想是關鍵因素之一，交流與社會融合與政治認同沒有必然關係。此外，族群態度評估也是影響兩岸文化交流的重要因素，兩岸文化交流推動者，必須考慮台灣民眾對於大[185]綜合兩岸學界對兩岸社會融合問題的研究可以發現，兩岸對社會融合的理解存在分歧，對兩岸社會融合的目標也自然不同。大陸學界強調認同在兩岸社會一體化中的核心作用，而台灣普遍崇尚建立多元社會，學界也不認為兩岸社會接觸與融合會帶來政治上的認同。基於以上差異，本文提出，兩岸社會融合是兩岸民眾之間透過多方面的互動、理解與合作，逐步實現兩岸民眾在政治、經濟、文化、生活中的平等待遇，最終消除因政治歷史等因素造成的相互之間的隔閡與不適應，並在此過程中不斷增強利益聯繫與文化和政治認同。與「統一」的概念類似，「融合」既是過程，也是最終狀態。廣義而言，兩岸社會融合是大陸民眾與台灣民眾在經濟、政治、生活和文化四方面的平等化和一體化，最終的目標是形成兩岸命運共同體，這一方向是兩岸社會發展自然而然的趨勢，並非純粹人為設定的目標，推動兩岸社會融合只是順應歷史潮流所採取的舉措。兩岸命運共同體的實現離不開兩岸民眾的命運認同，命運認同的形成和培育有賴於相互尊重與扶持，該過程必然要經歷多元化階段。換言之，文化認同與政治認同是兩岸社會融合的最終目標，但不是短期內可以實現的目標，一體化的最終目標必須經由多元化的階段來實現。

（二）兩岸社會融合的現狀與問題

兩岸經歷1949年至1979年的30年社會隔絕，才有了社會融合的問題。20世紀80年代，隨著兩岸關係的發展以及整個國際局勢的變遷，海峽兩岸都採取了一系列措施來緩和兩岸關係，兩岸社會互動重新開始啟動，且規模不斷擴大。如果從本文探討的廣義上的兩岸社會融合來看，目前兩岸經濟和生活領域的融合還是比較高的，主要是政治和文化領域的融合程度較低。

經濟方面，經過30年來不斷深化的兩岸經濟融合，台灣對大陸經濟依賴程度超過歷史上對任何一個海島經濟體的依賴。大陸是台灣的最大交易夥伴和出口市場以及順差來源地。台灣對大陸的貿易和出口依賴度分別接近30%和40%，台灣對大陸的投資依賴度約為60%，大陸是台灣第一大入境旅遊市場，台灣是大陸第三大入境旅遊市場，兩岸已形成互為重要客源市場的穩定格局。2009年兩岸「全面、直接、雙向」的「三通」歷經30年終於得以實現，兩岸經濟關係實現了正常化，隨後兩岸經濟關係制度化也得到推進，2010年兩岸簽署《海峽兩岸經濟合作框架協議》（ECFA）明確了兩岸經濟往來自由化的目標，構建了兩岸經濟合作機制化平台。應該說，兩岸經濟融合在過去30多年間取得了巨大進展。當然，2016年民進黨上台以來拒不承認「九二共識」給兩岸經濟融合帶來很多困擾，包括：兩岸制度化協商中斷，兩岸貨物和服務貿易尚未且無法實

---

[185] 劉祥得：《社會接觸、族群及政治態度影響民眾兩岸文化交流之分析》，《通識論叢》，2015年第18期。

現自由化，大陸赴台投資面臨歧視性政策壁壘，兩岸產業與金融合作困難增大等。

生活方面，隨著兩岸社會交流領域、規模擴展和層級提高，兩岸民眾生活聯繫日益緊密。先是在市場引導下，台商加速對大陸投資，以台商為主體的台胞群體在大陸的規模和數量急劇增加，逐漸形成了包括台商、台幹、台屬和台生在內的大量台胞群體不斷往返於兩岸，並不定期地在大陸生活、居住、工作與學習，率先成為兩岸社會互動中的跨境族。同時大陸前往台灣進行經貿考察以及學術交流的人數也不斷增加。2008年馬英九執政後，兩岸關係改善為兩岸民間社會的融合提供了難得的歷史機遇。兩岸人員流動實現雙向往來，包括陸商、陸客、陸生、陸配等人員也進入台灣，兩岸通婚也形成一定規模。兩岸社會及人員互動的規模空前增大，兩岸社會的互動與融合更為多元，根基更為牢固。問題也有一些，主要表現在：兩岸人員往來不對稱，台灣政府對大陸人員赴台仍然限制過多，移居人員生活保障不能兩岸互通，兩岸體制、機構、公務人員素質有差異，兩岸教育文憑與從業資格很多還沒有互相承認，台胞在大陸常會受到外籍人士待遇等。

不過，當前兩岸社會融合的薄弱之處主要還是在文化和政治領域。兩岸社會融合包含三個子群體之間的融合：在大陸的台灣同胞與大陸民眾的融合，以陸配為主的在台灣的大陸同胞與台灣民眾的融合，以及大陸民眾與台灣民眾的兩岸融合。目前兩岸社會融合研究和推動重點主要集中在大陸台胞與大陸民眾的融合。在關於台灣同胞融入大陸的相關論文中，一類以移居大陸台胞族群整體為研究物件，另一類則對這一族群中的特定群體展開，如研究台商、台青、台生、台幹、台屬等。這些研究普遍發現，當前兩岸社會融合無論在文化認同方面還是政治認同方面都距離多數學者的預期目標相去甚遠。

有學者調查發現，移居大陸的台胞對「文化認同」主要有三種觀點：1.「文化雙重認同」觀點，認為有一定比例的台胞認同中國文化，同時認同台灣的本土文化，在文化身份的選擇上具有「求同存異」「和而不同」之特點，一方面為保證順利融入當地社會而將自己置身於中華文化大背景中，另一方面傾向於保持自身所具有的台灣文化特質；2.「第三文化」觀點，認為台商群體（即移居大陸的台胞）的獨特生活實踐和文化實踐有可能創造出一種獨立於台灣文化和大陸文化之外的「第三文化」；3.「兩岸族」觀點，「兩岸族」作為這些台胞的自我認同越來越得到擴展，因為它是這些台灣同胞在兩岸之間的往來和生活經驗所帶來的感受、思考，經過時間的沉澱和累積，所得出的一種身份認同。

調查發現移居大陸台胞對「國家認同」主要有4種觀點：1.「國家雙重認同」觀點，認為移居大陸台胞存在大中國情懷與實際認知之間的落差，感情趨向與理性選擇的分離，他們一方面對「中國」有認同感，另一方面又懷有「中華民國」情結；2.「中國即指中華民國」的觀點，認為「在台灣大多數民眾都無異議的持有一個共同交集——認同

中華民國」，目前仍有部分移居大陸的青年台胞中華民國觀念強於「中華民族」觀念；3.「多元化」觀點，一項關於「台灣大陸同屬於『一個中國』」問題調查發現，受訪的台胞意見多元，選擇分佈在各個不同意見群（即「非常同意」的人群直至「非常不同意」的人群）的比例相近；還有研究者認為，現階段台灣民眾的國家認同出現多元化特徵，國家認同危機在台灣社會埋下了衝突、對立的種子；4.「國家認同和地方認同」觀點，解釋當前台灣民眾「中國認同」和「台灣人認同」之關係，認為後者的加強是台民眾自尊需求提升之結果，它在凝聚社會共識方面起到積極作用的同時，產生「內群偏見」和「刻板印象」，不利於兩岸及民眾之間積極正面的交流互動。

　　調查結果表明，台商總體上還是傾向於「台灣認同」，比例高達半數以上。如果將認同細分為「地域身份認同」「文化身份認同」「對自身所具有的異質性的認知」和「群體身份認同」，則「地域身份認同」與「文化身份認同」程度較高，這也在一定程度上反映了大陸台胞在政治認同和文化認同方面更傾向於台灣認同。相比較而言，在當地社會所感受到的「異質性」和從信任感中所體現出的「群體身份認同」方面，「台灣認同」都不強烈。每個人的認同程度受制於個人因素和外部因素，個人因素包括背景（如「外省」籍貫與「本省」籍貫之差異）、在大陸居留的時間長短（一般說來，居留時間越長越認同中華人民共和國）、在大陸事業成功程度（一般來說，事業越成功越認同中華人民共和國）等；外部因素包括大陸的快速發展、台灣發展的停滯、大陸公眾對台胞的友好程度等。其發生基礎在於人們共同的利益以及文化、制度、價值觀念和各種社會規範對人的控制。

　　可見，台灣民眾對中國大陸的政治及文化認同都有待提升，台灣民間普遍的「大陸印象」是：政治制度仍然是疏離、陌生和對立的；基本國情心態複雜且有不平衡感；在微觀社會生活方面基本是熟悉、理解和認同的。[186] 對於問題產生的原因，有學者認為是兩岸互信不足、兩岸制度差異、兩岸交流結構失衡、兩岸法律規範差異、兩岸文化差異等因素的共同結果。[187] 也有學者提出，在全球化、現代化與民主化的大時代背景下，圍繞現代國家建設所形成的國家認同建構，一定以民主為基本前提，以國家制度及其所決定的國家結構體系的全面優化為關鍵，最後決定於認同主體的自主選擇。中國人所要認同的現代國家是社會主義國家。社會主義國家在中國的存在，雖然有歷史的必然性，也有制度的合法性與實踐的合理性，但依然還是不完善，不成熟的。因此，國家認同依然需要積極的建構與深化。作為國家建設的重要方面，它一定與現實的國家結構體系及其背後的國家制度的健全密切相關，需要相互借力、相互塑造。[188] 還有學者強調，與西歐「一個民族、一個國家」的民族理念不同，承認、繼承和發展多元一體的中

---

[186] 施瑋、蔣依嫻、王秉安：《移居大陸台胞社會融入研究現狀述評》，《台灣研究集刊》，2016 年第 1 期。
[187] 陳先才：《新形勢下推進兩岸社會融合發展問題研究》，《現代台灣研究》，2016 年第 6 期。
[188] 林尚立：《現代國家認同建構的政治邏輯》，《中國社會科學》，2013 年第 8 期。

华文化一直是中华民族族际交往的主流。民族文化的利益调适,以核心价值观为中心,依托情感,透过规范的约束和目标的导引,对社会成员的思想和行为进行转化、提升、协调和整合。民族文化的核心意涵代表了一个民族代际相承的基本精神,与民族成员的根本利益一致,具有强大的号召力和统摄力。[189]因此,按照该文的逻辑,问题的关键是确立和弘扬能够统摄两岸的民族核心价值观。

在两岸社会融合的过程中,构建文化与政治领域的「中国认同」是推动两岸社会一体化的核心。这个「中国认同」是以大陆为核心的文化与政治认同,既包括民族和国家认同,也包括政权和价值认同。「中国认同」的实现根本上要依靠国家自身建设,在大陆的国家软实力足够强大之前,社会一体化必然要经历多元化阶段。当前两岸社会融合在「中国认同」核心问题上遇到障碍的现实背景是,台湾具备一定的软实力仍然在对台湾民众产生强烈影响。台湾政府认为其「全球形象(globalimage)」「普世价值(globalintegrity)」和「全球整合

(globalintegration)」等指标均领先大陆,表现在文化商品的输出、民主理念的普及与法治化程度以及新移民的比例都优于大陆。[190]目前仍有众多台湾民众对自己的生活状态抱有优越感,认为台湾在经济发展、民主政治和生活方式上都优于中国大陆,台湾没有必要去和大陆交流、融合,统一只会伤害、流失台湾既有的资产,进而出现经济依赖、民主倒退、生活方式受到破坏等危机。[191]大陆当前的软实力还不足以一举扭转台湾政府和台湾民众的这种普遍看法,但大陆软实力一直在迅速增长,全面超越台湾是可以期待的。在此过程中,暂时允许「台湾认同」存在是合理的,也是多元化融合阶段的特征之一。

(三)两岸社会融合的模式与策略

推进两岸社会融合大体可分为三个阶段:交流阶段(你中有我,我中有你)、深化阶段(怎么对我,怎么对你)、认同阶段(你就是我,我就是你),对应呈现的社会文化现象分别是多元化、平等化、一体化。最终实现两岸社会一体化的代表是形成两岸民众的基本政治文化认同。

由于所处阶段不同,推进两岸社会融合的目标重点是不同的:在两岸由隔绝走向开放的初级阶段,首先需要实现全方位的交流,由于各自分别发展了较长时间,两岸此时在经济、政治、社会、文化等各方面具有较大的差异性,社会融合的重点是透过交流互相瞭解。该阶段允许和协助两岸同胞在社会文化方面的多元存在,双方应透过在政策上

---

[189] 詹小美、王仕民:《文化认同视域下的政治认同》,《中国社会科学》,2013 年第 9 期。
[190] 龙应台:《台湾文化软实力饱满需要持续深植》,2013 天下经济论坛专题演讲,网址:http://roll.sohu.com/20130113/n363302161.shtml。
[191] 《虚幻的台湾优越感》,台湾《中国时报》2014 年 6 月 6 日 社 评,http://taiwan.huanqiu.com/article/2014-06/5013418.html。

给予的多方面照顧盡力避免和消除兩岸同胞的恐懼感、厭惡感和對立情緒。由於到大陸來的台灣同胞相對較多，大陸應鼓勵台灣同胞視大陸為生活創業的樂土，允許他們保持自己的生活習慣、價值理念、宗教信仰、政治認同和文化差異等。透過多元化的存在打破雙方可能存在的誤解與想像。

經過30年兩岸社會融合的交流階段，就需要全面轉入深化階段，即在經濟、政治、社會、文化等各方面對於兩岸同胞均應一視同仁，既無歧視性政策也無特殊照顧待遇，使雙方民眾感受到各方面的平等。這也就是消除差別待遇的平等化階段。台灣同胞的平等化，就是來大陸的台灣同胞轉化為中國公民的過程。他們的差別不僅表現在戶籍類型、戶籍地點等方面，而且還表現在勞動就業、居住環境、公共福利等方面。平等化的實現，表明台灣同胞與大陸人一樣，不僅獲得了身份轉變，而且擁有了機會共用、權益共用、利益共有、保障共有的機會。

最終的階段透過不斷培養兩岸民眾的文化與政治認同來實現兩岸社會一體化。平等化主要是針對在大陸的台灣同胞而言的，但是，台灣同胞不僅只有大陸台胞，還有大量的台灣同胞，他們數量更為龐大，對兩岸實現和平統一的影響力更為明顯。對他們來說，需要面對的問題不是平等化，而是「台灣人」和「大陸人」的差別。從更廣闊的角度看，台灣人與大陸人不應互有身份優越感，要透過社會融合重塑「中國人」的身份認同。兩岸民眾在經歷一體化階段後，只有地域之別，而無身份差異。他們都是居住在中國領土的公民，享有同等的勞動就業、公共福利、政治參與等方面的待遇，共用社會發展成果和國家榮耀。

當前兩岸社會融合進程總體上處於第二階段，即交流障礙已經大大減少，雖然仍需在經濟、政治、社會、文化等方面繼續鬆綁，特別是台灣政府的政策限制還比較多，但與30年前相比，兩岸社會大交流的態勢已經形成且難以逆轉。當前階段的主要融合目標是平等化，即讓台灣同胞，尤其是在大陸的台灣同胞應該獲得與當地大陸同胞的同等待遇，既無歧視待遇也無特殊優惠，先在大陸台胞群體中真正實現「兩岸一家人」，做到公民待遇的無差異化。

(四) 小結

兩岸社會融合是兩岸民眾之間透過多方面的互動、理解與認同，消除因政治歷史等因素造成的相互之間的隔閡與不適應的過程，在此過程中不斷增強利益聯繫與文化和政治認同。兩岸社會融合既是過程也是目標狀態。兩岸社會融合是大陸民眾與台灣民眾在經濟、政治、生活和文化四個層面的融合，目前兩岸經濟和生活領域的融合還是比較高的，主要是政治和文化領域的融合程度較低，主要表現為政治和文化領域的「台灣認同」仍然偏高，比例過半。問題的產生原因，既有大陸自身國家建設水準仍然不夠的基本面因素，也有策略面因素。未來推進兩岸社會融合需要注意，融合的真正實現是一個

逐步深化的過程，應避免將下一階段的目標提前為當前任務來執行。推進兩岸社會融合大體可分為三個階段：交流階段的目標是實現「你中有我、我中有你」，即兩岸社會互相往來打破隔絕；深化階段的目標是實現「怎麼待我就怎麼待你」，即台灣同胞在大陸享有與大陸同胞無差異的平等待遇；認同階段的目標是實現「你就是我、我就是你」，即台灣同胞與大陸同胞均認同自己的中國公民身份。推進兩岸社會融合每個階段對應呈現的社會文化現象分別是多元化、平等化、一體化。在此過程中，大陸應牢牢把握歷史發展的大方向，以極大的耐心和真誠的親情繼續培育和增進兩岸民眾的相互信任與心靈契合，努力引導台灣民眾對大陸有正確的認識和印象，增強理解與好感，積極有效推動兩岸社會融合。兩岸社會融合是兩岸結合為一個統一、協調的整體，也是重塑「中國公民」身份認同的過程，最終目標是形成兩岸民眾具有基本政治文化認同、在國際上共用中國人尊嚴的兩岸命運共同體。屆時兩岸民眾只有地域之別，而無身份差異，享有同等的國防外交、公共福利、政治參與等方面的待遇，共用經濟發展成果和國家榮耀。

三、文化發展

「文化」指的是社會群體的特徵。「社會群體」可以小到家族或企業，也可以大到民族或國家，乃至東方和西方。「特徵」的範圍則極其廣泛，有兩分法、三分法、四分法、六分法等。[192] 人們使用「文化」概念時一般指的是狹義內涵的特徵，即這個社會群體所創造的精神財富，包括生活方式、宗教信仰、風俗習慣、道德情操、學術思想、文學藝術、科學技術、思維方式、審美觀念、家庭制度、社會制度等。本書所使用的「大文化」概念則是廣義內涵的特徵，不僅包括精神領域的隱性文化，還包括房屋建築、交通工具、飲食服飾、日常用品等物質領域的顯性文化，強調是物質和精神特徵的總和。

大文化是一個社會群體的總體特徵。這些特徵，無論是物質文化還是非物質文化，從是否具有共通性的角度看，可分為普遍性大文化和特殊性大文化。「普遍性」是各個社會群體都會有特徵，例如世界各民族都會使用工具，而且工具發展大體都經過了石器時代、銅器時代和鐵器時代的歷史階段，只是不同民族或早或晚。「特殊性」是不同社會群體具有的不同特徵，不見得在各個群體都會出現，例如同樣是使用餐具，東方民族多使用筷子，西方民族多使用刀叉。

普遍性大文化代表著一個社會群體的發展程度。從打獵到農耕，從馬車到汽車，從弓箭到槍炮，從神治到人治再到法治，這些大文化特徵代表著文明的進步，也是大部分民族都經歷過的文化演化。因此有學者將文化的普遍性定義為「各民族的文化按照共同

---

[192] 學界對文化範圍的分類，兩分法即分為物質文化和精神文化；三分法即分為物質、制度、精神；四分法即分為物質、制度、風俗習慣、思想與價值；六分法即分為物質、社會關係、精神、藝術、語言符號、風俗習慣等。西方社會學多以物質文化和非物質文化劃分。[美] 約翰.D. 卡爾（John D. Carl）：《社會學》，劉鐸等譯，中國人民大學出版社，2013年，第48—49頁。

的規律發展並經歷著共同的基本形態」，並認為由於人的生理結構及其功能的相同性決定了人性的一致性，進而決定了文化的普遍性。[193] 這些普遍性特徵具有傳播性，先進的工具、制度和思想，往往是大多數社會群體嚮往和追求的目標，後進的社會群體會主動向先進的社會群體學習和靠攏。

特殊性大文化代表一個社會群體區別於其他社會群體的方面。漢語文化圈的人可以深刻理解中文詩詞的優美意境，英語文化圈的人可以深刻感受英語表達思想的準確性。這些特殊性特徵各有優劣，不必然具有傳播性，但它是一個社會群體自我認同的內在力量。有的特殊性特徵可以延續很長時間，例如中國古代的詩書禮樂和琴棋書畫；有的可能時間不長就消失了，例如某些少數民族紋面和打落牙齒作信物的習俗。當一個社會群體特殊性文化特徵消失的時候，基本也反映這個社會群體正在融入其他社會群體的潮流。民族融合是典型的例子，兩晉南北朝時期活躍在中國北方的五大民族匈奴、鮮卑、羯、氐、羌後來都因為失去了本民族特徵而成為了歷史名詞。特殊性大文化源自各個社會群體特殊的生存環境，從自然環境到社會環境，最初的不同加上人們行為方式的路徑依賴，最終形成較穩定的特殊性特徵。

普遍性大文化與特殊性大文化對社會群體的存在與演變有重要影響。普遍性大文化是不同社會群體趨同、融合的動力，總是後進的社會群體向先進的社會群體趨同，原來的特殊性也可能在這一過程中隨之消失。特殊性大文化是不同社會群體區別、存在的代表，不一定有先進與後進之分，但卻是單個社會群體提升凝聚力與向心力的強大助力，並可能推動社會群體迅速學習和接受更先進的普遍性。在普遍性大文化與特殊性大文化的共同作用下，社會群體不斷發生聚合與裂變。

大文化的載體是社會群體，社會群體可以有多種分類，例如以血緣和價值觀為主要紐帶的民族、和以地緣和制度為主要紐帶的國家，當然，這些社會群體中還有各種各樣的亞群體。因此，任何一個國家內的大文化都不是絕對一致的，即使是單一民族構成的國家內部，文化形態也不是同質的，各種各樣的亞群體之間的觀念、價值、信仰、生活方式都有較大差異，但這些特殊性的存在並不妨礙這些亞群體結合成一個有共同性的大群體。

國家是人類社會中重要的群體形式。原始人類為提高獲取生存資料的能力形成有組織的群體，並由部落逐漸演化出國家的形式。「國家不僅是階級統治的工具，而且是管理全社會公共事務的機關……原有的古老的氏族組織面對著日益複雜而尖銳的社會事務已經顯得無能為力了，於是一種新的社會管理機構（國家）便應運而生。」[194] 總體來

---

[193] 顧乃忠：《論文化的普遍性和特殊性——兼評孔漢思的「普遍倫理」和溝口雄三的「作為方法的中國學」》，《浙江社會科學》，2002 年第 6 期。
[194] 黃英賢、吳少榮、鄭淳：《國家產生的原因是多樣的》，《中國社會科學》，1984 年第 4 期。

看，國家的演化方向並非直線趨於穩定統一，更不是不斷分裂，而是呈現「分合相間、趨向統一」的螺旋發展形態。「趨向統一」最直觀的表現是：人類社會先出現部落，再由部落聯盟演化出民族國家，再由現代主權國家演化出聯合國，以及歐盟、東盟、非盟等國家聯盟形態。國家有不斷演化的內在規律，國家政治權力的變化是重要推動力。國家政治權力分配的問題有多元論、精英論、階級衝突論等分析角度。多元論認為社會由不同利益群體組成，國家權力分配取決於群體間的討價還價；精英論認為國家權力掌握在少數精英群體手中；階級衝突論認為國家是統治者統治被統治者的工具，二者的鬥爭貫穿國家發展歷史。[195] 雖然權力鬥爭的主體和形式不同，但均認為國家政治權力的分配是權力鬥爭的結果。社會學中的衝突理論認為社會變遷的動力主要是來自內部權力再分配的鬥爭。[196] 權力的集中或分散可能帶來國家的統一或分裂。權力問題的解決是國家統一模式是否能夠為各方尤其是具有分裂傾向一方所接受的關鍵。[197] 權力的本質，是一個人或一個群體和機構操縱以及形塑民眾的觀念和行為的能力，也有社會學家將「權力」定義為個人或群體控制或影響他人行為的能力，而不管別人是否願意合作。權力的合法性來源於信任感，有了信任才能使權力、制度、社會和政治機構持續運作。[198] 從大文化的角度看，少數個人或群體能夠帶給廣大民眾先進的普遍性大文化，是產生民眾對其的信任進而擁有權力合法性的源泉。

當國家面臨統一或分裂時，是否具有先進的普遍性大文化關係到是否具有主動性。一方面，普遍性大文化較先進的一方更具有主動性，其對國家統一或分裂的傾向對國家統一的實現影響很大。例如 80 年代聯邦德國較之民主德國在科學技術水準、經濟政治制度等普遍性大文化方面處於較為領先的地位，其主導兩德合併也較為順利和成功；19 世紀 60 年代普遍性大文化較為領先的代表工業文明的美利堅合眾國（北軍）粉碎代表奴隸制度的美利堅聯盟國（南軍）分裂國家的企圖則是武力實現國家統一的案例。另一方面，普遍性大文化較先進的一方為擴大自身影響力更傾向於宣傳文化的普遍性（尤其是較為先進的普遍性），例如普世價值；而後進的一方為維繫自身的存在更注重強調文化的特殊性（特殊性本身不一定是落後的），例如民族特色。當然，普遍性大文化與特殊性並不是截然可分的，例如先進國家的技術和思想（普遍性）被後進國家學習的同時，先進國家的服飾與飲食（特殊性）也常常會成為後進國家模仿的內容，美國牛仔

---

[195] [美]大衛·波普諾（David.Popenoe）：《社會學》（第十一版），李強等譯，中國人民大學出版社，2013 年，第 524—528 頁。

[196] 社會學對社會變遷的規律總結主要有四種理論：社會文化進化論認為人類社會由簡單進化到複雜，有單線和多線進化的觀點；循環論認為社會文化經歷無方向性的連續成長和衰落的過程；功能論認為社會變遷的動力主要來自外部環境；衝突論認為社會變遷的動力主要是來自內部權力再分配的鬥爭。[美]大衛·波普諾（David.Popenoe）：《社會學》（第十一版），李強等譯，中國人民大學出版社，2013 年，第 677—680 頁。

[197] 李義虎等：《「一國兩制」台灣模式》，人民出版社，2015 年，第 222 頁。

[198] [美]安東尼·奧羅姆（Anthoy.M.Orum）：《政治社會學導論》（第 4 版），張華青等譯，上海世紀出版集團，2014 年，第 2—3 頁。

服、搖滾樂和麥當勞的傳播即是一例。

　　20世紀40年代中後期的中國內戰導致台灣迄今尚未與中國大陸統一,解決台灣問題是實現中國完全統一的關鍵步驟。[199]自1979年以來,中國大陸試圖以極大誠意、盡最大努力、爭取以「一國兩制」的方式實現兩岸和平統一,徹底解決台灣問題,然而迄今尚未實現目標。其深層原因,與兩岸的大文化密切相關。

　　中國幅員遼闊,中國大文化包含眾多地方大文化,這些地方大文化之間有共同性也有差異性。台灣文化如同閩南文化、嶺南文化一樣,原本只是中國大文化中的地方大文化之一,具有一個國家內部亞群體的文化特徵。但是經過1949—1979年的30年與大陸的隔絕發展,其在大文化的普遍性和特殊性方面均發生很大變化,使之與其他地方大文化的差異明顯增大。

　　普遍性大文化方面,台灣在經濟市場化、政治民主化、管理法制化、資訊自由化、出境免簽化[200]等方面起步較早,在大陸剛剛提出「和平統一、一國兩制」的時代,台灣的人均生活水準和社會的民主法治程度都在很多方面高於大陸,而且中國傳統文化在台灣沒有像在大陸一樣遭受「文化大革命」的衝擊,因此台灣民眾普遍在大陸民眾面前有物質和精神文化的優越感,情感上難以接受被大陸統一,實力上又無法統一大陸。曾任台灣文化部長的龍應台曾描述台灣人的心理狀態很具有代表性:「他去辦一個手續,申請一個文件,蓋幾個章,一路上通行無阻。拿了號碼就等,不會有人插隊。輪到他時,公務員不會給他臉色看或刁難他。如果他在市政府辦事等得太久,或者公務員態度不好,四年後,他可能會把選票投給另一個市長候選人……政府的每一個單位的年度預算,公開在網上,讓他查詢。預算中,大至百億元的工程,小至電腦的台數,都一覽無餘。如果他堅持,他可以找到民意代表,請民意代表調查某一個機關某一筆錢每一毛錢的流動去向。如果發現錢的使用和預算所列不符合,官員會被處分……海峽兩岸,哪裡是統一和獨立的對決?哪裡是社會主義和資本主義的相沖?哪裡是民族主義和分離主義的矛盾?對大部分的台灣人而言,其實是一個生活方式的選擇。」[201]

　　這是台灣在普遍性大文化的一些方面處於較先進發展階段的心理反射。在這種現實狀態下,台灣的統「獨」取向對兩岸關係走向的影響至關重要。遺憾的是,大陸針對兩岸這種實際情況提出的「一國兩制」政策的良好用意沒能被台灣接受,台灣政府反而試圖以「一國良制」的提法相抗衡。更糟糕的是,80年代末李登輝在台主政後的20多年間,台灣政府日益明顯地放棄了原有的兩岸統一目標。從90年代初開始,李登輝逐步背離一個中國原則,相繼鼓吹「兩個政府」「兩個對等政治實體」「台灣已經是個主權獨

---

[199] 中共中央台辦、國台辦編:《台灣問題(幹部讀本)》,九州出版社,2015年,第27頁。
[200] 目前台灣已獲150多個國家或地區給予免簽證或落地簽證待遇,幾乎全部覆蓋了台灣人常去的國家和地區,這使一些台灣人對只有20幾個國家或地區給予免簽的大陸人有某種優越感。
[201] 龍應台:《台灣人為何不想統一》,網易新聞:http://view.163.com/12/1004/10/8CVDICHO00012Q9L.html。

立的國家」「現階段是『中華民國在台灣』與『中華人民共和國在大陸』」，後來自食其言，說他「始終沒有講過一個中國」。李登輝還縱容、扶持主張所謂「台灣獨立」的分裂勢力及其活動，使「台獨」勢力迅速發展、「台獨」思潮蔓延。在李登輝主導下，台灣政府採取了一系列實際的分裂步驟：在政權體制方面，力圖透過所謂的「憲政改革」將台灣改造成一個「獨立的政治實體」，以適應製造「兩個中國」的需要。在對外關係方面，不遺餘力地進行以製造「兩個中國」為目的的「拓展國際生存空間」活動。在軍事方面，大量向外國購買先進武器，謀求加入戰區導彈防禦系統，企圖變相地與美、日建立某種形式的軍事同盟。在思想文化方面，圖謀抹殺台灣同胞、特別是年輕一代的中國人意識和對祖國的認同，挑起台灣同胞對中國的誤解和疏離感，割斷兩岸同胞的思想和文化紐帶。2000 年到 2008 年民進黨在台灣執政期間，陳水扁在政治、經濟、文教、國際等領域推行其兩岸「一邊一國」政策。2008 年到 2016 年，在台灣重新執政的國民黨當局雖然承認「一個中國」，但始終強調兩岸的「各自表述」的差異，而且馬英九的「不統、不獨、不武」的兩岸政策一直把「不統」放在首位。這使台灣支持統一和認同自己是中國人的人數比重在不斷減少，[202]2016 年上台的有著「台獨」黨綱的民進黨政府始終不肯承認兩岸同屬一個中國意涵的「九二共識」，使得實現兩岸和平統一的目標難度不減反增。

　　兩岸普遍性大文化的差異增大了國家統一的難度。由於台灣曾經在普遍性大文化某些方面的領先現實，加之其對大陸「一國兩制」政策的誤解和排斥，台灣民眾對未來統一後國家權力分配和個人權益能否得到保障的不確定感，加重了其對國家統一的疑慮和對一個中國的國家認同的疏離。當然，特殊性大文化方面的差異也不容忽視。台灣在文字書寫、日常用語、生活方式、價值認知、媒體生態等方面都與大陸有很大差異。台灣在特殊性大文化方面的特徵與大陸相比並不存在明顯的優劣之分，但越來越多的差異會強化台灣內部的文化和政治認同，弱化對整個中國的文化和政治認同。尤其是兩岸在精神文化領域存在差異，大陸文化來源於中國傳統文化、近代西方文化和社會主義文化；台灣文化則來源於中國傳統文化、西方文化和日本文化，[203] 台灣根據兩岸文化的差異性提出的「台灣文化主體性」，客觀上有突出文化差異而增強「台灣主體意識」、弱化中國認同的效果。

---

[202] 台灣政治大學選研中心調查顯示，「兩岸統獨指數」在 1995 年達到 10.1% 的最高點，當時的台灣領導人是李登輝，其後便一路下滑到 1999 年的 -0.9%。2000 年陳水扁上台後，該指數迅速攀升，2001 年升高到 7.9%，隨後持續下跌到 2004 年的 -7.5%，2007 年為陳水扁時期的最低點 -9.6%。馬英九上台後形勢並未好轉，2014 年「兩岸統獨指數」跌到 -12.9% 的歷史最低點。「兩岸統獨指數」是將支持儘快統一、偏向統一的民意支持度之和，減去儘快「獨立」與偏向「獨立」的民意支持度之和，此指數數值愈低，顯示受調查者愈傾向獨立。《台灣政大民調：台民趨獨反統》，2015 年 02 月 22 日，[新] 聯合早報網，http://www.zaobao.com/wencui/politic/story20150222-449179。台灣人認同指數 1992 年、2000 年、2007 年和 2014 年分別為 -7.9%、24.4%、38.3% 和 57.1%，呈迅速上升走勢。台灣人認同指數 = 台灣人認同比重 - 中國人認同比重。洪奇昌、童振源，《蔡應宣示不追求法理台獨》，[台]《聯合報》2015 年 4 月 16 日。

[203] 陳孔立：《兩岸交流中的政治文化問題》，《台灣研究集刊》，1993 年 2 期，第 1－2 頁。

因此，兩岸和平統一進程中，大陸應加快發展普遍性大文化，使之重新回到世界先進行列，至少不能落後於台灣的發展水準，同時注意保持和弘揚中國特殊性大文化，充分發揮中國傳統文化的獨特魅力與影響力，提升兩岸民眾的凝聚力與向心力，增強文化與政治認同。

一是繼續發展物質領域普遍性大文化。馬斯洛的需求層次理論（Maslow's hierarchy of needs）揭示出人的生理與安全需要是人最基本的需求，衣食住行的可靠、精美與便捷是人們普遍追求的物質文化目標，先進的物質領域普遍性大文化是增強吸引力和趨同感的最直接有效的內容。歷史上中國在物質領域的普遍性大文化特徵在世界範圍內長期處於領先地位，房屋、舟車、飲食、武器、農具等眾多方面都明顯領先於周邊地區，這也是為什麼即使少數民族入主中原往往也被「漢化」的重要原因，因為任何社會群體都會有接受更先進的物質文化的內在動力。用火照明的文化最終要被用電照明的文化所取代。加強中國大陸物質文化的建設，持續提升民眾生活水準，本身就是增強對台灣吸引力的動力源，也是當前最重要的動力源。大陸已經在很多領域超越台灣，並且這個趨勢還在繼續。

二是加快發展精神領域普遍性大文化。這方面的文化建設是看不見摸不著的隱性文化內容，但普遍認為有先進後進之分。例如一個國家或民族的價值取向和人際關係方面，團結、公正、勤奮、法治被普遍認為優於內鬥、壓迫、懶惰、人治，因此前者也是精神領域普遍性大文化的發展方向。大陸應加快發展精神領域普遍性大文化，使台灣民眾對這方面的進步和成就感到信服。有國內學者將國家認同界定為制度、利益、文化、非國家共同體認同的「四位一體」，制度認同排在首位。認為國家是具有政治性和權力性的特殊共同體，公民身份的認同主要在於對國家政治體制、法律制度、執政者理念和行為等政治因素的認同。因此國家認同構建和強化的關鍵，在於如何從制度和行為的角度保證將公民吸引在國家這一共同體內。[204] 國外學者也非常重視制度在國家軟實力中的作用。[205] 改革開放 40 年大陸取得的巨大成就離不開制度變遷，應該繼續發揮不斷進行自身制度改革的優勢，持續營造制度紅利，凸顯大陸制度優勢，增強兩岸民眾對大陸的制度認同，在制度、政策、價值觀等方面佔據人類精神領域普遍性大文化的制高點。

三是繼承發展精神領域特殊性大文化。精神領域的大文化，普遍性的是世界各地基本都要出現的文化現象，特殊性的是具有自身特色、其他地區不必然出現但可能會受影響的文化現象。中國的特殊性大文化內容廣泛，六經、六藝、五常、九流 [206] 以及其主張的詩書禮樂、道德禮儀等精神文明都是顯著特徵，尤其是政治上偏好「大一統」的

---

[204] 王卓君‧何華玲：《全球化時代的國家認同：危機與重構》，中國社會科學，2013 年第 9 期。
[205] [美] 約瑟夫‧奈：《軟實力》，馬娟娟譯，中信出版社，2013 年，第 41 頁。
[206] 六經：《詩》、《書》、《禮》、《易》、《樂》、《春秋》；六藝：禮、樂、射、禦、書、數；五常：仁、義、禮、智、信；九流：儒、道、法、墨、名、雜、農、陰陽、縱橫。

特徵，不僅有助於增強中華民族的凝聚力，也有利於國家統一。自秦朝建立首個郡縣制的大一統帝國以來的 2236 年間，疆域廣闊而政令統一的王朝更迭不絕，統一局面延綿久長。秦、漢、西晉、隋、唐、元、明、清、民國共 1494 年，統一時期佔 60% 以上；即使按較嚴格的計算，減掉統一王朝中的分裂時期，實際統一時間為 954 年，仍佔歷史時期的 40% 以上。[207] 長期的歷史傳統與中國人政治意識的互動形成和強化了國家統一的觀念，也培養了處理國家與天下的開闊胸襟。天人合一、四海歸一、家國一體、和諧仁愛、和而不同等中國傳統文化精髓，都使兩岸不僅在文化上有恢復國家統一的思想基礎，也使未來統一後的中國有條件引領世界走向文明融合、秩序井然與永久和平。

2010 年代以後中國大陸作為世界第二大經濟體、第三大軍事強國，取得巨大物質文化成就背後起支撐作用的價值觀、文化、政策和制度等精神領域特殊性大文化開始顯現。大陸方面對台工作應將重點轉為精神領域特殊性大文化的建設與輸出，傳遞和展示大陸在「集體主義」「和諧主義」「民本主義」等方面的理念先進性、文化深邃性和制度優越性。「集體主義」更加強調公共利益，是「中國夢」的核心。「中國夢」需要具有與提倡個人透過努力取得成功的「美國夢」不同的集體主義精神，「實現偉大中國夢，必須走中國道路，必須弘揚中國精神，必須凝聚中國力量。」[208]「中國精神」和「中國力量」共同組成中國大陸軟硬實力的核心，集體主義是「中國道路」社會主義價值觀的精髓。「和諧主義」是中國傳統文化中最具代表性的理念和各家各派的共同主張，是中國人從古至今源遠流長的文化心理、政治信條、智慧要求，在國民心中具有深遠根基。建立和諧社會則不但要有「和諧主義」的文化理念，還必須健全一整套良好的和諧社會運行機制，包括：正確引導發展的激勵機制、合理的利益表達和協調機制、強有力的社會管理和社會整合機制、有效地疏導和化解人民內部矛盾的機制。[209]「民本主義」(people-centralism) 是有別於西方社會「民主主義」(democratism) 的東方特色制度體系，核心是「民為本、利天下」，[210]「人民對美好生活的嚮往，就是我們的奮鬥目標」。[211] 與「民主主義」下有投票權的民眾在選舉那一刻當主人相比，「民本主義」是民眾透過合理有效表達意見的管道與官僚任用選拔機制建立起的政治體系長期當國家的主人。這種體系中的接班人制度可以確保上一任政府的各項政策為下一任充分瞭解和支持，接任者在預備期內參與了各種政府決策與政策執行，具有西方民主不具備的維

---

[207] 朱磊：《天命之爭：中國歷史上的統一與分裂》，九州出版社，2013 年，第 323 頁。
[208] 習近平 2013 年 3 月 17 日在十二屆全國人大一次會議上的重要講話，中央政府門戶網站：http://www.gov.cn/ldhd/2013-03/17/content_2356344.htm。
[209] 習近平：《構建和諧社會要突出四種機制建設》，新華網 2005-03-04, http://news.xinhuanet.com/newscenter/2005/03/04/content_2650270.htm。
[210] 2013 年 3 月 17 日李克強答中外記者會上的講話，新華網：http://news.xinhuanet.com/comments/2013-03/18/c_115062104.htm。
[211] 2012 年 11 月 16 日習近平在十八屆中共中央政治局常委同中外記者見面時的講話，人民網：http://politics.people.com.cn/n/2012/1116/c1024-19596289.html。

持穩定政治秩序、政策延續性、較少激進運動等優點，是比西方「民主主義」更民主的制度。[212] 大陸在宣傳和輸出中國特色的價值觀、文化和制度時必須不斷自我發展和完善，讓海內外民眾都能真正認同和信任大陸的精神領域特殊性大文化。

四是創新發展物質領域特殊性大文化。物質領域特殊性大文化是中國傳統大文化中的重要組成部分，諸如：琴棋書畫中的笛子、二胡、古箏、琵琶、象棋、圍棋、印章、毛筆、墨汁、硯台、宣紙、國畫、壁畫；傳統建築中的亭閣牌坊、園林寺院、鐘塔廟宇、亭台樓閣、特色民宅；飲食醫藥中的茶道、酒品、菜系、特色食材、中藥、偏方；民間工藝中的風箏、泥塑、紙扇、玉雕、漆器、織繡、彩陶、蠟染、瓷器、盆景、刀劍，等等，對兩岸民眾而言仍有巨大魅力。在原有的基礎上創新發展，意味著雙方共同事業與審美認同的連接與提升。這些產品在增強兩岸產業結構與消費市場連接的同時，拉近了兩岸民眾的心理距離，大陸在這些產品上的創新也會增強對台灣民眾的多層面吸引力，間接強化兩岸的民族凝聚力和國家認同感。

總之，在國家演化過程中，普遍性大文化是否先進對於國家的統一和分裂有重要影響。因為先進的普遍性大文化會使民眾對國家政治權力擁有者有更強的信任感，具有先進的普遍性大文化的政治權力擁有者無論其主張國家統一還是分裂，都會因其先進性強化其政權的合法性。從兩岸的實際情況看，國家統一符合中國的歷史傳統和兩岸的現實利益，[213] 中國大陸始終主張並積極推動兩岸統一，在這一過程中，大陸應認真專門研究並積極發展普遍性大文化，在這方面位於先進階段才能更好地把握主導國家演化方向的主動權，增強吸引力，使台灣民眾由「要我統一」轉變為「我要統一」，力求實現兩岸民眾自覺自願的和平統一，這要好於武力威懾下的和平統一或非和平方式的統一。孔子說，「遠人不服，則修文德以來之。」增強威信和吸引力的最好辦法，就是強化自身在普遍性大文化方面的先進性。中華文化的復興有賴於兩岸共同努力，大陸在縮短甚至反超世界先進國家的普遍性大文化方面取得了巨大成就。恢復普遍性大文化的先進性無疑是一個相當長的過程，在此期間，有必要同時弘揚和發展特殊性大文化，加強共同的歷史記憶和生活連接，引導和壯大對中華文化的認同，抑制和避免台灣分離傾向過快發展。

四、逆一體化

從歷史的角度看，統一和分裂都是人類社會的組織方式，或組織方式的變化過程。以政治角度簡化而言，在某地域範圍內，存在一個最高權力中心即為統一；反之，若存

---

[212] 楊開煌：《中國要走的道路不是民主而是民本》，2016 年 1 月 6 日，台灣網：http://www.taiwan.cn/plzhx/hxshp/201601/t20160106_11359183.htm。
[213] 陳孔立：《和平統一的十大好處》，《人民日報》，2000 年 5 月 30 日。

在兩個或兩個以上的互不隸屬的權力中心則各自獨立,或稱分裂。動態觀察,統一的過程是指在一定時期內,某地域範圍由多個互不隸屬的權力中心轉化為具有一個最高權力中心的狀態,反之則為獨立或分裂的過程。因此,狹義的統一,即指「國家之間或政權之間、一個國家或一個政權內部在政治上的一致、集中及結合為一個整體,而不是文化、民族、語言、風俗、經濟、思想、宗教、血統甚至地理環境等等的一致性或整體性。」[214] 廣義的統一,可以理解為政治、經濟、社會、文化等多領域的「一體化」。

2016 年全球「黑天鵝」事件頻發,亞、歐、美都有代表性的事件:1 月 16 日對兩岸經濟一體化持消極態度的蔡英文當選總統,6 月 24 日英國「脫歐」公投過關並將於 2017 年正式啟動「脫歐」進程,11 月 8 日美國總統大選中持孤立主義反對區域經濟一體化的川普勝選。這些事件普遍出乎人們預料,與以往的經驗和理論不符,促使人們更多地反思一體化的方向為什麼會在全球範圍內遇到當前較為集中的挑戰。學界用反一體化、去一體化、反全球化、逆全球化等概念對該現象進行描述。該現象在全球和局部區域範圍內都存在,因此本文提出適用範圍更廣的「逆一體化」概念分析這種與一體化潮流相反的現象的特點和成因,並將該理論分析運用於兩岸關係的發展研究。

一個多世紀以來,「一體化」已經成為世界政治經濟中最引人關注的現象之一。一般說來,「一體化」是指若干單位、集團、區域、國家聚合為新的行為體的過程、狀態、結果和趨勢。在某種角度上「全球化」可視為全球範圍內的一體化,只是「全球化」概念不像「一體化」那樣更強調建立垂直層次的體制型結構,即一定程度的超區域或超國家的體制和政策。從宏觀角度審視一體化與全球化的發展,歷史上有兩次突飛猛進。在 19 世紀後半葉的工業電氣革命中,鐵路、電車、汽車等新交通運輸工具的產生和電話、電報、無線電等通信工具的應用,大大縮短了國際貿易的時空距離,促進了跨國公司、國際壟斷組織的產生和垂直生產分工體系。同時以英國為核心的歐洲國家間的區域協定和雙邊貿易協定又進一步推動了功能性統一市場建設,使得歐洲一體化得到了前所未有的發展,並形成對了相對開放的國際貿易體系,該階段也被稱為「激進的雙邊貿易主義」時代(Irwin, 1993;Pollard, 1974)。兩次世界大戰很大程度上打斷了一體化與全球化的進程。二戰結束後,一體化與全球化出現第二次飛躍,開啟了多邊一體化時代。西方國家建立起以美元為核心的布列敦森林體系,形成了穩定的全球金融市場。世貿組織推動國際多邊貿易體制、投資和生產的國際化,以跨國公司為主導的全球貿易促成經濟組織形式、產業空間佈局的轉變,經濟一體化與全球化向縱深發展。應對全球競爭加劇,歐洲等國採取了一系列的有關商業管理、勞務關係、企業內部聯盟等措施,以減少國際貿易體系由原有的生產者為核心轉變為以投資者為核心後對福利國家及企業的威脅(Akira, 2003)。這一時期,各種區域一體化組織大量湧現,歐盟的誕生具有代表

---

[214] 葛劍雄:《統一與分裂:中國歷史的啟示》,商務印書館,2013 年,第 68 頁。

性意義。50年代，法、聯邦德國、意、比、荷、盧6個歐洲國家率先透過一體化舉措，從煤鋼共同體著手，開始推行經濟一體化，並建立歐盟委員會、部長理事會、歐洲議會、歐洲法院等政治性機構，1967年成立了歐洲共同體。其後於1993年過渡為歐洲聯盟，確立了經濟、外交、安全、司法與內務合作等一體化支柱，1999年推出歐元作為單一貨幣，歐洲一體化進程不斷深化和擴大。一體化現象在歷史發展進程中在不同領域呈現不同特徵，對其進行理論研究主要集中在國際經濟學和國際關係學。前者主要研究宏觀的區域經濟一體化和微觀的跨國公司一體化，後者主要研究政治一體化和社會一體化。各個領域研究重點和角度不同，但互為補充，對一體化現象的認識也不斷推進。這四個領域的研究成果簡介如下：

　　區域經濟一體化的研究雖然早在20世紀30年代就已有文獻探討，但就「經濟一體化」一詞在國際經濟學標題索引中所能找到的最早文獻應該是1954年荷蘭經濟學家丁伯根（Tinbergen.Jan）的《國際經濟一體化》（International Economic Integration）一書，他將經濟一體化定義為以區域為基礎、提高區域內的要素流動以達到資源有效配置和利用的行為，分為兩個方面：「消極一體化」指單純的物理邊界的消除，「積極一體化」更強調規章制度對糾正自由市場的錯誤信號、強化正確信號並加強自由市場力量的作用。後來在此基礎上美國經濟學家巴拉薩（Balassa, 1961）提出了區域經濟一體化是採取旨在消除各國之間差別待遇措施的「過程」與上述差別待遇消失的「狀態」並存的定義。他把經濟一體化的進程分為四個階段：貿易一體化，即取消對商品流動的限制；要素一體化，即實行生產要素的自由流動；政策一體化，即在集團內達到國家經濟政策的協調一致；完全一體化，即所有政策的全面統一。區域經濟一體化領域的幾個代表性理論包括：以美國經濟學家維納（Jacob.Viner, 1950）的《關稅同盟理論》為代表的關稅同盟理論；以英國學者羅布森（Robson）的《國際一體化經濟學》為代表的自由貿易區理論；以美國經濟學家西托夫斯基（T.Scitovsky）和德紐（J.F.Deniau）的大市場理論為代表的共同市場理論；以日本經濟學家小島清（K.Kojima, 1971）提出的協議性國際分工原理為代表的協議性分工理論；以繆爾達爾（Gurnar Myrdai）、普雷維什（Raul Prebisch）和辛格（Hans Singer）為代表人物的中心—週邊理論；以伯里斯·塞澤爾基（Boris Cizelj, 1983）著作《南南合作的挑戰》為代表的「綜合發展戰略理論」。總體上是以降低生產成本、流通成本、行政成本、匯兌成本、財政成本等優勢來解釋一體化現象所帶來的商品和生產要素自由流動，但也探討一體化導致週邊經濟體貿易及經濟條件惡化等問題。

　　跨國公司一體化的理論研究普遍認為始於海默（H.Hymer, 1960）的「壟斷優勢理論」，該理論突破了長期流行的以國際資本套利來解釋直接投資的觀點，揭示了壟斷和寡佔廠商對外直接投資的動機，即廠商進行國際直接投資是透過公司內部的一體化獲取

五個方面的壟斷優勢：技術、管理、資金、資訊、聲譽、銷售和規模經濟。正是這些壟斷和優勢的存在，企業才能克服境外投資的附加成本，抵消受資方當地企業的優勢，確保境外投資收益最大化。但是最先將國際貿易與國際直接投資納入一個統一分析框架的是維農（Vernon, 1966）的產品週期理論，他在《產品生命週期中的國際投資和國際貿易》一文中，利用產品生命週期的變化解釋了美國企業戰後對外直接投資的動機、時機以及區位選擇。赫爾普曼（E.Helpman）和克魯曼（P.Krugman）1985年的跨國公司模型認為，由於要素價格的差異，跨國公司將生產活動分別在不同國家完成，以節約生產成本，母公司與地主國子公司間形成縱向一體化分工模式。馬庫生（J.Markusen, 1998）和維那布（Vevables, 2000）的分析表明：當存在較高貿易成本以及較為明顯的規模經濟效應時，跨國公司的活動將會在要素稟賦與市場容量相似的國家間進行，母公司在本國和海外子公司同時生產最終產品供給當地消費者，即企業將相同的生產活動重複地設置到不同國家的分公司或子公司，形成橫向一體化分工模式，從而節約潛在的運輸成本和貿易成本。「縱向一體化」與「橫向一體化」理論代表了21世紀前跨國公司一體化的理論成果，但自耶普（Yeaple, 2003）首次建立了一個內生性模型來分析跨國公司最優國際化戰略之後，「複雜一體化」理論正在成為這一領域的新研究內容。

　　政治一體化的研究領域中，聯邦主義一體化理論是歷史最久的一體化理論，該理論的提出者主要是參與歐洲一體化進程的政治家而不是學者，其最終目標建立一個聯邦國家，用一個全球聯邦代替鬆散的聯合國。麥凱（Mackay, 1961）認為聯邦主義是一種分配政府權力的方法，使得中央和地方政府在一個有限範圍內是獨立卻又相互合作的。功能主義一體化理論則反對聯邦主義理論所主張的「自上而下」完成一體化的政治主張，認為一體化應透過不斷加強相互間的功能性事務合作「自下而上」逐步完成。功能主義創始人米特蘭尼（Mitrany, 1943）在其代表作《有效的和平制度》中提出「功能性選擇」的一體化方式。功能主義理論認為國際政治一體化是必要且應該漸進的過程，並試圖找出可以改變國際制度體系的功能方法，被用來作為歐洲一體化的理論支撐和解釋，但無法最終解決國家主權的政治問題。哈里森（Harrison, 1974）指出大多數功能化服務最終將會涉及資源配置，其決定權必然是政治性的。新功能主義修正了功能主義關於經濟與政治的絕對區分假設，認為經濟福利與政治權力只能相對區分。在此基礎上，該理論對一體化的解釋是，幾個不同國家的政治行為體被說服將其效忠、期望和政治活動轉移到一個擁有或要求擁有高於現在國家管轄權的新中心的過程（Haas, 1958），一體化是各國放棄獨立推行對外政策和關鍵性國內政策轉而尋求做出共同決策或將決策活動委託給新的中央機構的過程（Lindberg, 1963）。新功能主義一體化理論是介於聯邦主義和功能主義之間的一種折中理論，較好解釋了歐洲一體化，一度被奉為歐洲一體化的官方哲學。但由於功能性一體化並不必然導致政治一體化，在對新功能主義理論的批評中誕

生了政府間主義一體化理論。霍夫曼（Hoffman, 1966）認為各國政府願意在低級政治領域進行合作，但在高層政治領域的一體化只能透過政府間的磋商和協調以及持續的討價還價來進行。穆拉維斯克（Moravcsik, 1993）創立的自由政府間主義理論對政府間主義理論進行了修正，將一體化解釋成三個階段：國家偏好的形成、國家間的討價還價、制度選擇，認為國內利益集團間競爭形成了國家偏好，並限定了達成潛在可行協定的空間，國家間透過談判實力討價還價，最終選擇國際制度來執行達成的協議。該理論成為當代研究一體化的主流路徑之一。

社會一體化的研究與政治一體化無法截然區分，但側重點不同。交往主義一體化理論認為一體化的方法在於發展社會與人的關係，提出了建構共同體的方法及一體化實現的標準、條件與過程。多伊奇（Deutsch, 1957）在其代表作《政治共同體和北大西洋地區》中將一體化的出現歸結為不同社會的人們在交往中得到了實質性的共同利益，形成集團意識或共同體意識，並願意為以後的交往中承擔共同損失。他將一體化的形成過程歸納為三個階段：核心區與社會學習、起飛與一體化發展、跨越門檻與一體化形成。該理論不同於政治一體化理論研究中對國家間互動的重視，研究更為普遍的社會和人的關係，將一體化視為共同體意識不斷培養和推進的過程。建構主義一體化理論綜合了政治一體化與社會一體化的研究角度，在將國家作為國際關係研究的主要分析單位的同時，採用了社會學角度解釋一體化現象的研究方法。與僅集中於物質刺激動因的解釋不同，建構主義充分重視共同的知識、學習、觀念力量以及規範和制度結構的重要性，認為一體化是不同社會的人們透過互動產生並加強一些觀念，並由此產生文化及人們獨特的身份認定。

該理論並不將制度放在至高無上的地位，而是認為人們的知識觀念、利益有強大的自主性，與制度規則相互影響（Wendt, 1999）。英國學者赫里爾（Hurrell, 1995）綜合了上述研究，從國際體系、區域和國內政治三個層次系統考察了區域一體化的動力。國際層次主要有新現實主義、結構互相依賴及全球化兩種體系理論，前者強調無政府狀態下的國際體系的限制作用和權力政治競爭的重要性，後者強調國際體系變化的特性和經濟技術變化的影響。區域層次主要有新功能主義、新自由制度主義和建構主義三種理論，前兩種理論都屬於自由主義陣營，強調理性、福利和科技知識，對國際社會持多元主義觀點，建構主義則強調物質和觀念，即依賴與認同。國內層次主要有區域主義與國家凝聚力、國內制度與民主化、趨同理論。赫里爾在《地區主義的理論角度》一文中提出了五種變數來解釋區域一體化現象：社會凝聚力（包括族性、種族、語言、宗教、文化、歷史和共同的歷史意識）、經濟凝聚力（貿易模式、經濟互補性）、政治凝聚力（制度類型）、意識形態和組織凝聚力。並用「新地區主義」的概念將涵蓋範圍突破了原有的軍事安全和經濟目標，將人權、民主、環境、文化、社會、犯罪、網路等內容都包括

進一體化的內容中來。[215]

「逆一體化」是與「一體化」方向相反的過程、狀態、結果和趨勢，是反對不同單位、集團、區域、國家從隔絕到聯繫、從封閉到開放、從分散到聚合、從無序到有序的進程和趨勢的立場和現象。「逆一體化」現象的出現有悖於過去各種一體化理論所揭示的諸如貿易開放、資本流動、人力流動、市場擴大、科技和觀念交流、文化交流等一體化優點，因此有學者對「逆一體化」現象進行了規範性的價值判斷，有文章稱之為「逆流」。對該現象的性質判斷，無論是局部地區的「逆一體化」還是全球範圍的「逆一體化」或「逆全球化」，國內外學者存在多種看法，包括：是國家權力平衡機制的功能表現，是資本主義的長程週期性運動，是西方世界的問題大爆發，是發達資本主義國家再工業化，是逆資本主義化，是反殖民主義化，等等。[216]

「逆一體化」具有以下特點：第一，雖然近期集中爆發，但其實存在已久，是伴隨一體化現象而生的。例如啟動較早的歐洲一體化進程中始終存在反對一體化深入發展、阻止歐盟走向統一實體、要求維護本國主權與特殊利益的思想與行動，包括對一體化目標和措施的反對，如「歐洲懷疑論」和「反歐盟政治」等。第二，「逆一體化」表現在政權、政黨、民眾三大主體的分離傾向上。政權和政黨層面既有直接反對一體化的政策或主張，也有反對一體化過快的政策或主張。從歐洲情況看，極左與極右政黨多持「逆一體化」立場，而中間政黨對歐洲一體化持積極態度。民眾層次主要表現在各國民眾在本國或本地區公民投票中對一體化舉措的反對、對「逆一體化」立場政黨的支持以及各種民間「逆一體化」組織的建立等方面。第三，「逆一體化」反映在政治、經濟、社會文化等多領域。在政治領域，「逆一體化」主要集中在維持自身獨立性、反對主權讓渡和對超國家權力的抵觸與不信任。在經濟領域，「逆一體化」表現為經濟政策與經濟關係的疏遠。在社會文化領域，「逆一體化」表現為突出自身的異質性，降低甚至切斷社會文化聯繫。第四，「逆一體化」會對利益分配、主流民意、權力結構產生影響。在利益分配方面，一體化的進程中，各國、各地區、各階層民眾之間的共同利益總體擴大，但獲利不均，存在集體與個體、大國與小國、「先行者」與「後來者」、精英與民眾之間的利益衝突。在主流民意方面，反映在民眾觀念會因「逆一體化」現象的增多而發生改變。在權力結構方面，「逆一體化」現象的出現會使一些國家或地區原本邊緣的政黨有機會上台執政。[217]

「逆一體化」產生的根本原因，主要在於經濟一體化與政治一體化的不同步。此前

---

[215] 彼得．羅布森：《國際一體化經濟學》，上海譯文出版社，2001年；唐永紅：《兩岸經濟一體化問題研究》，鷺江出版社，2007年。

[216] 賈瑞霞：《國外學者關於一體化理論的一些研究》，《當代世界與社會主義》，2000第3期；郭強：《逆全球化：資本主義最新動向研究》，《當代世界與社會主義》，2013第4期；梁雙陸、程小軍：《國際域經濟一體化理論綜述》，《經濟問題探索》，2007年第1期。

[217] 吳志成、王楊：《歐洲一體化進程中的反一體化》，《國外社會科學》，2006年第6期。

有學者提出市場經濟週期說、財政金融擴張不穩定說、國際秩序制度缺陷說、組織內部慣性說等理論來解釋「逆一體化」的成因。從國際經濟學對一體化問題的研究成果看，經濟一體化有利於各成員經濟體的整體福利提升，但福利分配在不同利益群體之間差異很大。假設有兩個經濟體，一個較發達一個較不發達，各自內部均只有雇主和雇員兩個階級。兩個經濟體透過各種政策消除障礙、創造條件進行經濟一體化，一般先進經濟體的雇主階級資金力量更為雄厚，而後進經濟體的雇員階級價格更為低廉，因此一體化開放資金和人力自由流動的結果，就是先進經濟體的雇主階級與後進經濟體的雇員階級相結合，先進經濟體的雇主可以有更多的利潤，後進經濟體的雇員可以有更高的工資，他們都是一體化的獲益者。但先進經濟體的基層雇員和後進經濟體的中小企業主如果不能在經濟一體化的衝擊下迅速進行轉型提升，一般情況下他們將因喪失原有的位置和優勢而成為一體化的利益受損者，於是轉而反對一體化。由於先進經濟體政治上大多實行「一人一票」的投票選舉制度，先進經濟體的基層雇員相對雇主階級在數量上佔有選票優勢，為獲取這部分選票的支援，一些政治力量就會迎合他們反對一體化的主張出現在政治舞台，並很有可能贏得選舉的勝利。由於政治一體化與經濟一體化不同步，支持一體化的數量可觀的後進經濟體的雇員階級無法參與先進經濟體的內部投票，使得「逆一體化」現象可能漸成氣候。這一模型對微觀層面的企業「逆一體化」現象也可以有很好的解釋。當然，這只是一個非常簡化的模型，沒有加入一些現實性因素，諸如部分雇主階級或雇員階級因為一體化引入競爭機制可以化不利為有利，透過提升自己水準或技能成為受益群體。

以前有研究人員提出，一體化的支持者和推動者主要是各國家或地區的政治精英、文化精英以及大企業集團等握有雄厚政治、經濟、文化資源的勢力，「逆一體化」力量則主要是對一體化進程缺乏影響力的群體，而且難以形成合力，在與一體化支持者和推動者的實力對比中處於劣勢地位，因此「逆一體化」無法成為主流，只是短暫、局部和無足輕重的現象。但這種觀點未能將政治經濟領域的一體化現象聯繫起來看，更沒有意識到局部地區「一人一票」的投票政治制度對全域範圍內進行經濟一體化的影響。嚴格講，「逆一體化」力量在沒有取得政權或形成政策之前還不能算是真正的「逆一體化」，從發展的趨勢和當前的制度看，「逆一體化」必然由經濟領域走向政治領域，使之成為一體化進程的現實阻力。雖然實際情況遠比上述兩經濟體兩階級模型複雜，但原理相同，政治一體化的缺失和落後、大量一體化受益者不能參與投票，肯定會形成經濟一體化中較先進經濟體內部擁有選票優勢的利益相對受損者的有效反對，從這個意義上說，「逆一體化」潮流幾乎是必然的。

「逆一體化」現象頻頻出現的全球背景下，兩岸關係的發展變化也可以從該角度重新審視。自台灣問題產生以來，大陸方面一直主張兩岸統一，特別是 20 世紀 80 年代

中期，中共中央和中國政府確立了「和平統一、一國兩制」基本方針，形成了改善和發展兩岸關係的政策體系後，近 30 年來始終積極推動兩岸經濟和政治的一體化。面對大陸方面提出的「和平統一、一國兩制」方針，台灣方面對兩岸政治一體化選擇了消極立場，1991 年制定「三個階段」的「國家統一綱領」就表明台灣政府無意著手與大陸方面開始和平統一談判，而是將之推到將來一個不確定的時間。隨著李登輝執政後期與陳水扁執政時期堅持「台獨」立場，推動「台獨」活動升級，兩岸政治一體化更無啟動時機。甚至馬英九執政時期兩岸雙方也無法就兩岸結束敵對狀態、簽署和平協定的議題坐下來談判。[218]

兩岸經濟領域的一體化卻從一開始就衝破台灣政府的「三不政策」展現出充沛的活力，特別是 2008 年後達到迄今以來的高峰。2008 年 3 月，台灣局勢發生積極變化，兩岸關係出現難得的發展機遇。2008 年 12 月 31 日，中共中央總書記胡錦濤在紀念《告台灣同胞書》發表 30 周年座談會上強調和平統一最符合包括台灣同胞在內的中華民族根本利益，提出首先要確保兩岸關係和平發展，這是中共中央和中國政府第一次提出實現和平統一首先要確保兩岸關係和平發展的論斷。和平發展與和平統一相比，其側重點是兩岸經濟一體化優先推動，從這個角度看，政治一體化需要等待水到渠成的適當時機，再開啟兩岸政治協商與談判。

2008 年後的 8 年間，在「九二共識」、反對「台獨」的基礎上，兩岸關係穩定發展，兩岸經濟一體化取得豐碩成果，給兩岸同胞帶來了實實在在的好處。1. 兩岸經濟關係正常化基本實現：兩岸全面直接雙向「三通」得以實現；兩岸人員往來基本實現了正常的雙向交流，旅遊成為兩岸人員往來的主管道；兩岸金融監管部門簽署一系列協定和備忘錄，兩岸金融業交流與合作可以正常開展。2. 兩岸經濟關係制度化取得突破：兩岸兩會舉行 11 次會談，針對兩岸交流中的制度性問題簽署了 23 項協定。3. 兩岸經濟關係自由化有所推進：2010 年兩岸簽署《海峽兩岸經濟合作框架協定》（ECFA），2011 年海峽兩岸經合會作為由兩岸共同成立的執行與磋商機構在 ECFA 下成立，兩岸在海關合作、產業合作、中小企業合作、經貿社團互設辦事機構、青年創業等方面也成果豐富。4. 兩岸經濟關係緊密化不斷深化：兩岸年貿易額升至近 2000 億美元，台灣對大陸的貿易和出口依賴度分別接近 30% 和 40%；大陸實際使用台資累計金額上升至將近 1500 億美元，台灣對大陸的投資依賴度約為 60%。兩岸人員往來總量升至近 1000 萬人次，數量增長 8 年間翻一番。這 8 年是兩岸關係進展最顯著、交流合作和協商談判成果最豐碩的 8 年，是兩岸經濟、文化、社會聯繫水準提升最快、兩岸經濟一體化推進成果最為豐碩的時期。

然而隨著兩岸經濟一體化的迅速推進，「逆一體化」現象也在兩岸間出現。兩岸簽

---

[218] 孫亞夫：《概論 1987 年至 2012 年兩岸關係發展脈絡》，《政治學研究》，2015 年第 4 期。

署了《海峽兩岸服務貿易協定》之後，2014 年台灣爆發「反服貿運動」，使得該協議在台灣陷入停擺，迄今未能生效。2016 年台灣民進黨執政，拋棄了核心意涵是「兩岸同屬一中」的「九二共識」，導致兩岸經濟關係制度化進程被迫中斷，談判已經進入尾聲的《海峽兩岸貨物貿易協定》、《海峽兩岸爭端解決協議》無法簽署，兩岸經濟一體化遭遇嚴重阻力。蔡英文政府還在其「台獨」政治理念下推行與大陸漸行漸遠的「逆一體化」政策，包括推動「新南向政策」，提升對外經濟的格局及多元性，以實現其就職演講中提到的「告別以往過於依賴單一市場」的目標。蔡英文的這些針對兩岸的「逆一體化」政策並非上台後才提出的，這些「逆一體化」政策主張能夠得到多數台灣民眾認可並取得台灣執政地位，不能簡單歸咎於競爭對手太差或政治立場使然，兩岸經濟一體化過程中利益相對受損的台灣民眾的「逆一體化」傾向是值得重視的重要原因。

最近大陸學界的一些研究成果證實了以上判斷。中國社會科學院台灣研究所 2016 年的相關研究顯示：台灣很多一般民眾和弱勢群體不僅未享受到兩岸經貿利益，反而因台商赴大陸投資、台灣工作機會流失到大陸而利益受損。兩岸經濟合作成果被「財團化」，推動兩岸經濟一體化的馬英九和國民黨也因開放兩岸經貿政策而被反對者描述成為財團利益代言人。[219] 廈門大學台灣研究院 2016 年的相關研究表明：若不考慮宏觀層面台灣收入再分配機制對台灣民眾分配的影響，兩岸經貿交流合作利益對台灣社會群體的初次分配狀態與兩岸經貿往來的開放進程與特點密切相關，受益最大的群體包括：直接參與兩岸投資貿易的台商群體；受惠於兩岸全面直接「三通」的台灣民眾；受惠於大陸對台優惠政策特定物件的群體，如農漁業群體、旅遊業及相關行業群體等。而這些群體以外的台灣雇員階級與中小企業主則未從中獲利，即使獲利，由於程度不同和台灣貧富差距加大，也可能成為「逆一體化」的支持者。評估還顯示，台灣大企業在產業內利益分配中獲益強於中小企業。從區域分佈看，台灣南部地區在兩岸經濟一體化中的受惠程度低於北部。[220] 清華大學台灣研究院 2014 年的相關研究顯示：根據對台灣家庭可支配所得進行分組統計，可以看到上層家庭和中下階層家庭的所得差距正在不斷擴大。最近十年來越來越多的台灣家庭在通貨膨脹面前深刻感受到了前所未有的經濟拮据狀態。尤其是當他們看到不少富有的企業家在金融危機中不僅沒有受損反而因兩岸經貿合作而大把賺錢時，從難堪的拮据感中又爆發出強烈的相對剝奪感。歐洲社會過去常見的階級政治，在今天的台灣已經浮現出來了，但這是一種沒有階級分化的階級政治，其動因更多的是兩岸關係中既有的國族認同問題和民進黨近年來的社會動員路線轉型。民進黨選擇站在受薪階級、傳統農工階級及白領階層的立場上說話，走「中間偏左」的路

---

[219] 張冠華：《台灣政黨再輪替後兩岸經濟關係走向探析》，《台灣研究》，2016 年第 5 期。
[220] 鄧莉娟、馬士偉：《兩岸經貿交流合作對台利益分配狀態分析》，《台灣研究》，2016 年第 5 期；李非、黃偉：《全球價值鏈分工下兩岸貿易利益的分配——基於兩岸製造業貿易附加值的研究》，《經濟問題探索》，2015 年第 6 期。

線，為兩岸經濟一體化進程降溫，以抗衡國民黨。[221]

台灣學界的相關研究也得出同樣結論，中央研究院林宗弘與輔仁大學胡克威的《愛恨ECFA：兩岸貿易與台灣的階級政治》是較有代表性的研究成果。

該研究採取了一個簡化的新馬克思主義分類法，將台灣民眾的階級分為雇主、自營作業者（含農民）、非技術工人與新中產階級（含技術工人或專家、經理人與專業經理人）、非勞動力四類。這四類階級與非勞動力在整個樣本中的比例分別為：雇主4.35%、自營作業者8.45%、非技術工人29.79%、新中產階級21.1%與非勞動力36.31%。研究發現台灣最支持兩岸經濟一體化的是人數比例最少的雇主階級。對雇主而言，稅收和兩岸利益分配都相對不重要，其相關係數都未達到顯著水準，影響其支持兩岸經濟一體化的因素與其往來中國大陸的次數（生產要素流動性）及其對經濟成長的預期密切相關，最後導致雇主認為泛藍能夠代表其階級利益，進而影響其投票行為。在較反對兩岸經濟一體化的群體方面，所有關係的相關係數都達到了顯著水準，意味著工人階級認為台灣的稅收比較不公平、兩岸經濟一體化會帶來貧富差距、國民黨不能代表其階級利益。類似的情況也出現在不同族群之間。與外省族群多支援兩岸經濟一體化的傾向相反，福佬族群較少前往中國大陸、不認為兩岸經濟一體化能帶來經濟成長，而且比較傾向支持「台獨」。

該研究設計了若干模型，其具體結論分別為：模型1的回歸係數顯示，雇主階級去中國大陸的次數遠超過其他各階級，而中產階級也顯著地超過自營作業者與非技術工人，外省族群去中國大陸的次數顯著高於其他三個族群。模型2的回歸係數顯示，資本家、自營作業者與工人階級都認為稅收不公平，不同族群與對稅收的看法關係不顯著，年齡與稅收看法相關。模型3的回歸係數顯示，是否支持「台灣獨立」受族群影響遠高於階級，外省族群明顯地較不支持「台灣獨立」。模型4的回歸係數顯示，各階級成員對ECFA是否能給台灣經濟帶來成長並沒有看法上的明顯差異。模型5的結果顯示，外省族群與不支持「台獨」者不認為兩岸經濟一體化會造成貧富分化的後果，但是工人階級與新中產階級以及已婚者，也就是藍領與白領受雇者不確定兩岸經濟一體化能帶來好處，卻傾向認為兩岸經濟一體化會造成貧富差距的惡化。有趣的是，教育程度較高者對這兩個題目都做出正面回應，也就是認為兩岸經濟一體化會同時給台灣帶來經濟好和貧富分化。模型6顯示，無論兩岸經濟一體化會對台灣經濟帶來好處或造成社會不平等，資方與教育程度較高者仍顯著地支持，這個現象可以理解為資產階級與人力資本擁有者在預期將獲得貿易利益之下具有自利傾向的政策選擇；而支持「台獨」者則是顯著地反對兩岸經濟一體化；外省族群與常去中國大陸者支持兩岸經濟一體化的效果完全

---

[221] 鄭振清：《台灣激進主義的階級政治根源》，《文化縱橫》，來自觀察者網，http://www.guancha.cn/Zheng_Zhen Qing/2014_06_24_240422_s.shtml

被其他變數取代了。模型 7 的回歸係數顯示,非技術工人較傾向民進黨能夠代表其階級利益;外省族群(無論他們在什麼階級位置)強烈地認為國民黨代表其階級利益;支持「台獨」者(不少農民與自雇者)則認為民進黨才能代表其階級利益。模型 8 的回歸係數結果可以發現,非技術工人與新中產階級(廣義的受雇者)顯著認為民進黨較能代表其階級利益,但是將年齡加入考慮之後,可以發現年齡越大的資本家與新中產階級越傾向國民黨代表其階級利益,支持國民黨的分界點大約在 47.8 歲左右(工人階級則為 58 歲以上)。也就是說,台灣掌握企業權力的資方與資深專業管理階層更支持兩岸經濟一體化,同時也更傾向國民黨代表其階級利益,青壯年受雇者則認為民進黨才代表其階級利益。在最後一層模型裡,當受訪者被問到國民黨或民進黨代表階級利益時,教育程度、婚姻狀態與去中國大陸的次數等因素都喪失統計顯著性。可見,相對於其他因素,階級位置與族群身份的影響力可以直接決定選票傾向與政治行為。[222]

研究認為,台灣的階級投票現象並非來自傳統的工會組織或左派政黨組織根植於勞工社區的選舉機器,或許也不是由於選民強烈的階級覺悟或者社會主義意識形態,而是來自兩大政黨在某些具體的稅收或福利政策,與對外貿易利益分配政策的些微差異。台灣民主化後隨之而來的是後工業化的社會轉型與兩岸經貿開放政策的衝擊,兩者或許互為因果,造成產業外移與技術升級,帶來了結構性失業與貧富差距的惡化。在此一過程中,資本與技術擁有者的所得大幅上升,低技術工人與自營作業者的實質所得成長停滯,相對收入下滑。此外,掌握企業權力的資方與資深經理人獲益、本地青壯年的創業機會與就業機會雙雙惡化(林宗弘,2009),正是在這個民主似乎趨於鞏固、階級流動似乎趨於停滯、階級以及世代收入分配緩慢惡化的局勢下(蘇國賢,2008),台灣出現了階級與世代政治回溫的現象,兩岸經濟一體化引起的政治爭議突顯了不同階級與世代的利益分配問題。因此,兩岸經濟一體化政策可能會造成內部階級與產業利益的重分配,這種潛在的所得效果已經激起不同階級與族群對兩岸經濟一體化的兩極化評價,並且至少部分引導了選民的投票行為。在可預見的未來,若是開放貿易對刺激經濟成長的效果難以衡量,或是貿易利益集中在少數產業與廠商而使其分配極為不均,將會對台灣變動中的階級政治造成更大的影響,甚至可能逐漸改變政治版圖與兩岸政策的走向。

從以上兩岸學界的相關研究可以看出,台灣不同階級在兩岸經濟一體化面前的態度和反應是存在明顯差異的,在反對者在數量上明顯優於支持者時,要麼是主張「逆一體化」的政黨上台,要麼是原來的執政黨調整政策,這是政治一體化不能跟上經濟一體化步伐的必然結果,而經濟一體化過程中利益分配不均其實也是資本主義制度財富分配不均的必然反映。在台灣政府未能採取財政稅收、轉移支付等強有力的二次分配手段配套兩岸經濟一體化的情況下,兩岸經濟一體化過程中利益分配的市場差異必然導致台灣出

---

[222] 林宗弘、胡克威:《愛恨 ECFA:兩岸貿易與台灣的階級政治》,《思與言》第 49 卷第 3 期,2011 年 9 月。

現「逆一體化」主張。由於台灣沒有與其他主要經濟體進行一體化的制度建設，因此台灣也很少有聲音對兩岸經濟關係之外的其他台灣對外經濟關係提出公平分配的要求。按照本文前面提出的簡化模型，台灣人數佔優勢的「逆一體化」的支持者在兩岸政治一體化缺位的前提下擁有選票優勢，可以透過投票支持主張「逆一體化」的政黨上台從而阻撓一體化進程，如同英國投票「脫歐」一樣，並不是偶然事件。

綜上所述，兩岸經濟關係制度化協商進程中斷，《兩岸經濟合作框架協定》的若干後續協定無法簽署或生效，雖然有偶然性的具體原因，但從全球範圍來看，該現象既是全球性「逆一體化」背景下的產物，本身也是兩岸關係中「逆一體化」的表現。某種角度看，近年來引人關注的「台獨」和「港獨」活動都在一定程度上是與大陸「逆一體化」的映射。政治一體化與經濟一體化如果能夠同步推進，二者可以形成良性的正回饋，經濟一體化中的整體上佔多數的利益群體會透過推動政治一體化確保經濟一體化的成果或方向，例如受益於兩岸經濟一體化的台商階層和大陸勞工階層假如都有投票權，可以與台灣勞工階層共同決定台灣未來的經濟政策和執政政黨，共同商議利益分配的合理方案，那麼確保兩岸經濟沿著一體化的方向發展是可以預期的。但現實世界中的情況是，經濟影響是全面的，政治投票卻是局部的，局部範圍內相對佔優的選票決定了政權與政黨的政策取向，形成對一體化具有現實阻力的「逆一體化」力量。

第四節　台灣民意發展現狀

當前台灣民意與 30 年前兩岸剛剛打破長期隔絕狀態開始交流時的情形已經大為不同，自認為是「中國人」和主張兩岸統一的民眾比例已經大幅下降，以「台灣人」自居而謀求台灣「獨立」的人數比重則迅速上升。根據台灣聯合報系民意調查中心 2016 年 3 月公佈的民調資料，[223] 台灣民眾認為自己「是台灣人而不是中國人」的，從 1996 年的 44%，到 2006 年的 55%，再到 2016 年的 73%，屢創新高，而認為自己是中國人的只有 11%，顯示「維持現狀」的陣營正源源不斷流向「台獨」陣營。雖然 46% 的民眾主張台灣應永遠維持現狀，仍為當前主流民意，但有 19% 希望儘快「獨立」（「急獨」），17% 傾向維持現況以後再「獨立」（「緩獨」），4% 主張儘快統一（急統），8% 傾向維持現狀再統一（緩統），46% 希望永遠維持現狀，另有 6% 無意見。值得注意的是，主張「急獨」與「緩獨」的人同比增加 8 個百分點。從世代差異看，各世代中以 20 到 29 歲年輕族群自認是「台灣人」的比率最高（85%），主張「急獨」（29%）及「緩獨」（25%）的比率也都高於 30 歲以上族群，這意味著未來「台獨」意識還將增加。可以得出結論：「台獨」思潮在台灣已成氾濫之勢，「台獨」勢力日益坐大，日益年輕化，而且愈演愈烈。

---

[223] 台灣聯合新聞網 2016 年 3 月 14 日。

雖然大陸有些學者將「台獨」意識產生和擴大的原因歸結為台灣獨特的社會歷史根源、國民黨專制獨裁統治以及民進黨上台執政「獨化」台灣社會，但這樣的分析解釋力似乎仍不夠：比台灣受殖民時間更長的港澳為什麼回歸時沒有產生強烈的「獨立」意識？如果將「獨立」意識的產生歸結為蔣介石政權獨裁專制給台灣人民造成極大的心靈創傷，在那個歷史時代，基本上都有過同樣經歷的大陸其他地區為什麼沒出現獨立意識？至於用民進黨上台執政「獨化」台灣社會來解釋「台獨」意識的迅速成長，則明顯忽略了沒有「台獨」意識迅速成長何來「台獨」勢力上台執政的邏輯問題。筆者以為，兩岸交流30多年來，統一意識不增反減，「台獨」意識不斷蔓延，是國際因素、台灣因素和大陸因素共同作用下的結果。本節重點從兩岸官方與台灣民眾的三方博弈與互動，分析作為最重要的序參量的台灣民意是如何演變為當前狀況的。

一、「台獨意識」的成長

「台獨意識」是以「皇民意識」為背景、以「民主意識」為包裝迅速成長起來的。「台獨意識」的成長與日本、美國的文化影響密切相關。當前台灣「台獨意識」起源於日本殖民台灣時塑造的「皇民意識」，在二戰後日本戰敗歸還台灣給中國，但眾多具有「皇民意識」的台灣人對中國政府的接管統治並不情願和適應，加之當時國民黨政府忙於內戰，在磨合期內釀成日本意識與中國意識衝突為背景的「二二八事件」，之後「皇民意識」轉向「台獨意識」。但兩蔣時期台灣政府堅決反對「台獨」，對民眾進行中國意識的教育，「台獨意識」缺乏發展空間，蔣經國時期只能混在「反威權、爭民主」的口號中參與抗議台灣當局的社會運動。李登輝上台後放手「台獨」意識發展，其時正值美蘇冷戰結束，美國一超獨大，美國的民主制度和民主意識在台灣民眾心中成為代表社會發展潮流的「普世價值」，追求民主在台灣具有了任何人都不能反對的「正當」訴求。台灣推動「台獨」意識最重要的政治力量——民進黨正是借著爭取「民主」之名在反對國民黨威權統治的鬥爭中壯大起來的，台灣民眾在接受民進黨的「民主」訴求的同時，也將選票投給了有著「台獨」黨綱的民進黨。民進黨上台執政後，立刻著手「台獨」意識的正當化與普及化，「台獨」意識於是大行其道，快速蔓延。

甲午戰爭後台灣被清政府割讓給日本。《馬關條約》簽訂後，許多不願接受日本殖民統治的台灣人已經遷回大陸，留下的抗日份子在日據初期又被大規模殺戮，根據日本總督府的檔案記載，日本統治台灣的頭八年中，每一百個台灣的人中就有一個多被日本人殺掉，這還是縮小範圍計算的，因為失蹤的、受傷的、嚇出病來的、坐牢的、被恐嚇、被刑囚、被關押的都不算。倖存的台灣人多半只是習俗（如語言、服飾、飲食、祭祀等）意義上的中國人，在思想意識層面上對日本的強勢文化已缺乏抵抗力，中國意識開始逐漸被日本「皇民意識」所取代。日本在台灣強行推動日語教育，塑造日本史觀，

當台灣人開始用日文看世界的時候，觀念上就會形成日本的敵對國中國對立的「皇民意識」。日本在二次大戰失敗時，很多台灣人完全沒有思想準備，中國在日本的宣傳中只是個野蠻落後的國家，台灣人突然從日本手中被丟進中華民國的懷抱裡，感覺適應不良。[224]

　　日本統治台灣五十年，由於經歷不同，台灣人的老中青三代在民族認同上還是有所區別。台灣的光復是台灣老年人歡慶回歸故國和中年人心靈解放，光復時到處所見的感人場面是他們由衷的內心反映。而青年人就未必如此，有的竟然為日本的戰敗而飲泣，甚至還有自殺以示效忠的。台灣的光復使得這些青年在國家民族的角色上在一夕之間倒轉過來，一時難以適應，更不願意照著鏡子罵自己，面對這一段皇民化歷史，大都是以日本統治帶給了台灣「現代化的洗禮」「重秩序守法律的精神」之類的說法，予以掩飾美化。其實從時代的影響來看，台灣青年的皇民化完全是環境所塑造出來的，是自然而必然的現象。通觀世界殖民史，只要統治上了軌道的殖民政府稍加懷柔，就會起著同化作用的效果，更何況是日本政府積極推動的皇民化。

　　光復時的台灣青年是在日本統治完全穩固之後成長的一代，並未親身體驗日本統治初期殘酷的一面，他們是在單方面受日本教育灌輸和洗腦的時代環境下長大，日本的強盛進步和中國的衰亂落後更是眼前的事實，自然也就形成這些青少年崇日輕華的價值觀。二次大戰後，受到皇民化影響的台灣青少年必須回歸比日本落後而且陌生疏離的中國時，其心情必然是矛盾的。光復時許多青年在歡迎的碼頭上，看到從船上登岸軍容破爛不整的國軍就生出鄙夷之情，愛國心就打了退堂鼓，以後對著語言不通的大陸人，更覺得他們比日本人還像異國人。光復初期皇民化其實是在台灣青少年人心中，頗為廣泛地隱性蟄伏著，他們對日本的感情甚至還多於對中國的感情。光復後單從海外歸來的台籍日軍就約有三十萬人之多，這些人回台之後許多無業，生活無著滿腹牢騷不滿現實。所以「二二八事件」是在意識底層的國族認同的衝撞，簡直難以避免。「二二八事件」時如果中國處於國家太平、政治穩定的情況下，處理「二二八事件」的方式或許會比較溫和穩健一些，但當時國民黨正處於國共內戰的局勢下，蔣介石已經把台灣的軍隊抽調到大陸去作戰，這時台灣軍力空虛，又傳來有共產黨人介入的「全島叛亂」，因此緊迫而急率地處理「二二八事件」，國民黨的濫捕濫殺、冤及無辜在全國各地都是如此，但台灣人特殊的心理狀況使輿論導向「中國人不把台灣人當作自家人看」，用以作為鼓吹「台獨」的理由。

　　「二二八事件」背後，是因日本殖民統治造成的國族認同衝突解決不了，「皇民意識」與中國意識的對抗。光復初期，台灣民眾主動發起歡迎祖國熱潮，但兩岸間的心理隔閡並沒有一夕消失。國民黨政府一方面輕忽了日本殖民統治對兩岸人心所造成的裂

---

[224] 石佳音：《「台獨」意識發端於甲午戰敗》，鳳凰網歷史，http://news.ifeng.com/a/20140718/41214208_4.shtml。

痕,「白色恐怖」等舉措深化了台灣的省籍矛盾,另一方面又忙於國共內戰,對日本在台的殖民遺毒未曾徹底清算,「皇民意識」留存台灣民間。在事變發生6天后,由台灣鄉紳組成的「二二八事件處理委員會」

　　開會透過32條處理大綱,第一條就要求政府的武裝部隊「自動下令暫時解除武裝」,等於繳械投降;第五條更威脅:「政府切勿再移動兵力或向中央請遣兵力,企圖以武力解決事件,致發生更慘重之流血而受國際干涉。」蔣介石和陳儀面對的,不是內政上的,而是國家主權層次上的挑戰。「二二八事件處理委員會」提出的處理大綱高度壓縮了國民黨政府退讓的空間。事件中出現「託管」和「獨立」的主張,心理動因跟「台獨」一致,而「台獨」意識的起源就是日本殖民統治。

　　很多「二二八事件」的文獻裡都提到,事件期間本省人區別外省人和本省人的方法就是唱日本的軍歌。因為陳儀到台灣擔任行政長官時,從福建省帶了不少人過來,所以政府裡有很多會講閩南語的外省人,有些人甚至會講日語,但基本上肯定不會唱日本軍歌,不會唱就肯定是外省人,本省人就可以打殺。所以很明顯,不能把「二二八事件」簡單地看成台灣的閩南人與內地人之間的省籍衝突,而是認同日本的台灣人,跟中國大陸來的中國人之間的衝突。此一事件以暴力衝突始、軍事鎮壓終,國民黨在事件後六十餘年都未能重建、鞏固台灣人民的中國認同,使得後來的「台獨」勢力可以不斷炒作此一歷史傷痕,造成台灣社會的長期分裂和台灣人民對大陸的持續敵意。國民黨撤台後對台灣民眾進行的民族主義教育主要是訴諸感性的鄉愁與反共,無法有效化解本省人對中國的不信賴、不瞭解和敵意。於是,以台灣本省人為主力的「黨外」運動,自然會以「認同」作為動員反國民黨力量的訴求,從「反國民黨」變成「反中國」的「台獨」運動。而「台獨」一方面有賴於美日支持,必須強化台灣老百姓對美日的親和感,一方面要在台灣史上尋找對立於中國的認同的基礎,也很自然就會找到被日本用台灣作為基地來侵略中國的日據時期。這就是現在「台獨」的「去中國化」與「再皇民化」形成一體兩面的原因。

　　後來「兩蔣」的反共宣傳使國民黨的「反共」與「台獨」的「反中」「仇中」難以區分,事實上為李登輝開始推動的「去中國化」和「台獨」意識的快速蔓延打下基礎。當大陸結束「文革」動亂開始改革開放時,受國民黨反共教育影響的台灣人並不是共策統一,反而很容易從習慣性的「反共」「疑共」擴大成「反中」「仇中」,使「台獨」搞的「去中國化」和「台灣主體意識」在台灣所向無敵,「獨台」和「台獨」成為主流。光復後出生的台灣人即使未受過日本教育,由於已經失去了從中國人立場看問題的能力,很容易對立於中國大陸。動輒以「多元化民主社會」自詡的所謂「台灣觀點」說穿了就是美國觀點、日本觀點,也就是附庸觀點。立場不同,觀察問題的結論也不同。台灣人如果能夠站在中國的立場看問題,大陸很多缺點都可以理解、容忍,只要它在持續改善,甚至

會希望能夠幫助改善。但如果站在美、日的立場，不認同中國，大陸做的所有好事——包括對台灣讓利——都是壞事，因為大陸與台灣的走近都會妨礙「台獨」意識的擴散。「台獨」勢力喜歡稱國民黨政府是「外來政權」，一方面暗示它是殖民政權，另一方面暗示只要推翻了外來政權，或者把它「本土化」了，變成本土政權，自然就能實現「民主化」，而這種「民主化」的內核其實就是「台獨化」。

二、「台獨」意識的傳播

　　台灣透過概念分割誘使大陸逐步接受台方主張的正當性。「台獨」勢力網羅和利用一些台灣學者將一些傳播「台獨」意識的概念進行分割包裝，透過區別形形色色的描述兩岸差異的概念與「台獨」概念的不同誘使大陸接受這些概念，使這些概念在具有宣傳的正當性，逐步獲得台灣廣泛認可，同時不斷將這些概念的內涵引向「台獨」意識，將原本沒有分裂意涵的概念向「台獨」意識靠攏，利用普通民眾並不會區分這些用語意涵差別的現實，夾帶「台獨」意識和「台獨」主張公然傳播。例如，先提出要「本土化」，也叫「台灣化」，即逐漸增加台籍人士在台灣政府權力中樞的比重，然後將「本土化」或「本土意識」引向追求自己當家做主願望的「台灣意識」，在得到大陸官方認可之後再進一步提出「台灣主體意識」，其內涵更強調「以台灣為主」、崇尚台灣價值、重視台灣利益、遵循台灣優先，雖然實質是「台獨意識」，但因沒有明確講「台灣獨立」，而是強調台灣「主體性」，因此在台灣已獲得普遍接受與認同。至此，與「台獨意識」並無本質區別的「台灣主體意識」已經在台灣具有了輿論正當性，透過台灣學者論述與政治行為的正回饋循環，日益成為具有合理性和影響力的主流意識，為「台獨」意識的傳播和佔據主導地位打開了方便之門。

　　概念分割的特點是具有隱蔽性和迷惑性。在一種概念尚不能獲得輿論認可的時候，先用輿論可以接受的概念宣揚理念，引導民眾認同，使其具有正當性，在民眾普遍可以接受之後，再提出更激進一些的概念，重複上述過程，直到最終使自己的核心理念成為民眾普遍接受的主流意識，也就完成了把握輿論這個關鍵序參量的系統演化鑰匙。「台獨」勢力正是透過這種分步推進的策略，將台灣社會主流民意由認可「本土意識」引向追「台灣意識」，再過渡到「台灣主體意識」，此時距下一步邁向「台獨意識」已經距離很近、唾手可得了。在這一過程中，「台獨」勢力運用了社會輿論與政府政策的正回饋效應，當一個概念拋出時儘量避免過激而引發眾怒，即使該概念並未被大眾接受，也可以透過街頭運動、抗爭、衝突等手段將訴求聲勢拉高，迫使台灣政府做出不同程度的認可和讓步，反過來影響更多民眾認為該概念具有合法合理性，透過這種循環放大的效應使之逐步成為台灣主流民意。此時如果能夠說服大陸接受這種概念，則更增添了其正當性。

「台獨」勢力的操作手法，往往是先確立其論述的「正當性」，然後將其他論述逐漸打成「不正當」的論述，佔據主流意識觀點。80年代，「台獨」勢力在台灣提出「台獨有言論自由」，如今台灣「台獨」幾乎成為「唯一享有自由的言論」。其手法就是：先將「自由主義」吹捧成普世價值，然後再把它窄化成「多元」、「包容」等程式性的價值，再把這樣的程式價值絕對化，成為「價值相對主義」，也就是「關於事實或價值的任何主張都無是非對錯之分」，這樣就從公共議題場域中抽掉了「講理」的必要性。於是，「台獨」便可以「多元」「包容」為藉口，先強迫他人容忍他們的主張，再借著綠媒的民粹炒作造成聲勢，壓倒其他立場、主張，最後封殺任何對其「台獨」立場進行理性討論的可能性。簡言之，「台獨」正借著「自由主義」的偽裝，靠著語言和文字的暴力，打造「台灣主體意識」的一言堂。結果台灣社會越來越分裂，最後陷入「信者恒信，不信者恒不信」的困局，不再有人相信真理真相、公是公非的存在，一切靠聲勢取勝，同時借由「台獨」教改將這種對言論自由的扭曲、濫用灌輸給台灣年輕學子。

教育領域是「台獨」意識傳播的重要戰場。「台獨」教改將自由社會的「多元」現象視為終極價值，再用歷史教科書毀掉學生理性思考群體社會現象及道德價值的能力。在這樣的教改下成長的年輕人，很難不成為價值相對主義者。他們不相信人類社會還能有真理真相、公是公非，於是將「只要我喜歡，有什麼不可以」奉為圭臬。[225] 台灣青年是在「教改」之下成長，教科書已經全部改成「台獨」史觀，只要一個高中畢業生不是非常愛思考，也不願意看課外書籍，那麼幾乎可以確定他會成為「台獨」。台灣為了「課綱微調」的問題吵得不共戴天就是因為「課綱」是關係到「意識台獨」成敗的關鍵戰場。「台獨教改」中最關鍵的問題就是「台灣島史」和「同心圓史觀」。現在台灣的小孩子讀歷史，首先得到的就是完全以地理區域為主的歷史知識，知道這個島上荷蘭人、中國人、日本人等人群來來往往，但不知道前因後果。台灣學生先認同這個「台灣島」，看世界時就從這個地理上的主體往外擴散，結果台灣島史就是本國史，中國史和其他國家的歷史一樣成了外國史，而且這個「中國」對台灣並不友善，某種程度是台灣最大的假想敵。同時，這樣成長的一代也容易把霸權視為主導台灣歷史發展的主要力量，於是，他們或者崇拜霸權、反道德，或者變成價值相對主義。他們也無法區分民主跟民粹，無法區分台灣「民主」表像的背後，是「台獨」媚日反中的運動。

三、來自大陸的善意

大陸的善意未能充分轉化為台灣民眾的信任，反而助長其提高要價。大陸透過語言和行動在精神上與物質上對台灣民眾釋放各種善意，希望這些善意能贏得台灣民眾好感，從而轉化為台灣民眾對大陸的信任。如果沒有任何其他因素的干擾，惠台措施的確

---

[225] 石佳音：《台灣為何只剩「台獨」分子的「自由」》，http://www.guancha.cn/Shi_Jia_Yin/2015_09_21_335001.shtml.

可以贏得好感並向信任轉化，但現實是兩岸政權存在博弈，大陸試圖影響台灣民意的同時，台灣政府也在極力影響台灣民意，並通過其在台灣的控制力在影響台灣民意時具有先天優勢，例如禁止或限制大陸媒體在台灣的輿論傳播，或者扭曲宣傳大陸的惠台政策與善意，至少可以在為數更多的未與大陸發生經濟利益聯繫的台灣民眾間製造對大陸惠台不均的反感，民進黨執政時尤其如此。因此，大陸即使釋放再多善意，也難以讓絕大多數台灣民眾對大陸的好感超越對本土民選的台灣政府的好感，也就無法轉化成統治政權賴以存在的被統治民眾對該政權的信任。善意可以轉化為好感，但好感不足以轉化為信任。

關於政治信任的來源，學界有兩種理論：文化理論和制度理論，前者強調政治信任是外生性的，源自長期存在而根深蒂固的信任；而後者認為政治信任是內生的，是制度運轉的結果，取決於公民對於制度績效的評價。從文化的觀點來看，對制度的信任是人際信任的延伸，這種信任是在生活的早期階段習得的，很久之後，再投射到政治制度上，因此制約著制度運轉的能力。與此不同，制度理論認為對制度的信任是對制度令人滿意地運轉的預期效用，它是制度績效的結果，而不是原因。對制度的信任是有其理性基礎的，它取決於公民對於制度績效的評價。績效良好的制度就會導致信任，靠不住的制度就導致懷疑和不信任。在文化理論和制度理論各自內部，又可以在宏觀導向的理論和微觀導向的理論之間做出進一步的區分。這兩者的宏觀理論都強調信任是所有社會成員所廣泛共有的集體或群體特性。與此不同，微觀理論堅持認為由於社會化過程和社會背景、政治和經濟經歷或者個人的理解和評價行為不同，所以信任在社會內部的個人之間是存在差異的。[226] 歷史事實中可以找出一些例子來證明兩種理論的合理性，比較而言，制度理論的解釋力更為突出，它不是要否認早期生活帶來的文化影響這一事實，但在同一文化影響下，制度績效的差異會形成不同的信任關係。制度績效是形成對政治制度的信任的關鍵，信任能夠更加確定和快速地建立起來，而不像文化理論所表明的那樣要幾十年或幾代人的時間。信任可以透過改進政治制度的行為和績效而得到培育。政府可以用舊有的方式獲得公眾信任，即透過對公眾的優先事務做出回應、發現腐敗行為和保護新的自由權利來獲得信任；也可以透過那些承諾給整個國家帶來物質上更好的未來並最終實現了這一前景的經濟政策而獲得信任。

大陸建立與台灣民眾信任關係的特殊之處在於兩岸尚未統一，大陸無法透過直接的管理制度與治理政策與台灣民眾互動從而建立信任。從制度角度，大陸贏得台灣民眾信任需要有兩個方面：一是直接管理下的大陸民眾對政府有較高的信任；二是透過對台灣民眾釋放善意增加好感為日後建立信任打好基礎。近 30 多年來，大陸在第二方面做得

---

[226] [美]威廉· 米施勒、[英]理查· 羅斯：《何為政治信任的來源——以後共產主義國家為背景考察制度理論和文化理論》，周豔輝譯，美刊《比較政治研究》，2001 年 2 月號（第 34 卷）。

很好，但如果第一方面績效不彰，台灣民眾的反應會是：我知道你對我是友善的，創造和提供很多利益，但你這樣做是有政治企圖的，不然為什麼還沒照顧好大陸民眾就來照顧我？為什麼大陸香蕉還在滯銷你們卻來台灣大批採購香蕉？為什麼大陸很多地方需要建橋還沒有得到滿足你們卻來台灣建橋？台灣民眾存在這些疑慮的根源在於大陸在第一方面做得還不夠好。2004 年，大陸某網站公佈了一項調查資料，這項調查由中宣部、中組部策劃，由新華社、人民日報、中國社會科學院和四個民主黨派參加，調查範圍是全國經濟發達、次發達、較邊遠三類地區中的五十個大、中、小城市，調查內容是對中國共產黨、政府的工作和期望、信任度。調查顯示，只有兩成的民眾表示信任黨和政府的工作。[227] 如果大陸民眾對政府的信任度都這麼低，怎麼可能讓台灣民眾建立起更高的信任度呢？尤其大陸希望不斷擴大兩岸交流，希望互相瞭解，如果台灣民眾瞭解到大陸民眾對政府的信任度這麼低，那麼擴大開放交流的就很難有預期效果。

另一方面，大陸以寬容心態力圖化解兩岸敵對與仇恨，客觀上反而助長台灣拉高要價的心態，認為自己的各種要求是正當合理的，一味要求大陸理解台灣，而缺乏對大陸立場的理解。有意無意透過「進兩步退一步」的方式在兩岸的立場差異中提高己方要價。此外，大陸對分裂國家的頑固「台獨」分子行徑缺乏有效打擊手段，經濟手段對與大陸沒有或較少經濟聯繫的「台獨」分子而言沒有壓制力度和懲罰效果，輿論、法律和軍事手段還沒有得到充分有效的發揮。

四、台灣政府的政策

台灣政府「文化台獨」政策對台灣民意影響深遠。李登輝和陳水扁當局開始積極謀求「文化台獨」，蔡英文上台後不斷虛化中華文化在台灣地區的主體地位，同時在理論和策略上又進行不少改進。[228] 一是強化台灣歷史，切斷兩岸歷史連結。「台獨」勢力一直試圖建立以「台灣」為中心的「台灣史」，並先後提出了「殖民史觀」和「同心圓史觀」，但敘事主體還是福佬人。蔡英文政府進行了兩個調整：強調福佬人的歷史悲情，將台灣各個群體都作為台灣的一個組成部分，並將台灣歷史由台灣普遍流行的「四百年台灣史」推到了更遠的台少數民族時代。蔡英文政府的「台灣史」由以人為中心和敘事主體的歷史轉變為以地理空間為中心和敘事主體的島嶼史。這樣台灣史就與任何特定群體的活動範圍沒有必然關係，凡是進入和生活在台灣島上的歷史就是台灣史，而在進入台灣之前的活動都不屬於台灣史，這種「島嶼史觀」更加徹底地切斷了兩岸的歷史連結，抹殺兩岸的歷史共性。二是宣導多元史觀，取代傳統的一元史觀。李登輝和陳水扁當局是企圖用「本省人」的歷史觀取代正統的中國歷史觀，蔡英文當局的做法是建構多

---

[227] 程倩：《政府信任關係：概念、現狀與重構》，《探索》，2004 年第 3 期。
[228] 李秘：《蔡英文「文化台獨」的策略及其軟肋》，「兩岸關係——2016 觀察 2017 走向」學術研討會論文。

元史觀以取代一元史觀。首先是建立「原住民史觀」，淡化「漢人史觀」；其次是建立「日治史觀」，淡化「抗日史觀」；再次是推動「轉型正義」，瓦解「光復史觀」。核心是切斷兩岸共同歷史記憶。三是推動多元文化並存，削弱中華文化在台灣的主體地位。蔡英文政府對台灣除了中國文化以外的各種文化都大力提倡和保護，特別是日本文化遺跡，也提出發展台少數民族文化和東南亞新住民文化。

　　蔡英文政府的「文化台獨」策略對影響台灣民意、衝擊兩岸和平統一構成了新的挑戰。其一，兩岸同屬中華民族的觀點受到質疑。過去提到兩岸同屬中華民族，同文同種，同根同源，不會有異議。但在「文化台獨」的影響下，台灣民眾開始認為自己有獨特的歷史和文化，「台灣史」不同於「中國史」，「台灣民族」有別於「中華民族」。其二，以「民族情感」和「民族大義」為核心的統一論述難以感召台灣民眾。很多台灣民眾眼裡，政治共同體不在於共有同一種血統、同一種宗教或同一種歷史文化，而在於共同的領土疆域和公民身份，特別是共同的公共制度，即使原屬同一民族也不是統一的理由。其三，以「中國」為中心的一元歷史文化觀難以說服台灣民眾。「文化台獨」所塑造的「島嶼史觀」更符合台灣民眾的生活常識，多元主義歷史觀和文化觀一旦確立，台灣歷史和文化就獨中國歷史和文化的一個組成部分，而是一個交匯地帶。大陸以「中國」為中心的歷史觀就很難再為台灣民眾接受。

　　總之，二戰後，在日本對台灣50年的殖民統治以及國民黨在台灣進行40年的獨裁統治和「反共」宣傳的背景下，當國際環境條件變動時，「台獨意識」以「皇民意識」為基礎、以「民主意識」為包裝出現，「台獨」勢力將一些傳播「台獨」意識的概念進行分割包裝，使其具有宣傳的正當性，形成輿論正回饋，逐步獲得台灣廣泛認可。大陸學界長期對「台獨」的可能性與現實性重視不夠，中國共產黨力圖以寬容態度和惠台舉措化解台灣敵意與悲情，卻無法透過直接的管理制度與治理政策與台灣民眾互動從而建立執政信任與政權認同，台灣政府長期以來的「文化台獨」政策使台灣的獨特性在台灣深入人心，大大削弱了「民族情感」和「民族大義」的統一感召力，致使國家統一主張在台灣民意的系統層級上缺乏自生能力。

第五章
中國共產黨對台方略

本章分六個階段梳理中國共產黨的對台政策演變，並簡要概括當前大陸學界關於對台政策與戰略的研究，在此基礎上提出個人觀點。

第一節　中國共產黨對台政策演變

自1921年中國共產黨誕生以來，中國共產黨一直作為中國國家系統中一支最重要的政治力量活躍在中國發展進程中，台灣問題的演變與中國共產黨的國家統一思想與對台政策演變密不可分。

一、1921年至1949年

中國共產黨早期對國家統一的認識和政策有一個從模糊到清晰的過程。起初較為模糊是因為中國共產黨建黨之初的工作重心是配合國際共產主義運動在中國進行無產階級革命運動，反抗帝國主義、封建主義和官僚資本主義的壓迫，國家統一並非當時最為迫切的首要任務，很多共產主義者也沒有意識到國家的消亡將是相當長的歷史過程，因此在國家統一問題上著墨不多也比較模糊。日本發動侵華戰爭形勢下中國共產黨調整工作重心，一切圍繞抗戰，將反抗日本帝國主義侵略、爭取民族獨立和國家統一作為指導各項工作的中心原則，並在與國內外政治勢力的周旋中對國家統一的認識和政策逐漸清晰化。抗戰勝利日本投降後，中華民族實現民族獨立和國家統一的最大外部障礙被清除掉，國家統一的外部影響因素轉為美國和蘇聯，內部則是國共之間的矛盾。隨著美蘇冷戰開始和國共內戰爆發，中國共產黨在國家統一問題上的主導思想由意識形態掛帥轉向更加強調國家與民族利益，中國共產黨對國家的理解是保護全國範圍內人民民主專政的機器，國家統一則是對中國各族人民的解放，國家統一戰略及具體政策也由早先照搬蘇聯的主張民族自決和聯邦制共和國逐步轉型為實現馬克思主義中國化，主張符合中國的具體國情包括民族實際和歷史傳統的民族區域自治和單一制共和國。

1921年中國共產黨第一次全國代表大會透過的黨綱中沒有提及國家統一問題，當

時受國際共產主義運動影響，中國共產黨更重視階級利益和階級鬥爭，因此一大以俄文制定的《中國共產黨第一個綱領》中將黨的工作目標定為：「(1)革命軍隊必須與無產階級一起推翻資本家階級的政權，必須援助工人階級，直到社會階級區分消除的時候；(2)直至階級鬥爭結束為止，即直到社會的階級區分消滅為止，承認無產階級專政；(3)消滅資本家私有制，沒收機器、土地、廠房和半成品等生產資料；(4)聯合第三國際。」1922年召開的中國共產黨第二次全國代表大會制定了第一個黨章，發表了《中國共產黨第二次全國代表大會宣言》，制定了中國共產黨的最低綱領和最高綱領。最高綱領是：「組織無產階級，用階級鬥爭的手段，建立勞農專政的政治，剷除私有財產制度，漸次達到一個共產主義社會。」最低綱領即中國現階段的革命任務，明確提出：「(1)消除內亂，打倒軍閥，建設國內和平；(2)推翻國際帝國主義的壓迫，達到中華民族完全獨立；(3)統一中國本部（東三省在內）為真正民主共和國。」1923年召開的中國共產黨第三次全國代表大會的《中國共產黨黨綱草案》中甚至提出過「西藏、蒙古、新疆、青海等地和中國本部的關係由各該地民族自決」。[229] 這一時期中國共產黨將國家統一與國際共產主義運動和反對國際帝國主義壓迫結合在一起，更多時候是作為國際革命的一部分服從於國際無產階級的根本利益。

隨著第一次國共合作的破裂，1928年中國共產黨六大透過的政治決議案提出了中國革命的十大政綱，在「推翻軍閥國民黨的政府」和「建立工農兵代表（蘇維埃）政府」的同時，提出「統一中國，承認民族自決權」，將國家統一作為明確的奮鬥目標。日本帝國主義的侵華戰爭更加劇了中國共產黨對國家統一的緊迫感和使命感。1935年中國共產黨中央發表的《八一宣言》提出建立包括上層在內的統一戰線，以完全抗日救國的首要任務。1936年中國共產黨中央促成了西安事變的和平解決，建立了全國範圍的抗日救國民族統一戰線，將反抗帝國主義侵略、維護國家民族統一作為最重要的工作目標。抗戰期間，中國共產黨對國家統一目標的政策日益清晰。毛澤東在1939年提出，抗日戰爭中，中國國家統一的基礎是抗戰、團結、進步。[230] 統一於抗戰，就是在抗戰中實現國家統一，要徹底戰勝中國實現統一的最大障礙——日本侵略者；統一於團結，就是國共兩黨團結抗戰，以當時中國共產黨的軍事實力在國家統一問題上必須對國民黨進行團結；統一於進步，就是發展進步力量，反對國民黨中央政府的獨裁和專制，主張在民族獨立與民主自由的基礎上建立統一國家。1943年共產國際解散後，中國共產黨在尋求適合本民族特點的革命道路和國家統一問題上更加能夠獨立自主。

抗戰勝利前後，中國共產黨提出國家統一的方式必須是「廢除國民黨一黨專政，建立民主聯合政府」。毛澤東在1945年2月對聯合政府實現的可能性進行了分析：「第

---

[229] 中國共產黨歷次全國代表大會資料庫，http://cpc.people.com.cn/GB/64162/64168/64555/index.html。
[230] 《毛澤東選集》第二卷，人民出版社,1991年，第576—577頁。

一種是壞的可能性，那就是中國共產黨交出軍隊，國民黨給中國共產黨官做。軍隊當然是不交的，因為政府還是獨裁的；去不去做官要具體分析，中國共產黨準備了這種可能性，這種委曲求全為了團結抗戰，同時可以進行宣傳。第二種可能性是形式上廢止一黨專政，實際上是獨裁加上若干民主。第三種是以中國共產黨為中心建立聯合政府，政府設在解放區。」[231] 毛澤東在1945年4月的七大政治報告——《論聯合政府》中提出：「成立包括更廣大範圍的各黨各派和無黨無派代表人物在內的同樣是聯合性質的民主的正式的政府，領導解放後的全國人民，將中國建設成為一個獨立、自由、民主、統一和富強的新國家。」[232] 抗戰後期毛澤東的國家統一思想，集國家統一最終目標的堅定性、具體目標的現實性、民族利益與階級利益的一致性、統一方法的靈活性、統一策略的正確性於一體，是其抗日戰爭時期國家統一思想發展的必然結果，又是解放戰爭時期中國共產黨國家統一思想的歷史與邏輯起點。[233]

二戰結束後隨著美國和蘇聯冷戰的開始，蘇聯對中國共產黨的支持力度加大，中國共產黨對國家統一的目標和信心更加明確而堅定。當時國共兩黨都致力於國家的統一，但是兩黨的國家統一所要達到的目標是矛盾和衝突的。國民黨所追求的是要建立「一個信仰，一個領袖，一個軍令」下的個人獨裁、一黨專政的半殖民地半封建國家，它對於解放區和共產黨軍隊始終不願承認，極力予以取消。中國共產黨所追求的統一，是以無產階級為領導的代表中國人民根本利益的國家統一，是一個獨立統一富強的新中國。毛澤東依據當時中國政治實際狀態，堅持抗戰、團結、進步、和平、民主為統一條件，用聯合政府的主張促進國家統一。國共談判破裂後，中國共產黨不得不放棄透過和平手段組建聯合政府實現國家統一的設想，轉而透過武裝鬥爭推翻國民黨統治實現和維護國家統一。中國共產黨經過戰略防禦、戰略反攻、戰略決戰三個階段的解放戰爭，擊潰了國民黨政權，實現了中國主體的解放和統一。1949年10月1日中華人民共和國成立代表著中國共產黨成為國家主體統一的新中國的執政黨。同時中國共產黨在長期革命鬥爭實踐中逐步提出了民族區域自治的政策，並在建國前後正式建立了民族區域自治制度。

此時中國共產黨對國家的理解是保護人民民主專政的機器，國家統一則是對中國各族人民的解放。毛澤東在1949年6月底的《論人民民主專政》中提到：「消滅階級，消滅國家權力，消滅黨，全人類都要走這一條路的，問題只是時間和條件……但是中國共產黨現在還不能要（消滅國家權力）。為什麼？帝國主義還存在，國內反動派還存在，國內階級還存在。中國共產黨現在的任務是要強化人民的國家機器。」[234] 在國家統一問題上，一方面，要繼續打擊國民黨政權的殘餘勢力，「人民解放戰爭和人民革命運動

---

[231]《毛澤東年譜（1893—1949）》，中卷，中央文獻出版社，2005年，第587頁。
[232]《毛澤東選集》第三卷，人民出版社，1990年，第978頁。
[233] 呂斌、欒雪飛：《論抗戰後期毛澤東的國家統一思想》，《毛澤東思想研究》，第24卷，第2期，2007—3。
[234]《毛澤東著作選編》，中共中央黨校出版社，2002年，第369—375頁。

還在向前發展，中國共產黨還要繼續努力」[235]；另一方面，要處理好統一國家中少數民族地區的治理問題。中國是多民族國家，中國共產黨成立後相當長時期內曾經考慮採用聯邦制來解決中國的民族問題，直到新中國成立前夕在起草《共同綱領》時毛澤東還提出到底是以聯邦制還是單一制解決民族區域自治問題。周恩來在1949年9月《關於人民政協的幾個問題》報告中說：「中國共產黨主張民族自治。但是今天帝國主義者又想分裂中國共產黨的西藏、台灣甚至新疆，在這種情況下，中國共產黨希望各民族不要聽帝國主義者的挑撥。為了這一點，中國共產黨國家的名稱叫中華人民共和國，而不叫聯邦。」[236] 經討論，這一建議獲得透過，新中國建立了民族區域自治制度。後來新中國第一部憲法中明確規定：「中華人民共和國是統一的多民族的國家……各少數民族聚居的地方實行區域自治。各民族自治地方都是中華人民共和國不可分離的部分。」[237]

二、1949年至1978年

中國共產黨在新中國成立之後是以執政黨的身份和地位提出並實施自己的國家統一戰略的，在《中國人民政治協商會議共同綱領》第一章總綱裡開宗明義地提出：「中華人民共和國中央人民政府必須負責將人民解放戰爭進行到底，解放中國全部領土，完成統一中國的事業。」在新中國成立之初的幾年裡，解放了中國大陸的全部領土和絕大部分沿海島嶼以後，中國共產黨在實現中國國家統一方面所面臨的挑戰就只剩下三大歷史遺留問題：港澳台問題，即英國殖民主義者非法佔據中國香港地區問題，葡萄牙殖民主義者非法佔據中國澳門地區問題，以及中國國民黨當局在美國的支持下繼續盤踞台澎金馬地區與中華人民共和國中央人民政府對抗的問題。當時中國共產黨的國家統一戰略及其具體政策採取的是非常特殊的過渡方式，即在對待屬於外交領域的國家統一問題——港澳問題上，採取的是「暫時維持港澳現狀不變」以「長期打算、充分利用」，[238] 在對待屬於內政領域的國家統一問題——台灣問題上，採取的是爭取解放台灣的「一國一制」的國家統一。

1949年2月，毛澤東在會見蘇共中央政治局委員米高揚時第一次提及「解放台灣」問題，他說：「比較麻煩的有兩處：台灣和西藏。」「現在估計國民黨的殘餘勢力大概全要撤到那裡去，以後同中國共產黨隔海相望，不相往來，那裡還有一個美國問題。台灣實際上就是在美帝國主義的保護下。這樣，台灣問題比西藏問題更複雜，解決它更需要時間。」1949年3月15日，新華社發表了題為《中國人民一定要解放台灣》的時評，

---

[235] 《中國人從此站立起來了》，1949年9月21日，《毛澤東著作選編》，中共中央黨校出版社，2002年，第382頁。
[236] 《建國以來重要文獻選編》，第1冊，中央文獻出版社，1992年，第12頁。轉引自《毛澤東思想基本問題》，中共中央黨校出版社，2001年，第133頁。
[237] 《建國以來重要文獻選編》，第5冊，中央文獻出版社1993年，第522頁。轉引自《毛澤東思想基本問題》，中共中央黨校出版社，2001年，第134頁。
[238] 齊鵬飛：《中國共產黨黨史90年關於國家統一戰略的三次大轉型》，《北京黨史》，2011年第4期。

第一次向全國人民公開提出解放台灣的任務：「中國人民解放軍的任務就是解放全中國，直到解放台灣、海南島和屬於中國的最後一寸土地。」[239] 1949 年夏天的計畫是一年後攻佔台灣，毛澤東甚至一度考慮在 1949 年冬季佔領台灣。但在金門、登步島作戰失利後決定分兩步走：先解決沿海諸島問題，同時為攻台做準備，進攻時間推遲到 1950 年 9-10 月。1950 年 3-4 月確定的計畫是：金門戰役推遲到 8 月開始，而攻打台灣則延至 1951 年夏。

影響和改變中國共產黨決策的主要因素既有「勢」的方面：國際上蘇聯對中國共產黨進攻台灣的援助力度以及美國對援助蔣介石防守台灣的政策取向；也有「力」的問題：國民黨軍隊的抵抗能力。當時中國共產黨為統一全國與蘇聯結盟，然而中蘇同盟建立後，蘇聯減緩了對中國共產黨軍事援助的力度，同時美國則逐步改變了對台政策，由放棄台灣轉為準備大力援蔣。朝鮮戰爭的爆發不過是為白宮宣佈其新政策提供了機會和藉口。[240]

1949 年莫斯科的態度十分明確：蘇聯不會直接協助中共攻佔台灣，但可以在加強海空軍實力方面提供援助。然而 1950 年初中蘇同盟條約談判的結果影響了史達林對中國共產黨的援助進度：一方面是毛澤東堅持收回蘇聯在東北的特權，引起史達林對中國共產黨的不滿和疑慮，另一方面是為了維持戰後蘇聯在遠東的戰略利益，以朝鮮半島南部的港口取代中國從蘇聯手中收回的旅順港，史達林決定同意朝鮮先採取軍事行動，其結果是莫斯科大大減緩和壓縮了對中國共產黨的軍事援助。所以，中蘇同盟條約的簽訂，雖然在戰略上對中國的安全和中國共產黨政權的鞏固起到了保障作用，但是也在相當程度上限制和阻礙了中國共產黨攻打台灣戰役的進程。更重要的是，中蘇同盟條約更大的影響是迫使美國改變了對華政策。如果美國繼續堅持 1949 年底形成的放棄台灣的政策，中國共產黨在蘇聯的幫助下還是有可能迅速提高軍事實力，完成攻佔台灣計畫的。白宮內部關於對台政策的爭論表明，美國關注的核心問題是中國會否與蘇聯結盟而成為莫斯科的附庸，中蘇同盟的建立使美國人確信其擔心的情況已經成為事實，於是最終選擇支持蔣介石，保護台灣不被中國共產黨攻佔。朝鮮戰爭的爆發不過為白宮宣佈其已經確定的「台灣地位未定論」和直接出面干預中國內戰提供了機會和藉口。即使金日成沒有發動對韓國的進攻，只要中國共產黨打響台灣戰役，美國同樣會宣佈其新政策，而絕不會讓中國共產黨的軍隊踏上台灣的土地上。

在中蘇關係、蘇美關係、美台關係相互交錯和影響的冷戰格局背景下，建國初中國共產黨對台灣的統一客觀上不存在以和平手段透過自願方式實現的條件，武力攻佔台灣是唯一的選擇，這是當時的國際國內形勢所決定的，而武力攻台又受制於國共雙方軍事

---

[239]《新華月報》，第 1 卷，第 1 期，第 43 頁。
[240] 沈志華：《中國共產黨進攻台灣戰役的決策變化及其制約因素（1949—1950）》，《社會科學研究》，2009 年第 3 期。

實力的對比以及國際勢力援助的力度，在台灣海峽的天然屏障下，遠距離跨海作戰中海軍和空軍力量尤其重要，當時國民黨軍隊在這兩方面都有絕對優勢。到 1949 年 10 月，國民黨海軍擁有 150 多艘艦船，兵力 3 萬人。空軍約有 1000 架飛機，兵力 8.5 萬至 10 萬人，其中約 1300 名飛行員。中共的海空軍均在初創階段，實力很弱。海軍總共擁有各種艦船 183 艘（含商船），但「性能落後，陳舊不堪」，兵力 0.4 萬人。1950 年 4 月，中共海軍能夠作戰的只有 8 艘護衛艦、8 艘炮艦和 16 艘登陸艦、登陸艇、江防艦和炮艇等。中共的空軍正式成立於 1949 年 10 月，時有飛機 159 架，兵力不足 0.3 萬人，其中飛行員 202 人。[241] 儘管到 1950 年 6 月中國共產黨已經在福建集結了 16 個軍的兵力，但海空軍的準備仍顯不足。事實上，直到朝鮮戰爭爆發時，攻台運輸船的問題仍未得到解決。1951 年 1 月台灣政府與美國政府簽訂了「台美聯防互助協定」，美國承擔保護台灣安全的責任。由於美國的介入加上朝鮮戰爭的爆發，台灣問題複雜化，中國共產黨在建國初期又面臨著大規模的工業化建設及鎮壓國內反革命勢力的任務，攻台條件顯然不具備，武力解放台灣就此擱置。

由於艾森豪政府於 1953 年 2 月起推行「放蔣出籠」政策，國民黨軍隊開始加強對大陸沿海的軍事攻擊。大陸立即還以顏色，從 1954 年 9 月炮擊金門到 1955 年 1 月攻佔一江山島，一方面直接配合了中共中央發出的「一定要解放台灣」的號召，另一方面也是為了打破國民黨軍隊對大陸港口的封鎖和阻止其在大陸沿海地區的軍事攻擊。大致也是在這個時期，中共中央軍委制定了奪取沿海島嶼的戰略方針，即「從小到大、由北向南、逐島進攻」的作戰方針。1958 年 10 月大陸停止了對金門的大規模炮戰，此後兩岸沒有在福建沿海島嶼發生大規模的軍事衝突。以此為代表，中國統一台灣戰略中的攻佔沿海島嶼階段基本結束，轉變到一個新的更加複雜的階段。[242] 在這個階段，解放軍在福建沿海對金門持續的間歇性炮擊極具象徵意義。中國領導人透過這一獨特的軍事行動向世界表明：國共之間的內戰狀態仍然沒有結束，從而抵制了美國隔離台海兩岸的企圖。1962 年夏季解放軍在東南沿海的大規模戰備則是防禦性的軍事部署，目的是擊敗台灣政府企圖利用大陸暫時的經濟困難，對東南沿海發動軍事進攻。

1958 年「金門炮擊」是中國共產黨對台戰略構思在實踐中達到穩定成熟的代表，在此實踐中正式推出的「金馬絞索政策」是「聯蔣制美保權」戰略落於地緣上的具體成果。金馬絞索戰略的關節點是：「金馬留在蔣介石手上，台澎金馬一起解決」。金馬對中共而言，我取蔣棄或蔣棄我取都會斬斷兩岸地緣聯繫進而斬斷兩岸中國人之間的心理聯繫，趨向美國希望的「劃峽而治」，中共則面臨對台實際影響力可能完全喪失的被動境地。金馬留在國民黨政權手中，在中共看來是確保台灣最終歸來的聯繫紐帶。「台灣晚

---

[241] 沈志華：《中國共產黨進攻台灣戰役的決策變化及其制約因素（1949—1950）》，《社會科學研究》，2009 年第 3 期。
[242] 牛軍：《三次台灣海峽軍事鬥爭決策研究》，《中國社會科學》，2004 年第 5 期。

一些時間收回，有利於動員國內人民搞建設，增強國防力量。」[243] 當時的國際環境背景迫使中共將對台戰略的重點放在確保台灣問題不能國際化。周恩來對此明確闡釋：「只有中美兩國在台灣地區的國際爭端，才能由中美兩國討論和解決；至於台灣回到祖國的問題，不論採取什麼方式，都只能而且完全可以由中國共產黨中國人自己處理，決不容許外國干涉。」[244] 這種堅定立場鋪下了和平解決台灣問題的重大戰略基石，確保了以後台灣問題處理中國的主動地位與民族尊嚴，排除了可能導致台灣問題國際化的隱患。

在武力解放台灣存在巨大障礙的情況下，中國共產黨及時調整政策，在軍事統一的方案之外又增加了和平統一的選項。1955 年周恩來在萬隆會議期間闡明瞭中國政府對台方針：「為實現中國人民解放台灣的正義要求，中國人民有權用一切方法解放台灣，包括和平解放的方法。」「中國人民與美國人民是友好的，中國人民不要同美國打仗。中國政府願意同美國政府坐下來談判，討論和緩遠東緊張局勢問題，特別是和緩台灣地區緊張局勢問題。」[245] 同年在全國人大委員會第 15 次全體擴大會議上周恩來又提出：「中國人民解放台灣有兩種可能的方式，即戰爭的方式和和平的方式，中國人民願意在可能的條件下，爭取用和平的方式解放台灣。」[246] 周恩來的講話被國內外輿論認為是中國大陸首次提出可能用和平方式解放台灣，代表著中國政府對台政策有了重大調整。1956 年 6 月，毛澤東從國內經濟建設需要一個和平穩定的環境大局出發，在對台問題上提出了「和為貴」「愛國一家」和「第三次國共合作」的主張。

20 世紀 60 年代初，由於美國試圖推行「兩個中國」政策，使得台灣反美情緒高漲，為和平解決台灣問題提供了發展空間。1960 年 5 月，毛澤東主持召開的中央政治局擴大會議上強調：「台灣寧可放在蔣氏父子手裡，也不可落到美國人手中；對蔣介石中國共產黨可以等待，解放台灣的任務不一定要中國共產黨這一代完成，可以留交下一代人去辦；現在要蔣過來也有困難，逐步地創造些條件，一旦時機成熟就好辦了。」[247] 1963 年 1 月，周恩來進一步把毛澤東和中共中央對台政策歸納為「一綱四目」：「一綱」即台灣必須統一於中國。「四目」為：「(1) 台灣回歸祖國後，除外交必須統一於中央外，所有軍政大權、人事安排等悉委於蔣（介石），陳誠、蔣經國亦悉由蔣意重用；(2) 所有軍政及建設經費不足之數悉由中央撥付；(3) 台灣的社會改革可以從緩，必待條件成熟並徵得蔣之同意後進行；(4) 互約不派特務，不做破壞對方團結之舉。」[248] 接著兩岸之間開始有了良性互動。1965 年國民黨副總裁、台灣副總統陳誠逝世，遺囑並未提及

---

[243] 《周恩來選集》（下冊），人民出版社，1984 年。
[244] 周恩來：《不支持「台獨」是中美建交既定方針》，美解密文件 2003/12/12.http://www.phoenixtv.com/home/zhuanti.
[245] 《周恩來年譜（1949—1976）》上卷，中央文獻出版社，1998 年，第 474—475 頁。
[246] 中共中央台灣工作辦公室、國務院台灣事務辦公室編：《台灣問題（幹部讀本）》，九州出版社，2015 年，第 30 頁。
[247] 中共中央台灣工作辦公室、國務院台灣事務辦公室編：《台灣問題（幹部讀本）》，九州出版社，2015 年，第 34 頁。
[248] 《周恩來年譜（1949—1976）》上卷，中央文獻出版社，1998，第 321 頁。

「反共」與「反攻」。同年前國民黨政府「代總統」李宗仁從美國回歸大陸，台灣震動。遺憾的是隨著 1966 年大陸「文化大革命」的爆發使對台工作的良好發展趨勢中斷。但以毛澤東為核心的中共第一代領導集體提出的和平統一祖國思想為「和平統一、一國兩制」構想的提出奠定了理論和實踐基礎。特別是 1961 年 6 月毛澤東會見印尼總統蘇加諾談到如果台灣回歸時說，台灣社會制度問題可以留待以後談，「中國共產黨容許台灣保持原來的社會制度，等台灣人民自己來解決這個問題。」[249] 這是毛澤東第一次明確對外表示台灣在與大陸統一的前提下可以保持原來的社會制度，為後來「和平統一、一國兩制」的構想提出了理論思路。

三、1978 年至 1992 年

隨著「文化大革命」的結束，特別是十一屆三中全會以後，以鄧小平為核心的中共第二代領導集體在新的歷史條件和國際背景下重新審視國家統一問題，在毛澤東、周恩來關於爭取和平解放台灣思想的基礎上，確立了和平統一的大政方針，創造性地提出了「一國兩制」的科學構想，為完成祖國統一大業指明了方向。鄧小平還提出台灣必須要與祖國統一的理由：「這首先是個民族問題，民族感情問題。凡是中華民族的子孫，都希望中國能統一，分裂總是違背民族意志的。」其次，這也事關國家的主權與安全，「只要台灣不同大陸統一，台灣作為中國領土的地位是沒有保障的，不知道哪一天又被別人拿去了。」「台灣與祖國必須統一……一百年不統一，一千年也要統一。」[250]

國際形勢發生重大變化是中國共產黨對台政策進行根本調整的關鍵因素。早在建國初中共領導人為解放台灣進行動員起就非常關注美國的政策。開始中共中央認為美國直接進行軍事干涉的可能性不大，這種判斷由於朝鮮戰爭爆發後美國封鎖台灣海峽而根本改變，此後中國共產黨的對台政策和軍事鬥爭都與美國對台灣的支持力度與具體措施密切相關。隨著美蘇冷戰的加劇與中美關係的緩和，尤其是 1972 年美國總統尼克森訪華與 1979 年中美建交，中美關係走上了正常化的軌道，中國共產黨判斷美國在台灣問題上的立場可能會調整，不一定會極力阻撓兩岸統一，那就意味著只要兩岸執政當局都有國家統一意願，透過和平談判而非軍事戰爭實現兩岸統一是存在可能性的。加之國家內部發展戰略向經濟建設為中心發展，因此在新形勢下中國共產黨逐步形成並提出了「和平統一」的方針。

鄧小平 1977 年 7 月重新擔任中央黨政軍重要領導職務後，在綜合考慮中國共產黨和國家工作的根本任務、基本思路、發展戰略中，形成了和平解決台灣問題、實現祖國

---

[249] 中共中央台灣工作辦公室、國務院台灣事務辦公室編：《台灣問題（幹部讀本）》，九州出版社，2015 年，第 34—35 頁。
[250] 《鄧小平文選》第 3 卷，人民出版社，1993 年，第 170 頁、第 59 頁。

和平統一的戰略國相，包括後來概括為「一個國家、兩種制度」的科學構想。1978 年下半年中美兩國建交談判的過程中鄧小平就集中精力思考如何根據「台灣的實際情況，採取恰當的政策解決台灣問題，實現國家的統一。」[251]1978 年 10 月至 1979 年 1 月短短四個月的時間裡，鄧小平利用會見外賓和出國訪問時對台灣問題的解決方式高密度地發表談話，闡釋其新的思考。1979 年元旦全國人大常委會發表《告台灣同胞書》中鄭重宣告了中國政府和平解決台灣問題的大政方針，呼籲兩岸就結束軍事對峙狀態進行商談，並明確表示「一定要考慮現實情況，完成統一大業，在解決統一問題時尊重台灣現狀和台灣各界人士的意見，採取合情合理的政策和辦法，不使台灣人民蒙受損失。」這代表著中國共產黨和中國政府對台方針政策的重大轉變。在 1979 年 1 月底鄧小平訪問美國時公開表態：「中國共產黨不再用『解放台灣』這個提法了。只要台灣回歸，中國共產黨將尊重那裡的現實和現行制度。」[252]

　　1981 年 9 月全國人民代表大會常務委員會委員長葉劍英發表「和平統一的九條方針」（「葉九條」），進一步闡明解決台灣問題的方針政策，表示「國家實現統一後，台灣可作為特別行政區，享有高度的自治權」，並建議由兩岸執政的國共兩黨舉行對等談判。自此，中國統一台灣戰略完成了從主要靠武力統一到主要運用政治策略爭取和平統一台灣的轉變。「葉九條」具體包括：1. 為了儘早結束中華民族陷於分裂的不幸局面，中國共產黨建議舉行中國共產黨和中國國民黨兩黨對等談判，實行第三次合作，共同完成祖國統一大業。雙方可先派人接觸，充分交換意見。2. 海峽兩岸各族人民迫切希望互通音訊、親人團聚、發展貿易、增進瞭解。中國共產黨建議雙方共同為通郵、通商、通航、探親、旅遊以及發展學術、文化、體育交流提供方便，達成有效協議。3. 國家實現統一後，台灣可作為特別行政區，享有高度自治權，並可保留軍隊。中央政府不干預台灣地方事務。4. 台灣現行社會、經濟制度不變，生活方式不變，同外國的經濟、文化關係不變。私人財產、房屋、土地、企業所有權、合法繼承權和外國投資不受侵犯。5. 台灣政府和各界代表人士，可擔任全國性政治機構的領導職務，參與國家管理。6. 台灣地方財政遇有困難時，可由中央政府酌情補助。7. 台灣各族人民、各界人士願回大陸定居者，保證妥善安排，不受歧視，來去自由。8. 歡迎台灣工商界人士回大陸投資，興辦各種經濟事業，保證其合法權益和利潤。9. 統一祖國，人人有責。中國共產黨熱誠歡迎台灣各族人民、各界人士、民眾團體透過各種管道，爭取各種方式提供建議，共商國是。1982 年 1 月，鄧小平就葉劍英的上述談話提出：這實際上就是「一個國家、兩種制度」，在國家實現統一的大前提下，國家主體實行社會主義制度，台灣實行資本主義制度。1983 年 6 月，鄧小平進一步發揮了關於實現台灣與大陸和平統一的構想，提出

---

[251] 中央文獻研究室編：《鄧小平年譜（1975—1997）》，中央文獻出版社，1998 年，第 189 頁。
[252] 中央文獻研究室編：《鄧小平年譜（1975—1997）》，中央文獻出版社，1998 年，第 478 頁。

問題的核心是祖國統一。他還就兩岸統一和設置台灣特別行政區問題闡明了中國共產黨的政策。

「和平統一、一國兩制」是建設有中國特色的社會主義理論和實踐的重要組成部分，是中國政府一項長期不變的基本國策。「和平統一、一國兩制」基本方針的精神是：從維護民族根本利益和國家核心利益出發，爭取用「一國兩制」方式實現大陸和台灣和平統一。堅持一個中國原則，開展兩岸交流合作，推動兩岸協商談判，發展兩岸關係，反對各種分裂圖謀和外國勢力干涉，為實現和平統一創造條件。這一方針有以下基本點：(1) 一個中國。堅持一個中國原則是發展兩岸關係和實現和平統一的基礎。世界上只有一個中國，台灣是中國不可分割的一部分，中央政府在北京。這是舉世公認的事實，也是和平解決台灣問題的前提。中國政府堅決反對任何旨在分裂中國主權和領土完整的言行，反對「兩個中國」「一中一台」或「一國兩府」，反對一切可能導致「台灣獨立」的企圖和行徑。海峽兩岸的中國人民都主張只有一個中國，都擁護國家的統一，台灣作為中國不可分割的一部分的地位是確定的、不能改變的，不存在什麼「自決」的問題。(2) 兩制並存。在一個中國的前提下，大陸的社會主義制度和台灣的資本主義制度，實行長期共存，共同發展。這種考慮，主要是基於照顧台灣的現狀和台灣同胞的實際利益。這將是統一後的中國國家體制的一大特色和重要創造。兩岸實現統一後，台灣的現行社會經濟制度不變，生活方式不變，同外國的經濟文化關係不變。諸如私人財產、房屋、土地、企業所有權、合法繼承權、華僑和外國人投資等，一律受法律保護。(3) 高度自治。兩岸統一後，台灣將成為特別行政區，享有高度的自治權。它擁有在台灣的行政管理權、立法權、獨立的司法權和終審權；黨、政、軍、經、財等事宜都自行管理；有自己的軍隊，大陸不派軍隊也不派行政人員駐台。特別行政區政府和台灣各界的代表人士還可以出任國家政權機構的領導職務，參與全國事務的管理。(4) 加強交流。積極促進兩岸人員往來和經濟、文化等各方面交流與合作，努力增進兩岸同胞相互瞭解和彼此感情，密切兩岸經濟、文化、社會關係。(5) 和平談判。透過接觸談判，以和平方式實現國家統一，是全體中國人的共同心願。兩岸都是中國人，如果因為中國的主權和領土完整被分裂，兵戎相見，骨肉相殘，對兩岸的同胞都是極其不幸的。和平統一，有利於全民族的大團結，有利於台灣社會經濟的穩定和發展，有利於全中國的振興和富強。為結束敵對狀態，實現和平統一，兩岸應儘早接觸談判。(6) 寄望於民。台灣同胞是發展兩岸關係的重要力量。解決台灣問題，實現和平統一，寄希望於台灣人民。(7) 保留動武。盡最大努力爭取和平統一，但不承諾放棄使用武力。解決台灣問題是中國內政，中國政府有權採取自己認為必要的一切手段包括軍事手段，來維護本國主權和領土的完整。中國政府在採取何種方式處理本國內部事務的問題上，並無義務對任何外國或圖謀分裂中國者做出承諾。用和平方式實現統一，有利於大陸改革開放和現代化建

設，有利於兩岸同胞感情融和和台灣繁榮穩定，也有利於亞太地區和平穩定。同時，為抵制外國勢力干涉中國統一，制止「台獨」等分裂圖謀，防止和平統一可能性完全喪失，不能承諾放棄使用武力。不承諾放棄使用武力，不是針對台灣同胞的。(8) 排除外力。解決台灣問題是中國內政，任何國家無權干涉。堅決反對「台灣獨立」的分裂圖謀，絕不允許任何人以任何方式把台灣從中國分割出去。(9) 發展優先。集中力量搞好經濟建設，是解決國際國內問題的基礎，也是實現祖國完全統一的基礎。中國解決所有問題的關鍵，靠自己的發展。解決台灣問題、實現祖國統一，歸根到底還是要把自己的事情辦好。

「一國兩制」體現了原則性和靈活性的有機統一，是現有大陸和台灣統一各種方案中具有可行性的最佳方式。第一，體現了實現祖國統一、維護國家主權的原則性。按照「一國兩制」方式和平解決台灣問題的原則性是，一定要實現大陸和台灣的統一，一定要堅持一個中國原則。鄧小平提出解決台灣問題的「核心是祖國統一」。他強調：「總的要求就是一條——一個中國，不是兩個中國，愛國一家。」實現兩岸統一，堅持一個中國原則，確保台灣是中國領土一部分的地位不被改變，確保國家主權和領土完整，這就維護了民族根本利益和國家核心利益。第二，體現了充分考慮台灣歷史和現實的高度靈活性。1949 年以後，台灣實現與大陸完全不同的資本主義制度，形成不同的生活方式。在這種情況下實現兩岸和平統一，就要面對兩岸社會制度和生活方式不同的現實。鄧小平說：「世界上有許多爭端，總要找個解決問題的出路。我多年來一直在想，找個什麼辦法，不用戰爭手段而用和平方式，來解決這個問題。」鄧小平還說：「解決台灣問題，既要符合大陸的利益，也要符合台灣的利益。」用「一國兩制」方式和平解決台灣問題，尊重台灣的社會制度和生活方式，台灣與大陸統一後，在祖國統一的前提下，各自仍然實行不同的社會制度，台灣保持自己的生活方式，並且高度自治。這就在維護民族根本利益和國家核心利益的前提下，照顧了各方利益，找到了在兩岸社會制度不同的情況下能夠用和平方式實現統一的辦法。

令人遺憾的是中共和中國政府解決台灣問題的新思維和新政策的誠意和善意並沒有為海峽對岸的台灣國民黨當局所體認。蔣經國不僅拒絕中共提出的共同推動國共兩黨對等談判，而且聲言「不接觸、不談判、不妥協」，甚至提出「三民主義統一中國」的口號來對抗「一國兩制和平統一」。對於和平解決台灣問題的艱巨性、複雜性、長期性中共和中國政府是有充分的心理準備的。鄧小平提出：「中國共產黨對台灣的九條建議現在台灣的反應是拒絕了，中國共產黨知道，它的第一個反應會是這樣。中國共產黨也知道，這樣的事情不是一晝夜就可以解決的，需要時間。」[253]

---

[253]《鄧小平年譜（1975—1997）》，中央文獻出版社，2004 年，第 781—782 頁。

四、1992 年至 2002 年

　　江澤民時期中國共產黨繼承和發展了鄧小平「一國兩制」思想，繼續探索和發展國家統一理論並付之於對台工作實踐。鄧小平時期中國共產黨對台政策調整的背景主要是「勢」的變化：中美關係緩和並實現正常化，國際格局出現有利於中國和平發展的形勢，中國共產黨也順勢將對台方針由武力解放轉向和平統一。江澤民時期中國共產黨對台政策面臨的背景不僅有美蘇冷戰結束、蘇聯解體東歐劇變的國際形勢變化，更主要是台灣方面「力」的變化：台灣經濟實力在 20 世紀 80 年代末達到歷史上最輝煌的時期，台灣政府透過 80 年代後半期到 90 年代中後期的一系列「政治革新」和「民主化」改革，制度、民意等軟實力大大增強，台灣民眾的生活優越感開始形成並迅速膨脹，成為台灣政府可以利用並以之為與大陸分庭抗禮、拒絕統一的藉口和籌碼。中國共產黨根據形勢的變化，在「和平統一、一國兩制」的政策基礎上對兩岸的和談物件、內容、步驟等具體問題都予以大幅放寬和延伸，明確提出和應用以經促政、以民促官、以文促統的兩岸交流方式，同時強調不放棄使用武力的重要性和必要性。1995 年江澤民發表題為《為促進祖國統一大業的完成而繼續奮鬥》的重要講話，提出了現階段發展兩岸關係、推進祖國和平統一進程的八項主張，創造性地豐富和發展了鄧小平「和平統一、一國兩制」的思想，對於推動兩岸關係發展、反對和遏制「台獨」分裂活動、維護祖國和平統一的前景發揮了重要的作用。

　　在 1949 年後的三四十年間，台灣政府雖然不承認中華人民共和國政府代表全中國的合法地位，但也堅持台灣是中國的一部分、只有一個中國的立場，反對製造「兩個中國」和「台灣獨立」。可見在一個相當長的時間裡，兩岸的中國人在只有一個中國、台灣是中國領土的一部分這一根本問題上具有共識。但是台灣的情況在 90 年代開始發生根本性變化。從 1990 年代初開始，台灣李登輝政府逐步背離一個中國原則，相繼鼓吹「兩個政府」「兩個對等政治實體」「台灣已經是個主權獨立的國家」「現階段是『中華民國在台灣』與『中華人民共和國在大陸』」。台灣領導人李登輝還縱容、扶持主張所謂「台灣獨立」的分裂勢力及其活動，使「台獨」勢力迅速發展、「台獨」思潮蔓延。在李登輝主導下，台灣政府採取了一系列實際的分裂步驟。在台灣政權體制方面，力圖透過所謂的「憲政改革」將台灣改造成一個「獨立的政治實體」，以適應製造「兩個中國」的需要。在對外關係方面，不遺餘力地進行以製造「兩個中國」為目的的「拓展國際生存空間」活動。1993 年以後每年推動所謂「參與聯合國」的活動。在軍事方面，大量向外國購買先進武器，謀求加入戰區導彈防禦系統，企圖變相地與美、日建立某種形式的軍事同盟。在思想文化方面，圖謀抹殺台灣同胞、特別是年輕一代的中國人意識和對中國的認同，挑起台灣同胞對中國的誤解和疏離感，割斷兩岸同胞的思想和文化紐帶。1999 年李登輝的出版《台灣的主張》一書，鼓吹要把中國分成七塊各自享有「充分自主權」

的區域,並拋出「兩國論」,公然將兩岸關係歪曲為「國家與國家,至少是特殊的國與國的關係」,企圖從根本上改變台灣是中國一部分的地位,破壞兩岸關係、特別是兩岸政治對話與談判的基礎,破壞兩岸和平統一的基礎。

1989年6月,中國共產黨十三屆四中全會選舉產生了以江澤民為核心的中國共產黨第三代中央領導集體。中共十三屆四中全會公報提出:「中國共產黨十一屆三中全會以後,提出了和平統一祖國的方針和一個國家、兩種制度的構想,這是中國共產黨的基本政策。」為了爭取和平統一,中國共產黨一再呼籲在一個中國原則基礎上舉行兩岸平等談判。1992年中國共產黨十四大報告把「一個國家、兩種制度」的創造性構想列為有中國特色社會主義理論的主要內容之一,強調「中國共產黨堅定不移地按照『和平統一、一國兩制』的方針,積極促進祖國統一。」[254] 為了透過商談妥善解決兩岸同胞交往中所衍生的具體問題,1992年海峽兩岸關係協會與台灣的海峽交流基金會達成在事務性商談中各自以口頭方式表述「海峽兩岸均堅持一個中國原則」的共識,在此基礎上,兩會領導人於1993年成功舉行了辜汪會談,並簽署了幾項涉及保護兩岸同胞正當權益的協議。1995年1月30日,中共中央台灣工作辦公室、國務院台灣事務辦公室等單位舉辦新春茶話會。江澤民在會上發表《為促進祖國統一大業的完成而繼續奮鬥》的講話,就現階段發展兩岸關係推進祖國和平統一進程的若干重要問題,提出8點主張(簡稱「江八點」):一、堅持一個中國原則。二、對於台灣同外國發展民間性經濟文化關係,中國共產黨不持異議。三、進行海峽兩岸和平統一談判。談判過程中,可以吸收兩岸各黨派、團體有代表性的人士參加。在一個中國的前提下,什麼問題都可以談,包括台灣政府關心的各種問題。作為第一步,雙方可先就正式結束兩岸敵對狀態進行談判,並達成協議。在此基礎共同承擔義務,維護中國的主權和領土完整,並對今後兩岸關係的發展進行規劃。四、努力實現和平統一,中國人不打中國人。中國共產黨不承諾放棄使用武力,決不是針對台灣同胞,而是針對外國勢力干涉中國統一和搞「台灣獨立」的圖謀。五、大力發展兩岸經濟交流與合作,以利於兩岸經濟共同繁榮,造福整個中華民族。中國共產黨主張不以政治分歧去影響、干擾兩岸經濟合作。應當採取實際步驟加速直接「三通」,促進兩岸事務性商談。六、兩岸同胞要共同繼承和發揚中華文化的優秀傳統。七、要充分尊重台灣同胞的生活方式和當家作主的願望,保護台灣同胞一切正當權益。八、中國共產黨歡迎台灣政府的領導人以適當身份前來訪問,中國共產黨也願意接受台灣方面的邀請前往台灣,可以共商國是,也可以先就某些問題交換意見。

八項主張包含一系列新思想、新論斷、新主張,豐富和發展了中央對台工作大政方針和主要政策。1. 豐富了堅持一個中國原則的思想。強調堅持一個中國原則是實現和平統一的基礎和前提。2. 提出了不承諾放棄使用武力的針對性。提出不承諾放棄使用

---

[254] 中共中央台灣工作辦公室、國務院台灣事務辦公室編:《台灣問題(幹部讀本)》,九州出版社,2015年,第42頁。

武力,絕不是針對台灣同胞,而是針對外國勢力干涉中國統一和「台獨」圖謀的。3. 發展了兩岸談判的思想。正式提出「海峽兩岸和平統一談判」。創造性提出分步驟進行談判,第一步先談「在一個中國的原則下,正式結束兩岸敵對狀態」。4. 賦予了兩岸經濟文化交流新的含義。提出發展兩岸經濟交流與合作,以利於兩岸經濟共同繁榮,造福整個中華民族。提出中華文化是維繫全體中國人的精神紐帶,也是實現和平統一的一個重要基礎。5. 深化了寄希望於台灣人民的思想。提出「台灣同胞,不論是台灣省籍還是其他省籍,都是中國人,都是骨肉同胞、手足兄弟」。要求「中國共產黨黨和政府各部門,包括駐外機構,要加強與台灣同胞的聯繫,傾聽他們的意見和要求,關心他們的利益,盡可能幫助他們解決困難」。6. 表明了不贊成在國際場合進行兩岸領導人會晤的態度。提出「中國人的事中國共產黨自己辦,不需要借助任何國際場合」。

1998 年兩會領導人在上海會晤,開啟了兩岸政治對話。兩會商談是在平等的地位上進行的,充分考慮到台灣的政治現實。為了照顧台灣政府關於平等談判地位的要求,中國共產黨先後提出了舉行中國共產黨和中國國民黨兩黨對等談判、兩黨談判可以吸收台灣各黨派團體有代表性的人士參加等主張,而始終不提「中央與地方談判」。大陸還提出,可先從進行包括政治對話在內的對話開始,逐步過渡到政治談判的程式性商談,解決正式談判的名義、議題、方式等問題,進而展開政治談判。1998 年,為尋求和擴大兩岸關係的政治基礎,大陸向台灣方面明確提出,統一前在處理兩岸關係事務中,特別是在兩岸談判中堅持一個中國原則,也就是堅持世界上只有一個中國,台灣是中國的一部分,中國的主權和領土完整不容分割。大陸希望在一個中國原則基礎上,雙方平等協商,共議統一。

總之,江澤民時期中國共產黨對台政策可以概括為:以完成祖國統一大業為戰略目標,以和平統一、一國兩制為戰略方針,以更加務實靈活的態度探索一國兩制的台灣模式,以舉行多方政治談判、和談分步走為戰略手段,以不放棄使用武力的承諾、作好軍事鬥爭的準備作為實現和平統一的保障。江澤民多次在各種場合重申:「中國共產黨將堅持按照『和平統一、一國兩制』的方針,推進祖國統一大業,堅決反對任何形式『兩個中國』、『一中一台』或『一國兩府』,堅決反對任何旨在製造『台灣獨立』的企圖和行動,堅決維護國家主權和領土完整。」「任何製造『台灣獨立』的言論和行動,都應堅決反對;主張『分裂分治』、『階段性兩個中國』等等,違背一個中國的原則,也應堅決反對。」在堅決反對各種形勢分裂主張的同時,中國共產黨的第三代領導集體採取了比前任領導人更加務實靈活的態度,先是在兩岸事務性商談中提出只要堅持一個中國的原則,可以暫不討論一個中國的政治涵義,這就有了兩岸兩會的「九二共識」。在黨的十六大報告中,江澤民使用了「可以談」的排比句,更具體地提出了雙方談判的廣泛內容:「在一個中國的前提下,什麼問題都可以談,可以談正式結束兩岸敵對狀態問題,

可以談台灣地區在國際上與其身份相適應的經濟文化社會活動空間問題,也可以談台灣政府的政治地位問題。」為了打破兩岸的政治對峙僵局,江澤民還創造性地提出了和談分步走的建議,「第一步,雙方可先就『在一個中國的前提下,正式結束兩岸敵對狀態』進行談判,並達成協議。」其次,「在此基礎上,共同承擔義務,維護中國的主權和領土完整,並對今後兩岸關係的發展進行規劃。」[255] 要提出的是,「正式結束兩岸敵對狀態」雖然意味著兩岸透過共同規劃兩岸關係的發展,把兩岸關係確定地引上逐步統一的大道,但正式結束敵對狀態的協定的簽訂,並不等於兩岸統一。因此,這一主張,既滿足了全國人民和廣大海外僑胞維護中國主權和領土完整、最終實現兩岸統一的願望,也具體照顧到了廣大台灣同胞求和平、求安定、求發展的願望,以及部分台灣同胞對兩岸統一還有疑慮的實際情況。當然,它也有利於亞太地區的和平與穩定。因此,這是一個照顧到各方的務實的倡議,是中國共產黨和平統一理論和實踐的重大創新。[256]

五、2002 年至 2012 年

胡錦濤時期中國共產黨的對台方針政策既一以貫之、一脈相承,又根據國內國際形勢和兩岸關係的發展變化與時俱進、豐富發展。以鄧小平為核心的第二代中央領導集體在把黨和國家的中心工作轉移到經濟建設上來的同時,作出了和平解決台灣問題的戰略決策。在和平與發展成為時代主題的大背景下,本著尊重歷史、尊重現實、團結兩岸同胞共同振興中華的精神,創造性地提出了「一國兩制」的構想,形成了「和平統一、一國兩制」的基本方針。以江澤民為核心的第三代中央領導集體堅持「和平統一、一國兩制」基本方針,提出了現階段發展兩岸關係、推進祖國和平統一進程的八項主張,豐富和發展了中共中央對台方針政策。共產黨的十六大以後,以胡錦濤為總書記的黨中央就對台工作作出一系列重大決策部署,提出一系列新主張、新論述,採取了一系列新舉措。胡錦濤 2005 年 3 月提出新形勢下發展兩岸關係的四點意見,2006 年 4 月提出牢牢把握兩岸關係和平發展主題的重要主張,賦予對台方針政策新的內涵。

這一時期國際和兩岸形勢又發生了新的變化,「勢」的走向仍然以自願力量為兩岸關係的主導力量。中美兩國曾經兩次形成具有深遠影響的重大共同利益,一是 20 世紀 70 年代共同對抗蘇聯擴張,二是 21 世紀後共同應對國際恐怖主義威脅。這兩次歷史機遇直接推動中美關係發生歷史性變化,也直接促使美國插手、干涉台灣問題的意圖、形式和強度發生重大改變。第一次中美共同利益的形成使美國支持台灣的力度下降,也導致中國共產黨「和平統一」對台方針的出台;第二次中美共同利益的形成促使美國反對台灣激進「台獨」,與中國大陸聯手維持台海現狀與穩定,並為以胡錦濤為總書記的中

---

[255] 江澤民:《為促進祖國統一大業的完成而繼續奮鬥》,《人民日報》,1995 年 1 月 31 日。
[256] 唐樹備:《江澤民主席的八項主張是鄧小平「和平統一、一國兩制」理論的繼承和發展》,《台灣研究》,2003 年第 1 期。

國共產黨提出「兩岸關係和平發展」重要思想提供了相應的外部條件。江澤民主政時期面臨的是後冷戰時代世界上只剩下美國一個超級大國，儘管局部的、地區性的衝突還在發生，但「總的趨勢是趨向緩和」，也就是說，爆發全面的、大規模世界大戰的可能性較小，為了有步驟推進中國要在二十一世紀中期爭取達到中等發達國家水準的基本綱領，必須進一步抓緊世界局勢緩和的時機發展自己，把提高綜合國力作為「首要任務」，這實際上也是後冷戰時代整個中國的國家發展基本戰略。胡錦濤主政時期延續了國家發展總體戰略，在有利的外部國際環境下，繼續以經濟建設為中心，即使在台灣政權被主張「台獨」的民進黨首次獲得之後也沒有急於運用軍事力量解決台灣問題，而是給民進黨政府劃出紅線，然後繼續推動兩岸關係和平發展。

台灣的政治形勢發生重大變化也促使中國共產黨對台政策進行調整、豐富和發展。2000年5月民進黨在台灣執政後，推動「台獨」活動升級，阻撓兩岸關係發展，使台海形勢緊張動盪。面對新的形式，中國共產黨提出一系列新的重要論斷和主張，豐富、發展了中央對台方針政策。第一，強調在發展的基礎上解決台灣問題。發展是硬道理，是中國共產黨必須始終堅持的一個戰略思想。解決台灣問題，完成祖國統一大業，要靠發展。要大力發展經濟，增強綜合國力，主要是經濟實力、科技實力、軍事實力，為最終解決台灣問題奠定堅實而強大的基礎。第二，提出在兩岸關係中堅持一個中國原則的新表述。1998年1月23日，國務院副總理錢其琛在紀念八項主張發表三周年座談會上說：「在統一之前，在處理兩岸關係事務中，特別是兩岸談判中，堅持一個中國的原則，就是堅持世界上只有一個中國，台灣是中國的一部分，中國的主權和領土完整不能分割。」2000年8月24日，錢其琛會見台灣聯合報系訪問團時表示：「就兩岸關係而言，中國共產黨主張的一個中國原則是：世界上只有一個中國，大陸和台灣同屬於一個中國，中國的主權和領土完整不容分割。」第三，強調努力爭取和平統一的實現，同時加強反「台獨」軍事鬥爭準備。要制止「台獨」分裂圖謀，沒有軍事手段這一手是不行的。軍事鬥爭準備越充分，「台獨」分裂勢力就越不敢輕舉妄動，和平統一的希望就越大。軍隊要堅持不懈、扎實有效地推進軍事鬥爭準備。第四，將爭取台灣民心提升到「是完成祖國統一的重要基礎」的高度。爭取台灣民心，是完成祖國統一的重要基礎，不僅全黨同志要做，而且要動員和組織全社會各方面力量都來做。

2002年11月，中國共產黨召開第十六次全國代表大會。中共十六大報告關於對台工作的論述，針對台灣局勢和兩岸關係形式的新變化，提出了一個時期對台工作的指導思想和總體要求，其中包含一系列新的重要論斷和主張。第一，宣示完成祖國統一是實現中華民族偉大復興的必然要求。提出：中國共產黨必須堅定地站在時代潮流的前頭，團結和帶領全國各族人民，實現推進現代化建設、完成祖國統一、維護世界和平與促進共同發展這三大歷史任務，在中國特色社會主義道路上實現中華民族的偉大復興」。

第二，闡明堅持一個中國原則的新論述。將「世界上只有一個中國，大陸和台灣同屬一個中國，中國的主權和領土完整不容分割」的表述，首次寫入共黨的全國代表大會報告。第三，提出關於兩岸談判的新倡議。重申「在一個中國的前提下，什麼問題都可以談」，具體提出「可以談正式結束兩岸敵對狀態問題，可以談台灣在國際上與其身份相適應的經濟文化社會活動空間問題，也可以談台灣政府的政治地位等問題」。第四，闡述了按照「一國兩制」實現和平統一將充分維護和增進台灣同胞福祉的內涵。提出兩岸統一後，台灣可以保持原有的社會制度不變，高度自治；台灣同胞的生活方式不變，切身利益得到充分保障，永享太平；台灣經濟將真正以大陸為腹地，獲得廣闊的發展空間。台灣同胞可以同大陸同胞一道，行使管理國家的權利，共用偉大祖國在國際上的尊嚴和榮譽。第五，表達了堅決遏制「台獨」等分裂圖謀的堅定態度。強調維護祖國統一事關中華民族的根本利益，中國人民將義無反顧地捍衛國家主權和領土完整，絕不允許任何人以任何方式把台灣從中國分割出去。

2002年11月，中共十六屆一中全會選舉產生了胡錦濤為總書記的黨中央。此時，改革開放和現代化建設巨大成就產生並越來越大的全方位影響，進一步推到了兩岸人民往來和經濟文化交流發展，進一步營造了遏制「台獨」分裂圖謀的宏觀環境。陳水扁頑固堅持「台獨」分裂立場，2002年8月拋出兩岸「一邊一國」的分裂主張，2003年提出「催生台灣新憲法」的時間表，2004年連任後開始推動「憲政改造」、謀求「台灣法理獨立」，「台獨」現實危險性上升。以胡錦濤為總書記的中國共產黨客觀、全面、辯證地分析台海形勢，作出了關於對台工作的一系列決策和部署，強調繼續以最大誠意、盡最大努力爭取和平統一的前景，同時絕不允許「台獨」勢力把台灣從祖國分割出去。在中央決策部署中，制訂《反分裂國家法》是一項重大決定。「台獨」分裂活動是對中國主權和領土完整的最大威脅，是對兩岸關係發展與祖國和平統一的最大障礙，是對台海地區和平穩定的最大危害。面對「台獨」活動猖獗、「台獨」現實危險性上升，廣大人民群眾、社會各界人士和香港同胞、澳門同胞、海外僑胞要求以法律手段反對和遏制「台獨」圖謀的呼聲越來越高。2003年11月，中共中央決定制訂反分裂國家特別法。經過一年的起草工作和多方徵求意見，2004年12月，全國人大常委會會議認真審議了這部法律草案，決定提請2005年3月召開的十屆全國人大三次會議審議。在十屆全國人大三次會議審議《反分裂國家法（草案）》前夕，2005年3月4日，胡錦濤在參加全國政協十屆三次會議民革、台盟、台聯委員聯組會時發表重要講話，概括了台海形勢及其最新發展，闡述了對兩岸關係發展重大問題的看法，提出了新形勢下發展兩岸關係的四點意見。這四點意見要點是：堅持一個中國原則決不動搖，爭取和平統一的努力決不放棄，貫徹寄希望於台灣人民的方針決不改變，反對「台獨」分裂活動決不妥協。這四點意見。豐富了中央關於對台工作指導原則的內涵，對做好對台工作具有最大指導意見。

2005年3月14日，十屆全國人大三次會議表決《反分裂國家法》時，在沒有反對票的情況下，以極高票數透過了這部法律。《反分裂國家法》共計10條，主要由四部分內容構成。1.關於立法宗旨和適用範圍。《反分裂國家法》第一條開宗明義規定：為了反對和遏制「台獨」分裂勢力分裂國家，促進祖國和平統一，維護台灣海峽地區和平穩定，維護國家主權和領土完整，維護中華民族的根本利益，根據憲法，制訂本法。2.關於台灣問題的性質。《反分裂國家法》規定：世界上只有一個中國，大陸和台灣同屬一個中國，中國的主權領土完整不容分割。維護國家主權和領土完整是包括台灣同胞在內的全中國人民的共同義務。台灣是中國的一部分。國家絕不允許「台獨」分裂勢力以任何名義、任何方式把台灣從中國分裂出去。台灣問題是中國內戰的遺留問題。解決台灣問題，實現祖國統一，是中國的內部事務，不受任何外國勢力的干涉。完成統一中國的大業是包括台灣同胞在內的全中國人民的神聖職責。3.關於以和平方式實現國家統一。《反分裂國家法》規定：堅持一個中國原則，是實現祖國和平統一的基礎。以和平方式實現祖國統一，最符合台灣海峽兩岸同胞的根本利益。國家以最大的誠意，盡最大的努力，實現和平統一。國家和平統一後，台灣可以實行不同於大陸的制度，高度自治。《反分裂國家法》規定，國家採取下列措施，維護台灣海峽地區和平穩定，發展兩岸關係：(1)鼓勵和推動兩岸人員往來，增進瞭解，增強互信；(2)鼓勵和推動兩岸經濟交流與合作，直接通郵通航通商，密切兩岸經濟關係，互利互惠；(3)鼓勵和推動兩岸教育、科技、文化、衛生、體育交流，共同弘揚中華文化的優秀傳統；(4)鼓勵和推動兩岸共同打擊犯罪；(5)鼓勵和推動有利於維護台灣海峽地區和平穩定、發展兩岸關係的其他活動。國家依法保護台灣同胞的權利和利益。

　　《反分裂國家法》規定，國家主張透過台灣海峽兩岸平等的協商和談判，實現和平統一。協商和談判可以有步驟、分階段進行，方式可以靈活多樣。台灣海峽兩岸可以就下列事項進行協商和談判：(1)正式結束兩岸敵對狀態；(2)發展兩岸關係的規劃；(3)和平統一的步驟和安排；(4)台灣政府的政治地位；(5)台灣地區在國際上與其地位相適應的活動空間；(6)與實現和平統一有關的其他問題。4.關於以非和平方式制止「台獨」分裂勢力分裂國家。《反分裂國家法》規定：「台獨」分裂勢力以任何名義、任何方式造成台灣從中國分裂出去的事實，或者發生將會導致台灣從中國分裂出去的重大事變，或者發生將會導致台灣從中國分裂出去的重大事變，或者和平統一的可能性完全喪失，國家得採取非和平方式及其他必要措施，捍衛國家主權和領土完整。並規定：依照前款規定採取非和平方式及其他必要措施，由國務院、中央軍事委員會決定和組織實施，並及時向全國人民代表大會常務委員會報告。依照本法規定採取非和平方式及其他必要措施並組織實施時，國家盡最大可能保護台灣平民和在台灣的外國人的生命財產安全和其他正當權益，減少損失；同時，國家依法保護台灣同胞在中國其他地區的權利

和利益。

《反分裂國家法》的制定實施,是國家政治生活中的大事,是兩岸關係發展史上具有里程碑意義的大事。這部重要法律,將中國政府關於解決台灣問題的大政方針以法律的形式固定下來,充分體現了中國共產黨以最大的誠意、盡最大的努力爭取和平統一的一貫主張,同時表明了全中國人民維護國家主權和領土完整,絕不允許「台獨」分裂勢力以如何名義、任何方式把台灣從中國分裂出去的共同意志和堅定決心。它的頒佈實施,對推動兩岸關係發展,促進祖國和平統一,反對和遏制「台獨」分裂勢力分裂國家,維護台灣海峽地區和平穩定發展,維護國家主權和領土完整,維護中華民族的根本利益,具有重大的現實作用和深遠的歷史影響;對維護亞太地區和平與穩定也產生了重大的積極影響。

胡錦濤時期誕生的兩岸關係和平發展重要思想,孕育於反「台獨」鬥爭尖銳之時,形成於 2008 年 5 月兩岸關係實現重大轉折之際。這一重要思想是中央對台工作大政方針與時俱進的成果,成為中央對台工作大政方針的重要組成部分,對發展兩岸關係、推進祖國和平統一產生了重要作用。2005 年 4 月下旬至 5 月中旬,中共中央和胡錦濤總書記邀請中國國民黨主席連戰、親民黨主席宋楚瑜先後率團來訪,胡錦濤分別與他們進行了正式會談,取得重要共識。胡錦濤與連戰 4 月 29 日會談後發表的《兩岸和平發展共同願景》,提出「兩岸關係和平發展符合兩岸同胞的共同利益,也符合亞太地區和世界的利益」。這是首次提出「兩岸關係和平發展」的概念。2006 年 4 月 16 日,中共中央總書記胡錦濤會見國民黨榮譽主席連戰時,首次提出「和平發展理應成為兩岸關係發展的主題,成為兩岸同胞共同為之奮鬥的目標」,並且呼籲「兩岸同胞攜起手來,牢牢把握兩岸關係和平發展這個主題」。確定和平發展為兩岸關係的主題,指明了兩岸關係發展的方向。2007 年 10 月,中國共產黨召開第十七次全國代表大會。中共十七大報告提出:「要堅定不移地貫徹中央對台工作的大政方針,堅持一個中國原則,牢牢把握兩岸關係和平發展的主題,真誠為兩岸同胞謀福祉、為台海地區謀和平,積極促進祖國和平統一大業,堅決反對『台獨』分裂活動,維護國家主權和領土完整,維護中華民族根本利益。」十七大報告還提出,要努力構建兩岸關係和平發展框架、開創兩岸關係和平發展新局面。十七大報告強調牢牢把握兩岸關係發展的主題,對指導對台工作、推進兩岸關係產生了重要作用。

2008 年 3 月 22 日,台灣地區同時舉辦「以台灣名義加入聯合國公投」(「入聯公投」)和台灣政府領導人選舉。陳水扁當局推動舉辦的「入聯公投」未達透過所需的票數,這一「台灣法理獨立」圖謀破產。民進黨在台灣政府領導人選舉中失敗,國民黨即將在台灣重新上台。台灣局勢發生積極變化,兩岸關係發展迎來難得的歷史機遇。在兩岸關係實現歷史性轉折的新形勢下,中共中央作出了開創兩岸關係和平發展新局面的決

策和部署，全面系統地提出了推動兩岸關係和平發展的新政策、新主張、新措施，領導對台工作取得突破性進展。2008 年 12 月 31 日，中共中央總書記、國家主席、中央軍委主席胡錦濤在紀念《告台灣同胞書》發表 30 周年座談會上發表題為《攜手推進兩岸關係和平發展同心實現中華民族偉大復興》的重要講話。這一講話全面總結了 30 年來中央對台工作大政方針的發展、推進兩岸關係取得的歷史性成就和對台工作的基本經驗，在此基礎上首次全面系統闡述了兩岸關係和平發展的重要思想，提出了推動兩岸關係和平發展的政策主張，是指導新形勢下對台工作的綱領性檔。

胡錦濤闡述的兩岸關係和平發展重要思想及其政策主張的要點是：1. 解決台灣問題的核心是實現祖國統一，目的是維護和確保國家主權和領土完整，最求包括台灣同胞在內的全體中華兒女的幸福，實現中華民族偉大復興。以和平方式實現祖國統一最符合包括台灣同胞在內的中華民族根本利益，也符合求和平、謀發展、促合作的時代潮流。中國共產黨一定要以最大誠意、盡最大努力爭取祖國和平統一。首先要確保兩岸關係和平發展，這有利於兩岸同胞加強交流合作、融洽感情，有利於兩岸積累互信、解決爭議，有利於兩岸經濟共同發展、共同繁榮，有利於維護國家主權和領土完整、實現中華民族偉大復興。2. 推動兩岸關係和平發展，應該把堅持大陸和台灣同屬一個中國作為政治基礎，把深化交流合作、推進協商談判作為重要途徑，把促進兩岸同胞團結奮鬥作為強大動力。3. 就推動兩岸關係和平發展提出六點意見：(1) 恪守一個中國，增進政治互信。維護國家主權和領土完整是國家核心利益。兩岸在事關維護一個中國框架這一原則問題上形成共同認知和一致立場，就有了構築政治互信的基石，什麼事情都好商量。繼續反對「台獨」分裂活動是推動兩岸關係和平發展的必要條件，是兩岸同胞的共同責任。(2) 推進經濟合作，促進共同發展。實現兩岸經濟關係正常化，推進經濟合作制度化。兩岸可以為此簽訂綜合性經濟合作協定，建立具有兩岸特色的經濟合作機制。探討兩岸經濟共同發展同亞太區域經濟合作機制相銜接的可行途徑。(3) 弘揚中華文化，加強精神紐帶。兩岸同胞是共同繼承和弘揚中華文化優秀傳統。中國共產黨將繼續採取積極措施，包括願意協商兩岸文化教育交流協議。(4) 加強人員往來，擴大各界交流。兩岸同胞要擴大交流，兩岸各界及其代表性人士要擴大交流，加強善意溝通，增進相互瞭解。(5) 維護國際主權，協商涉外事務。兩岸在涉外事務中避免不必要的內耗，有利於增進中華民族整體利益。對於台灣同外國開展民間性經濟文化往來的前景，可以視需要進一步協商。對於台灣參與國際組織活動問題，在不造成「兩個中國」、「一中一台」的前提下，可以透過兩岸務實協商作出合情合理安排。(6) 結束敵對狀態，達成和平協定。為有利於兩岸協商談判、對彼此往來作出安排，兩岸可以就在國家尚未統一的特殊情況下的政治關係展開務實探討。為有利於穩定台海局勢，減輕軍事安全顧慮，兩岸可以適時就軍事問題進行接觸交流，探討建立軍事安全互信機制問題。中國共產黨再次呼籲，在一個

中國原則的基礎上，協商正式結束兩岸敵對狀態，達成和平協定，構建兩岸關係和平發展框架。4. 兩岸同胞是血脈相連的命運共同體。包括大陸和台灣在內的中國是兩岸同胞的共同家園，兩岸同胞有責任把她維護好，建設好。實現中華民族偉大復興要靠兩岸同胞共同奮鬥，兩岸關係和平發展新局面要靠兩岸同胞共同開創，兩岸關係和平發展成果由兩岸同胞共同享有。中國共產黨要堅持以人為本，把寄希望於台灣人民的方針貫徹到各項對台工作中去，最廣泛地團結台灣同胞一道推動兩岸關係和平發展。

兩岸關係和平發展重要思想是在總結 30 年來對台工作實踐經驗基礎上形成的最新理論成果，豐富了國家統一理論，發展了中央對台工作大政方針和政策主張。兩岸關係和平發展重要思想最鮮明的特色，就是把完成祖國統一的歷史使命同實現中華民族偉大復興的宏偉目標緊密聯繫起來。這一思想深刻揭示，大陸改革開放和現代化建設不斷取得巨大進步，是推動兩岸關係發展、實現祖國和平統一的雄厚基礎和可靠保障，決定了兩岸關係的基本格局和發展方向，台灣的前途系於兩岸關係和平發展、系於中華民族偉大復興，完成祖國統一是實現中華民族偉大復興的歷史必然。這一思想，向兩岸同胞發出了攜手推動兩岸關係和平發展、同心實現中華民族偉大復興的號召，揭示了對台工作的奮鬥目標。

兩岸關係和平發展重要思想最突出的理論貢獻，就是科學回答了為什麼要推動兩岸關係和平發展、怎樣推動兩岸關係和平發展的重大問題。這一思想提出了實現和平統一首先要確保兩岸關係和平發展的論斷，提出了祖國和平統一與兩岸關係和平發展之間的內在聯繫和辯證統一關係。這一思想明確了推動兩岸關係和平發展的基本方略：政治基礎是堅持大陸和台灣同屬一個中國，重要途徑是深化交流合作、推進協商談判，強大動力是促進兩岸同胞團結奮鬥，必要條件是反對「台獨」分裂活動。這些重要論斷和指導原則明確了，推動兩岸關係和平發展，是堅持和平統一方針的必然要求，是實現和平統一的必由之路，是實現中華民族偉大復興的戰略選擇，構成國家發展戰略的重要組成部分。

兩岸關係和平發展重要思想最主要的內涵，就是全面系統提出了開闢兩岸關係前進道路的重要政策主張。這一思想，從增進政治互信、推進經濟合作、加強文化交流、擴大人民往來、協商涉外事務和解決政治軍事問題等方面提出的政策主張，指明了構建兩岸關係和平發展框架的努力方向和基本內容，包含著解決兩岸關係重大問題的一系列新思路、新觀念、新主張，既表明了推動兩岸關係和平發展的決心和誠意，同時也考慮和回應了台灣同胞的需求、台灣方面的關切，以利於促進雙方共同開闢兩岸關係前進道路。

兩岸關係和平發展重要思想最基本的理念，就是強調做好對台工作、推進兩岸關係必須堅持以人為本。這一思想提出實現中華民族偉大復興要靠兩岸同胞共同奮鬥、兩岸

關係和平發展新局面要靠兩岸同胞共同開創，兩岸關係和平發展成果由兩岸同胞共同享有。這強調了兩岸同胞在推動兩岸關係和平發展中的主體地位，體現了以人為本、為民謀利的基本理念。

六、2012年至今

2012年11月，中共十八屆一中全會選舉產生以習近平為總書記的黨中央。中共十八大以來，習近平就台灣問題和對台工作發表一系列重要論述。這些論述在保持對台工作大政方針連續性基礎上，準確把握兩岸關係發展大勢，提出許多富有創見的新理念新主張新要求，豐富發展了中央對台方針政策，引領對台工作取得新的重要進展。

第一，共圓中華民族偉大復興的中國夢。實現中華民族偉大復興中國夢，是習近平提出的重大戰略思想，是全國各族人民共同的奮鬥目標，是團結凝聚海內外中華兒女的一面精神旗幟。習近平提出，「中國夢是兩岸共同的夢，需要大家一起來圓夢」。實現中華民族偉大復興，實現國家富強、民族振興、人民幸福，是孫中山先生的夙願，是中國共產黨人的夙願，也是近代以來中國人的夙願。中國夢就是這個民族夙願的生動表述。中華民族偉大復興與兩岸同胞前途命運緊密相連。中國夢與台灣的前途是息息相關的。兩岸同胞要相互扶持，不分黨派，不分階層，不分宗教，不分地域，都參與到民族復興的進程中來，讓中國夢早日成真。攜手推動兩岸關係和平發展，同心實現中華民族偉大復興，應該成為兩岸關係的主旋律，成為兩岸中華兒女的共同使命。中共十八大報告提出：「全體中華兒女攜手努力，就一定能在同心實現中華民族偉大復興進程中完成祖國統一大業。」中國夢與兩岸同胞前途命運緊密相連，實現這一目標就是繼續推動兩岸關係和平發展。要高舉中國夢的旗幟，最廣泛地團結台灣各界民眾，讓兩岸同胞組成「夢之隊」，都成為實現中國夢的參與者、書寫者，共同為實現中國夢而努力奮鬥。

第二，「和平統一、一國兩制」是實現國家統一的最佳方式。解決台灣問題和核心是實現國家統一。習近平提出，國家統一是中華民族走向偉大復興的歷史必然。實現中華民族偉大復興是近代以來中華民族最偉大的夢想。「統則強，分必亂」，這是一條歷史規律。台灣的前途系於國家統一，台灣同胞的福祉離不開中華民族的強盛。在涉及國家統一和中華民族長遠發展的重大問題上，中國共產黨旗幟鮮明，立場堅定，不會有任何妥協和動搖。「和平統一、一國兩制」是中國共產黨解決台灣問題的基本方針，中國共產黨認為，這也是實現國家統一的最佳方式。中國共產黨將以最大誠意、盡最大努力爭取和平統一前景，因為以和平的方式實現統一最符合包括台灣同胞在內的中華民族的整體利益。「一國兩制」在台灣的具體實現形式會充分考慮台灣現實情況，充分吸收兩岸各界意見和建議，是能充分照顧到台灣同胞利益的安排。中國共產黨所追求的國家統一不僅是形式上的統一，更重要的是兩岸同胞的心靈契合。中國共產黨理解台灣同胞因

特殊歷史遭遇和不同社會環境而形成的心態，尊重台灣同胞自己選擇的社會制度和生活方式，願意用真誠、善意親情拉動兩岸同胞的心理距離。同時，台灣同胞也需要更多瞭解和理解大陸 13 億同胞的感受和心態，尊重大陸同胞的選擇和追求。習近平的重要論述，站在國家發展和全民族整體利益的高度，闡明了完成國家統一是實現民族復興的必然要求和結果，而民族復興的進程是為國家統一創造和積累著必要條件和能量；表達了中國共產黨堅定不移地追求和平統一的堅定決心和歷史擔當，同時又與時俱進地對和平統一的形式、內涵作出了包容性很強的新論述，豐富和發展了國家統一理論。這些論述對於進一步堅定全民族實現國家統一的意志和信心，鼓舞和激勵支持中國和平統一的力量，團結全體中華兒女繼續推動兩岸關係和平發展、促進國家和平統一進程具有重要指導意義。

第三，努力推動兩岸關係和平發展。兩岸關係和平發展是通向和平統一的正確道路。近幾年來，兩岸關係取得一系列重大進展，開創出和平發展的新局面。但兩岸關係和平發展各方面的基礎尚不牢固，面臨的問題增多、阻力增大，「台獨」分裂勢力仍然是對台海和平的現實威脅。習近平提出：「中國共產黨歡迎更多台灣同胞參與到推動兩岸關係和平發展的行列中來，大家一起努力，出主意、想辦法，凝聚更多智慧和力量，鞏固和擴大兩岸關係發展成果，使兩岸關係和平發展成為不可阻擋的歷史潮流。」兩岸雙方要鞏固堅持「九二共識」、反對「台獨」的共同基礎，深化維護一個中國框架的共同認知。這個基礎是兩岸關係之錨，錨定了，才能任憑風浪起、穩坐釣魚台。針對2014 年台灣發生的「反服貿協議風波」對兩岸關係造成的影響，習近平表示，中國共產黨推動兩岸關係和平發展的方針政策不會改變，促進兩岸交流合作、互利共贏的務實舉措不會放棄，團結台灣同胞共同奮鬥的真誠熱情不會減弱，制止「台獨」分裂圖謀的堅強意志不會動搖。習近平的重要論述，揭示了當前對台工作和兩岸關係發展的階段性目標和主要任務，闡明了推動兩岸關係和平發展的共同政治基礎、必要條件、強大動力，體現了大陸方面繼續推動兩岸關係和平發展的戰略定力、戰略自信和堅強意志。要不斷鞏固深化兩岸關係和平發展的政治、經濟、文化和社會基礎，推動兩岸關係和平發展趨勢不中斷不逆轉，維護國家發展重要戰略機遇期，為實現「兩個一百年」奮鬥目標做出應有貢獻。

第四，宣導「兩岸一家親」的理念。兩岸同胞是血脈相連、命運與共的一家人。習近平提出，兩岸同胞一家親，根植於兩岸共同的血脈和精神，縈根於兩岸共同的歷史和文化。廣大台灣同胞不論省籍、族群等都是大陸同胞的骨肉天親。台灣同胞因自己的歷史遭遇和社會環境，有著自己特定的心態，大陸完全理解台灣同胞的心情。大陸願意用親情化解歷史留給台灣同胞的傷痛，也願意與台灣同胞一道，共創中華民族美好未來。只要是有利於維護中華民族整體利益的事，中國共產黨會盡最大努力辦好，使廣大台灣

同胞在兩岸關係和平發展中更多受益。習近平的重要論述，客觀理性面對兩岸的歷史與現實，設身處地考慮台灣同胞的心態和感受，真情顯露對同胞的理解與關愛，追求的是同胞間感情的融洽和心靈的契合，體現了對台工作以人為本的價值取向，具有很強的感召力。

第五，為破解兩岸固有政治分歧逐步創造有利條件。近些年來，兩岸雙方按照「先易後難、先經後政循序漸進」的思路推動兩岸協商談判取得了顯著成績。但是，兩岸長期存在的固有矛盾和政治分歧始終影響著兩岸政治互信的提升，制約了兩岸關係發展的深度和廣度。習近平提出：「著眼長遠，兩岸長期存在的政治分歧問題終歸要逐步解決，總不能將這些問題一代一代傳下去。」兩岸中國人有智慧找出解決問題的鑰匙來。中國共產黨願意在一個中國框架內，同台灣方面進行平等協商，作出合情合理安排。對兩岸關係中需要處理的事務，雙方主管部門負責人可以見面交換意見。習近平的重要論述，展現了大陸方面願意為破解兩岸政治難題作出努力的決心和誠意，也體現了大陸方面願意推動兩岸雙方開展對話，逐步積累共識，為破解難題創造條件。2014年雙方兩岸事務主管部門負責人實現互訪，建立了兩部門負責人會面，達成積極共識，對推動兩岸關係全面發展具有積極意義。2015年兩岸領導人實現了66年來的首次會面，翻開了兩岸關係歷史性一頁，具有重要的歷史意義和廣泛深遠的國際影響。

第六，堅持反對和遏制「台獨」分裂活動。「台獨」危害國家主權和領土完整，損壞中華民族的根本利益和長遠利益，違背中華兒女的共同意願。習近平強調，遏制「台獨」分裂活動是確保兩岸關係和平發展的必然要求。2008年前的一段時間，「台獨」分裂勢力利用執政推行分裂路線，損害國家主權、領土完整，破壞台海和平穩定，挑動兩岸對抗緊張，給兩岸民眾尤其是台灣同胞帶來深重禍害。需要警惕的是，「台獨」分裂勢力並未善罷甘休，仍在竭力煽動兩岸敵對和對立，阻撓兩岸交流合作，仍然是兩岸關係和平發展的最大現實威脅。對於任何分裂國家的行徑，中國共產黨絕不會容忍。歷史已經並將繼續證明，「台獨」之路走不通。中國共產黨對台灣同胞一視同仁，無論是誰，不管以前有過什麼主張，只有現在願意參與推動兩岸關係和平發展，中國共產黨都歡迎。習近平的重要論述，深刻揭示了「台獨」勢力及其分裂活動對兩岸關係和平發展的現實危害，明確宣示了堅決反對「台獨」的一貫立場，嚴正表明了中國共產黨決不允許「台獨」、決不允許把台灣從中國分割出去的堅定態度。劃出這條「紅線」的，是不可撼動的民族意志。同時，有表達了中國共產黨願意最大努力團結最廣大台灣同胞共同推動兩岸關係和平發展的真誠意願。

第七，深化兩岸經濟合作，同台灣同胞分享大陸發展機遇。中國的改革開放和持續發展給世界帶來了機遇，也為進一步推進兩岸經濟融合提供了強勁動力和廣闊空間。習近平提出，中國共產黨「願意首先同台灣同胞分享大陸發展的機遇」。中國共產黨將深

入瞭解台灣民眾尤其是基層民眾的現實需求，採取積極有效措施，照顧弱勢群體，使更多台灣民眾在兩岸經濟交流合作中受益。希望兩岸加強經濟領域高層次對話和協調，共同推動經濟合作邁上新台階。要加快拓展產業合作，擴大雙向投資，深化金融服務業合作，探索新的合作途徑。兩岸可以適時務實探討經濟共同發展、區域經濟合作進程向銜接的適當方式和可行途徑，為兩岸經濟合作增添新的活力。習近平的重要論述，體現了對兩岸同胞現實需求和兩岸經濟交流合作規律的深刻認識和準確把握，表明了大陸方面願意繼續為台灣同胞謀福祉的決心和誠意，明確了對台經濟工作的重點和努力方向。習近平提出要照顧弱勢群體、擴大兩岸經濟合作的受益面，反映了對兩岸經濟合作進程中有待加強之處的敏銳觀察。

第八，增進兩岸同胞互信，加強青少年交流。近百年來兩岸同胞聚少離多，彼此之間對一些問題的理解不盡相同。近年來，部分台灣民眾對兩岸關係快速發展憂慮增多，心態複雜敏感。面對這一情況，同胞之間應加強理解與信任。習近平提出：「兩岸關係和平發展任重道遠，需要加深兩岸同胞相互信任。同胞有了互信，很多難題就容易找到解決辦法。」中國共產黨要積極創造條件，擴大兩岸社會各界各階層民眾的接觸面，透過面對面溝通，心與心交流，不斷增進理解，拉近心理距離。習近平尤其關心兩岸基層民眾和青少年的交流，強調要讓廣大台灣同胞特別是基層民眾都能更多享受到兩岸關係和平發展帶來的好處。兩岸青少年身上寄託著兩岸關係的未來，要多想些辦法，多創造些條件，讓他們多來往，多交流，感悟到兩岸關係和平發展的潮流，感悟到中華民族偉大複興的趨勢，以後能夠擔當起開拓兩岸關係前景、實現民族偉大復興的重任。習近平的重要論述，闡明了進一步加強兩岸各界各領域交流的重要性，集中反映了要鞏固和深化兩岸關係和平發展的社會與民意基礎的深謀遠慮。要繼續在不斷擴大兩岸各界各領域交流、交往的過程中，更多加強兩岸基層民眾特別是青少年的交流往來，不斷融洽同胞感情，增進相互理解和信任，促進心靈相通。習近平站在實現中華民族偉大復興的歷史高度，透過對台灣問題長期觀察和深入研究，針對兩岸關係發展的新形勢新特點所作出的對台工作重要論述，展現出鮮明的使命意識和責任擔當、攻堅克難的進取意識和創新思維、求真務實的科學態度和工作作風，深化了推進對台工作的規律性認識，是中國共產黨做好新形勢下對台工作的行動指南。

第二節　對台政策研究綜述及戰略思考

本節先梳理學界對習近平對台重要思想的解讀、歸納、闡釋、評析，這些內容是在政策形成後對政策的理解和厘清。再對近 20 年來的大陸對台戰略的研究進行綜述，這是在政策形成前的各種方案研究與設計，這些研究成果不一定被政策制定者採納，但對

政策形成均有助益。無論是政策解讀還是政策研究，相關論述都非常多，本書此處列舉代表性觀點，難免有遺珠之憾。最後對未來對台工作的戰略進行思考。

一、習近平對台重要思想研究

張志軍（2016）認為，黨的十八大以來，習近平高瞻遠矚，統攬全域，站在國家發展全域和中華民族偉大復興的戰略高度，根據國內外形勢和台海形勢的發展變化，就對台工作提出一系列新理念新思想新戰略，豐富和發展了對台工作的理論和實踐，指導對台工作邁上新台階，引領兩岸關係不斷取得新進展。其主要特點和意義在於：1. 深刻闡釋民族復興與兩岸前途的密切聯繫，樹立起共圓中國夢這面團結兩岸同胞共同奮鬥的精神旗幟；2. 堅持「和平統一、一國兩制」的大政方針，豐富發展了國家和平統一理論；3. 從國家發展戰略全域謀劃對台工作，深化了在發展的基礎上解決台灣問題的戰略思想；4. 堅持兩岸關係和平發展正確道路，豐富了兩岸關係和平發展的政策內涵；5. 堅持一個中國原則，揭示「九二共識」核心意涵對兩岸關係有重要意義；6. 堅定捍衛國家主權和領土完整，堅決反對任何形式的「台獨」分裂活動；7. 宣導「兩岸一家親」的理念，豐富了做台灣人民工作的思想內涵；8. 促進兩岸經濟社會融合發展，增強兩岸命運共同體的認知。張志軍將習近平對台重要思想的核心要點歸納為：1.「兩岸同胞要相互扶持，不分黨派，不分階層，不分宗教，不分地域，都參與到民族復興的進程中來」，共圓中華民族偉大復興的中國夢。2. 堅決反對「台獨」分裂、捍衛國家主權和領土完整是我們黨和政府一貫的、不可動搖的立場。「台獨」勢力及其活動損害國家主權和領土完整，是兩岸關係和平發展的最大障礙，是台海和平穩定的最大威脅，只會給兩岸同胞帶來深重禍害。3. 堅持「兩岸一家親」，就是同胞間要真誠相助，維護增進中華民族的整體利益只要是有利於增進兩岸同胞的親情和福祉的事，只要是有利於推動兩岸關係和平發展的事，只要是有利於維護中華民族整體利益的事，兩岸雙方都應該盡最大努力去做。4. 深化兩岸經濟社會融合發展，需要加強各領域交流和人員往來。兩岸同胞要加強文化交流，共同傳承中華文化優秀傳統。要繼續創造條件，擴大同胞直接交往，促進兩岸各界交流。兩岸同胞要以心相交，不斷增強民族認同、文化認同、國家認同。[257]

李逸舟（2017）認為習近平在推動治國理政總方略的同時，圍繞兩岸關係、對台工作也提出了一系列新理念新思想新戰略，形成了以兩岸經濟社會融合發展為核心的系統完整的對台思想。李提出習近平對台重要思想繼鄧小平確立和平統一大政方針之後，在江澤民、胡錦濤時期長期探索實踐基礎上，與時俱進，創新發展，從思想理論上根本解決了怎樣實現和平統一的問題。這是中共對台戰略的一次質的飛躍，代表著和平統一理

---

[257] 張志軍：《維護和推進兩岸關係和平發展共圓中華民族偉大復興中國夢——深入學習習近平總書記對台工作重要思想》，《求是》，2016 年第 20 期。

論體系建構合龍並臻於成熟,明確了兩岸在發展中融合、在融合中統一的道路與方向,實現了規律性與目的性的高度自洽,實現了國家整體戰略與對台戰略的高度契合,成為兩岸關係與對台工作的基本指標。[258] 仇開明(2017)認為十八大以來形成了一套具有習近平個人風格的對台工作思想體系。習近平對台工作思想所理解的重點:第一,從出發點來看,習近平對台工作重要思想,首先植根於並且服務於中華民族偉大復興的根本目標。第二,從總體觀察的角度來看,解決台灣問題的根本是基於整個大陸的發展進步。理解習近平對台工作重要思想,需要突出把握兩個重點:一是「把握一中方向」,即把握好「一個中國」這個兩岸關係發展的根本方向,二是「發展共同利益」,即要透過兩岸關係的發展讓兩岸更加緊密地結合在一起,讓台灣同胞在兩岸關係發展中得到好處,體會到兩岸關係的發展前景。具體歸納為四個重點:堅持一個中國原則,堅定反對「台獨」,高度重視做好台灣民眾工作,以中華民族偉大復興的宏偉目標作為兩岸關係發展的堅強引領。

楊毅周(2017)認為十八大以來習近平以「兩岸一家親」作為國家統一的的基礎,以「融合發展」作為國家統一的路徑。習近平的對台戰略思想具有鮮明的個人特色,也體現了歷史發展與時代發展潮流下中國共產黨人的擔當,對如何實現國家統一有著很清晰的設想和路徑圖。習近平特別強調兩岸同胞在文化、民族、血緣的交流和融合,在經濟上繼續為台灣中小企業提供更多機會,為台灣老百姓在大陸發展提供更好的機遇。至於在今後的對台工作中如何貫徹落實習近平對台思想,「兩岸一家親」雖然是天然形成、不可否認的,但實際上仍需要繼續培養、繼續澆築,繼續透過各種途徑來促進兩岸融合。

倪永傑(2017)總結習近平就對台工作中提出了十大論斷、具有五項特徵、六大新思維。十大論斷分別是:第一,兩岸一家親;第二,共圓中國夢;第三,構建命運共同體;第四,兩岸政治分歧不能一代一代傳下去;第五,「一國兩制」的「三個充分」(充分考慮台灣現實情況,充分吸收兩岸各界意見和建議,是能充分照顧到台灣同胞利益的安排);第六,統一不是形式上的統一而是兩岸同胞心靈契合;第七,決定兩岸關係走向的關鍵因素是大陸發展進步;第八,兩岸青少年要擔負起開拓兩岸關係前景、實現民族復興的重任;第九,兩岸道路與制度的好壞應當由人民來評判,台灣民眾要理解並尊重大陸人民的選擇;第十,兩岸中國人有能力有智慧解決好自己的問題。習近平新理念新思想新戰略體系的特徵可以用「12345」進行梳理和歸納:「一條道路」指的是和平發展道路,使和平發展制度化,構建和平發展的制度框架;「兩項基礎」其一是體現一個中國原則的「九二共識」,其二是反對「台獨」;「三項理念」分別是「兩岸一家親」「共圓中國夢」與「構建命運共同體」;「四條路徑」依次是「全面增進互信」「厚植共同利益」

---

[258] 李逸舟:《習近平對台思想統禦性概念:兩岸經濟社會融合發展》,(港)《中國評論》,2017年7月。

「融合發展」與「心靈契合」;「五大安排」包括:一是關於「一國兩制」台灣具體實現形式的安排,具有「三個充分」的論述。二是關於解決兩岸政治分歧的安排,如突出政治分歧「不能一代一代傳下去」。三是關於台灣參與國際的安排,即只要不違背一中、不造成「兩個中國」和「一中一台」,可透過與我協商,作出合情合理的安排。四是關於利益的安排,如聚焦青年與民生,照顧弱勢,擴大參與面、增加獲得感。五是關於塑造美好共同記憶的安排,如習總書記在共同紀念抗戰的時候提出兩岸應「共用史料、共寫史書」等。六大新思維:一是總體思維,對台工作和兩岸關係發展服務於「兩個一百年」與實現中華民族偉大復興的「中國夢」的總目標,是國家總體發展戰略的重要組成部分;二是底線思維,確保國家主權和領土完整不被分裂;三是主導思維,比如「政治分歧不能一代一代傳下去」「『一國兩制』在台實現形式的『三個充分』」「制度的好壞要由人民來評判」等獨創性觀點都是針對兩岸關係發展重大癥結所提出,體現了習總書記要主導兩岸關係的話語權,而不是被台灣方面主導;四是創新思維,包括對台工作理論、制度和政策的創新;五是民本思維,即以人為本,照顧台灣民眾利益;六是法治思維,這和大陸「四個全面」中全面依法治國是一體的,如《國家安全法》中便有涉台條文。在從和平發展邁向和平統一的進程中,融合發展有望成為大陸今後對台工作的創新主軸。

  關於十九大報告中的對台工作思想,倪永傑將亮點歸納為以下六點:第一,一個新意,一個政治宣示。習近平總書記在「新時代中國特色社會主義思想和基本方略」中提到,「堅持『一國兩制』和推進祖國統一。必須堅持一個中國原則,堅持『九二共識』,推動兩岸關係和平發展,深化兩岸經濟合作和文化往來,推動兩岸同胞共同反對一切分裂國家的活動,共同為實現中華民族偉大復興而奮鬥。」把實施「一國兩制」,推進祖國統一,放到建設新時代中國特色社會主義十四大基本方略中,是非常有新意的,這是在黨的報告中首次這樣寫。這也是一個政治宣示,將大陸對一個中國原則和「九二共識」的立場、對台灣民眾的利益安排、對反對「台獨」的底線等內容講得非常清楚,這對兩岸關係具有非常大的指導意義和促進作用,能夠動員兩岸同胞,共同投身於促進兩岸關係發展和推動國家統一的進程中來。第二,明確政治底線。報告中強調一個中國原則是兩岸關係的政治基礎,「九二共識」的重要性在於確定兩岸關係的根本性質,並確保兩岸關係和平發展的關鍵,它實際上打破了台灣某些人期待大陸會鬆動政治立場,甚至放棄「一中」原則、放棄「九二共識」這樣的幻想。第三,預留兩岸互動的空間。報告指出了破解兩岸政治僵局的正確道路,就是只要承認「九二共識」的歷史事實,認同兩岸同屬一個中國,在這個基礎上,台灣的政黨團體和大陸交流就不存在障礙,兩岸就可以開展對話,協商解決一些問題。這是為台灣政黨團體保留了一個善意的互動空間。第四,劃出台海紅線,挫敗「台獨」分裂圖謀。習近平總書記在報告中發出號召,「絕不容忍國家分裂的歷史悲劇重演」,還把決不允許的6個「任何」寫入了黨的報告。第

五，宣導「兩岸一家親」的理念。習近平總書記過去也曾多次強調，「兩岸同胞是命運與共的骨肉兄弟，是血濃於水的一家人」。尊重台灣地區的社會制度和生活方式，率先同台灣同胞分享發展機遇，這體現了大陸方面對於台灣同胞的骨肉親情與真心誠意。第六，承諾同等待遇。習近平的講話中主張「逐步為台灣同胞在大陸學習、創業、就業、生活提供與大陸同胞同等的待遇，增進台灣同胞福祉」。這個承諾對台灣民眾是有吸引力的，表明了大陸對台灣同胞利益的關注和照顧，也是我們做好對台工作的重要方面。

　　王英津（2017）認為，十九大報告的涉台論述有以下四個面向值得進一步注意，它體現出了大陸今後對台工作的基本思路，那就是「兩手抓、兩手都要硬」。第一，反「獨」與促「統」並進。也就是，在堅決反「獨」的同時把促「統」提上重要工作議程，實施「雙軌並進」。一軌是針對民進黨，堅決反對其搞「台獨」；另一軌針對台灣民眾，透過融合發展促使其與大陸走向統一，這是習近平總書記對台思想中「兩手抓」「兩手都要硬」的重要體現。堅持在促「統」中反「獨」、在反「獨」中促「統」，是十九大報告涉台論述的鮮明特點。反「獨」和促「統」不是先後關係，而是同時並進關係。這是由目前大陸的綜合實力所決定的，沒有實力做後盾，就無法同時推動這兩項政治工作。十九大報告涉台部分一方面指出「推進祖國和平統一進程」；另一方面又強調融合發展，表明兩岸走向和平統一的路徑，就是扎實推動兩岸經濟社會融合。第二，交流發展與融合發展並進。融合發展是為彌補交流發展的短板而提出的，但提倡融合發展並不等於否定交流發展，而是在融合發展的同時繼續擴大和深化交流發展，因為交流發展也可以促進融合進而促進認同。十九大報告中的「我們將擴大兩岸經濟文化交流合作，實現互利互惠」，是針對交流發展而言的；而「願意率先同台灣同胞分享大陸發展的機遇」「逐步為台灣同胞在大陸學習、創業、就業、生活提供與大陸同胞同等待遇，增進台灣同胞福祉」，是針對融合發展而言的。可以預見，未來大陸將同時推進交流發展和融合發展，實施「雙管齊下」。第三，民族復興與國家統一並進。大陸對於台灣問題的思考，是從中華民族偉大復興的戰略高度來進行的，希望在中華民族偉大復興的歷史進程中實現統一。國家統一是民族復興的必然要求，在實現中華民族偉大復興中國夢的歷史進程中完成國家統一，透過國家統一進一步促進中華民族偉大復興中國夢的實現，兩者相輔相成、相互促進。大陸自身發展了，才能為扎實推進國家和平統一進程注入更大的動能。十九大報告指出：「解決台灣問題、實現祖國統一，是全體中華兒女共同願望，是中華民族根本利益所在」，「實現推進現代化建設、完成祖國統一、維護世界和平與促進共同發展，是我們在新時代必須完成的三大歷史任務」，這進一步表明了實現中華民族偉大復興中國夢與完成國家統一之間的不可分割關係。第四，鬥爭與團結並進。台灣社會的政治力量可以劃分為兩大板塊：承認兩岸「一中」的政治力量和拒不接受兩岸「一中」的政治力量。對於前者，大陸堅持積極團結的方針，並希望與台灣同胞共同分享大陸的

發展機遇；而對於後者，大陸會給予堅決的鬥爭。這種區分對待的做法，會使大陸對台工作更具針對性、更有時效性。十九大涉台論述既是對蔡英文上台以來拒不承認「九二共識」的回應，進一步申明大陸的政治底線，也向台灣政府釋放了兩岸關係和平發展的善意。十九大報告指出，體現「一中」原則的「九二共識」是兩岸互動的政治基礎。「九二共識」是大陸對台政策的前提和基礎，沒有任何討價還價的空間。蔡英文上台前曾表示，只要民進黨當選執政，大陸就會向她「靠攏」。蔡英文上台以來，一直模糊以對，試圖透過迴避「九二共識」、建構所謂「兩岸互動新模式」等方式來敷衍大陸。此次十九大報告重申「九二共識」，再次正面向台灣政府釋放了堅定信號，表明大陸在底線問題上沒有任何的退讓空間，這實際上是回應了蔡英文上台以來不切實際的幻想。針對蔡英文當局對「九二共識」的歪曲和演繹，十九大報告中明確指出，「九二共識」是體現一個中國原則的「九二共識」，這就明確了「九二共識」不是什麼其他抽離「一中」內容的共識，封死了蔡英文政府在「九二共識」問題上偷樑換柱的空間。但是，大陸並沒有徹底關閉與民進黨的對話大門，只要民進黨認同一個中國，民、共兩黨即可展開對話和互動。正如十九大報告所指出：「承認『九二共識』的歷史事實，認同兩岸同屬一個中國，兩岸雙方就能開展對話，協商解決兩岸同胞關心的問題，台灣任何政黨和團體同大陸交往也不會存在障礙」。朱松嶺（2017）將習近平的「新國家統一觀」概括並闡述為「新天下觀之下的國家統一觀」、「新發展觀之下的國家統一觀」與「新治理觀下的國家統一觀」。他把習近平的新天下觀分為「全球命運共同體」、「亞洲命運共同體」與「兩岸命運共同體」三大部分。新發展觀下的國家統一觀，是以「夢系列」從中國輻射亞太，「中國夢」與「亞洲夢」及「亞太夢」。新治理觀下的國家統一觀是理論論述與政治傳播相結合，治理當中有兩個重要元素，一個是軟性的，精神性的，另一個是硬性的，制度性的。「兩岸一家親」論述體現在歷史上中華民族是靠血緣和姻親來維繫的，中國的各民族地區之間一方面透過通婚形成融合，另一方面又透過制度安排相對獨立；同樣，國家治理當中，各少數民族地區一方面在國家的統一體系之下，另一方面又享受充分的自治。歷史上的中華民族和強盛中國就是這樣形成的。習近平對台思想的特點，在語言上，體現為理論論述和理論傳播相結合；在思維上，體現為底線思維和區間思維、戰略思維和戰術思維、全域思維和局部思維、統一思維和發展思維相結合。

李振廣（2017）將習近平對台思想歸納出四大特徵：1. 在台灣問題上，習近平對台工作思想的基礎正是這種有著歷史厚度和情感高度的強烈的歷史使命感；2. 以習近平為核心的黨中央在對台戰略中繼承和發展了歷代領導人勇於突破、大膽創新的擔當和勇氣，進一步實現了兩岸關係的新突破；3. 在實現國家最終統一這一問題上有明確堅定的路線圖，一方面是團結一切可以團結的同胞推動兩岸和平統一進程，另一方面明確指出解決台灣問題的關鍵在於大陸；4. 站在歷史發展的高度，辯證地看待對台工作在中國崛

起和中華民族偉大復興進程中的作用與地位，在對台工作方面立足長遠、準確定位。

張文生（2016）總結習近平對台重要思想的特點包括：1. 堅持「九二共識」，維護「一中框架」，鞏固海峽兩岸的共同政治基礎；2. 主張兩岸同胞團結合作，共圓中華民族偉大復興的中國夢；3. 兩岸中國人完全有能力、有智慧解決好自己的問題。兩岸長期存在的政治分歧問題終歸要逐步解決。「台獨」分裂活動始終是兩岸關係和平發展的最大威脅和最大障礙。從根本上說，決定兩岸關係走向的關鍵因素是大陸發展進步。[259]

杜力夫（2017）認為習近平系列講話中對「一國兩制」內涵的深刻闡述，啟發我們進一步思考國家統一進程的重大理論問題。一是從理論解析，國家主權對內可以分享，對外只能共用。主權或權力的多主體的享有，也可以劃分為分享和共用兩種模式。分享接近於按份共有：分享者可不依賴於其他共有主體單獨行使權力。而共用則接近於共同共有：共用者必須依賴其他共有主體在形成共識、意思表示達成一致後的基礎上進行協作或配合才能行使權力。主權的分享，意指主權共同擁有，分別行使；主權的共用，則是指主權共同擁有，共同行使。二是從現實觀照，主權分享與共用理論出發可以設想台灣的對內自治與對外統一。可以這樣表達：中國的主權由兩岸人民共有；中國主權在對內方面，目前由兩岸雙方代表兩岸人民分享。兩岸雙方分別對各自實際管轄的地區的內部事務，擁有最後決定權。三是實現路徑，簽訂兩岸和平協定是必須經由的第一步。兩岸共用中國的對外主權，必須建立起就對外事務協商一致的機制，而這又必須要透過簽訂系列兩岸和平協定來實現。四是鬥爭焦點，反對「台獨」的主戰場在國際社會和外交領域。國家主權的屬性要求我們在分析國家統一問題時，要區別對內與對外，看到國家主權在對內與對外方面的區別與聯繫。[260]

郭偉峰（2017）認為：習近平對台思想中的頂層設計已經非常明確清晰、全面系統，完全具有可遵循性。習近平的對台思想與頂層設計，以國家統一為經，以民族復興為緯，這樣的思想力量必能引領兩岸關係的正確方向，必能最大效果地處理好台灣問題，開闢一個統一、團結、輝煌的中華民族新時代。習近平的對台思想核心內涵，就是促進國家的完全統一，實現中華民族偉大復興。國家統一與「兩個一百年」的頂層設計是密切契合的，互為因果。重中之重，是習近平深刻論述了解決台灣問題與國家統一、民族復興的辯證關係：1. 辯證論述了國家統一與民族復興之間的關係，高度重視台灣同胞的作用以及平等地位；2. 辯證論述了國家統一與兩岸融合之間的關係，豐富和發展了對國家統一形式和內涵的論述；3. 辯證論述了國家統一與台灣前途之間的關係，給台灣的未來前途指明了方向。習近平對台思想中的頂層設計概念中還具有三個不同的概念內涵：1. 融合概念。從歷史發展的角度來看，中國的統一過程就是融合過程，歷史上主要是民

---

[259] 張文生：《習近平對台重要思想解析》，《台海研究》，2016 年第 2 期。
[260] 杜力夫：《建設兩岸命運共同體探索兩岸統一新模式——學習習近平對台論述的思考》，《中國評論》，2017 年 2 月。

族與文化的融合。但是，習近平對台思想中體現的融合概念，更多是倡議民族精神的融合。台灣的中華民族精神方面發生了異變，需要重新加以融合。習近平的融合概念，是解決台灣問題的根本之道。2. 復興概念，習近平對台思想中，大量運用中華民族偉大復興的概念。面對新時代的中華民族，用偉大復興來作國家發展頂層設計，並以此號召台灣同胞參與，凝聚兩岸的向心力、把共識發揮到最大，分歧則會壓縮到最小，對兩岸關係發展有極大的推動力。3. 創新概念。習近平的對台思想，是在繼承的基礎上致力創新，通過創新，拓寬了大陸的對台政策空間，豐富了兩岸關係的內涵，也為解決台灣問題留下了更加充裕的空間與時間。

周建閩（2017）認為：「兩岸命運共同體」這一核心理念是習近平總書記在繼承、貫徹中共歷代領導人對台大政方針後，針對台灣問題的現實情況以及未來的發展，所提出的具有強烈針對性和時代特色的系統論述。這個核心理念，與他的治國理政思維一脈相承，但又根據台灣問題本身的複雜性、艱巨性、長期性的特點有所拓展和延伸。「兩岸命運共同體」是「兩岸一家親」理念的拓展和延伸，是在兩岸的歷史文化以及血緣、宗親關係的基礎上，賦予了共同發展、共同實現中華民族偉大復興的新內涵基礎上衍生出來的核心理念。在兩岸歷史和親情的基礎上加入「民族復興」「中國夢與台灣前途」的內涵，使之不再局限於歷史和親情的表述，而有著強烈的現實意義和未來方向感。「一家親」理念更多的是強調兩岸之間天然的血緣、親緣關係以及共同的歷史、文化結構，那麼「兩岸命運共同體」則包涵了更多實現國家富強、民族復興、人民幸福的中國夢的內容。同時，又賦予了兩岸同胞更多的責任與共同使命。從習近平的論述中可以總結出幾個規律：第一，兩岸同屬一中不容否定。第二，堅持「九二共識」、反對「台獨」是兩岸關係和平發展的政治基礎。第三，「台獨」危害國家主權、禍害兩岸同胞，是對台海和平的現實威脅。第四，從歷史的高度看待國家分裂的嚴重後果。第五，以底線原則、底線思維作為確保國家主權和領土完整的政策思維和決心。

二、對台戰略研究

對台戰略研究是有可能被政府採納的政策性研究，雖然研究者的研究方向與重點各不相同，但大體上還是隱約形成了社科院、北大、清華、人大、廈大等多家流派，共同的涉台研究獻計獻策。

許世銓（2013）將大陸對台工作重點放在實力強大與策略靈活方面，認為國家的統一、對台政策只能始終不渝地遵循「發展是硬道理」這條鐵律才能最終功德圓滿。他提出在解決台灣問題、實現國家統一的戰略制定和政策選擇方面，必須厘清和正確對待下列四個問題：第一，必須同時詳查台灣、國際和大陸自身的情況，而大陸自身的情況是三者中最重要的，也可以說是決定性因素。第二，中國的一切問題，包括台灣問題，只

能透過自身的發展才能解決。第三,一個中國原則是大陸對台政策堅定不移的基礎。在一個中國原則問題上,大陸把對外關係和作為內政的兩岸關係區別對待,在不同時期給予「一中」原則有利於兩岸關係發展的定義。第四,「與時俱進」是大陸對台政策的生命線。大陸對台政策總是審時度勢,確立總體戰略、制定配套政策,為實現國家統一選擇一條切合實際、行之有效的途徑。[261]

于克禮(2011)主張兩岸關係需要政治解決:一是早日結束兩岸敵對狀態、簽訂兩岸和平協定、建立兩岸軍事安全互信機制,是突破兩岸政治僵局,推進兩岸關係和平發展進程的關鍵之所在。二是徹底從冷戰的陰影、冷戰的思維中走出來,消除兩岸敵對心態、敵對思維與敵對意識形態,營造兩岸和諧關係,為兩岸政治對話、協商、談判創造良好氛圍。三是努力增強兩岸政治認同感,對深化兩岸關係和平發展尤為重要。

周志懷(2010)提出兩岸關係和平發展需要注入的新的內涵:一是實踐內涵,譬如:大力加強兩岸文化教育交流合作、商簽文教協定;兩會協商由經濟性議題擴展到共同打擊犯罪及開展司法互助等社會性議題;透過兩岸協商,以雙方都能接受的方式來逐步探討政治和軍事等敏感問題等等。這些議題重在解決兩岸交流交往所產生的重大實踐問題;二是理論內涵,和諧發展既是兩岸關係和平發展的基礎與動力,也是兩岸關係和平發展的必然結果,在構建兩岸關係和平發展框架的過程中,需要加強對和諧發展這一重要理論問題的研究。

朱衛東(2012)對當前及今後一個時期如何進一步加強兩岸政治互信進行前期戰略思考和設計:1. 要始終將增進兩岸政治互信擺在兩岸關係發展的突出位置上;2. 認同和維護「兩岸同屬一國」這一雙方政治互信的基石;3. 以自信尊重包容雙贏的思維,積極善意穩妥地增進兩岸互信;4. 在政治互信基礎上,穩步建立包括軍事互信在內的兩岸戰略互信;5. 加強制度化建設,努力構建兩岸全方位的戰略互信機制。政治行為者相互信任的建立,取決於雙方相互認知基礎上的共同承諾、可預測性以及可信性。雙方應從戰略和長遠的角度出發,認准共同利益,相向而行,善意互動,積極穩妥地不斷增強兩岸各個領域的互信基礎,妥善管控和處理分歧,進一步擴大雙方的合作,在合作中形塑共同的價值,厚植共同的利益,增進相互信任。為此:一是雙方都要增強自信心;二是理性看待對方的戰略企圖和戰略走向,務實善意地對待對方的相關政策,努力提高雙方理解對方思維方式的能力,用同理心和「同情的理解」來看待對方,加強常態化、制度化的溝通協調,儘量避免誤解與誤判;三是兩岸都要根據不斷變化的新形勢恰當地設定階段目標,既不能超越情勢環境和條件,又不能在機遇面前無所作為而喪失機遇;四是在不挑戰、不違背「兩岸同屬一國」這一雙方都認可的核心利益的基礎上,相互尊重、妥善對待處理彼此的重要利益和關切,要管理好、控制好兩岸之間深層次、結構性的矛

---

[261] 許世銓:《兩岸關係與大陸對台政策——戰略制定與政策選擇》,《台海研究》,2013 年第 1 期。

盾與分歧,將其消極影響降至最低;五是從小事和點滴做起,塑造新的共同認同,透過信心與信任的逐步累積直至「生長」出兩岸的戰略互信。建構兩岸全方位的戰略互信機制,首先應發揮好現有管道、機制的作用。其一,進一步發揮國共平台特別是兩黨領導人定期會晤機制的作用。其二,繼續發揮兩會制度化協商機制及其他平台的作用。其三,加強兩岸學術對話,發揮「二軌」機制的作用。[262] 朱衛東還提出推進兩岸政治對話談判的路線圖:1.兩岸學術界的「政治對話」先行,充分發揮「二軌」機制的作用;2.培養和增進兩岸戰略互信,提升台當局進行政治談判的動力和意願;3.從豐富充實「九二共識」出發,逐步確立處理兩岸政治關係的基本框架。

李義虎(2005)提出處理台灣問題應發揮政治智慧,用新觀念、新變通方法解決面前的難題。新思路就是在「維持現狀」這個存量不變的情況下進行「增量改革」,用逐漸積累、增加理解、加強政策配合來逐漸增加增量以期達到最後的統一目標。增量改革的重要任務在於:1.繼續加強兩岸的文化、經貿和社會交流,形成兩岸交流的合理規範和有效操作機制,培植兩岸關係健康發展的堅實基礎、整體社會氛圍和有效心理機制,使之成為整個增量改革的後援體系。2.雙方的政策互動應該形成良性的狀態,不應形成雙方政策互相排拒、扯皮和抗爭的局面。雙方政策良性互動的合理目標是經由各自政策增量的改革導致雙方政策的有效對接,最終達到雙方可以在政策層面上舉行政治性談判,並研擬兩岸關係發展和實現國家統一方案的新階段。3.「國際增量」部分十分複雜和敏感,應該由雙方的政治性談判給予合理的解決。即「國際增量」的改革不應因各自的行為對抗(尤其是外交行為)而後退到「國際存量」的舊圈子裡作無規則拼鬥,而應予以政策性的統籌處理。4.「和平統一、一國兩制」的內容要有創造性的擴大、豐富。「一國兩制」就是首先保持存量不動,也就是我們所說的「維持現狀」。但是以開放性思維理解,仍然需要擴大自身的增量,在國家結構方面「一國兩制」可以與整個國家政治資源的再度配置、國家結構安排甚或某種政體的安排相結合。[263] 同時,大陸須處理好中國崛起與國家統一的外部環境的問題:一方面我們應該把提高自己的綜合國力和國際地位放在首位,也應該將解決台灣問題的努力放到自己力量的基點上,另一方面我們應該在實現國家統一的過程中善處自己崛起的國際政治後果。中國應該制定出適當的國家崛起戰略和國家統一戰略,並使二者具有良性的「必要的張力」和互動關係。[264]

他提出三個階段的路線圖:統一準備階段,核心任務是增進兩岸全面互信,從主觀感受到制度和法律層面,為下一階段的協商談判提供堅實基礎和保障;統一協商階段,開始逐步討論解決兩岸之間深層次的複雜結構性矛盾,包括台灣政府的政治定位、台灣的國際活動空間、兩岸結束敵對狀態、簽署和平協議等最為關鍵且難度最大的問題;

---

[262] 朱衛東:《對進一步增進兩岸政治互信的戰略思考》,《台灣研究》,2012年第1期。
[263] 李義虎:《開闢解決台灣問題的新思路》,《太平洋學報》,2005年第2期。
[264] 李義虎:《中國崛起與國家統一的外部環境》,《世界經濟與政治論壇》,2006年第5期。

統一實施階段，透過最終的《統一協議》基本達到兩岸統一的理想狀態。對於如何解決台灣問題定位，李義虎（2014）提出：1. 實行區間定位。台灣定位不能超出的上限是國家，下限是特別行政區。這種上限和下限的設置，均源於對方的不接受，也均表明不可突破的劃定界限，即只能是國家以下，特別行政區以上。2. 按照存量不動、增量改革的原則，將「一國兩憲」視為維持現狀的一部分。兩岸的憲制性檔都表明了堅持一個中國的立場，即實際上都是「憲法一中」。這是兩岸關係現狀、即存量的主要組成部分。增量改革的重要條件是確認「一國兩憲」的事實，既可維持現狀，保持存量，又可銜接雙方政策，擴充增量，從而啟動政治對話與協商的進程。可以通過雙方修憲的形式推進台灣定位問題的解決過程，並透過憲政性對接實際上解決台灣定位問題。3. 將兩岸整合和國家統一進程視為國家結構調整的過程。兩岸整合乃至於未來的國家統一，不僅僅是領土的合併，而是國家結構的調整過程，也是國家權力和資源再分配的過程。可根據國家結構調整的需要，對台灣進行定位。一個現實的思路是借鑒「坦尚尼亞模式」，而非台灣方面熱衷的「德國模式」。借鑒「坦尚尼亞模式」的做法，可以將台灣視為國家的重要成員，台灣政府可以成員政府的資格和形式存在。權力和資源向上浮動，而非向下浮動。即可以讓台灣方面向中央政府（國家政府）機構輸入人才，擔任相應的政治性職務。但大陸方面不向台灣方面的政權機構輸入人員。這兩點既有「一國兩制」的味道，如允許台灣人向中央輸入，而大陸人不向台灣政權機構輸入，又有「非一國兩制」的味道，台灣作為成員政府單獨存在，發揮作用，在整體上具有統一過程中國家權力資源重新整合的含義。4. 務實探討「國家尚未統一特殊情況下的兩岸政治關係」。大陸提出兩岸共同努力探討「國家尚未統一特殊情況下的兩岸政治關係，作出合情合理安排」，這既是著手解決台灣定位，也是台灣定位解決前在政治層面落實某種雙方均可接受的安排。[265]

巫永平和鄭振清（2011）提出推動兩岸共同修憲的必要性，以構建包括「兩岸同屬一個中國」與「兩岸過渡性分治」在內的新政治平衡。要維持「兩岸一中」與「兩岸分治」的政治平衡，必須有新的共同法律約束，實際上無法迴避共同修憲的問題。共同修憲有多種模式，從兩岸政治對立及認同差異的現狀來看，以兩岸政體歸一、政權合併、權力統一（傳統的政治統一）為目標的全面性修憲的條件和時機並不成熟。積極且務實之計，是探討局部性修憲的可能，亦即暫時不變兩岸憲法本文，共同增加一段內容相同的憲法前言。目的是在兩岸共同事務（經濟合作制度化、人員與文教交流密切化等）與對外事務（台灣參與國際組織活動、兩岸涉外雙邊與多邊關係等）上建立「兩岸一中」與「過渡性分治」的平衡。共同憲法前言的內容應該包括以下基本要點：兩岸同屬一個中國，兩岸應共同維護一個中國原則，反對國家分裂。由於歷史原因，兩岸處於過渡性

---

[265] 李義虎：《台灣定位問題：重要性及解決思路》，《北京大學學報》（哲學社會科學版），第51卷第1期，2014年1月。

分治狀態，過渡時期兩岸官方互不否認對方為有效治理的政治實體，同時互不視為外國政府。兩岸在涉外共同事務上協商合作，共同維護國家主權和人民利益。兩岸按照和平、平等、合作、雙贏的原則，建立全面的、綿密的交流合作機制，增進兩岸人民福祉，促進共同的國家認同。其中，第一個要點表明兩岸同屬一個中國，相當於將「一個中國」政治原則再法律化，為第二個要點互不否認對方為有效治理的政治實體提供了政治前提和憲法約束，杜絕了「兩政治實體」演變為「兩國」的可能性，這也是第三個和第四個要點的政治基礎。共同的憲法前言，不同的憲法本文，體現合二為一（兩岸一中），一中有二（過渡性分治），全面整合（民族復興），促進共同的國家認同的內涵。另一方面，這段共同憲法前言並沒有涉及兩岸政體與政權合併問題，說明這只是邁向統一進程中的階段性安排。至於分治兩岸的政治實體最終如何調整，這是今後在兩岸關係和平發展基礎上由兩岸代表透過平等協商談判來具體決定的。「兩岸一中」與「過渡性分治」共同入憲，是兩岸共同締造新的中國的關鍵一步，是兩岸和平統一的重要階段。目前，台灣內部兩黨政治競爭十分激烈，也許不是談「修憲」的最佳時機，但是，從兩岸關係和平發展的長遠趨勢與國家統一大局來考慮，兩岸未來要共同破解政治難題，其實無法迴避共同修憲的問題。如果能邁出共同修憲這一步，一個具有中國特色和兩岸特點的新的國家結構形式將在兩岸關係和平發展進程中逐步形成。[266]

黃嘉樹（2014）提出「未統一前兩岸政治關係」包括政治定位、政治對抗、政治合作與政治互信四個方面。彼此關係的解決受制於整個和平發展階段困擾其中的三組結構性矛盾：一是「一」與「二」的矛盾，即「同屬一個中國」與「兩岸互不隸屬」間的矛盾關係；二是兩岸間實力「大小」與要求「對等」之間的矛盾；三是「內（兩岸關係領域）」與「外（國際領域）」的矛盾。在和平發展階段，這三組矛盾難以徹底解決，但可設法不致激化。和平發展階段發展兩岸政治關係的路徑與方法是尋求妥協、緩解對抗、強化合作、增強互信。關於「國家尚未統一前的兩岸政治關係進行合情合理的安排」，黃嘉樹建議不論對問題本身如何界定和表達建議，把這個問題分解成兩個層次：首先是面對這樣一個事實，即在台灣存在著一個不隸屬於 PRC 的「政府體系」。在和平發展階段，大陸需要同這個「政府體系」建立某種形式的公權力合作。至於這個「政府體系」用什麼符號，其現在奉行的文獻（如「中華民國憲法」）有何價值，可根據對其法理定位詳加說明，但那是次一步再考慮的問題。[267]

王英津（2016）對複合式「一國兩制」台灣模式的內涵進行了深入思考，認為兩岸「分裂」的特殊性，決定了兩岸未來統一不可照搬任何一種現有的模式，必須立足於我國現行的單一制，同時又借鑒聯邦制等政治形式的有益成分，進行制度創新，使統一

---

[266] 巫永平、鄭振清：《重構「一個中國」憲政框架──建立台海兩岸政治關係新平衡的理論探索》，《二十一世紀》，2011年8月號。
[267] 黃嘉樹：《「未統一前兩岸政治關係」剖析》，《台海研究》，2013年1期。

架構具有更大的包容性。制度創新首先要進行理論創新，單靠目前搶答本種理論都不能解決兩岸關係問題，必須建構一套混合型的新理論。兩岸關係的複雜性決定了未來解決兩岸關係的理論一定是混合理論。[268]

朱松嶺（2006）認為大陸對台灣的影響力投放政策對兩岸關係走勢產生重要的影響。影響力投放這一戰略與策略的選擇與實踐與「勢」密不可分。「勢」是一種不以人的意志為轉移的必然趨勢，具有隱蔽性、廣泛性和動態性的特點。影響力投送的關鍵就在於要牢牢地掌握台海關係中的「勢」。對「勢」的運用有順勢、借勢與造勢三種途徑。順勢是遵循客觀規律和民心，借勢是借助內外勢力將國際、大陸和台灣有利於反「獨」、促統的力量結合起來，造勢是主動分析情勢使不利的局勢朝向有利的局勢發展。在以反對「台獨」為中心的階段，在影響力投放政策上要以團結泛藍、打擊泛綠為主，在「促統」為中心的階段，大陸需要注意向泛藍陣營和泛綠陣營做不同的影響力投放。[269]

陳星（2017）提出兩岸互動模式的「強平衡」與「弱平衡」。前者指兩岸具有一定的政治互信和政治共識，並形成了政治互信與政治互動正相關的關聯性結構，意味著從低度和平到中度和平的過渡狀態；後者指雙方無法建立起政治共識與政治互信的平衡狀態，只是一段時間內的相對穩定，意味著從和平走向對抗的過渡形式。民進黨上台後兩岸即進入弱平衡模式。理想目標是，馬英九執政時期兩岸的穩定互動模式，兩岸互動與兩岸互信進入良性循環，兩岸可以利用市場與公權力部門的推動力，協調政治與國際因素的影響力，不斷培育兩岸共同利益，消除誤解與矛盾，推動兩岸關係結構向統一方向發展。

俞新天（2012）提出以主權共用論、主權層次論和主權共用論解決和平發展階段兩岸處理涉外活動的難題。在國際法中，僅有國家形式還不是主權國家，必須得到各國的承認才是「法律上的國家」，因此台灣不是一個「主權獨立」的國家。在冷戰時期兩岸對抗的情況下，互相否定對方，並儘量擠壓對方的涉外活動是必然的。在台灣企圖搞「兩國論」「一邊一國」或者「台獨」時，大陸擠壓它的涉外活動是合理的。然而在兩岸達成堅持一個中國原則的「九二共識」的條件下，兩岸和平發展必須更好地使台灣人民體認兩岸人民是命運共同體，享受作為中國人的光榮與尊嚴，「一個中國」理論必須在涉外領域繼續創新。盡管兩岸問題的性質與歐盟完全不同，歐盟的低層主權的讓渡相對容易、高層主權的彈性很小的經驗值得兩岸借鑒。在兩岸關係中放開台灣民眾參與涉及經濟、社會和文化的非政府國際組織活動應當是首選。在和平發展的中級階段，從對外方面來說，兩岸可以從共用一個中國展開對外活動，走向共用一個中國主權展開對外活

---

[268] 王英津：《兩岸政治關係定位研究》，九州出版社，2016年，第401-422頁。
[269] 朱松嶺、徐鋒：《戰略與策略的結合：大陸對台灣的影響力投放》，《中央社會主義學院學報》，2006年8月。

动。「共用」與「共用」的不同在於：一、即使兩岸關係處於冷戰對抗時期，兩岸仍在「共用」一個中國主權下進行對外活動，它是客觀現實，與兩岸關係改善與否的主觀願望的聯繫不太密切。但是「共用」則與兩岸關係持續和平發展的意願密切相關，雙方主動來討論和安排擴大台灣的涉外活動。二、在「共用」階段，隨著兩岸關係從冷戰對抗到和平發展，在涉外活動上大陸的政策也從「封殺」「台獨」國際空間，轉向幫助台灣擴大國際參與，儘管這種參與仍然相當有限。在「共用」階段，雙方的疑慮減少，台灣涉外活動的擴大會在量和質上都有提升。三、既然在和平協議中已經對兩岸關係的政治定位作了明確規定，那麼中華民國在國際上的行動也就能夠安排，不至於造成「兩個中國」和「一中一台」，兩岸人民在共同參與國際活動時也就更具親密感和舒適感。當然「共用」階段只是兩岸關係和平發展時期的中級階段，許多安排仍然具有過渡性質，只有兩岸關係真正進入和平統一時期，才能完全解決兩岸的涉外活動問題，台灣人民才能真正享有中國人的尊嚴。[270]

李秘（2017）認為「一國兩制」台灣模式的內涵是：1.政治基礎是一個中國框架；2.核心是協商機制而不是授權機制；3.是不成文法模式，而不是成文法模式。輔助制度包括「兩岸命運共同體」的制度化和「群眾路線」的制度化。從實現方式看，兩岸統一需要靠政治途徑解決而不是法律途徑，但要繞開台灣的政治定位問題。

胡凌煒（2017）提出對台灣問題的長時段理論觀察。認為台灣政治力量結構的變化是台灣政府改變兩岸政策的根本原因，亞太地區戰略格局的結構性變化改變了美國一個中國政策的基礎。長期而言，中國大陸全面健康發展有助於從結構上保持亞太地區的和平與穩定，大陸在保持自身健康發展的基礎上探討與台灣本土社會的有機結合有助於從結構上形成「兩岸同屬一中」的社會基礎，保持中美關係的健康發展從結構上鞏固一個中國政策賴以存在的政治基礎。因此，未來應尋求兩岸的有效聯結，重新建構「兩岸同屬一中」的社會基礎；同時尋求中美共同的戰略利益，建立合作雙贏的中美關係，為兩岸關係和平發展創造積極正面的外部環境。

王海良（2017）比較了幾種國家統一模式，認為未來十年解決台灣問題應借鑒克里米亞模式與俾斯麥模式，但如果台灣問題久拖不決，2049年前大陸可考慮越南模式。涉及武力統一的討論多見於非學術圈，近年較受台灣關注的是李毅（2016）的觀點，他提出六點建議：第一，儘快武力統一台灣，使用盡可能大的兵力與火力，速戰速決。第二，儘快籌組台灣三個新的愛國政黨：中國國民黨，中國民主進步黨，中國青年黨，準備在大軍上島後，適時恢復五級選舉，民主選舉台灣省長、台灣省議會，等五級官員。第三，儘快修改台灣大中小學教材，撥亂反正，堅決刪除一切「去中國化」「兩國論」「一邊一國論」「仇中反中」、鼓吹「台獨」、反對統一的內容，恢復台灣省是中國的一個

---

[270] 俞新天：《中國主權理論的發展與擴大台灣涉外活動的思考》，《台灣研究》2012年3期。

省、要做堂堂正正的中國人、「台獨」是漢奸的教材內容，準備在大軍上島後，立即頒行新教材。第四，儘快全面修訂台灣現行所有「法律」，特別是經濟法規與行政法規，大軍上島後立即頒行。第五，儘快擬定大軍上島的《兩岸和平協定》，在開戰前要求台灣政府簽署，大兵壓境，兵臨城下，以武力為後盾，爭取實現解放大軍和平登上台灣島。第六，出於底線思維，準備最多移民台灣 2500 萬人。大軍速戰速決上島後，如果經濟能夠迅速恢復，五級選舉能夠迅速恢復，社會能夠很快安定下來，可以不考慮大規模移民。如果「台獨」頑固分子繼續搗亂，破壞社會穩定，就立即大規模移民。

茅家琦（1998）認為兩岸民眾堅定的統一意識和關心祖國命運的強烈願望是決定台灣局勢的根本因素，為此需要從三方面著手推動宣傳工作：1. 在兩岸營造一種人人談統一、人人為統一獻計獻策的「統一熱」。這種「統一熱」必然對分裂主義者構成一種難以抵禦的輿論力量。2. 要加強對「台獨」危害性的研究、宣傳，使人們認識到「台獨」為洪水猛獸。3. 要加強「一國兩制」方針的理論研究和宣傳，使兩岸同胞認識到「一國兩制」是一條必由之路。[271]

陳孔立（2004）認為對台和平統一戰略應當服從於和服務於國家發展戰略，而國家發展戰略則著眼於提高綜合國力。和平統一戰略主要包括寄望台灣人民，打擊分裂勢力，爭取和平統一，準備被迫動武。實現統一的主要條件是：1. 大陸綜合國力增強到對台灣民眾有無比強大的吸引力，形成巨大「拉力」；2. 台灣內部消除了對統一的顧慮，認識統一對他們的好處，基於「台灣利益」在內部形成「推力」；3. 出現相對有利於統一的較好的國際環境和時機。實現終極目標的途徑是爭取台灣同胞認同和平統一的方針。對執行「漸進台獨」政策的台灣政府，要立場鮮明地反對「台獨」，但打擊「台獨」也可能傷及一般民眾，使大陸對他們失去親和力，因此要十分小心。[272] 陳孔立（2012）批評把「主權共享論」用於兩岸的觀點，認為這不僅在理論上無法令人信服，在實踐上也有許多問題無法解決。最重要的是「誰與誰共用」，怎樣「共用」才不會造成「兩個中國」、「一中一台」，這是一個需要從理論上和實踐上弄清的重大議題。[273]

劉國深（1999）提出「國家球體理論」試圖為解決兩岸政治難題提供新的解釋和思考路徑。他將國家結構比作一個「球體」，由「國家地核」——領土、「國家地幔」——人民、「國家地表」——有效的政府三個部分組成，而「有效的政府」對內行使鎮壓和管理、對外行使保護和履行義務的功能就是主權。建立在領土與人民之上的政權機構（政府）則是「國家球體」的「球面」。「球面」的對內約束功能（統治權）為對內主權，對外交往功能（獨立權）為對外主權。1949 年以來，「中國國家球體」的「國家地表」

---

[271] 茅家琦：《統一意識與兩岸關係》，《台聲》雜誌，1998 年 10 月。
[272] 陳孔立：《和平統一戰略與策略的研究》，《心系兩岸》，九州出版社，2013 年，第 259—267 頁。
[273] 陳孔立：《兩岸「主權共用論」質疑》，《台灣研究》，2012 年第 6 期。

事實上是由中國大陸政權（正式名稱為中華人民共和國政府）與台灣政權（正式名稱為「中華民國政府」）這兩塊大小殊異的「政權球面」構成。「國家球體理論」觀點包括：中華人民共和國政府和中華民國政權是同一國家內部兩個或敵對，或對峙，或對立，或競爭，或合作的政權，雙方以不同的形式延續著國家代表權之爭。在兩岸之間，中華人民共和國和中華民國是兩個競爭性政權的符號，各自以「國家」面目出現時，雙方所指涉的領土主權範圍卻是完全重疊的。兩岸雙方各自所主張的法理主權和代表權都及於整個國家領土和人民，但由於政治對立尚未結束，雙方實有控制權分別存在著局限性。兩岸基礎性政治互信將進一步強化，兩岸政治協商談判的認知問題將出現新的飛躍。台灣內部的政治價值體系可能面臨新的挑戰。

劉國深（2010）並將兩岸政治互信分為「基礎性互信」「成長性互信」和「融合性互信」三個不同層級。兩岸政治互信的增進可以分解成以下五個階段性過程：第一階段，兩岸雙方堅持「九二共識」，維護一個中國框架，是構築兩岸政治互信的基石，這是最基本的政治互信。第二階段，兩岸雙方在確認同屬一個中國的基礎上，進一步默認並接受「領土主權一體，政權差序並存」的現實，並表示願意共同維護這一政治格局的相對穩定性，形成兩岸政治互信的運行框架。第三階段，兩岸雙方在維護台海地區政治格局穩定的基礎上，呼應人民的要求，共同努力，最大限度地拆除影響和限制兩岸人民交流合作的各種人為障礙，兩岸政治互信內化成為強大的政治生產力。第四階段，兩岸雙方由背靠背的「政權分治」，走向面對面的「共同治理」，並以適當的方式交叉共用中國對外主權，兩岸政治互信外化成國際社會的穩定力量。第五階段，兩岸雙方在經濟利益一體共構、社會和文化高度融合的基礎上，以平等和民主的方式，最終達成兩岸政治上的最終融合，兩岸政治互信從美好的願景，變成人民安和樂利的現實。其中第一和第二階段屬於「基礎性互信」層級，第三和第四階段屬於「成長性互信」層級，第五階段是「融合性互信」階段。影響兩岸政治協商進程的根本性因素則是兩岸政治定位問題的理論準備不足。兩岸實質性政治協商必須面對「你是誰，我是誰，我們都是誰」的問題，在這個問題得不到解決之前，兩岸基礎性互信仍是虛弱的，政治協商也只能是空中樓閣。[274]

李鵬（2009）認為兩岸關係和平發展需要從「政治共識、經濟互賴、社會融合」三個層面著手推動，同時必須有抵禦內部和外力破壞和侵蝕的能力。政策重點應該在於政治、經濟、社會文化領域的兩岸關係機制化的建立。[275]

尹寶虎（2017）認為「一國兩制」台灣模式之所以根本不同於香港模式，在於其實現了主權、治權間更大程度的分離。該模式接受台灣現有各項內部管轄權的自主地位，

---

[274] 劉國深：《增進兩岸政治互信的理論思考》，《台灣研究集刊》，2010年第6期。
[275] 李鵬：《海峽兩岸關係析論——以和平發展為主題之研究》，鷺江出版社，2009年，第310—318頁。

國家主權統一的意義將僅僅體現在外交和國防領域。「一國兩制」台灣模式是一個開放的框架，有待兩岸透過磋商談判確定框架內涵，建議做出「平等權利非對稱責任」的結構安排，大陸以內部管治權換取台灣在涉外事務上合作。

高戈裡（2017）提出用「津平綏方式」以武促統方案。他引用毛澤東在黨的七屆二中全會上提出的：今後解決國民黨殘餘軍隊的方式，不外天津、北平、綏遠三種。其中：天津方式──用戰鬥去解決敵人。北平方式──迫使敵軍接受和平方案，隨後將其迅速地徹底地按照人民解放軍的制度改編為人民解放軍。

綏遠方式──有意保存一部分國民黨軍隊，讓它原封不動，或者大體不動，經過相當長的一段時間後，再去按照人民解放軍制度將這部分軍隊改編為人民解放軍。解決台灣問題的具體方案包括：一、公佈多向度打擊。除了軍事打擊和武力威懾，配合以外交打擊，經濟打擊外，還需要依據《反分裂國家法》特別公佈：1. 公佈台灣拒絕接受統一時的封鎖方略。2. 公佈中國人民解放軍要接管或暫時接管的軍事基地和戰略樞紐以及相關軍警單位（含情治機關，下同）的長官姓名，要求其在規定時間內率部棄暗投明，否則，追究其「分裂國家罪」。3. 公佈制裁企業支持「台獨」破壞統一行為辦法。4. 公佈懲治「分裂國家犯」辦法和第一批「分裂國家犯」名單，明確一、二級「分裂國家犯」將押送大陸服刑。二、公示多類別獎懲。在大陸宣佈實施武力統一後，對於台灣各作戰、保障單位以及警務單位，在特定時段內起義、投誠的，或經武力打擊後投降的，分別給予不同的待遇。三、公開多管道策反。支援台灣民間成立「和平統一促進會」，下設若干組織並開展以下工作：1. 搜集有支援「台獨」破壞統一行為的企業及其主管名單和相關證據，提交大陸有關部門。2. 搜集軍警界各作戰、保障單位以及警務單位長官對祖國統一的態度及相關證據，搜集各軍警單位需要移交或查驗的武器、裝備、設施和檔案等清單，提交軍警界納入第一批「分裂國家犯」的建議名單。3. 多管道策反台灣軍警在大陸宣佈實施武力統一之時起義、投誠或放棄武力抵抗，必要時，在各軍警單位先期建立秘密的「迎接統一工作委員會」。4. 廣泛宣傳我中央政府的對台政策及和平統一的意義，批判「台獨」思潮，同時準備在大陸宣佈實施武力統一之時接管或查封「台獨」媒體的預案。5. 籌備統一後的台灣各級臨時政權，籌備對軍警單位的接管、臨時接管，或協助接管。6. 就統一大業的敵我形勢、政略戰略、策略政策、進程和前景等問題，組織台灣與大陸的民間交流。四、公告多年度規劃。以武促統需要讓台灣廣大人民群眾儘早知曉關係到自身利益到「統一前途」：1. 公佈統一後的行政前途──若能接受和平統一，台灣將成為中華人民共和國特別行政區，一國兩制；反之，設置省級行政區，或在武統後實施一段時間的軍事管制、戒嚴。2. 公佈統一後的軍警前途──制定台灣撤銷軍隊及官兵退役、轉業、留用辦法，員警留用辦法，情治機關改造辦法。3. 公佈統一後的經濟前途──制定台灣特別行政區十年或二十年的經濟發展規劃。

三、台灣問題戰略思考

長期而言，一個統一有序、管理高效的多層級國家系統有利於國家系統功能湧現和提升，並且符合民眾利益最大化，同時一個負責任的統一國家對國際社會的繁榮穩定是更有利的形式。國家系統向統一演化符合複雜系統趨於有序的演化方向及人類社會組織形式的總體發展趨勢。以和平方式實現台海兩岸的國家統一最符合各方的實際利益，和平統一的可能性沒有徹底喪失，就不應該放棄和平解決的方案，當然非和平方式的統一前準備只能加強不能鬆懈。

戰略思考離不開戰術操作。在推動兩岸和平統一的過程中，學界普遍認為對台工作的重點是引導台灣民意的走向，但發現引導台灣民意接受國家統一缺乏有效的著力點。面對台灣政府不斷採取措施在台灣推行實質「獨立」的政治、社會、文化、教育政策，大陸方面缺乏有效制約辦法，只能隔空批判。台灣當局修改教科書、政府機構名稱、公共設施名稱等舉動潛移默化地扭轉台灣的主流民意，使「台獨」理念不斷擴張，逐步在觀念上「合法化」與「合理化」，反對「台獨」主張統一的政黨在台灣越來越難以執政，為獲取台灣政治權力被迫放棄原來的主張，形成國家系統演化中的第三層級（子系統內部）的正回饋機制。兩岸30多年來綜合實力對比發生了巨大的改變，大陸在政治和經濟等方面的影響力逐漸具有了壓倒性優勢，但卻發現台灣民意傾向「台獨」者越來越多，這就產生了「實力悖論」：大陸綜合實力越強，台灣民眾越對國家統一越有恐懼感和焦慮感，傾向「台獨」的比例越高。這種現象是階段性的，原因是多方面的，例如在大陸力量的顯著優勢面前，部分人放棄了原來支援台灣統一大陸的想法轉為支持「台獨」，支持「台獨」成為大陸統一台灣以外的次優選擇。當然，更重要的原因是台灣政府在教育、文化、涉外等方面採取的分離政策對島內年輕人產生了巨大影響，大陸雖然實力強大但在台灣的影響力不如台灣政府。

力量在政權之間分佈差異是「台獨」勢力快速發展的重要原因。政權影響民意的力量有兩種：直接力量與間接力量，前者如軍事、司法、立法、行政、教育等力量，後者如政治、經濟、社會、文化、外交等力量。直接力量是有管轄權的政權才具有的力量，間接力量是不具有管轄權的政權也可以具有的力量，二者可以互相轉換，例如媒體如果開放進入則宣傳即成為直接力量，否則就是間接力量。對台灣民眾而言，台灣政府同時掌握這兩種力量，而大陸方面只能透過間接力量影響台灣民眾，因此中國共產黨對台灣民意的影響力度和廣度會先天地弱於台灣執政黨。當然反過來也一樣，對大陸民意的影響力中國共產黨則具有先天的優勢。「實力悖論」現象的解決思路在於系統之間的非線性作用。透過間接力量不斷影響直接力量。尤其是運用經濟社會的力量加強兩岸關係的緊密化，最大限度地發揮經濟社會融合的外溢效果，促使台灣政府與主流民意向有利於國家統一的方向轉變。這個正回饋一旦形成，也會對兩岸關係的約束條件產生反作用，

影響多層級系統的演化方向。

　　大陸方面主導國家統一時存在以下約束條件：一是國際形勢。1979 年中國在美蘇爭霸形成戰略平衡、中美關係改善的國際大格局下及時調整國家發展戰略，對台方針也在此大背景下由「解放台灣」轉為「和平統一」。此後 30 多年大陸在國際舞台上的影響力不斷提升，目前在台灣問題上有相當大的主動權和控制力，可以確保台灣無法成功實施「法理台獨」，但推動國家統一的國際阻力依然很大。二是力量對比。經濟領域，大陸經濟總量、外貿規模和財政收入 2015 年分別約為台灣的 20 倍、10 倍和 30 倍，但如考慮到支持台灣的美日兩國 GDP 之和仍有大陸的 2 倍多，[276] 大陸對台經濟優勢就沒有那麼明顯了；軍事領域，世界軍力排名第 3 的大陸雖然遠強於排名第 15 的台灣，但如各自加計支持大陸的俄國和支持台灣的美日兩國，軍力將大體相仿，形成平衡[277]；科技領域，台灣總體科技水準無法與大陸相比，關鍵技術與關鍵零部件等都嚴重依賴美日，但有較多的專利申請及 ICT、化工等少數較發達的產業，甚至在有些科技排名中領先於大陸[278]。軟實力方面，台灣政府認為其「全球形象（global image）」「普世價值（global integrity）」和「全球整合（global integration）」等指標均領先大陸，表現在文化商品的輸出、民主理念的普及與法治化程度、以及新移民的比例都優於大陸。[279] 目前仍有眾多台灣民眾對自己的生活狀態有優越感，認為台灣在經濟發展、民主政治和生活方式上都優於中國大陸，台灣沒有必要去和大陸交流、融合，統一只會傷害、流失台灣既有的資產，進而出現經濟依賴、民主倒退、生活方式受到破壞等危機。[280] 大陸的軟實力還不足以扭轉台灣政府和台灣民眾的這種普遍看法。三是民意方面，大陸缺乏與台灣民眾全面互動的直接有效手段，長時期基本上任由台灣政府對台灣民眾單方面施加影響。台灣政府特別是李登輝和陳水扁執政的 20 年間針對台灣民眾推行的「去中國化」政策影響顯現，[281]「台灣主體意識」已經構建完成並嚴重損害和削弱台灣民眾的國家統一自生能力。根據 2015 年 6 月的民調資料，[282] 台灣民眾只有 1.7% 的人希望兩岸盡快統一，7.4% 的人偏向統一但主張暫時維持現狀，換言之，目前台灣只有不到 10% 的人支持國家統一，民意狀況與大陸對台方針由「解放台灣」轉向「和平統一」之初時截然不同。

[276] 2014 年資料，中國經濟網：http://www.ce.cn/，2015 年 1 月 20 日。
[277] 環球軍力網：http://www.globalfirepower.com/countries-listing.asp, 4/1/2015。
[278] 例如世界經濟論壇和歐洲工商管理學院發佈的《全球資訊技術報告》、美國麻省理工學院和英國科技雜誌《自然》聯合發佈的《世界各國綜合科技實力報告》、英國《經濟學人》資訊中心的《全球科技競爭力排名》，台灣科技實力排名領先大陸。
[279] 龍應台：《台灣文化軟實力飽滿需要持續深植》，2013 天下經濟論壇專題演講，http://roll.sohu.com/20130113/n363302161.shtml。
[280] 《虛幻的台灣優越感》，台灣《中國時報》2014 年 6 月 6 日社評，http://taiwan.huanqiu.com/article/2014-06/5013418.html。
[281] 具體措施及影響參見：李義虎等：《「一國兩制」台灣模式》，人民出版社，2015 年，第 115—117 頁。
[282] 台灣政治大學選舉研究中心公佈連續性民調資料。

不過，長期而言三個約束條件在兩岸政權運作的過程中都是可變的，大陸應推動形勢、實力與民意條件均朝有利於政權發展的方向演化。「從根本上說，決定兩岸關係走向的關鍵因素是大陸發展進步。」[283] 大陸國際地位與綜合實力的不斷增強，不但意味著有能力支援台灣發展建設，更重要的是能夠切實大幅改善大陸民眾物質和文化生活水準，為增強台灣民眾擁護國家統一的信心和意願起到示範作用。「集體成員身份的吸引力並不僅僅在於種歸屬感，而在於能夠透過這一成員身份獲得什麼。」[284] 只有透過大陸完善自身公共產品供給能力來塑造和培育出台灣民眾的國家統一自生能力，才能說時間是在大陸一邊。在此過程中大陸當然也需要加強民族文化建設與中華歷史普及，加深兩岸的「民族感情」和「歷史傳統」的認同，與透過大陸自身進步所構造的「政權認同」一起形塑台灣民眾的國家統一自生能力。因此，從長期的角度看，大陸需要有足夠能力和速度在物質和非物質文化領域的建設方面取得絕對優勢是國家和平統一的根本動力。「任何社會的現代國家認同建構，不論從國家來講，還是從個人來講，除了有賴於不可缺少的公民教育之外，在相當程度上還有賴於國家建設的整體水準。」[285] 大陸在推進國家建設的過程中發展出優於台灣的物質及精神生活水平會使大陸民眾滿意度提升並對台灣民眾帶來示範效應，台灣政府在民意的壓力下為保護自身權力也會向大陸靠攏。只有在組成國家的不同利益群體及精英之間存在更緊密結合的需求才會出現透過和平自願方式完成由分離走向統一的國家演變。在實現大陸建設發展水準全面領先台灣之前，如果台灣不發生嚴重社會動盪，讓台灣民眾心悅誠服地與大陸和平統一難度很大，但這並不意味著在這段時期內大陸方面對台工作束手無策而只能無所作為，事實上培養台灣民眾的國家統一自生能力是需要及早進行並有可能在短期內見效的推動國家統一的根本途徑。

短期而言國際格局與兩岸的軟硬實力對比可以假設不變，大陸方面應運用比較優勢策略來重點培育和強化台灣民眾的國家統一自生能力。[286] 大陸運用軟硬實力與台灣民眾互動以爭取國民信任的不同時期有不同的側重點，具有比較優勢的政策供給就是將側重點放在運用成本較低、效果較好的實力上。例如，雖然各個時期都需要綜合運用軟硬政權實力，但在台灣主流民意更重視經濟發展、大陸經濟增長速度較快的時期，透過重

---

[283] 習近平 2015 年 3 月 4 日在全國政協十二屆三次會議上的講話，http://news.ifeng.com/a/20150305/43269830_0.shtml。

[284] Leon Festinger,「Group Attraction and Membership,」in Group Dynamics, ed.Dorwin Cartwright and Alvin Zander（Evanston, I11.： Row,Peterson, 1953）, p.93.

[285] 林尚立：《現代國家認同建構的政治邏輯》,《中國社會科學》, 2013 年第 8 期。

[286] 自生能力（viability）最早是國內經濟學者（林毅夫，2001）21 世紀初提出來用於描述企業特性的概念，後來被廣泛應用在產業經濟、區域經濟、宏觀經濟和生態系統研究中，本書首次將此概念引入政治社會學的研究。國家統一自生能力是指國民追求國家統一的意願能夠自行維持或增強的能力。如果國民對國家統一的認同具有自生能力，不同政權之間實現國家統一的方式可以是和平自願的；相反，如果沒有自生能力，意味著未統一國家的不同地區間關係無法趨於收斂，國家分裂的趨勢可能大於國家統一，那麼，在局部國民不願統一的條件下如果要完成國家統一只能訴諸武力。國家統一自生能力的形成需要國民對主張統一的政權有信任感，政權能讓國民相信統一國家的政府能夠提供國民更多、更優、成本更低的公共服務，以更好滿足國民生存和生活的福利需求。

點推動經濟合作為台灣民眾提供經濟利益和發展信心有較好的信任效果，此時進行制度改革與推動價值認同的成本較高、效果較差；而在台灣主流民意更關心政治生態與生活品質、大陸制度改革成效顯現的時期，透過重點展示和宣傳有中國特色的制度模社會建設和價值觀，為台灣民眾提供可以接受和信賴的執政能力則會產生較佳信心效果。大陸的政權資源稟賦中的硬實力運用於對台工作可以為台灣民眾提供更廣闊的生產基地、市場機遇和國防安全。近 40 年來改革開放大陸取得舉世矚目的硬實力增長，特別是 20 世紀 90 年代後以經濟、軍事力量為代表的硬實力兩岸對比明顯向大陸傾斜，這是大陸的資源潛力、後發優勢等因素所決定的。[287] 大陸在這段時期的對台工作中重視兩岸經濟交流與合作，透過「單方面開放」（針對蔣經國當局）、「不以政擾經」（針對李登輝、陳水扁當局）、「先經後政」（針對馬英九當局）等階段性政策舉措避開台灣政府阻撓或爭取台灣政府配合，為廣大台灣民眾提供了包括「三通四流」[288] 在內的各種經濟和生活往來的便利，此外幾次對台灣民眾進行軍事保護的政策舉動也展現了大陸在提供公共安全方面的能力和意願，[289] 贏得台灣主流民意認同，越來越多的台灣民眾接受兩岸關係和平發展，支持兩岸交流合作平等協商。[290]

大陸的硬實力發展獲得台灣民眾的普遍認可，下一步的對台工作重心應該轉移到軟實力方面，讓台灣民眾肯定和佩服大陸的軟實力發展。事實上，2010 年代以後大陸作為世界第二大經濟體、第三大軍事強國的硬實力發展開始進入中高速發展的新常態，比較優勢向軟實力轉移，大陸取得硬實力巨大成就背後起支撐作用的價值觀、文化、政策和制度等軟實力特色開始顯現。更重要的是，此時早已達到小康生活水準[291] 的台灣民眾對生活需求的渴望遠高於生存需求，對政權提供的軟實力產品的要求更高，因此大陸方面對台工作應將重點轉為軟實力輸出，展示高效的治理能力，傳遞大陸在「集體主義」「和諧主義」「民本主義」等方面的理念先進性、文化深邃性和制度優越性。「集體主義」更加強調公共利益，是「中國夢」的核心。「中國夢」需要具有與提倡個人透過努力取得成功的「美國夢」不同的集體主義精神，「實現偉大中國夢，必須走中國道路，

---

[287] 1978 年到 2014 年中國大陸的年均 GDP 增長 9.7%，遠高於同期世界經濟年平均增長 3% 的速度，也高於日本（9.2%）、台灣（9%）、韓國（8.5%）經濟起飛階段經濟年均增長速度。經濟快速發展為軍事國防建設提供了充足的資源投入，2013 年大陸軍費投入 1660 億美元在世界上僅次於美國。大陸已構建起具有中國特色的主戰裝備、保障裝備和電子資訊裝備協調配套的現代化武器裝備體系和獨立完整的國防科技工業體系，有很強的國土防禦能力和國防動員能力。中國百科網：http://www.chinabaike.com/z/keji/dz/1074125.html。

[288] 1981 年 9 月 30 日，時任全國人大常委會委員長的葉劍英在新華社發表談話時，闡述了大陸對兩岸和平統一與兩岸往來的一系列重要的政策主張，再次呼籲「雙方共同為通郵、通商、通航、探親、旅遊以及開展學術、文化、體育交流提供方便，達成有關協議」。台灣方面概括該倡議為「三通四流」。

[289] 2009 年中國政府派軍艦赴索馬里海域實施護航，台灣船隻也是護航保護的對象，1 月 12 日台灣商船「宇善號」首次出現在被護航的船隻行列，台灣輿論表示有助於改善台灣民眾對大陸解放軍的印象，更是大陸展現友好、善意的姿態。2013 年 5 月 9 日，一艘台灣漁船遭菲律賓軍艦射擊，導致一名船員死亡，船隻也喪失動力，中國外交部和國務院台辦均表示強烈譴責，大陸並派軍艦赴相關水域實彈演練。

[290] 中共中央台辦、國台辦編《：台灣問題（幹部讀本）》，九州出版社，2015 年，第 93 頁。

[291] 台灣人均 GNP 在 1992 年超過 1 萬美元，2011 年超過 2 萬美元。

必須弘揚中國精神，必須凝聚中國力量。」[292]「中國精神」和「中國力量」共同組成中國大陸軟硬實力的內核，集體主義是「中國道路」社會主義價值觀的精髓。「和諧主義」是中國傳統文化中最具代表性的理念和各家各派的共同主張，是中國人從古至今源遠流長的文化心理、政治信條、智慧要求，在國民心中具有深遠根基。建立和諧社會則不但要有「和諧主義」的文化理念，還必須健全一整套良好的和諧社會運行機制，包括：正確引導發展的激勵機制、合理的利益表達和協調機制、強有力的社會管理和社會整合機制、有效地疏導和化解人民內部矛盾的機制。[293]「民本主義」（people-centralism）是有別於西方社會「民主主義」（democratism）的東方特色制度體系，核心是「民為本、利天下」，[294]「人民對美好生活的嚮往，就是中國共產黨的奮鬥目標」。[295] 與「民主主義」下有投票權的民眾在選舉那一刻當主人相比，「民本主義」是民眾透過合理有效表達意見的管道與官僚任用選拔機制建立起的政治體系長期當國家的主人。這種體系中的接班人制度可以確保上一任政府的各項政策為下一任充分瞭解和支持，接任者在預備期內參與了各種政府決策與政策執行，具有西方民主不具備的維持穩定政治秩序、政策延續性、較少激進運動等優點，是比西方「民主主義」更民主的制度。[296] 大陸在宣傳和輸出中國特色的價值觀、文化和制度時必須不斷自我發展和完善，讓海內外民眾都能真正認同和信任大陸的軟實力。

　　大陸除了遵循比較優勢策略與台灣民眾進行良性互動以培養其國家統一自生能力外，還需運用比較優勢策略與台灣政府進行合作或鬥爭的政策博弈，目標是打破台灣政府對台灣政策市場的壟斷，開闢和維持大陸與台灣民眾進行政策互動的管道和平台。政權與國民的互動是透過提供國民需要的公共產品換取國民的信任和認同，但政權之間的博弈是爭奪民心的競合關係而非交易關係。政權的比較優勢策略是合理運用自身的政權資源稟賦向國民傳遞可以增進國民福利的善意與能力。台灣政府擁有直接與台灣民眾進行政策互動的先天優勢，同時可以決定對大陸採取合作競爭或敵對排斥的政策抉擇。由於當前兩岸的國際影響和綜合力量對比懸殊，台灣無論哪個政黨執政都會將政策目標定位在力保自身在台灣的統治權，而不會將要求統治大陸民眾作為施政重點。大陸的比較優勢策略是要根據台灣不同執政黨，採取的不同的政策，合作時充分發揮軟實力對台灣民眾的感召作用，鬥爭時採取切實可行的硬實力與台灣政府展開較量，關鍵是要透過多

---

[292] 習近平 2013 年 3 月 17 日在十二屆全國人大一次會議上的重要講話，中央政府門戶網站：http://www.gov.cn/ldhd/2013-03/17/content_2356344.htm。

[293] 習近平：《構建和諧社會要突出四種機制建設》，新華網，2005-03-04, http://news.xinhuanet.com/newscenter/2005-03/04/content_2650270.htm。

[294] 2013 年 3 月 17 日李克強答中外記者會議上的講話，新華網：http://news.xinhuanet.com/comments/2013-03/18/c_115062104.htm。

[295] 2012 年 11 月 16 日習近平在十八屆中國共產黨中央政治局常委同中外記者見面時的講話，人民網：http://politics.people.com.cn/n/2012/1116/c1024-19596289.html。

[296] 楊開煌：《中國要走的道路不是民主而是民本》，2016 年 1 月 6 日，台灣網：http://www.taiwan.cn/plzhx/hxshp/201601/t20160106_11359183.htm。

種方式打破台灣政府的政策封鎖與不實宣傳，向台灣民眾表明大陸方面的執政能力與服務意願，贏得台灣民眾信任。

中國共產黨與民意的互動不僅包括與台灣民意的互動，也包括與大陸民意互動，後者甚至更為重要，因為大陸民意會對台灣民意起到示範效應。因此中國共產黨同時要解決大陸內部的信任問題，重塑民眾與政府的信任關係，其外溢效果必然會增強台灣民眾對中國共產黨的信任程度。信任源於理解又高於理解。有了信任，不理解的也會執行；沒有信任，做好事也會被歪曲、不被理解。中國共產黨與廣大人民群眾曾經有著歷史罕見的高度信任關係，也歷經侵蝕和破壞，需要恢復和重建。中國共產黨經過近30年的革命取得中國的執政權，新政權透過對社會經濟組織的徹底改造，終於成功地把國家力量推廣到了社會的每個角落。原來局限於家族和共同體內部的信任變成了對組織、對黨和國家的信任。這是新政權的一個基本隱性契約，也是維持新體系的最重要的一種契約。但這種隱性契約基礎上的信任在改革開放後受到巨大衝擊：一是作為現代轉型期普遍現象的社會信任體制尚未健全，二是中國社會結構一些特點所造成的社會不信任。重建社會信任是一項系統工程，有待於社會經濟的整體改革。經濟方面減少國家對經濟的壟斷，讓市場對國民經濟發展起支配性作用。尊重市場規律的前提下，國家能夠引入更獨立的司法體系和社會組織來參與經濟監管。這樣就會有助於市場主體之間信任機制的形成。政治方面，重新界定國家與社會的契約是加強國家和社會之間政治信任的必由之路。國家應該在社會參與的基礎上，本著公平參與的精神，建立新的公共品提供方案，包括住房、醫療、養老和教育，明確家庭、社會和政府三方在其中的責任和義務，並用法律的形式予以保護。社會組織方面，國家應該逐漸放開對社會組織的壟斷，賦予各社會階層利益相關者（stake holders）利益表達和參與政治的權利。加強行政道德建設，提高行政管理的效率和成果。在社會轉型時期也需要大力加強道德建設，當不道德行為經常比道德行為帶來更大的收益時，人們便會由道德律令基礎上的過分自信急轉直下而變為極端的猜疑和不信任。

總之，台灣問題的重要癥結在於缺乏國家統一自生能力，即三個層級的系統要素之間未能形成指向國家統一的有力的正回饋。在系統環境的影響下，不同要素透過非線性作用形成系統的自組織，完成自身調節和演化以達到穩定有序的狀態。自組織運行的核心是回饋機制[297]。一旦兩個變數之間形成正回饋，趨勢化效應就會自我增強，形成推動系統演化的內生動力。這樣的回饋機制在系統內外無處不在，並互相影響，不斷發生非線性作用。對國家系統演化而言，有三組回饋機制最為重要：國家系統與國際大系統

---

[297] 回饋是系統的輸出和輸入之間的相互作用。負反饋是使系統運動發展保持既有方向的反饋，也是使系統保持穩定的因素。例如政府透過對施政成效的檢測、評估和分析，採取措施糾正偏差，可以使國家系統穩定運行，向前發展。正回饋促使系統運動偏離已有狀態，使系統運動趨於失穩，一旦突破量的規定性發生質變，系統就進入新的穩定狀態。負反饋抵消系統中隨機偶然的因素，使系統穩定運行；正回饋放大系統中隨機偶然的因素，使系統演化創新。正負反饋相輔相成，相互轉化，形成了系統整體的、多層次的聯繫之網，使系統的存在與演化相統一。

之間的回饋、政權子系統之間的回饋、政權內部的回饋。兩岸關係經過 30 年的發展，台灣政權和民意對統一的意願反而減弱的根本原因是多層次系統內形成了三個以「台灣獨立」為指向的正回饋機制：大系統層次，中美關係越對抗，美國在台灣問題上越保守，中美關係越緊張，解決台灣問題來自美國的阻力越大；系統層次，台灣政府對統一後的自身權益越沒有信心，政策越趨於保守，台灣政府自我設限會進一步擴大兩岸實力差距，導致台灣政府對統一更加恐懼和抗拒；子系統層次，台灣當局越是避統容獨，進行「獨化」教育，台灣民意越認為「獨立」的正當性大於統一，靠選舉上台的執政黨就更不敢輕言統一。這三組正回饋機制在非線性作用下會互相形成因果連接：中國日益成為美國的競爭對手，美國愈發不願放棄以台制華的戰略，台灣因此與大陸對抗信心增加，出台更多不利於兩岸統一的政策和言論，台灣民意受當局立場引導益加遠離國家統一，國家分裂狀態對中美競爭時中國提升國力牽制作用越來越大。產生這三組正回饋機制的轉捩點發生在 90 年代，當時發生三件大事促成三組正回饋機制的形成：蘇聯解體使美國原來的「聯中反蘇」戰略失去存在的價值和基礎；中國大陸與台灣的實力差距迅速拉開使台灣政府失去統一大陸的信心；台灣「總統」直選制度的施行使原本以國家統一為目標的國民黨失去了長期執政的制度基礎。以上歷史背景下產生的系統自組織使兩岸關係似乎越走越遠。

台灣問題的最終解決是要讓中國國家版圖進入一個穩定的系統狀態。雖然統一和分裂兩種狀態都是系統的穩定狀態，但不可能同時存在。關於統一和分裂的價值評判，需要跳出從台灣或大陸的單方面角度來權衡利弊的傳統思維，不但要從兩岸民眾的福祉去判斷，還要從亞太及至人類社會的利弊去權衡。在複雜性思維中，判斷一個系統的相變有利與否必須從更高層級的系統去看，即要比較國家統一和分裂哪種形式對國際大系統有利。趨利避害是任何一個系統演化時自然遵循的法則。任何一個系統的演化方向都要服從於更高層級系統的需要。國家系統向統一演化符合複雜系統趨於有序的演化方向及人類社會組織形式的總體發展趨勢。如果發展壯大的中國是維護世界繁榮穩定的積極力量，國家統一就是有益且必然的。否則，世界力量將會成為兩岸統一的阻力。透過人工優化來加速國家系統向統一方向演化，突破口在於構建具有更高權益彈性的國家制度。對中國大陸而言，對外要讓世界認識到中國力量的崛起可以為多數國家和地區帶來包容性增長，在中國的領導下世界可以呈現多樣性繁榮和人類命運共同體，國際上對中國的信任程度增加同時必然會降低兩岸統一的阻力。對內要讓台灣感受到大陸尊重和保護台灣各階層利益的誠意，增強台灣政府與民眾對「一國兩制」的信心，讓高權益彈性的制度設計能夠付諸實施。

成功實施高權益彈性的制度需要具有一定的條件。創造條件的方式是透過制度創新重建系統內外的回饋機制，改變系統運行的方向。台灣問題的解決也許會以非和平方

式透過急風暴雨式的變革畢其功於一役，也可能並不是一步到位，而是先有一個微小的改變，然後形勢逐步向某個方向發展，最後瓜熟蒂落水到渠成，整個系統發生相變實際上是透過系統內部機制的自我運行自動完成的。後一種解決方式更具有系統演化的代表性。由於「大系統─系統─子系統」三級系統結構之間存在非線性作用，最好的做法是同時採取針對性政策，增強系統的回饋效應。在中美層面，建立新型大國關係，擺脫「修昔底德陷阱」[298]，降低國家統一阻力。與美國在全球治理領域展開合作，積極構建中美新型大國關係，不急於挑戰美國主導的現行國際規則，中美雙方力求不衝突不對抗，相互尊重，合作共贏。中國採取「以柔克剛」的策略可以有效降低和化解美國國內要求「遏制中國」的主張，未來如果出於其他領域的需要，美國可能在台灣問題上做出讓步。美國在中國核心利益的問題上做出妥協將進一步改善中美關係，得到中國在其他領域的支持與合作。在兩岸層面，建立良好互動，擺脫「西西弗斯陷阱」[299]，形成獎統罰「獨」的規則；由於台灣已經大體形成國、民兩黨輪流執政的政治格局，大陸應針對二者在「兩岸是否同屬一中」問題上的差別，採取差異化政策，如果台灣執政黨認同「兩岸一中」，盡可能多地讓該黨及台灣民眾獲益，而在「台獨」政黨執政期間，要堅決打擊其施政績效，務求讓統「獨」立場不同的政黨面臨截然不同的執政環境，不能只向台灣輸送利益而沒有政治效果。在民意層面，建立社會公信，擺脫「塔西佗陷阱」[300]，增強對民眾的吸引力和凝聚力。大陸面對台灣民眾要建立公正而不是優惠的制度才能增強吸引力，面對大陸民眾同樣要建立公正的制度才能取得信任和凝聚力。只有讓大陸民眾信任才可能取得台灣民眾的信任。只有取得台灣民眾的信任，好的制度設計才可能被接受。當政權與民意之間的信任透過正回饋機制不斷被放大到相當程度後，大陸提出的和平統一方案就可能被台灣民眾接受。當然，構建以上三個層次的正回饋機制還需要諸多策略性應對方案，例如大陸應發揮經濟、國防等方面的政權比較優勢爭取台灣民眾的信任與支持等。國家系統透過自組織功能不斷演化，在此過程中，由於兩岸資源稟賦和發展潛力的差異，雙方綜合實力的差距繼續拉大，中國國家系統不斷向非平衡的方向發展，在某個不確定事件發生後，比如美國發生某種危機需要中國說明與救援，從而在台灣問題上調整政策，大陸就有機會在台灣民意的要求和台灣統派執政黨的配合下試行「一國兩制」台灣方案，台灣問題獲得解決，中國國家版圖完成兩岸統一的系統相變。

因此，中國共產黨的對台政策應該繼續以國家統一為指向，當然，透過和平方式解

---

[298] 修昔底德陷阱，是指一個新崛起的大國必然要挑戰現存大國，而現存大國也必然會回應這種威脅，這樣戰爭變得不可避免。此說法源自古希臘著名歷史學家修昔底德，他認為，當一個崛起的大國與既有的統治霸主競爭時，雙方面臨的危險多數以戰爭告終。

[299] 西西弗斯是希臘神話中的人物，由於觸犯了眾神，諸神為了懲罰西西弗斯，便要求他把一塊巨石推上山頂，由於巨石太重，每每未上山頂時就又滾下山去，永遠推不上山頂，於是他就不斷重複，永無止境地做這件事，西西弗斯的生命就在這樣一件無效又無望的勞作當中慢慢消耗殆盡。

[300] 「塔西佗陷阱」得名於古羅馬時代的歷史學家塔西佗，通俗地講，就是指當公權力遭遇公信力危機時，無論說真話還是假話，做好事還是壞事，都會被認為是說假話、做壞事。

決台灣問題實現國家統一是最佳選擇和優先方案。透過人工優化來加速國家系統向統一方向演化，最終需要構建具有更高權益彈性的兩岸統一制度，透過制度創新重建系統內外的回饋機制，改變系統運行的方向。國家的權益彈性是國家系統內部要素發生不平衡變化時權益矛盾與對立可化解的程度，權益彈性越大，意味著國家制度的包容性越強、國家系統的穩定性越高、化解國家內部矛盾和衝突的機率越大。構建具有更高權益彈性的兩岸統一制度的核心，是建立「兩岸和平統一綜合性框架」。具體內容包括：1. 兩岸和平統一思想體系——構建「兩岸命運共同體」理論；2. 兩岸政治關係安排——構建「兩岸一中共識」；3. 兩岸經濟一體化——構建「中華經濟聯合體」；4. 兩岸社會交流與融合——構建「兩岸特色社會共同體」；5. 兩岸文化交融共生——構建「21世紀中華新文化」；6. 兩岸軍事互信合作——構建「兩岸合作防禦體系」；7. 台灣涉外事務制度安排——構建「一中框架」下的主權安排。構建具有更高權益彈性的兩岸統一制度的前提，是培育兩岸政治互信，大陸透過軟硬兩種政策途徑與台灣政府及民眾建立信任，以確保具有更高權益彈性的兩岸統一制度設計具有可信度和可操作性，最終能夠落實。兩岸從小事和點滴做起，塑造新的共同認同，透過信心與信任的逐步累積直至「生長」出兩岸的戰略互信。構建具有更高權益彈性的兩岸統一制度的運行，是要透過比較優勢戰略的運用，使中美—兩岸—台灣這三個層次的系統朝國家統一方向形成正回饋機制，即美國出於需要中國說明而軟化對台政策；大陸能夠消除台灣政府和台灣民眾對國家統一的恐懼感；台灣支持主張國家統一的政黨在台灣執政並推行統一教育。當這三個正回饋機制形成後，兩岸分治的格局將朝統一方向演化，當系統遠離平衡後，大陸可以透過某一偶然性事件促使兩岸兩個子系統向國家統一轉化。

　　台海兩岸實現和平統一需要經過三個主要階段：爭統一、爭統「獨」、談統一。第一階段的背景是在國際勢力的干預下兩岸勢均力敵，形成平衡對峙，兩岸雙方的目標都是爭取國家統一，都在爭奪以非和平或和平方式統一對方的主導權，此時台灣的民意傾向國家統一的佔主流。第二階段的背景是隨著大陸綜合實力持續調整增長，兩岸原有的平衡對峙被打破，但大陸還不具備統一台灣的充分條件，兩岸形成不平衡對峙，兩岸雙方的目標變成了一方爭取國家統一，另一方在統一對方無望的情形下轉為爭取獨立，此時台灣的民意呈現要求維持現狀且傾向「獨立」的比重大增。第三階段的背景是大陸無論硬實力還是軟實力都對台灣取得壓倒性優勢，且具備足夠多的籌碼迫使國際勢力不敢冒險對台灣問題進行武力干涉，兩岸雙方都已看清中國實現國家統一是歷史的必然，因此形成協商談判的合作形勢，此時台灣的民意傾向統一的比率重新超越主張「獨立」的人數比重。台灣政府已經是在台灣民意的壓力下被動與大陸展開統一談判，只為爭取國家統一後獲得較為有利的條件。當前兩岸關係處於第二階段，各項政策選擇都應圍繞指向第三階段的中心任務來制定。中國共產黨當前的執政總目標是：促進經濟社會持續健

康發展，進一步解放思想、解放和發展社會生產力、解放和增強社會活力，全力推進全面建成小康社會進程，實現「兩個一百年」奮鬥目標，建成富強民主文明和諧的社會主義現代化國家，實現中華民族偉大復興。當前需要避免的風險就是台灣出現不利於兩岸統一的重大事變，威脅到中國國家發展的戰略機遇期與國家統一事業的未來走向，兩岸被迫提前攤牌。為此，中國共產黨必須在對台工作中牢牢把握兩岸關係發展大方向，以綜合實力為後盾，在維護政策底線的基礎上力求創造條件透過和平方式實現兩岸統一。

四、對台工作政策選擇

2016 年民進黨在台再次執政後，此前 8 年兩岸關係和平發展進程被打斷，國際、兩岸與台灣形勢都在發生急劇變化。國際層面，中美關係對抗性急劇增強。與 20 世紀 70 年代末中國大陸正式提出「和平統一」對台政策時相比，中美關係已經發生根本性變化。當時美國作為世界第一強國，為了打擊蘇聯的挑戰積極拉攏中國，從而為在台灣問題上向中國大陸讓步提供了條件。當今形勢截然不同，中國已成世界上唯一具有可以挑戰美國的綜合實力的國家，在其他主要國家與美國實力不斷拉大的同時，中國是唯一與美國實力差距不斷縮小的重要國家，且經濟實力有望在不遠的將來超越美國。美國對中國的挑戰感到焦慮，2016 年川普上台後在台灣問題上一再挑戰中國底線。日本自 2012 年安倍上台後也對中國採取強硬政策，美日與中國在東海、南海問題上對立不斷加劇，這為有「台獨」黨綱的民進黨從事分裂活動提供了有利外部環境。兩岸層面，蔡英文政府以堅定柔性「台獨」理念加快分裂步伐，政治立場從執行了 8 年的兩岸同屬一中的「九二共識」後退，雖然提出「中華民國憲政體制」和「維持現狀」的說法，但並未承認兩岸同屬一中。經濟政策也在以「新南向政策」為代表的施政下推行兩岸經濟「逆一體化」的舉措。客觀上兩岸經濟關係發展已經進入瓶頸期，雙方經濟均在轉型升級，深化合作的經濟誘因在相對下降。台灣層面，台灣民意已經明顯出現與大陸疏離的傾向，支持「台獨」的人數比例在上升，支持統一的比例在下降，且已被前者大幅超過。很多台灣民眾雖然仍首選維持兩岸現狀，但抱有經濟上拿好處、政治上不服氣、文化上瞧不起的心態，阻礙兩岸關係一體化的建構和兩岸命運共同體的觀念形成。

針對當前形勢，2020 年前的幾年時間裡，大陸對台工作需要以轉型為主，重點是透過政策組合的改變調整國家系統的演化方向，恢復國家統一的自生能力，使國家系統形成指向統一的自組織結構。新的自組織結構的形成將會在國際、兩岸與台灣三個系統層次上發生，但大陸的施政重點仍然需要透過經濟、政治、文化、社會等間接力量發揮系統的非線性作用，特別是要增大經濟力量的外溢效果。過去 30 年大陸對台工作也發揮了強大的間接力量，但外溢效果不夠好，台灣對大陸的經濟依賴程度已經達到或者超過了 80 年代台灣對美國經濟依賴程度的最高值，但這樣強的經濟影響力並未相應地轉

化為大陸對台灣的政治影響力，兩岸政治一體化進程遠遠滯後於經濟一體化進程，並且反過來會成為兩岸經濟一體化的嚴重制約因素。

今後幾年內，大陸需要透過對台灣發揮軟硬兩種影響力，促使台灣民意和政局朝有利於統一的方向發展。軟政策的選擇方案包括：持續推進兩岸民間各領域交流合作，促進兩岸經濟社會融合發展，不斷擴大兩岸基層民眾和青年的參與度和獲益面。研究出台便利台灣同胞在大陸學習、就業、創業、生活的政策措施，積極支援台商台企在大陸更好發展，依法維護台胞權益。硬政策是在充分發揮兩岸民間經濟合作的力量拉住台灣、維持緊密的兩岸經濟關係的同時，運用多種手段打擊「台獨」勢力及「台獨」政黨的施政績效，阻止「台獨」勢力採取鋌而走險的激進「台獨」政策，引導台灣民意認清兩岸關係對自身利益的影響，強化對國家統一與中國大陸的認同。不過需要明確的是，硬政策是針對台灣政府的博弈策略，即使在特定時期和形勢下對分裂國家的「台獨」政權運用硬政策，對台灣民眾仍應堅持不懈地推動兩岸經濟社會文化融合。

（一）打造「兩岸經濟合作增強版」，構建「兩岸跨界融合新模式」

有別於過去30年以吸引台商為主的「第一次兩岸經濟合作」，兩岸可以推動以協助台灣技術人員和青年來大陸就業為特徵的「第二次兩岸經濟合作」新高潮。過去30年兩岸經濟合作大陸以吸引台商為主，兩岸經貿紅利更多惠及台灣企業家階層；未來大陸以協助台灣技術人員和青年來大陸就業為主，讓台灣中產階級和基層民眾在中國大陸經濟發展與兩岸經濟合作中普遍受益。這一轉變是由兩岸經濟發展階段變化決定的。大陸經濟30多年的發展，要素稟賦結構發生很大變化，資本已經非常充裕和廉價，此時更需要透過大量技術人員和青年的創新創業來推進供給側結構的轉變，讓台灣技術人員和青年在供給側改革的過程中貢獻力量是兩岸雙贏的結果。

在打造「兩岸經濟合作增強版」的過程中，大陸按「合情合理、依法依規」的原則為台灣青年制定就業政策，重點是為台灣青年在大陸就業與創業提供平台、拓寬管道，提供更多法律保障，解決和維護其生存能力和競爭能力。台灣青年有良好的創意基礎和國際視野，大陸市場有充分的表現機會和施展舞台，不需要依靠當年吸引台商時提供的稅收減免和土地廉租等手段，只要簡化辦事手續和減少就業障礙，就可以產生足夠多的就業創業機會吸引大量台灣青年來大陸發展。大陸經濟正在轉型升級，供給側改革將會在調整經濟結構的過程中創造眾多新機會，未來市場紅利將集中表現在新興產業，台灣有大量的新興產業人才卻缺乏足夠大的企業規模和產品市場，大陸打造「兩岸經濟合作增強版」不僅有利於台灣技術人才與青年找到更多施展才能的機會，還為兩岸經濟進一步融合發展開闢新的管道和局面。

在創造條件吸引台灣青年來大陸就業的工作方面，大陸已經有了相當多的政策舉措和工作基礎。未來，大陸還可以結合自身的「一帶一路」倡議和「自貿區」戰略推動「兩

岸經濟合作增強版」的建設。在大陸的「一帶一路」倡議佈局中將產生很多新的創業機會，例如「一帶一路」沿線目前已有 77 個境外經貿合作區，台灣人才可以利用這一歷史性機遇走向世界，發揮自身特長，創新合作理念，深化兩岸合作，實現互利共贏。在境外投資建設經貿合作區，是以企業為主體，以商業運作為基礎，以促進互利共贏為目的，主要由企業根據市場情況、東道國投資環境和引資政策等多方面因素進行決策，透過建設經貿合作區，吸引更多的企業到東道國投資建廠，增加東道國就業和稅收，擴大出口創匯，提升技術水準，促進經濟共同發展。境外經貿合作區不僅為台商提供投資機會，也為台灣的技術人員創造出多彩的人生舞台。大陸還為推進「一帶一路」建立了亞投行和絲路基金，台灣金融人才可以利用其在金融理念創新、金融產品開發、金融人才培養體系方面的優勢與大陸機構開展合作，台灣製造業企業和人才也可以進入「一帶一路」的項目投資和產能外移中去，捕捉新的開拓契機，這種戰略視野比台灣政府鼓勵的「新南向政策」無疑更有施展舞台和成功機會。此外，中國大陸還將加快實施自由貿易區戰略，逐步構築高標準自由貿易區網路，積極同「一帶一路」沿線國家和地區商建自由貿易區，加快區域全面經濟夥伴關係協定、中國－海合會、中日韓自貿區等談判，推動與以色列、加拿大、歐亞經濟聯盟和歐盟等建立自貿關係以及亞太自貿區相關工作，全面落實中韓、中澳等自由貿易協定和中國－東盟自貿區升級議定書，繼續推進中美、中歐投資協定談判。台灣眾多優秀的國際事務人才在台灣缺乏施展空間的困境下可以加入中國大陸的迅速發展的自由貿易區戰略中來，為中華民族的共同事業貢獻力量。

　　過去 30 年，台商在兩岸經濟交流與合作中扮演了關鍵角色。台商投資大陸在大陸對外貿易發展、促進兩岸貿易快速增長、推動兩岸通航取得積極進展、促進大陸勞動力就業數量與素質不斷提高以及大陸技術進步等方面都起到了重要作用。台商投資大陸不僅為大陸經濟建設做出了巨大貢獻，同時也促進了台灣經濟轉型和產業升級，使台灣順利進入後工業化階段。台商大量投資大陸，為台灣相關產業注入的新的活力，密切了兩岸聯繫，推動了兩岸關係的發展，促使兩岸經濟交流合作成為兩岸中最具活力的因素。未來 30 年，台灣技術人員和青年創業者將在兩岸經濟合作中扮演重要角色。他們不僅搭建起兩岸產業合作與創新的橋樑，還為保持台灣經濟活力與促進兩岸融合夯實基礎。大陸需要像過去關心台商權益一樣關心和保護台灣技術人員和青年創業者的各項權益。1994 年 3 月大陸透過《中華人民共和國台灣同胞投資保護法》，這是大陸第一部也是迄今唯一關於台灣同胞投資權益保護的全國性法律，是台灣同胞權益保障工作的基礎性法律規範。1999 年 12 月國務院出台了《中華人民共和國台灣同胞投資保護法實施細則》，進一步細化和明確了保護台胞投資權益的各項具體措施。2005 年 3 月，大陸透過的《反分裂國家法》中明確規定「國家依法保護台灣同胞的權利和利益」，再次以法律的形式宣示保障台胞權益。未來還需要像重視台商一樣重視台灣技術人員和青年創業者，出台

相關法律法規和政策辦法明確保障其各項權益，使其在安全、平等的法制環境中為「第二次兩岸經濟合作」新高潮做出貢獻。

推動「兩岸跨界融合新模式」。以新思路建構新時代兩岸產業合作的新機制、新模式，促進兩岸產業融合發展，共建兩岸現代化經濟體系，提升兩岸人民的長遠福祉。其特點包括：

1. 產業主導。在當前兩岸官方聯繫中斷的情況下，兩岸經濟合作應以產業界為主體，以市場為導向，以行政部門與科研院所為支撐，促進兩岸產業全方位跨界融合。2008年到2016年兩岸曾經共同推動「兩岸產業搭橋專案」，試圖以「政府搭橋，民間上橋」為理念推動兩岸產業合作，並嘗試了無線城市、LED照明、冷鏈物流等產業試點項目，但最終效果不如預期，主要原因是企業利益與政府期望不一致。「兩岸跨界融合新模式」採取「產業搭橋，官學參與」的新理念，以兩岸產業合作利益共贏為前提，在兩岸產業界有興趣合作的領域引入官方政策指導與學界規劃評估，透過市場內生動力為先導、宏觀政策配套為輔助，煥發出兩岸產業合作的強大生命力。兩岸產業搭橋可以頻次更高，網絡更密，動力更強。大陸地方政府可以更多運用PPP模式來調動企業力量和積極性進行招商引資和發展地方園區經濟。

2. 跨界融合。加強產官學的跨界融合，提升經濟系統的湧現功能。產官學的跨界聯合可以有多種形式，關鍵是要充分發揮兩岸企業家、專家、科研人員、主管部門官員的比較優勢和主觀能動性，深化兩岸產業在發展方向、核心技術領域以及管理環節的合作。企業間的合作動力是持續推動兩岸產業合作發展的核心驅動力。因此，一是要鼓勵兩岸企業間以及企業與學界的交流互訪，放寬人員往來的政策限制，讓企業成為兩岸跨界融合的真正主角；二是要鼓勵和協助企業及行業協會等民間組織搭建溝通平台，召開兩岸間的專家研討會，定期就產業合作的技術以及管理、跨界障礙開展專家交流，實現知識和人才資源的互融共通；三是強化企業與科研的連接，鼓勵企業資助兩岸科研機構以及學校教育合作，擴大產業與科教機構的合作領域，聯合培養適合市場需要的技術人才；四是密切政府對企業的指導，政府主管部門透過地區發展政策與國家產業政策積極引導培育兩岸產業合作的基礎與方向，使兩岸產業合作服從於國家發展總體規劃，並在政府的協調下實現跨行業、跨組織、跨區域的聯合協作，推動兩岸產業融合發展。

3. 理念創新。「兩岸跨界融合新模式」是一種不斷更新理念的開放式合作模式，需要根據時代發展和形勢變化隨時調整合作策略與具體模式。兩岸產業融合發展應該由以成本導向和以生產產品為主的思維，轉變為以價值創造與系統開發為主的思維導向，不斷滿足兩岸人民追求美好生活的要求。在第四次工業革命的浪潮下，傳統產業反覆運算加速，新興產業不斷湧現。十九大提出建設現代化經濟體系要貫徹創新、協調、綠色、開放、共用的發展理念。新興產業多具備創新、綠色、共用等特點，同時往往具有數位

化、網路化和智慧化的特徵。加快兩岸產業跨界融合不僅要推動兩岸傳統產業和新興產業融合，更要在理念上不斷調整修正，使之符合創新、協調、綠色、開放、共用等發展理念，兩岸產業合作才會更具有可持續性與可挖掘性。大陸建設現代化經濟體系，需要建立以企業為主體、市場為導向、產學研深度融合的技術創新體系。「兩岸跨界融合新模式」採取開放式的研發創新模式，可以借助全球資源尋求技術創新源、強化兩岸研發聯盟和推動產學研有機結合。兩岸跨界聯合組建研發平台，共同開發新技術和新產品，可以突破兩岸共同面臨的低端技術鎖定瓶頸，走協同創新發展道路，不斷提升兩岸研發能力。

4. 優勢整合。建設現代化經濟體系要加強兩岸製造業合作，兩岸產業合作由供貨的關係轉變為構建新型產業鏈的形態，共同提升產業競爭力。為此，「兩岸跨界融合新模式」著重發現和培養兩岸製造業優勢，強調優勢互補。兩岸工業發展戰略具有很高契合度，2015年5月8日大陸發佈《中國製造2025》將新一代資訊通信技術產業、高檔數控機床和機器人等產業作為重點發展領域；2015年10月22日台灣啟動《生產力4.0發展方案》，擬透過優化領航產業智慧供應鏈生態系統、催生新創事業、促進產品與服務「國產化」、掌握關鍵技術自主能力、培育實務人才、挹注產業政策工具六大主軸策略，優先帶動電子資訊、機械設備等八項領航產業轉型，強化產業國際競爭力。2016年以來台灣努力推動「亞洲矽谷」等五大創新研發計畫，目前台灣的亞洲矽谷計畫執行中心正接洽英特爾、思科、HPE（惠普）等美國大廠，簽署創新研發中心合作備忘錄，合作發展物聯網（IOT）。物聯網資訊安全、無人車自動駕駛、人工智慧（AI）、智慧生活（移動支付＋行動生活）、AR/VR創新場域、電子商務等6大領域，是台灣切入物聯網的發展方向，也是兩岸可以優勢合作的領域。可以共同建立兩岸產業合作的技術標準。在融合兩岸產業優勢時需要加快兩岸新舊產業跨界融合，以兩岸傳統產業合作的穩健基礎帶動兩岸新興產業合作發展，承載新技術、新應用、新業態的新興產業助力傳統產業優化結構，推動產業綠色可持續的發展，鼓勵兩岸企業在價值鏈高端實現深層次的分工合作。

5. 依託大陸。大陸經濟規模佔到世界的15%左右，但對世界經濟增長的貢獻率都保持30%以上，大陸經濟發展具有很強的溢出效應，「兩岸跨界融合新模式」也將主要依託大陸經濟發展的各種機遇，創新合作機制，建構多元平台。一是注重兩岸產業鏈深度融合；二是抓住大陸「補短板」視窗期；三是開發潛力巨大的農村經濟市場；四是依託大陸合作開發國際市場；五是分享營商環境改善大陸台商紅利；六是支持台灣青年來大陸創新創業。大陸當前要透過加快建設製造強國來促進建設現代化經濟體系，兩岸製造業深化合作大有可為：一是可以透過產業集群發展模式，以工業園或開發區形式建設機械裝備智慧製造基地，積極吸引兩岸機械裝備智慧製造產業鏈上的各類優秀企業進入

大陸各種園區；二是創新投資模式，說明企業克服創辦初期的困難，建議大陸地方政府與企業合作，積極推動建立產業發展基金，形成企業投資和產業基金相互合作的模式，為園區內企業在大陸 A 股上市創造條件；三是引進製造業與產品市場開發同步進行，實行兩條腿走路，既注重引進製造業企業進行生產合作，又注重市場調查，形成製造能力和應用市場開發同步發展。

  6. 合理分配。「兩岸跨界融合新模式」會有更大的經濟外溢效果和更合理的利益分配機制。「兩岸跨界融合新模式」意味著兩岸將構建新型產業鏈，雙方企業在產業鏈中的角色和功能都要適應新的形勢，利益分配也會隨著位置調整而更加有利與合理。雙方均要推動自身價值鏈升級，從利潤空間較小的價值鏈中游環節向利潤空間較大的上、下游環節移動外，即從價值鏈的低附加值的加工、組裝階段，向高附加值的研發、設計、物流、行銷等階段移動。在這個長期不斷積累的過程中，「兩岸跨界融合新模式」始終堅持企業主體、市場導向，產業鏈中的兩岸企業透過競爭與合作，可以在合理分配利益的前提下，共同打造擁有自主品牌和技術專利、具備國際競爭力、具有全球影響力的產業鏈。在大陸境內，台企、陸企與地方政府有更合理的多贏的利益分配。大陸透過加快兩岸產業合作示範園區發展，以創新開放的發展理念推動制度和行政管理體制創新，削弱和打破兩岸合作的壁壘，鼓勵價值鏈不同位置的台灣企業與大陸企業協同進入兩岸產業合作園區，共用制度創新而非稅費減免的政策紅利。

  總之，「兩岸跨界融合新模式」是在兩岸特殊的政治經濟背景下可以嘗試的新模式，堪稱是「兩岸經濟合作領域的 PPP 模式」，也是兩岸經濟合作領域的「負面清單模式」，它在真正意義上實現了「以企業為主體、市場為導向、產學研深度融合」的兩岸經濟合作的創新發展體系。基於新時代國際經濟及兩岸關係大環境，大陸在未來幾年的主要目標仍將是加強兩岸經濟社會融合，透過構建兩岸經濟合作新模式、推動建設現代化經濟體系，來繼續推動兩岸關係和平發展。為此，本書提出兩岸經濟合作需根據時代發展和形勢變化隨時調整合作策略和具體模式，新時代背景下兩岸經濟合作應以產業為主導，以市場為導向，以行政部門與科研院所為支撐，加強產官學的跨界融合，促進兩岸產業全方位融合發展，提升經濟系統的湧現功能。建設現代化經濟體系要加強兩岸製造業合作，構建新型產業鏈形態，提升產業競爭力，創新合作機制，建構多元平台。激發更多的民營企業參與到兩岸經濟合作中來，也可以保證進入兩岸產業合作的企業有利可圖，使兩岸產業合作具有強自發性和可持續性，且因政府與學界的指導、參與和協助，兩岸企業合作也能夠協調不同利益主體的不同目標，一定程度上也降低了投資風險和融資難度，使該模式的總體效益大於個體效益，實現社會利益最大化，有助於深化兩岸經濟融合，增強兩岸民眾福祉，共建兩岸現代化經濟體系。

  （二）加強兩岸社會文化融合，打造「兩岸命運共同體」

兩岸社會文化融合是兩岸民眾之間透過多方面的互動、理解與認同，消除因政治歷史等因素造成的相互之間的隔閡與不適應的過程，在此過程中不斷增強利益聯繫與文化和政治認同。兩岸社會融合既是過程也是目標狀態。兩岸社會融合是大陸民眾與台灣民眾在經濟、政治、生活和文化四個層面的融合，目前兩岸經濟和生活領域的融合還是比較高的，主要是政治和文化領域的融合程度較低，主要表現為政治和文化領域的「台灣認同」仍然偏高，比例過半。問題的產生原因，既有大陸自身國家建設水準仍然不夠的基本面因素，也有策略面因素。未來推進兩岸社會融合需要注意，融合的真正實現是一個逐步深化的過程，應避免將下一階段的目標提前為當前任務來執行。推進兩岸社會融合大體可分為三個階段：交流階段（你中有我，我中有你）、深化階段（怎麼對我，怎麼對你）、認同階段（你就是我，我就是你），對應呈現的社會文化現象分別是多元化、平等化、一體化。最終實現兩岸社會一體化的代表是形成兩岸民眾的基本政治文化認同。

　　由於所處階段不同，推進兩岸社會融合的目標重點是不同的：在兩岸由隔絕走向開放的初級階段，首先需要實現全方位的交流，由於各自分別發展了較長時間，兩岸此時在經濟、政治、社會、文化等各方面具有較大的差異性，社會融合的重點是透過交流互相瞭解。該階段允許和協助兩岸同胞在社會文化方面的多元存在，雙方應透過在政策上給予的多方面照顧盡力避免和消除兩岸同胞的恐懼感、厭惡感和對立情緒。由於到大陸來的台灣同胞相對較多，大陸應鼓勵台灣同胞視大陸為生活創業的樂土，允許他們保持自己的生活習慣、價值理念、宗教信仰、政治認同和文化差異等。透過多元化的存在打破雙方可能存在的誤解與想像。

　　經過 30 年兩岸社會融合的交流階段，就需要全面轉入深化階段，即在經濟、政治、社會、文化等各方面對於兩岸同胞均應一視同仁，既無歧視性政策也無特殊照顧待遇，使雙方民眾感受到各方面的平等。這也就是消除差別待遇的平等化階段。台灣同胞的平等化，就是來大陸的台灣同胞轉化為中國公民的過程。他們的差別不僅表現在戶籍類型、戶籍地點等方面，而且還表現在勞動就業、居住環境、公共福利等方面。平等化的實現，表明台灣同胞與大陸人一樣，不僅獲得了身份轉變，而且擁有了機會共用、權益共用、利益共有、保障共有的機會。

　　最終的階段透過不斷培養兩岸民眾的文化與政治認同來實現兩岸社會一體化。平等化主要是針對在大陸的台灣同胞而言的，但是，台灣同胞不僅只有大陸台胞，還有大量的台灣同胞，他們數量更為龐大，對兩岸實現和平統一的影響力更為明顯。對他們來說，需要面對的問題不是平等化，而是「台灣人」和「大陸人」的差別。從更廣闊的角度看，台灣人與大陸人不應互有身份優越感，要透過社會融合重塑「中國公民」的身份認同。兩岸民眾在經歷一體化階段後，只有地域之別，而無身份差異。他們都是居住在

中國領土的公民，享有同等的勞動就業、公共福利、政治參與等方面的待遇，共用社會發展成果和國家榮耀。

當前兩岸社會融合進程總體上處於第二階段，即交流障礙已經大大減少，雖然仍需在經濟、政治、社會、文化等方面繼續鬆綁，特別是台灣政府的政策限制還比較多，但與30年前相比，兩岸社會大交流的態勢已經形成且難以逆轉。當前階段的主要融合目標是平等化，即讓台灣同胞，尤其是在大陸的台灣同胞應該獲得與當地大陸同胞的同等待遇，既無歧視待遇也無特殊優惠，先在大陸台胞群體中真正實現「兩岸一家人」，做到公民待遇的無差異化。

當前推動兩岸社會融合對中國國家統一及大陸對台工作具有重要的戰略意義：1. 推動兩岸社會融合是新時代兩岸關係和平發展的動力機制；2. 推動兩岸社會融合為兩岸最終實現和平統一積累條件和奠定基礎；3. 推動兩岸社會融合是「一國兩制」前提下探索兩岸經濟社會互動方式；4. 推動兩岸社會融合可以降低國家統一實現後的治理成本。

建議當前階段推動兩岸社會融合的基本原則：1. 中國認同（要以一個中國為底線）；2. 以我為主（要以弘揚大陸文化為主導）；3. 互惠互利（要以可持續發展為基礎）；4. 群眾路線（要以民間融合為主體）。

推動兩岸社會融合的操作方式：1. 整體與區域同步推進；2. 官方與民間差別處理；3. 同等待遇與親情優惠並行；4. 制度推動與自發融合並重。需要留意推動兩岸社會融合過程中的難點：1. 民進黨政府分裂操作加劇；2. 台灣民意的保守性和封閉性；3. 兩岸政治僵局對社會融合的阻礙；4. 兩岸制度差異對社會融合的制約。

加強兩岸社會文化融合的落腳點是打造「兩岸命運共同體」。社會融合是打造「兩岸命運共同體」的重要內容，社會融合主要透過對情感關係和權利的承認、價值的定向、制度的融合來實現。一是創設兩岸社會融合組織機構。既有常設性組織機構，又有制度化的會議平台。這些機構與平台根據組織議題或章程，從社會合作、融合的單個或多個層面對區域合作進程中所面臨的主要問題進行討論與決策。二是合力打造「兩岸共同生活圈」。台灣在大陸的常住人口超過100萬人，可在台灣同胞相對集中的社區，探索開展台胞參與管理試點，讓台灣同胞參加職能部門以及法定機構的行政管理。對已經在大陸長期居住的台灣同胞來說，除了進一步維護他們的合法權益以外，還要制定相關政策，使他們能夠逐步融入大陸的各種社會、政治生活，同時，要不斷完善醫療、社保、就業、教育、戶籍、台灣同胞權益保護等相關制度，滿足台灣同胞的生活需求，使他們能夠在大陸安居樂業，培育並增強共同家園意識。三是加強基層對接。應自下而上培植社會資本，發掘社會領域的能動性，「自下而上」以社會基層力量不斷擴大兩岸社會融合的廣泛基礎，最終實現社會大融合。透過一些制度性安排，促進基層交流更加深入、持久和常態化地進行下去，不斷增進兩岸民眾的相互理解與同胞感情。兩岸社會融

合，首先是促進兩地基層社會相互瞭解、理解，增進基層社會感情，逐步消除基層社會敵意。四是推動兩岸社會跨域治理。在宏觀層次上，需要協調兩地社會系統的關係。在微觀上，開放協調機制能夠維持兩岸社會及各種力量之間的利益關係，從溝通協商、增進瞭解，產生認同等角度入手，化解泛政治化的社會對立與利益衝突，有利於既保持兩岸社會的差異性又有利於實現共同目標。五是促成台灣同胞全面融入大陸社會。對大陸台胞而言，遷移不只是居住地點的改變，更重要的是必須面對新的社會情境與規範，遷移者必須調整其價值觀念與行為模式而適應新的社會文化系統，從本質上說是生活的適應與社會的融入。

兩岸文化融合的內容主要包括：一是形塑共同價值觀。兩岸文化融合的顯現、維繫和發展，離不開兩地公共生活與日常生活的參與、相互依賴關係的牽引，還應積極順應這一潮流。在日常文化建設方面，兩岸需要編制一套實際和理性的原則，共同維護世俗人生的秩序和進展，明確身為公民的責任等。從民間社會與百姓日常生活中尋找源泉，促成兩地價值趨同化、形塑共同的文化價值觀。要著力兩岸同胞人文、精神和心靈層面建設，植根中國傳統優秀文化，吸納融匯兩岸文化中最具生命力、創造力的元素，創造出具有包容力、前瞻力、創造力、感染力的新價值。它不僅包涵善良、正直、勤奮、誠信、進取等一些傳統的核心價值，也突出文明、理性、相互尊重、互相欣賞、互釋善意等內涵。二是加強兩岸共同價值觀的宣傳。其中，兩地年輕一代是教育宣傳的重點，要在交流交往中培植兩地年輕一代共同的價值觀。在人的交往行為，透過相互的社會化學習，有利於形成人的認識能力、語言能力和發展能力的同一性，這種同一性是文化融合的基礎。應更多邀請台灣同胞來訪，注重安排他們參與知識交流與學習，改變以前活動內容的送來迎往方式，尤其要增加兩岸青少年聆聽各種文化知識講座，縮小兩地差異、消弭兩地價值觀的分歧。三是深化兩岸教育合作，促進高等教育融合發展。兩岸文化融合重點在於歷史文化教育領域。

兩岸經過長期政治與社會生活隔離後，基於兩個社會的歧異性，要增進台灣民眾對中華民族與一個中國認同，有賴於推進兩岸教育的融合發展。因為觀念、思維和行為方式的轉變離不開教育，視野的開拓和文化品性的改變同樣離不開教育，教育已經成為兩岸文化融合與區域一體化的重要載體和有效的活動方式。因此，兩岸文化融合應著力實現兩岸教育的統籌和整合，實現優勢互補，資源共用，資訊互通。目前，兩岸教育合作試驗園區、兩岸職業教育師資培訓基地、兩岸教學資源基地已在福建啟動建設，透過兩岸「一園區、兩基地」建設，打造一批具有兩岸特色，在兩岸有廣泛影響的教育交流品牌。四是深化兩岸傳媒交流與融合。兩岸文化交流合作與深度融合，需要大量的資訊交換與適時的媒體合作。在台灣，新聞媒體被稱為「第四大公權力」，其影響力已深入到台灣民眾生活的方方面面。推進兩岸文化融合，需要兩地媒體的交流互動。目前，兩岸

媒體無論是報導內容的選擇，還是報導形式的處理都有很大的差別，必然會衝擊兩岸各自新聞媒體的管理制度，從而影響兩地文化融合的發展。此外，由於歷史和政治因素影響，台灣還有相當一部分民眾對大陸缺乏瞭解甚至存在誤解，對大陸的感知和認識停留在歷史遺留的記憶和一些負面的宣傳和報道上。兩岸應加快傳媒交流與合作的速度，擴展交流與合作的廣度，深化交流與合作的深度，拓寬傳媒交流和合作的管道。

　　挖掘互聯網功能，透過虛擬世界強化「一中」觀念。要求大陸各網站在接受來自台灣的購物訂單時必須體現兩岸一中原則。應充分利用互聯網傳播大陸的報刊、圖書、電視節目、影音產品，使台灣民眾有機會接觸大陸文化，享有共通的情感與共通的認知，增強其文化認同感，加速形成兩岸印象中的「共同體」。構建兩岸虛擬文化社區，跨越文化融合時空障礙。在當前互聯網和大眾傳媒時代，網路和電訊已經超越時空限制，資訊在瞬間能得到廣泛的傳播，兩岸社會系統在時空擴展的情境下，網路和電訊平台可以為兩岸文化融合提供便利。兩岸應充分運用互聯網，積極推動兩岸虛擬社群文化的共建共用。兩岸虛擬文化社區是一種基於互聯網的文化社區，它是基於一種文化認同、以話題為紐帶的文本互動，能夠為人們提供新的文化交流方式甚至是一種全新的生活方式，不僅是現實社會的延伸，而且提供了一種低成本的社區文化活動試驗空間。比如，它能提供給社區成員一個快捷、便利的相互交流平台，大家因有共同的文化喜好、價值觀、生活方式，可以進行情感交流和經驗共用，形成親密無間的關係；也可以透過論壇、評論、博客、圈子或社會性網路、即時通訊等載體，形成一種真正的社區。兩岸虛擬文化社區可按照成員的不同興趣愛好進行分類，成員可以自己創造貼吧，比如由於喜愛詩詞、舞蹈、書法或影片等而聚集在一起，自發在社區中發佈收集的資訊和創建內容，與其他愛好者一起分享等。民調顯示，台灣青少年很多時候是透過網路和電視、廣播等大眾傳媒來瞭解大陸的。因此，應充分利用互聯網的交互性、便捷性的優勢，使兩岸文化交流跨越空間障礙，超越兩岸邊界的界限，透過虛擬文化社區這樣一種「脫域共同體」的平台促進兩岸以及兩岸的文化融合。推進大陸媒體入台落地，實現傳播交流對話。利用已在台灣落地的媒體，辦好節目，搞好宣傳，使之成為大陸人士了解台灣文化、台灣人士瞭解中華文化的重要視窗。此外，相互開放報刊、圖書、電視收視市場，促進兩岸印刷品、媒體的交流與融合，使現存的印刷品、媒介網路嵌入互不相識的民眾，讓他們享有共通的情感與共通的認知，使兩地民眾增強文化認同感，形成「想像的共同體」，有助於兩岸文化融合。在兩岸社會共同體層次上，傳媒能夠提供一種對話的公共空間，透過引導兩地公民積極參與公共事務的討論、判斷，在政治文化認同與一般社會文化認同之間架起一座橋梁。擴大民間文化活動與載體影響力。進一步鼓勵民間開展有利於兩岸人民往來，借助宗親會、祭祖、夏令營、冬令營、交易會、藝術節等各種活動，利用學校、商會、聯誼會、民間信仰等各種管道，加強兩地人員往來，消除顧慮，增進感

情，提高台灣民眾對兩岸一家親的認識，為兩岸文化融合拓展更多元的、更堅實的民間社會基礎。

推進兩岸文化產業合作與傳播，加強兩岸創意產業合作。兩岸文化交流與合作不應局限於傳統文化，應注重在兩岸交流活動中注入現代生活元素和豐富的文化內涵，包括隨時代和社會變化的新認知、新感受、新體會。早期的兩岸文化交流與合作，主要是發掘兩岸的歷史文化傳承關係，從文化層面凝聚兩岸（兩岸）人民共同的精神情懷，但兩岸文化產業合作尚未受到足夠的重視。應發展文化產業傳播，促進兩岸文化融合。文化傳承是依靠一代又一代人的傳接才得以持續，需要著眼對下一代文化的潛在影響。兩岸人民血脈相連，加強對新生一代的兩岸文化交流和教育，對滿足新生一代的精神文化需求、增進新生一代對兩岸悠久文化歷史的瞭解具有重要意義。以文化產業傳播方式介入兩岸文化交流、傳播和教育，深化文化合作，共同推動中華文化的傳承與發展；優勢互補，促進兩岸文化融合與文化產業發展，既要包括對傳統文化、道德的傳承與新的解讀，更要向更高的境界——文化傳播發展，使兩岸文化產業合作有新的高度，有更廣泛的空間、更遠的視野與更多的受眾群體，也有助於兩岸文化融合。以動漫形式介入文化的傳播為例，動漫產業是 21 世紀知識經濟的核心產業，應著力用動漫的形式與兩岸文化融合聯繫起來，在兩岸兩地民眾（尤其是下一代）傳播文化，發揮動漫產品的先導作用，以其生動性、交互性、便捷性與時尚性，培養青少年的市場消費群體。為此，要突破傳統兩岸文化交流傳播和教育的形式紀實性弱點，以此為契機在旅遊宣傳、道德教育與社會管理等方面達到某種突破。應重視藝術教育作為培育深度受眾群的基礎工作，並把文化藝術教育視作培育兩岸社會軟實力的政策之一，為兩岸文化融合提供新平台，開拓新路徑。

（三）研究和設計構建「中華經濟聯合體」，制定並逐步落實過渡舉措

雖然當前政治關係下短期內兩岸官方無法推動此項政策，但兩岸學界可以對此議題進行探討以明確未來兩岸經濟發展的方向。學界對兩岸經濟關係深度整合提出過不少設想，見諸學刊或報端的稱謂包括：中華（國）經濟圈、中華經濟區、中華經濟體、中華民族經濟、中華民族經濟共同體、大中華經濟共同體、兩岸共同市場等，「中華經濟聯合體」是在現有研究成果上的理論延伸和發展，有其內在的合理性、必要性與可行性。

合理性方面：第一，適應形勢發展需要，繼續深化推進理論基礎。學界早在大陸提出「和平統一」後就開始構思如何整合兩岸與港澳經濟。1980 年香港黃枝連教授提出「中國人聯合體」的概念。陳坤耀 1987 年提出「中國圈」。

1988 年，林邦充提出「華人共同市場」，鄭竹園提出「大中華共同市場」，陳億村提出「中國經濟圈」，高希均提出「亞洲華人共同市場」，李自福提出「經濟大中國」，張五常提出「兩岸大循環」模式。1989 年，金泓凡提出「海峽兩岸經濟圈」，張俊宏提

出「南海經濟聯合體」。1990 年翁成受等提出「南中國經濟圈」。1993 世界銀行發表的題為《全球經濟展望和發展中國家》年度報告中首次將中國大陸、香港和台灣稱為「中華經濟區」。1997 年福建特色研究會課題組在《建立台灣海峽經濟區的戰略構想》中提出「海峽經濟區」。2001 年徐軍、胡繼堂提到「中華民族經濟共同體」。2005 年李非論述了「兩岸共同市場」的設想。2008 年林嘉騋提出「大中華經濟共同體」。2010 年，戴相龍使用了「中華經濟體」的概念，習近平則在博鰲論壇上使用了「中華民族經濟」的概念，這兩個概念雖然都是對現狀的描述，但卻為兩岸與港澳未來的經濟整合提供了很好的角度與思路。近年來兩岸簽署了 21 項協議，兩岸經濟關係已經具備較為堅實的制度化框架基礎，當前發展勢頭不進則退。在世界經濟形勢發生深刻變化的歷史形勢下，中國大陸作為世界第二大經濟體有更強的能力主導兩岸與港澳的經濟整合，提出新的發展目標、強調民族共同利益、構建「中華經濟聯合體」已經需要提上議事日程。第二，突出中華民族特色，民族認同優於制度認同。「經濟聯合體」的概念比較中性，應用廣泛，既可用於企業之間和產業之間，也可用於地區之間。大陸與港澳及台灣分別簽署了 CEPA 和 ECFA，兩岸與港澳經濟有條件在此基礎上進行更高程度的優勢互補，發揮更多的互利雙贏效果，打造一個更高版本的全新的「中華經濟聯合體」。「中華經濟聯合體」與「歐洲經濟共同體」的最主要區別是，「中華經濟聯合體」的成員民族相同而經濟制度不同，「歐洲經濟共同體」的成員雖然民族不同但經濟制度大體相同。正是由於兩岸與港澳同屬中華民族，在共同推進經濟整合時可以貫徹「中華一家親」的理念，不在短期利益上斤斤計較，而是著眼於長期的共同發展。經濟制度各具特色，互相尊重，互相包容，但整合過程中需要不斷減少市場障礙，消除貿易壁壘，增強投資便利，順暢資本流動。「

　　中華經濟聯合體」與「歐洲經濟共同體」的共同點是，目標均為透過貿易自由化實現產品市場的一體化，通過消除區域內要素自由流動的障礙實現要素市場的一體化，並且透過協調貨幣與財政政策，最終實現貨幣一體化。這一目標的最終實現，必將有利於提升中華兒女的福利水準、加深中華民族的感情聯繫、共同實現中華民族的偉大復興。第三，把握兩岸與港澳經濟現狀，設計彈性整合優化路徑。不同經濟體之間的最佳合作方式取決於各自不同的經濟結構、產業分工、依賴程度等多種經濟因素和各種政治因素，「中華經濟聯合體」的設想充分顧及當前兩岸與港澳的經濟合作現狀與特點，並為未來發展變化預留了彈性空間，是兼顧現實與前景的務實架構。以兩岸為例，構建「中華經濟聯合體」可以在台灣內部缺乏推動兩岸政治統一共識現實情況下，根據兩岸在國際價值鏈的分工和各自的產業結構狀況進行兩岸經濟整合，不斷增強雙方的經濟發展動能，逐步為社會、文化、政治等方面的整合奠定基礎和創造條件。事實上，聯合體的構建可鬆可緊，完全可以根據需要調整，而且，既可以經濟聯合，也可以政治聯合。「中

華經濟聯合體」的成功構建可以擔負部分「政治聯合體」的職能，也為「中華政治聯合體」的實現提供有益經驗和條件。

必要性方面：第一，兩岸關係和平發展一定要有明確的目標方向。兩岸關係的和平發展必須要以共同的方向為前提和基礎，沒有共同方向的和平發展既不長久，也不穩定。和平統一是兩岸關係和平發展的必然方向。如果試圖走向和平分裂，無疑會為兩岸民眾埋下戰爭隱患，最終既無和平，分裂也不可能得逞。由於兩岸民眾目前的平均生活水準、平均文明素質、普遍價值觀念等方面還有不小差別，和平統一並不是眼下急於要做的工作，但兩岸執政當局有義務引導民眾向此符合兩岸利益的方向努力。和平統一的方式和管道可以有多種選擇，經由「中華經濟聯合體」發展到「中華政治聯合體」是理論上的選項之一。構建「中華經濟聯合體」可以充分發揮經濟整合和政治外溢效果，為兩岸最終破解政治難題創造有利條件。第二，亞太區域整合形勢對加速整合兩岸與港澳經濟有緊迫要求。台灣政府對參與區域經濟整合有強烈願望，「中華經濟聯合體」的構建可以為兩岸經濟共同發展同亞太區域經濟合作機制相銜接開闢可行途徑。台灣原本對台灣加入 TPP（跨太平洋夥伴關係協定）與 RCEP（區域全面經濟夥伴關係協定）有相當高意願和共識，台灣政府也宣佈以「雙軌並進」「官民合作」方式全力展開行動，但加入 TPP 的目標隨著美國退出 TPP 而破局。「中華經濟聯合體」作為台灣參與亞太經濟整合的過渡性安排，可以很自然地降低該問題在台灣的敏感度，還能體現大陸對台灣參與亞太經濟整合的支持與協助。

此外，港澳均為自由港，經濟結構以服務業為主，兩岸與港澳經濟整合談判內容也將以服務貿易為主要內容，因此兩岸服貿協議生效後即可展開兩岸與港澳經濟整合的協商。兩岸與港澳透過經濟合作協商構建「中華經濟聯合體」，是大陸國家主體與港澳台三個單獨關稅區為共同參與亞太區域經濟整合而進行的過渡性準備。兩岸與港澳的經濟整合是中國參與和推動亞太區域經濟整合總戰略的重要組成部分，順序上最好兩岸與港澳經濟整合優先，如果進度太過落後，未來操作的技術難度將更大，外部因素將更突出。兩岸與港澳經濟整合後在對外參與區域經濟整合時可考慮採取類似東盟的彈性做法，既可以「中華經濟聯合體」名義集體參與，也可以適當身份分別參與，均需在有共識的前提下進行。第三，兩岸經濟進一步發展需要有新的制度紅利和內生動力。在國際和兩岸經濟形勢均發生深刻變化的背景下，兩岸經濟關係發展和兩岸經濟各自的轉型升級都遇到新的瓶頸，充滿挑戰與機遇。兩岸經濟增長速度下降，兩岸之間貿易與投資增速趨緩，兩岸產業競爭性加劇，已經簽署的兩岸服貿協議在台灣遲遲不能透過生效，這些當前面臨的經濟問題都需要透過兩岸進一步改革開放來釋放新的制度紅利，增強兩岸經濟發展與合作的內生動力。

可行性方面：第一，使用「中華經濟聯合體」的名稱相對易於接受。「經濟聯合體」

不像「經濟體」那樣有顯著的關稅特徵和統一意涵，也不像「經濟共同體」那樣有主權國家之間進行經濟整合的色彩，易於被各方接受。前面冠以「中華」二字，是突出這個經濟集團以中華文化為紐帶、共同維護民族利益。海峽兩岸暨香港、澳門透過對中華優秀傳統文化的繼承和弘揚，在經濟整合的同時注入文化因素，有利於形成共同的價值觀，使經濟合作穩定深化，這種新型經濟模式也將是中華民族對世界經濟發展做出的一個巨大貢獻。此外，十三億大陸同胞和兩千三百萬台灣同胞是「血脈相連的命運聯合體」，「中國是兩岸同胞的共同家園」，這種親情關係完全不同於各種類型的「夥伴關係」，「中華經濟聯合體」有助塑造和強化兩岸命運聯合體。第二，構建「中華經濟聯合體」的政治經濟主要條件趨於具備。2010年簽署了《海峽兩岸經濟合作框架協定》（ECFA），2012年簽署實施了「投資保護和促進協議」和「海關合作協定」，2013年簽署了「服務貿易協定」，「貨物貿易協定」與「爭端解決協議」一旦簽署，在這五個ECFA後續協定簽署生效之後，兩岸絕大部分貨物貿易以及大量服務貿易均為開放項目，兩岸經濟關係發展進程將進入貿易自由化時代。這種政治經濟形勢為啟動兩岸與港澳經濟整合協商進程創造了良好條件，將兩岸ECFA與內地港澳間的CEPA進行有效連接，即可構建「中華經濟聯合體」的雛形。第三，已經具備充足的談判人才與相關經驗。構建「中華經濟聯合體」需要有大量精通經濟、法律等各種規則與實務的人才。中國大陸至今已簽署10餘個自由貿易協定（FTA），並與台灣及港澳簽署了ECFA和CEPA，具備豐富的談判人才和經驗，有能力設計和整合出一個符合各方利益需求的「中華經濟聯合體」方案。

「中華經濟聯合體」的制度設計與推動步驟。（1）基本原則。第一，一個中國。「中華經濟聯合體」的設計要體現兩岸與港澳領土及主權合為一體、不可分割的性質。「一中框架」是兩岸擱置爭議、求同存異的基礎，也是當前兩岸政治主張的最大公約數。第二，借鑒創新。制度設計既要創新，又要借鑒。建立「中華經濟聯合體」需要在立足於兩岸與港澳發展特點的基礎上，創立規則，實現長期穩定。同時也要參考現行的區域經濟一體化形式如歐盟、北美、東盟等有關內容，以及兩岸各自與其他WTO成員簽署FTA的相關內容。第三，平等獲利。建立「中華經濟聯合體」的許多協議和制度性安排，都需要透過兩岸與港澳平等談判與協商來完成，儘量讓兩岸與港澳均獲得利益最大化，至少能滿足主要需求。第四，民族特色。兩岸與港澳關係特殊，這樣的經濟整合在世界上獨一無二。兩岸與港澳共同構建新的框架和模式，具有中華民族自身特色，目標是為兩岸與港澳同胞謀福祉，共同維護中華民族的整體和長遠利益。（2）制度設計。第一，頂層機構設計中要有獨立、權威的立法、行政、司法體系。設置類似歐盟的相對獨立的較為完整的立法、行政和司法機構。成立「中華人民代表大會」負責「中華經濟聯合體」的各項立法，「中華經濟合作委員會」具有「中華經濟聯合體」的執行功能，設置

「中華合議法院」作為解決「中華經濟聯合體」間各項爭端的司法機構。考慮到兩岸與港澳間政治制度、經濟發展水準、內部複雜程度等方面的不同，該體系的設計可採取較之歐盟更為寬鬆的模式。第二，「中華經濟聯合體」的運行可採取「全體一致」規則。區域經濟一體化的運行機制，既要能夠保證一體化的經濟效率盡可能得以不斷提高，又要能夠保證一體化的整體福利盡可能得以公平分配。「全體一致」的決策機制可以保證「中華經濟聯合體」的公平與效率，如採「多數原則」恐會讓台灣方面存在疑慮。第三，整合兩岸與港澳經濟形成擁有統一貨幣的共同市場。制定「中華經濟聯合體」總體發展規劃，與兩岸與港澳宏觀經濟政策相銜接，基本實現生產要素在兩岸與港澳間自由流動的共同市場，最終形成兩岸與港澳經濟各有分工、一致對外、擁有統一貨幣、有高度競爭力的「中華經濟聯合體」，奠定國家完全統一的堅實經濟基礎。(3) 推動步驟。第一，提升兩岸與港澳經濟自由化程度高於東亞區域經濟合作水準。完成 ECFA 後續商談後，確立時間表加快推動與落實貨物與服務貿易自由化，並不斷擴大 ECFA 內涵，可考慮納入區域全面經濟夥伴協定 (RCEP) 已有的領域和議題，如智慧財產權、政府採購、投資的國民待遇、國有企業、中小企業、電子商務、供應鏈、透明度等，適時納入港澳，使兩岸與港澳經濟整合程度和水準高於東亞區域經濟一體化。第二，繼續強化雙向投資以增進生產要素自由流動。設立「兩岸投資協調小組」，對兩岸投資尤其是大陸對台投資提供協助與支援，互通投資政策資訊。建立對台投資審批的單一視窗，負責專門推動與協助企業對台投資。同時成立專業服務機構，對赴台投資企業提供政策、法規與市場訊息等免費服務。第三，構建深度融合的兩岸金融合作機制。將金融業作為推動未來兩岸服務業合作的重點內容，結合中國大陸金融發展戰略，在人民幣跨境使用進程中賦予台灣一定的功能與角色，為兩岸貨幣一體化創造條件。第四，共同成立「中華經濟合作委員會」。先將「兩岸經濟合作委員會」層級提升至副總理級，再適時納入港澳，共同成立「中華經濟合作委員會」，初步奠定兩岸和平統一後的經濟制度架構，並為成立「中華人民代表大會」預作鋪墊。

構建「中華經濟聯合體」的重點與難點。(1) 重點目標。第一，建構和加強兩岸與港澳制度化安排。構建「中華經濟聯合體」需要透過一系列的協定進行制度化安排，協議的設計要具務實性與前瞻性，其進程需要與兩岸關係發展情況緊密結合。簽署「中華經濟合作協定」將是海峽兩岸暨香港、澳門經濟整合的重要里程碑，有連接兩岸 ECFA 與內地港澳間 CEPA 的功能，並為兩岸與港澳經濟共同發展同亞太區域經濟合作機制相銜接開闢了可行途徑。第二，推動兩岸與港澳關稅合作與貨幣整合。未來兩岸與港澳間的絕大部分貨物貿易實現或接近零關稅，對外可以就某些產品實施協商一致的關稅稅率，向關稅同盟階段過渡。同時研究在兩岸與港澳推廣使用人民幣的可行性，建立「兩岸與港澳貨幣協調委員會」，推動兩岸與港澳貨幣整合。既可研究推廣使用人民

幣的方案，也可研究建立「第三貨幣」的方案，如成立「華元」（或「中元」，Chinese Dollar）作為與兩岸與港澳現有貨幣外的第三種貨幣。「華元」可分三個階段推動。第一階段「華元」以「中華貨幣單位」（Chinese Currency Unit, CCU）的身份出現，僅用在企業間報價、結算，以節省交易成本；第二階段推展消費使用，從「中華貨幣單位」晉身為「華元」，成為第三種貨幣，與兩岸與港澳現有貨幣共同使用；第三階段則是仿照歐洲使用共同的貨幣，使用單一「華元」。第三，建立兩岸與港澳產業合理分工與佈局。加強兩岸與港澳產業合作，研究規劃台灣產業在中國產業發展戰略中的功能與角色，實現兩岸與港澳產業鏈與價值鏈的一體化。建立兩岸與港澳產業一體化的機制平台，實現兩岸相關產業政策協調。（2）主要問題。第一，台灣各主要政黨對兩岸經濟一體化會加速國家統一有顧慮。目前情況看，台灣無論哪個政黨執政，都不敢堅定地提出國家統一方向，因此也會影響兩岸與港澳經濟整合進程。台灣政府立場主要來自台灣民意，民意主流看法既受中美實力對比等國際因素影響，也受中國大陸內部治理的績效影響。大陸自身建設的好壞會透過台灣民意影響台灣執政黨的主張。當然，如果台灣執政黨能夠堅定兩岸和平統一方向，也可以反過來對台灣民意產生積極的引導作用。第二，台灣「拒統」勢力不容忽視。以民進黨為代表的「台獨」勢力在台灣尚有不少的支持者，其堅定的「拒統」和「反中」立場短期內難以改變。「逢中必反」的策略使台灣執政當局推動兩岸經濟整合的士氣和動力減弱，兩岸服務貿易協定在台灣久拖不決就是典型案例，兩岸經濟整合在台灣困難不小。第三，台灣內部對經濟發展及路徑認知不同。台灣對經濟要不要發展、發展要不要開放、開放要不要大陸存在不同認知。有台灣學者提出台灣經濟開放程度在亞洲已經很高，不需要再進一步開放。也有政治人物稱台灣經濟開放的路徑是經由聯結世界走向中國，反對與大陸經濟整合。台灣缺乏兩岸經濟整合的共識。第四，整合利益未能及時讓民眾有深切感受。一方面，兩岸簽的 ECFA 只是一個「框架協議」，實質效應要在後續協議簽署完畢才能顯現，但當前兩岸經濟整合速度過慢，相關後續協議遲遲不能簽署或生效，以致整合紅利釋放有限，台灣民眾感受不到經濟整合的巨大好處，缺乏進一步追求整合的動力。另一方面，內地與香港經濟整合在為香港帶來巨大利益的同時，也出現一些負面作用，反而引發大陸遊客與香港居民的糾紛，考驗未來兩岸與港澳進一步經濟整合的內容與方式。（3）配套舉措。第一，大陸成立「國家統一委員會」。大陸可借鑒韓國「統一部」的機構設置做法，整合現有部門，成立權威性協調機構「國家統一委員會」，其職能目標是促進實現兩岸統一並維護香港、澳門、西藏、新疆、內蒙古等地區的穩定與統一。該委員會可下設地區性對口單位，更好發揮地方政府在維護國家統一與社會穩定方面的作用，統籌管理與協調國家統一方面的政治與經濟事務。可以由「國家統一委員會」負責推動構建「中華經濟聯合體」。第二，加強兩岸與港澳基礎設施對接。將港澳台作為中國交通等基礎設施體系的重要組成部分，加快京台、昆台高速公路等建設，推動海峽隧道等工程的論證與規劃，

適時提出兩岸高鐵聯結等計畫,加快兩岸電信通訊等合作,對台灣與福建海峽西岸經濟區的海空港進行合理分工與佈局,長期實現兩岸與港澳基礎設施的一體化。第三,促進兩岸與港澳社會文化融合。經濟整合的目的是減少交易成本,增加各方福利。政治整合的目的是追求和諧秩序,提高行政效率。政治整合需要相當程度的相互認同,包括文化、民族、國家、政權、制度等層面的認同。文化認同最為重要,它是民眾向心力的源泉和中華民族的立足之本。兩岸與港澳可以共同舉辦文教活動,相互開放各種專業證照,構建「一日生活圈」。在兩岸社會文化交流的過程中多展示大陸文明、優勢的方面,共同塑造對兩岸與港澳民眾有吸引力和感染力的中華新文化。第四,建立兩岸與港澳利益調節機制。構建「中華經濟聯合體」應使兩岸與港澳民眾共同創造、共同分享整合紅利,透過建立兩岸與港澳利益調節機制,可以照顧不同地區弱勢群體及整合過程中的受損行業。透過農漁產品採購、對口資金援助、教育獎勵基金、企事業獎勵基金、就業輔導基金、失業救助基金等形式鼓勵和引導利益分配更加公平合理,消除不滿。[301]

構建「中華經濟聯合體」的條件具備前,可以先書面規定或承諾和平統一前後台灣人民的權利和義務。在和平統一實現前,試行對台灣民眾發放雙向選擇的居民身份證,雙向選擇是指一方面自願領取,另一方面需要以填寫表格方式接受國家認同方面的政治審核。持有台灣居民身份證在大陸可以享受居民同等待遇:可以像大陸居民一樣在大陸訂票、網購、申請課題、定居、置業、工作、養老、參加社團活動。持大陸發放的台灣居民身份證的台灣民眾出入境可走非外賓公民通道,減免關稅與通關手續。遭受天災人禍國家給予救助和扶持、提供必要的避難住所。他們可以長住台灣,也可在全國任何省市安家落戶。可以參加國家各級政府、人大、政協和社團機構成員的選舉和公務員錄用考試。享受全國各族人民所享有的一切政治待遇。有功人員享受國家獎勵。在國外都將受到國家駐外機構的領事保護。

研究發佈新版《台灣問題(幹部讀本)》白皮書,在最後單設一章《台灣問題解決方案》,其中明確規定台灣統一祖國後可以擁有的權利和需要履行的義務。例如,將台灣的交通、通訊、減災防災、產業佈局、資源補給、科技開發、經濟出路、民生福祉都納入國家的統一規劃。為了減少台灣人民的稅費負擔,只要其執政當局願意冠以「中華人民共和國」的名義,各級政府的行政開支都可由中央財政統一撥付。客觀上可以起到建立有利於國家統一的正回饋的功能:透過向世界宣佈方案,對統一後的台灣權利和義務有明確承諾,統一後的台灣乃至中國不會對協力廠商造成威脅,讓國際感受到中國在國家統一問題上的負責任態度,減輕以美國為首的國際勢力對中國崛起的戒心和阻撓台灣統一的力度。美國對台立場的鬆動反過來有利於大陸推動和落實《台灣問題解決方案》,以及增強台灣對大陸對台政策的信心。一旦台灣感受到大陸承諾的可信性,就會

---

[301] 朱磊:《關於加快推動「中華經濟聯合體」的設想》,《現代台灣研究》,2014 年 5-6 合刊。

認真比較統一和分裂的成本收益，由於大陸將在《台灣問題解決方案》規劃下採取「扶統打獨」的政策策略，台灣在大陸實力日益強大、打擊廣度、力度、強度不斷增大的壓力下，也能被迫透過調整政策體會到大陸的善意（主要權益還是要等到統一後才能釋放），從而加深對大陸承諾的信心。當然，台灣政府對大陸互信的增強主要是透過協助藍營政黨在台灣執政完成的。大陸對台灣的權益承諾包括政府權益和民間權益，因此不僅對台灣官員有吸引力，對台灣民眾也會有吸引力。由於方案中設計有支持統一時間越早、力度越大的台灣人士統一後獲益也將越大的制度，越來越多的台灣民眾會加入支持統一的陣營中來，扭轉靠選票上台的執政黨政治傾向。

第六章
中共對台方略量化評估

本章根據耗散結構理論構建計量模型，對當前中國國家統一形勢進行量化評估。

第一節　演化原理

　　國家是由個人及利益集團組成的多層級系統。因國家統一或分裂而引起的國家版圖的變動是國家系統的一種相變。一個統一有序、管理高效的多層級國家系統有利於國家系統功能湧現和提升並且符合民眾利益最大化。國家系統向統一演化符合複雜系統趨於有序的演化方向及人類社會組織形式的總體發展趨勢。

　　國家統一的內涵主要是指國家系統層級結構的有序性和同一性。國家系統內部各方力量總是處於此消彼長的變化之中，從而導致系統整體的演化，在此過程中國家系統內部會自發產生熵，即無序性。因為國家系統由多種利益集團的子系統組成，這些子系統由次利益集團的孫系統組成，可以如此不斷細分，直到個人。從每個層級系統的角度，無論個人還是利益集團，為了存在都有趨利避害的本性，個人到各層級利益集團都在追求自身權益最大化，如果沒有任何相互制約，邏輯結果必然是每個人或每個利益集團的權益趨於無窮大，整個社會將處於無序狀態。無序指系統中要素的存在或變化有很多種可能性，有序則是系統內部要素之間及系統之間的聯繫具有規則性，其存在或變化的可能性較少。對人類社會而言，無序意味著不穩定和脆弱，但有利於釋放創造力；有序意味著穩定和強大，但創新性約束較大。因此無序和有序各有利弊，沒有哪種狀態是絕對的好或壞。個人與每個層級的利益集團都需要與外界進行物質、能量與資訊的交換，不斷追求自由度的本能要求會產生熵增，而現實中任何系統的外部資源都存在有限性，個體與外界不可能無限自由地產生熵流，任何個體與利益集團在獲取資源時都要受到其他個體與利益集團的制約，這些外力產生熵減，系統只有在與外界相互作用與交換的條件下才能保持有序和無序的平衡。

　　國家系統發生相變的運行原理是：當外部條件及內部要素改變時，系統當前狀態變得不穩定，在臨界點附近，系統透過不斷漲落測探有序宏觀狀態的各種新的可能性，某

種新的集體運動形式將越來越強，最終壓倒所有其他的集體運動，透過自組織方式出現一種新的宏觀有序狀態，反映在國家版圖上面就是統一或分裂。國家系統演化是一個自組織產生新系統的演化發展過程，其中能否形成耗散結構是一個新系統能否誕生和進化的關鍵。

普利高津（I.Prigogine）創建的耗散結構理論研究了系統自組織演化發生的條件。「耗散結構一旦形成，時間以及空間的均勻性可能就遭到破壞。」[302] 如果不能形成耗散結構，個人及利益集團追逐自身利益的本能會對國家系統產生熵增，國家趨於無序；如果未統一國家系統滿足耗散結構條件，系統可以透過自組織功能恢復穩定有序的國家統一狀態，完成從分裂或分治到統一的非平衡相變。耗散結構是指遠離平衡態下動態的穩定化有序結構，其形成條件包括開放、非平衡、非線性和漲落。

開放主要是指國家系統對國際大系統的開放，作為外部環境的國際大系統對國家系統演化有重要影響，國際格局對國家統一形勢發生直接作用，國際勢力介入可以強化統一或分裂的現狀或變化。反過來，追求國家統一可能帶來國家整體力量的增強，會對國際格局產生或多或少的影響，意味著國家在國際上權益配額的改變，由此必然產生與國際勢力的相互作用。

非平衡態意味著力量分佈不均勻，未統一政權之間存在力量差異。非平衡是形成和維持宏觀有序結構的必要不充分條件，只有出現有強大向心力的政權並與其他政權的力量拉開差距，才有條件結束國家混亂狀態、主導完成國家統一。國家系統內部要素不平衡發展引發系統失穩是國家系統發生相變的最重要動力，而系統所處的外部環境對系統的非平衡程度有重要影響，有時需要透過系統與外部環境互動改變國際勢力的平衡策略、打破系統內部平衡。一國內部的政權之間的競爭離不開與國際勢力的關係處理，很多情況下需要排除或轉變外部力量的介入才可能進入國家系統的非平衡態。

非線性和漲落是國家系統發生相變的必然條件。系統發展的本質是非線性相互作用，體現為要素間的排斥和吸引、競爭和協同。在臨界區域附近，漲落加上非線性相互作用形成的關聯放大效應，主宰系統演化的方向和模式。國家系統內部的政治、經濟、社會、文化、軍事等各領域子系統之間會產生非線性作用，國家系統與母系統及子系統之間也存在非線性作用，國家系統發生統一相變不一定是政治因素直接導致的結果，很多時候是透過經濟、社會等領域的漲落對政治領域產生非線性作用，誘發統一相變。漲落是系統宏觀量對平均值的偏離。系統演化的規律「常常是一種不可預見的漲落在兩個等價的有序狀態之間做出了最終選擇」[303]。在非平衡態，如果系統中存在著正回饋機制，漲落就會被放大，導致系統失穩而被推到臨界點上。系統在臨界點上的行為有多種

---

[302]　[比] 普利高津：《從存在到演化》，北京大學出版社，2007年，第62頁。
[303]　[德] 哈肯：《協同學：大自然構成的奧秘》，淩複華譯，上海譯文出版社，2013年，第211頁。

可能性和不確定性，漲落在其中起著重要的選擇作用。國家系統任何時候、任何條件下都存在政治事件、經濟波動或社會運動等各種漲落，非平衡自組織系統對於某些漲落格外敏感，微小的隨機漲落往往帶來出乎預料的後果，國家統一的發生常常不是按預定計劃實現，而是隨機漲落引發的突然進化。

在一個未統一國家，兩個或兩個以上政權之間存在激烈競爭，這種差異隨著暴力或和平方式的競爭不斷增大而使國家系統遠離平衡，逐步具備實現國家統一的非平衡條件。在非線性和漲落作用的影響下，系統可以透過耗散結構的自組織功能恢復穩定有序的國家統一狀態。

第二節　測度方法

本研究根據耗散結構理論構建 3S 模型以「勢」「力」「策」指標量化評估開放、非平衡、非線性和漲落的條件。外部形勢（簡稱「勢」，Situation）是政權運作和發展過程中的外部國際環境，是開放性的體現與狀態；內部力量（簡稱「力」，Strength）是政權自身具備的軟、硬實力，是測量非平衡程度的主要方面；政權策略（簡稱「策」，Strategy）是政權採取的施政策略，影響不同子系統之間以及不同層級系統之間的非線性作用效果與漲落波動程度。這三方面因素分屬三個層級的系統：「形勢」代表最上面的國際系統，「力量」代表中間的國家系統，「策略」代表最下面的政權系統。系統是分層級的，且不同層級的系統之間發生非線性作用，共同決定社會複雜巨系統的演化方向。

政權追求國家統一或分裂或權力最大化目標時有三個約束條件：國際形勢、自身能力和國內民意，因此政策著力點也在於營造於己有利的「勢」「力」「策」條件。「勢」意味著國家系統所處的外部環境，政權子系統與世界格局的相互作用，其強弱對國家系統的演化進度有不同程度的影響。「力」是慢變數，但也是最根本的序參量，因此長期而言國家建設主要是「硬實力」和「軟實力」的建設，即自身全面發展進步。政權子系統之間「力」的差距拉大是國家系統走向非平衡態的重要表現。「策」意味著政權能否將現有的「勢」與「力」最大化地利用起來，擴大非線性作用為實現自己的目標服務。國家系統演化處於臨界點時，政權能否把握漲落實現統一相變相當程度上取決於政權的「策」。

本研究運用 3S 模型對台海兩岸實現國家統一的進程進行量化分析。將「勢」「力」「策」三方面內容細化為若干可測度的量化指標，運用這些指標測算兩岸關係發展有序度的變化。如果有序度增強表示趨於國家統一，反之則為趨於國家分裂。測算的主要思路是利用耗散結構中的熵變與系統有序性發展的判別方法對國家系統的發展演化進行相

關判定,從定量的角度分析國家統一發展進程。透過分析國家系統的熵值變化,分析整個國家系統的發展趨勢。當外部環境影響產生的負熵的絕對值大於熵增值時,整個系統將實現從無序走向有序,國家由分裂趨向統一。

根據玻爾茲曼的非平衡態系統熵計算方法,對於一個不確定性系統,若用隨機變數 X 表示其狀態特徵,設 x 的取值為 X{$x_1, x_2,..., x_n$}(n≥2),每一取值對應的機率為 P{$p_1, p_2,..., p_n$}(0≤p_i≤1, i=1, 2,..., n),且有 $\sum p_i = 1$,則該系統的系統熵為:

$$S = k\log_2 \Omega = -C\sum_{i=1}^{n}(p_i \ln p_i) \tag{1}$$

其中 Ω 為系統狀態個數,k 為玻爾茲曼常數,C 為比例常數。

在本書中,國家系統耗散結構透過年份資訊熵和指標資訊熵兩類熵進行判斷:運用年份資訊熵定量測算系統中歷史時間序列中每一年份的有序度數值,從而判斷系統的有序演化方向;指標資訊熵則綜合量化耗散結構測度的多維指標要素,從而得出系統歷史時間序列中每一年份的系統綜合發展度,透過年份資訊熵和指標資訊熵的綜合分析比較最終比較準確地判斷出系統的有序狀態和健康發展程度。

(1) 年份信息熵

假設將對系統中 m 個年份 n 個指標進行評價,p_{ij} (i 為指標,j 為年份) 為原始資料的歸一化值,根據公式 (1),取比例常數 C=1/lnm,則年份資訊熵的計算公式為:

$$s_j = -\frac{1}{\ln m}\sum_{i=1}^{n}\frac{p_{ij}}{p_j}\ln\frac{p_{ij}}{p_j}$$

其中

$$p_j = \sum_{i=1}^{n} p_{ij} (i=1,2,\cdots, n;\ j=1,2,\cdots, m)$$

根據本研究提出的「實力」(Strength)、「形勢」(Situation) 與「策略」(Strategy) 三個角度及選取的指標,在計算年份資訊熵時分別從三個角度進行計算,公式為:

$$s_{j勢} = -\frac{1}{\ln m}\sum_{k=1}^{k_1}\frac{p_{kj}}{p_j}\ln\frac{p_{kj}}{p_j}$$

其中

$$p_{j勢} = \sum_{k=1}^{k_1} p_{kj} (k=1,2,\cdots, k_1;\ j=1,2,\cdots, m)$$

$$s_{j\text{力}} = -\frac{1}{\ln m}\sum_{k=k_1+1}^{k_2}\frac{p_{kj}}{p_j}\ln\frac{p_{kj}}{p_j}$$

其中

$$p_{j\text{力}} = \sum_{k=k_1+1}^{k_2} p_{kj}(k=k_1+1,\ k_1+2,\cdots,\ k_2;\ j=1,2,\cdots,\ m)$$

$$s_{j\text{策}} = -\frac{1}{\ln m}\sum_{k=k_2+1}^{n}\frac{p_{kj}}{p_j}\ln\frac{p_{kj}}{p_j}$$

其中

$$p_{j\text{策}} = \sum_{k=k_2+1}^{n} p_{kj}(k=k_2+1,\ k_2+2,\cdots,\ n;\ j=1,2,\cdots,\ m)$$

（2）指標資訊熵

系統歷史時間序列中每一年的綜合發展度透過指標資訊熵確定指標權重，最終算出某一年份的綜合發展度，計算如下：

①指標資訊熵

$$E_j = -\frac{1}{\ln m}\sum_{j=1}^{m}\frac{p_{ij}}{p_i}\ln\frac{p_{ij}}{p_i}$$

其中

$$p_i = \sum_{j=1}^{m} p_{ij}(i=1,2,\cdots,\ n;\ j=1,2,\cdots,\ m)$$

②指標權重

$$Q_i = \frac{1-E_i}{n-\sum_{i=1}^{n}E_i}$$

③年份綜合發展度

$$f_i(p) = \sum_{i=1}^{n} Q_i \frac{p_{ij}}{p_i}$$

$$T = f_i(CM) + f_i(T)$$

其中，T 為國家系統綜合發展度，f_i(CM) 為中國大陸的年份綜合發展度 f_i(T) 為台灣的年份綜合發展度。

按照 3S 模型的「勢」「力」「策」三個方面分別計算年份資訊熵，透過分析系統總熵值的變化趨勢和「勢」「力」「策」的熵值變化的關係，判斷「勢」「力」「策」在國家統一進程中發揮的重要程度。根據年份資訊熵公式得出國家系統的總熵和各類型熵的

熵值的計算結果，根據指標資訊熵公式得到系統中各類指標的權重值和兩地歷年綜合發展度。

然後再運用複合系統協調度模型對上述國家系統耗散結構模型的結果進行檢驗。複合系統協調度模型的理論基礎是哈肯（H.Haken）創立的協同學：「最終哪種結構得以實現，將取決於各個集體運動形式（方式）的增長率，這一觀點意味著這些不同的運動形式不斷相互競爭。」[304] 複合系統的協調是指在系統內部的自組織和來自外界的調節管理活動作用下，其各個組成子系統之間的和諧共存，以實現系統的整體效應。協調是指系統之間或系統組成要素之間在發展演化過程中彼此的和諧一致。為實現上述的和諧一致而對系統採取的若干調節控制活動稱為對系統施加的協調作用。系統之間或系統組成要素之間在發展演化過程中彼此和諧一致的程度稱為協調度。協調作用和協調度決定了系統在達到臨界區域時走向何種序與結構，或稱決定了系統由無序走向有序的趨勢與程度。

協同學將系統的內部變數分為慢變數和快變數，其中慢變數（序參量）是決定系統演化的根本性變數。系統從無序走向有序的關鍵在於系統內部序變數之間的協調作用，它決定著系統演化的特徵和規律。一個未統一國家中的兩個政權子系統的序變數關係，決定了國家複合系統協調度的發展路徑指向統一還是分裂。

具體模型構建過程如下：

設國家系統的政權子系統為 $S_{i,j}$, $j = 1, 2$。設子系統在發展過程中的序參量為 $e_j = (e_{j1}, e_{j2},...,e_{jm})$, $m \geq 1$, $\beta_{ji} \leq e_{ji} \leq \alpha_{ji}$, $i \in [1, m]$。假設 $e_{j1}, e_{j2},...e_{jl}$ 的取值越大，系統的有序程度越高，反之系統的有序程度越低；假設 $e_{ji+1}, e_{ji+2},...e_{jm}$ 的取值越大，系統的有序程度越低，反之則系統有序程度越高。

則子系統的變數分量有序度的計算公式為：

$$U_j(e_{ji}) = \begin{cases} \frac{e_{ji} - \beta_{ji}}{\alpha_{ji} - \beta_{ji}} & i \in [1, l] \\ \frac{\alpha_{ji} - e_{ji}}{\alpha_{ji} - \beta_{ji}} & i \in [l+1, m] \end{cases} \quad (1)$$

其中 α_{ji} 和 β_{ji} 分別是第 j 個子系統在第 i 個指標的上限值和下限值。

從總體來看，子系統的有序度可通過下面的公式計算：

$$u_j(e_i) = \sqrt[m]{\prod_{i=1}^{m} u_j(e_{ji})} \quad j=1,2 \quad (2)$$

假設在初始時刻 t_0，各子系統有序度為 $u_j^0(e_j)$，而當整個複合系統發展演化到時刻 t_1，各子系統的有序度為 $u_j^1(e_j)$，則複合系統的協調度為：

---

[304] [德]哈肯：《協同學：大自然構成的奧秘》，凌複華譯，上海譯文出版社，2013 年，第 208 頁。

$$C = \theta^2 \sqrt{\left|\prod_{j=1}^{2} [u_j(e_j) - u_j^0(e_j)]\right|} \qquad (3)$$

式中滿足以下條件：

$$\theta = \frac{\min\,[u_j^1(e_j) - u_j^0(e_j)]}{\left|\min\,[u_j^1(e_j) - u_j^0(e_j)]\right|}$$

第三節　兩岸關係

1949年中華人民共和國成立，國民黨統治集團退踞台灣，在外國勢力的支持下，與大陸對峙，由此產生了台灣問題。台灣問題的實質是20世紀40年代中後期中國內戰遺留並延續的政治對立。兩岸近70年來經過隔絕、交流與多種形式的互動，尚未結束政治對立，台灣持分裂主張的政黨還兩度上台執政，台灣支持「台獨」的民意比重較之30年前大幅上升。未來台海兩岸最終走向中國國家統一還是分裂為兩個國家，在兩岸各界存在不同看法。本研究運用國家系統3S模型的分析方法對21世紀以來的兩岸子系統之間的關係進行測算，結果顯示，中國國家系統的演化方向仍然是趨於實現國家統一。

統計樣本資料截取2001年至2016年的公開統計資料，共選取了63個指標：

外部形勢（簡稱「勢」，Situation）共設計2大類14個細化指標：

國際影響力	世界佔比	經濟的世界佔比
		貿易的世界佔比
		金融的世界佔比
		軍事的世界佔比
		科技的世界佔比
		涉外資金投入
		建交國家數量
國際競爭能力	進出口總量	進口貿易總額
		出口貿易
	國際支付能力	外匯儲備量
		黃金儲備量
		外匯儲備總額
	國際投資	外資投資總額
		對外投資總額

內部力量（簡稱「力」，Strength）共設計9大類43個細化指標：

資源	人力資源	人口數
		預期壽命
		經濟活動人口比重
		大學以上畢業人數比重
	土地資源	土地面積
		可耕地面積
		森林面積
經濟活動能力	經濟活動總量	GDP
		鋼鐵產量
		糧食總量
		能源生產量
	經濟活動均量	人均GDP
		人均鋼鐵產量
		人均糧食產量
		人均能源消費量
	經濟活動結構	工業化率
		第三產業比重
科技能力	科技投入	科技投入總額
		研究與開發佔GDP比重
	科技水準	科技成果數專利
		R&D技術人員
	科技地位	每萬人擁有的科技人員數
		高技術密集型產品佔出口比重
		互聯網用戶數
可持續發展水準	協調性	單位能源消耗生產的GDP
社會發展程度	教育水準	人均教育經費
		高等教育入學率
	文化水準	成人識字率15歲以上識字率
		中學以上文化程度人口比重
	社會保健水準	人均保健支出
		每萬人擁有的執業醫生人數
	生活水準	居民消費水準支出
		人均居住面積
	城市化程度	城市人口比重
政權強制力	軍事能力	軍事防衛支出
		軍費開支佔GDP比重
政治影響力	政黨接受度	成年人口中執政黨所佔的比例
	政府對經濟的調控能力	財政支出佔GDP比重
		財政收入佔GDP的比重

	社會向心力	台灣民眾統「獨」立場
	文化凝聚力	入境旅遊人數
		外國留學生人數
		台灣民眾對台灣人／中國人認同

政權策略（簡稱「策」，Strategy）共設計 4 大類 6 個細化指標：

	動員能力	執政黨黨員佔民眾比重
		中央財政收入佔全部財政收入比重
	組織能力	執政黨的基層組織（黨支部）數量
	統「獨」意志	執政黨黨章文獻及領導人就職演說中出現國家統一的頻率
	執行能力	議會中執政黨的比例
		公權力機構的健全和有效性

兩岸系統熵值計算結果如下：

大陸				台灣			
勢－熵（陸）	力－熵（陸）	策－熵（陸）	總熵（陸）	勢－熵（台）	力－熵（台）	策－熵（台）	總熵（台）
0.6234	0.725	0.2184	1.5668	0.5447	0.7382	0.3242	1.6072
0.6202	0.792	0.2199	1.6321	0.5582	0.8155	0.3301	1.7038
0.6176	0.8189	0.2997	1.7362	0.5848	0.8425	0.3132	1.7405
0.6079	0.8557	0.3171	1.7707	0.5888	0.8602	0.3296	1.7786
0.6116	0.8672	0.314	1.7929	0.6077	0.8768	0.284	1.7686
0.6172	0.8747	0.2685	1.7605	0.6226	0.8804	0.2788	1.7817
0.6125	0.8731	0.3226	1.8082	0.6122	0.8778	0.3052	1.7951
0.6207	0.877	0.2747	1.7725	0.5846	0.8928	0.25	1.7274
0.6337	0.8882	0.2798	1.8017	0.5677	0.8924	0.2639	1.7241
0.634	0.8846	0.2822	1.8009	0.5805	0.8924	0.2836	1.7565
0.6336	0.8844	0.2784	1.7964	0.5774	0.8947	0.28	1.7521
0.6356	0.8858	0.2643	1.7857	0.582	0.8931	0.2771	1.7523
0.6352	0.8867	0.2439	1.7658	0.5614	0.8858	0.2747	1.722
0.6376	0.8901	0.2265	1.7542	0.5667	0.8803	0.2972	1.7443
0.6416	0.8873	0.2128	1.7417	0.5681	0.8834	0.2499	1.7015

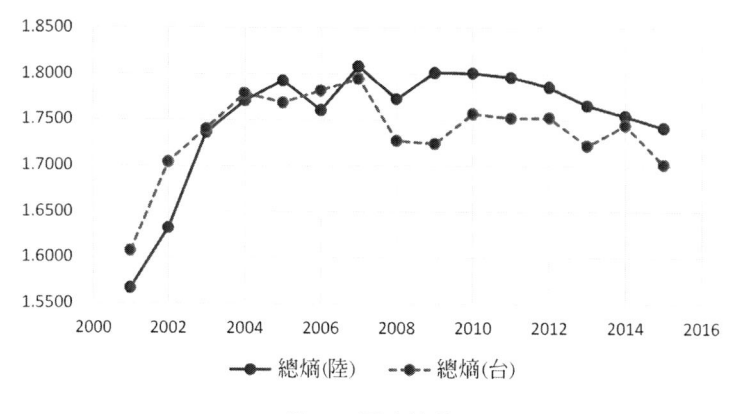

圖6-1 兩岸熵值

　　熵值用來衡量國家系統的演化方向。兩岸趨於統一,有序度增加,熵值減小。系統的熵值越大,意味著其有序度越低,反之,系統的有序度越高,其熵值越小。從圖 6-1 可以看出,2001—2007 年,大陸、台灣各系統的熵值是增加的;2008—2015 年,熵值均呈現下降趨勢,系統總體向著健康、有序方向發展,兩岸關係趨於統一。

綜合發展度			
時間	大陸	台灣	兩岸
2001 年	0.4817	1.5187	2.0004
2002 年	0.5487	1.2207	1.7694
2003 年	1.1121	1.2705	2.3825
2004 年	1.1442	1.3429	2.4872
2005 年	1.1907	1.3369	2.5276
2006 年	1.2377	1.3269	2.5646
2007 年	1.4220	1.3560	2.7780
2008 年	0.9507	0.9532	1.9039
2009 年	1.0960	0.9797	2.0757
2010 年	1.2199	1.0451	2.2650
2011 年	1.3461	1.1044	2.4504
2012 年	1.4498	1.1071	2.5570
2013 年	1.5727	1.0218	2.5944
2014 年	1.7255	1.0885	2.8140
2015 年	1.9054	1.3198	3.2253

图6-2 综合发展度

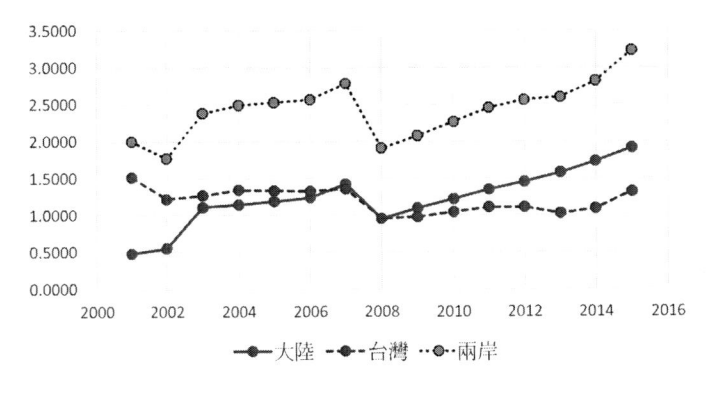

　　和综合发展度从不同角度衡量国家系统运行状态。系统综合发展度可以用来判断出系统的有序状态和健康发展程度，根据指标资讯熵计算得出。综合发展度越高意味著系统的综合发展实力越强，系统的有序度越高，国家演化进程越趋於统一。从图6-2中可以看出，2001—2015年大陆、台湾与两岸综合发展度均呈现上升趋势，表明大陆子系统、台湾子系统、中国国家系统综合发展能力由低级向高级发展。但同时期大陆与台湾综合发展能力不同，对中国国家系统的影响与贡献不同：2001—2007年，台湾子系统综合发展能力高於大陆，但两岸差距迅速缩小；2008—2015年，大陆子系统综合发展能力超过台湾，且大陆子系统对中国国家系统发展的影响与贡献越来越大。两岸综合发展度是用来衡量中国国家系统的整体发展条件，体现了中国国家系统的有序发展程度，两岸综合发展度越高，中国国家系统越朝有序的方向发展，两岸关係越趋於统一。

年度	两岸複合系统协调度
2002 年	0.048321
2003 年	0.079535
2004 年	0.124794
2005 年	0.168747
2006 年	0.195383
2007 年	0.228502
2008 年	0.242004
2009 年	0.27218
2010 年	0.317741
2011 年	0.35469
2012 年	0.377484
2013 年	0.372323
2014 年	0.385082
2015 年	0.409825

透過對兩岸2001—2015年中國國家系統的協調度分析，表明兩岸之間存在長期協調關係，只在2013年兩岸複合系統狀態協調度上升態勢有短暫停滯，但從總體上看，該複合系統具有正協調度，即兩岸系統處於向統一發展態勢。協調度曲線平滑說明該複合系統的協調狀況相當穩定，該分析結果與兩岸綜合發展度測算結果相吻合，從而說明了本文提出的3S模型的可操作性與結論的正確性。

結論：雖然近年來台灣出現「台獨」政黨台灣執政、「台獨」政策紛紛實施、民眾「台獨」傾向比率增加、台灣民眾對國家統一呈現焦慮感和恐懼感等現象，使得一些學者認為兩岸關係正在越走越遠，甚至提出「兩岸和平統一無望」等觀點和主張，但依據本研究3S模型的測算，近16年來兩岸關係的發展方向始終在朝有利於兩岸統一的有序方向持續發展，兩岸關係的協調度一直穩步提升，這與許多人的直覺並不相同。原因在於，台灣政治方面「台獨」政黨執政、經濟方面「台獨」政策措施出台、社會方面「台獨」傾向民眾比率增加、文化方面台灣民眾對國家統一焦慮感和恐懼感增強等現象，只是多層次系統中的政權子系統下面的政治、經濟、社會、文化等更低級子系統出現的短期現象，而從包含兩岸政權子系統的國家系統乃至包含國家系統的國際超系統的層面看，兩岸包括軟硬實力在內的綜合實力差距正在迅速拉大，中國大陸在國際格局中的話語權和影響力正在持續提升，且在全球範圍內已經發揮舉足輕重的作用，中國大陸所主導的國家統一進程正在越來越多地具備耗散結構的條件，因此國家系統演化走向統一的長期趨勢是越來越有利，而不是相反。從歷史發展和執政當局的角度看，台海兩岸實現國家統一總體進程需要經歷「爭統一、爭統『獨』、談統一」三個主要階段，當前兩岸處於第二階段。兩岸原有的平衡對峙被打破，但大陸暫時還不具備馬上統一台灣的充分條件，兩岸形成不平衡對峙，台灣在統一大陸無望的情形下轉為爭取「獨立」，「台獨」現象在政治、經濟、社會、文化等領域頻頻出現都是兩岸關係發展到該階段的正常現象，並未改變兩岸關係趨於實現國家統一的發展方向。

附表

以下27個表為本章前文涉及的兩岸綜合發展度與兩岸複合系統協調度的計算結果與計算過程，提供了相關資料資料和詳細的運算步驟，其中涵蓋了量化分析的主要資料與階段性計算結構。

表中關於兩岸「勢」「力」「策」各領域指標的比較，是中國國家系統下面的大陸子系統與台灣子系統的比較，包括二者在國際環境中的比較。兩岸同屬一個中國，兩岸資料的任何比較均是一個國家系統下的次級系統特徵比較。

表 1 大陸「勢」指標資料（2001—2008 年）

一級指標	二級指標	三級指標	2001年	2002年	2003年	2004年	2005年	2006年	2007年	2008年
國際影響力	世界占比	經濟	0.0339	0.0532	0.0549	0.0717	0.1011	0.1465	0.2129	0.3061
		貿易	0.0449	0.1165	0.1980	0.2669	0.3183	0.3697	0.4289	0.4502
		金融	0.1065	0.1131	0.0820	0.0508	0.0338	0.1302	0.5106	0.3689
		軍事	0.0297	0.0749	0.0587	0.0713	0.0931	0.1673	0.2180	0.2452
		科技	0.0343	0.0602	0.0902	0.0907	0.1453	0.1904	0.2384	0.3040
	對外交往能力	涉外資金投入	0.0314	0.0388	0.0462	0.2864	0.1259	0.1666	0.2292	0.3218
		建交國家數量	0.0591	0.1727	0.1727	0.2141	0.2864	0.5136	0.8545	0.8545
國際競爭力	對外貿易	進口	0.0458	0.0731	0.1354	0.1887	0.2664	0.3361	0.4233	0.5168
		出口	0.0454	0.0715	0.1208	0.1437	0.2626	0.3532	0.4631	0.5554
	國際支付能力	外匯儲備	0.0441	0.0627	0.0919	0.1437	0.1960	0.2580	0.3736	0.4782
		黃金儲備	0.0253	0.0968	0.0968	0.0968	0.0968	0.0968	0.0968	0.0968
		國際儲備	0.0443	0.0635	0.0927	0.1438	0.1953	0.2569	0.3719	0.4756
	國際投資	外國投資	0.0459	0.1093	0.1228	0.2169	0.2143	0.2526	0.3862	0.5869
		對外投資	0.0321	0.0345	0.0354	0.0522	0.0951	0.1516	0.1855	0.3719

注1：表中資料為原始資料的歸一化值。歸一化把原始資料映射到 0~1，可以消除量綱對最終結果的影響，本書採用的計算方法為線性函數轉換法。
注2：經濟的世界佔比指大陸 GDP 佔全球 GDP 總量的比例；貿易的世界佔比指大陸進出口總額佔全球進出口總額的比例；金融的世界佔比指大陸上市公司的市場資本總額的世界佔比；軍事的世界佔比指大陸軍費支出佔全球軍費支出的比例；科技的世界佔比指專利和 SCI 論文的世界佔比的綜合值；涉外資金投入指中央和地方財政主要支出項目中的外交外事支出；外國投資指外來直接投資；對外投資指對外直接投資。
注3：此表用於計算大陸「勢」指標的年份資訊熵。

表 2 大陸「勢」指標資料（2009—2015 年）

一級指標	二級指標	三級指標	2009年	2010年	2011年	2012年	2013年	2014年	2015年
國際影響力	世界占比	經濟	0.4112	0.4742	0.5658	0.6590	0.7472	0.8161	0.9430
		貿易	0.5531	0.6472	0.6637	0.7267	0.7917	0.8414	0.9538
		金融	0.5543	0.5410	0.5306	0.4980	0.4475	0.6641	0.9429
		軍事	0.3484	0.3647	0.4172	0.5114	0.6182	0.7396	0.9388

一級指標	二級指標	三級指標							
國際影響力	世界占比	科技	0.3611	0.4359	0.5495	0.6342	0.7433	0.8115	0.9434
	對外交往能力	涉外資金投入	0.3521	0.3963	0.5150	0.5875	0.6666	0.6744	0.9405
		建交國家數量	0.8545	0.8545	0.9682	0.9820	0.9682	0.9682	0.9682
國際競爭力	對外貿易	進口	0.4497	0.6565	0.8405	0.8802	0.9499	0.9548	0.8067
		出口	0.4551	0.6198	0.7602	0.8260	0.8962	0.9545	0.9244
	國際支付能力	外匯儲備	0.5917	0.7039	0.7875	0.8201	0.9478	0.9532	0.8248
		黃金儲備	0.4241	0.4241	0.4241	0.4241	0.4241	0.4241	0.9344
		國際儲備	0.5959	0.7097	0.7939	0.8267	0.9475	0.9534	0.8311
	國際投資	外國投資	0.5460	0.7479	0.8533	0.8010	0.8655	0.8771	0.9550
		對外投資	0.3789	0.4537	0.4908	0.5742	0.7013	0.7982	0.9412

注：表中資料為原始資料的歸一化值，用於計算大陸「勢」指標的年份資訊熵。

表3 大陸「勢」指標年份資訊熵（2001—2015年）

年份	2001年	2002年	2003年	2004年	2005年	2006年	2007年	2008年
年份信息熵	0.6234	0.6202	0.6176	0.6079	0.6116	0.6172	0.6125	0.6207
年份	2009年	2010年	2011年	2012年	2013年	2014年	2015年	-
年份信息熵	0.6337	0.6340	0.6336	0.6356	0.6352	0.6376	0.6416	-

注1：此表由表1與表2中資料計算而來，具體計算方法見第六章第二節。
注2：資訊熵表示系統的無序程度，進而可以推斷系統的有序度。系統的資訊熵越大，其無序度越大、有序度越小；反之，系統有序度越大，其資訊熵值越小。
注3：年份資訊熵指系統歷史時間序列中每一年份的資訊熵值，作用是反映系統的有序度。

表4 台灣「勢」指標資料（2001—2008年）

一級指標	二級指標	三級指標	2001年	2002年	2003年	2004年	2005年	2006年	2007年	2008年
國際影響力	世界占比	經濟	0.9382	0.8517	0.5053	0.3322	0.4620	0.5053	0.2889	0.0724
		貿易	0.9005	0.9505	0.7914	0.9505	0.7232	0.6095	0.3823	0.0868
		金融	0.2295	0.3730	0.4687	0.2295	0.2534	0.2774	0.0381	0.0860
		軍事	0.9334	0.6887	0.4964	0.4614	0.3565	0.2167	0.1992	0.1642
		科技	0.9574	0.8643	0.8752	0.0483	0.7931	0.5467	0.5302	0.3714

一級指標	二級指標	三級指標							
國際影響力	對外交往能力	涉外資金投入	0.3396	0.2224	0.3338	0.6098	0.6254	0.5915	0.7546	0.9518
		建交國家數量	0.9414	0.7899	0.7899	0.6384	0.4869	0.3354	0.3354	0.1838
國際競爭力	對外貿易	進口	0.0522	0.0804	0.1575	0.3679	0.4386	0.5456	0.6305	0.7393
		出口	0.0517	0.0948	0.1679	0.3197	0.3954	0.5182	0.6258	0.6693
	國際支付能力	外匯儲備	0.0551	0.1733	0.3076	0.4127	0.4474	0.4857	0.4983	0.5623
		黃金儲備	0.2438	0.2438	0.0620	0.9711	0.6681	0.9711	0.6681	0.6681
		國際儲備	0.0556	0.1723	0.3051	0.4073	0.4438	0.4710	0.5056	0.5689
	國際投資	外國投資	0.1613	0.0217	0.0445	0.0729	0.0936	0.8261	0.9308	0.3951
		對外投資	0.2400	0.1281	0.1937	0.1294	0.0270	0.2317	0.4677	0.2482

注：表中資料為原始資料的歸一化值。

表 5 台灣「勢」指標資料（2009—2015 年）

一級指標	二級指標	三級指標	2009 年	2010 年	2011 年	2012 年	2013 年	2014 年	2015 年
國際影響力	世界占比	經濟	0.0291	0.1590	0.0724	0.0724	0.1157	0.1157	0.2889
		貿易	0.0414	0.5414	0.2914	0.1550	0.0868	0.1550	0.1550
		金融	0.9472	0.8754	0.6362	0.5166	0.4448	0.5644	0.3491
		軍事	0.1642	0.0593	0.0244	0.0768	0.0244	0.0244	0.1293
		科技	0.4262	0.4371	0.4426	0.2126	0.5357	0.4755	0.4536
	對外交往能力	涉外資金投入	0.5151	0.5129	0.5707	0.4807	0.3193	0.1794	0.0427
		建交國家數量	0.1838	0.1838	0.1838	0.1838	0.0323	0.0323	0.0323
國際競爭力	對外貿易	進口	0.3987	0.7994	0.9613	0.9066	0.9101	0.9297	0.7024
		出口	0.4231	0.7631	0.9271	0.8965	0.9201	0.9608	0.7975
	國際支付能力	外匯儲備	0.7314	0.8325	0.8430	0.8960	0.9366	0.9432	0.9642
		黃金儲備	0.8802	0.8802	0.8802	0.4560	0.8802	0.8802	0.8802
		國際儲備	0.7408	0.8510	0.8660	0.9221	0.9437	0.9500	0.9647
	國際投資	外國投資	0.1365	0.0623	0.1483	0.1937	0.1466	0.2096	0.1364
		對外投資	0.0882	0.0682	0.1639	0.6462	0.3321	0.5580	0.9361

注：表中資料為原始資料的歸一化值。

表 6 台灣「勢」指標年份資訊熵（2001—2015 年）

年份	2001 年	2002 年	2003 年	2004 年	2005 年	2006 年	2007 年	2008 年
年份信息熵	0.5447	0.5582	0.5848	0.5888	0.6077	0.6226	0.6122	0.5846
年份	2009 年	2010 年	2011 年	2012 年	2013 年	2014 年	2015 年	-
年份信息熵	0.5677	0.5805	0.5774	0.5820	0.5614	0.5667	0.5681	-

注：此表由表 4 與表 5 中資料計算而來，具體計算方法見第六章第二節。

表 7 大陸「力」指標資料（2001—2008 年）

一級指標	二級指標	三級指標	2001 年	2002 年	2003 年	2004 年	2005 年	2006 年	2007 年	2008 年
資源	人力資源	人口數	0.0468	0.1232	0.1947	0.2651	0.3361	0.4000	0.4630	0.5252
		預期壽命	0.0527	0.1574	0.2572	0.3495	0.4323	0.5050	0.5691	0.6270
		經濟活動人口比重	0.0379	0.1996	0.1626	0.0861	0.5574	0.3044	0.0873	0.2381
		大學以上畢業人數比重	0.0389	0.1180	0.1940	0.2249	0.1925	0.2689	0.3017	0.3165
	土地資源	土地面積	0.9273	0.6242	0.6242	0.3212	0.3212	0.0182	0.0182	0.0182
		可耕地面積	0.5888	0.3075	0.1339	0.0690	0.0442	0.0232	0.0208	0.0194
		森林面積	0.0559	0.0559	0.0537	0.3554	0.7368	0.3537	0.7368	0.7368
經濟活動能力	經濟活動總量	GDP	0.0363	0.0485	0.0663	0.0938	0.1248	0.1684	0.2431	0.3410
		鋼鐵產量	0.0492	0.0916	0.1459	0.2245	0.3264	0.4147	0.5076	0.5382
		糧食總量	0.1500	0.1711	0.0454	0.2302	0.2996	0.3664	0.3834	0.5126
		能源生產量	0.9572	0.9447	0.9132	0.8689	0.7547	0.6487	0.6134	0.5595
	經濟活動均量	人均GDP	0.0367	0.0491	0.0673	0.0958	0.1275	0.1723	0.2495	0.3502
		人均鋼鐵產量	0.0497	0.0939	0.1505	0.2322	0.3376	0.4278	0.5219	0.5503
	經濟活動均量	人均糧食產量	0.2113	0.2201	0.0477	0.2611	0.3300	0.3964	0.4024	0.5439
		人均能源消費量	0.0462	0.0755	0.1599	0.2624	0.3383	0.4143	0.4866	0.5200

經濟活動能力	經濟活動結構	工業化率	0.6779	0.6417	0.7638	0.8058	0.9209	0.9698	0.8871	0.8747
		第三產業比重	0.6571	0.5025	0.0387	0.1500	0.3664	0.4654	0.5520	0.4839
科技能力	科技投入	科技投入總額	0.0334	0.0459	0.0588	0.0806	0.1066	0.1395	0.1864	0.2612
		研究與開發占GDP比重	0.0480	0.1438	0.1947	0.2717	0.3474	0.3968	0.4004	0.4588
	科技水準	科技成果數	0.0306	0.0409	0.0691	0.0737	0.0871	0.1177	0.1652	0.1993
		R＆D技術人員	0.0399	0.0654	0.0847	0.1035	0.1723	0.2170	0.2928	0.3672
	科技地位	每萬人擁有的科技人員數	0.0444	0.0633	0.0785	0.1402	0.2397	0.3432	0.4777	0.6088
		高技術密集型產品占出口比重	0.0664	0.2884	0.5704	0.7473	0.7974	0.8237	0.7885	0.8240
		互聯網使用者數	0.0406	0.0759	0.1043	0.1244	0.1480	0.1841	0.2855	0.4077
可持續發展水準	協調性	單位能源消耗生產的GDP	0.9445	0.9445	0.6524	0.3236	0.1522	0.1629	0.1964	0.0354
社會發展程度	教育水準	人均教育經費	0.0364	0.0556	0.0720	0.0953	0.1236	0.1615	0.2299	0.3211
		高等教育入學率	0.3952	0.5877	0.5836	0.5468	0.2929	0.2437	0.0472	0.1455
	文化水準	成人識字率	0.0500	0.1104	0.1925	0.2686	0.1816	0.3905	0.5004	0.5764
		中學以上文化程度人口比重	0.0543	0.2486	0.3631	0.4636	0.2882	0.4486	0.5542	0.6157
	社會保健水準	人均保健支出	0.0319	0.0464	0.0614	0.0804	0.1020	0.1297	0.1744	0.2639
		每萬人擁有的執業醫生人數	0.2267	0.0364	0.0996	0.1398	0.1712	0.2183	0.2473	0.3148

社會發展程度	生活水準	居民消費水準支出	0.0338	0.0469	0.0597	0.0819	0.1108	0.1454	0.2114	0.3004
		人均居住面積	0.0788	0.0515	0.1205	0.2023	0.3583	0.4372	0.5566	0.6173
	城市化程度	城市人口比重	0.0464	0.1169	0.1879	0.2485	0.3091	0.3757	0.4521	0.5063
國家強制力	軍事能力	防務支出	0.0355	0.0582	0.0753	0.1003	0.1260	0.1766	0.2430	0.3379
		軍費開支占GDP比重	0.6634	0.9434	0.7453	0.6131	0.4201	0.4614	0.2201	0.1411
政治影響力	政黨接受度	成年人口中執政黨所占的比例	0.0406	0.0406	0.0696	0.0986	0.1469	0.2243	0.3210	0.4081
	政府對經濟的調控能力	財政支出占GDP的比重	0.0368	0.1513	0.1319	0.0959	0.1508	0.1838	0.1839	0.3092
		財政收入占GDP的比重	0.0511	0.1443	0.1780	0.2412	0.3139	0.4093	0.5743	0.5995
社會向心力		台灣民眾統獨立場	0.9349	0.7629	0.3943	0.2633	0.4271	0.4271	0.2469	0.1077
文化凝聚力		入境旅遊人數	0.0626	0.2368	0.1144	0.4548	0.6752	0.7663	0.9021	0.8660
		外國留學生數	0.0431	0.1079	0.0860	0.1757	0.2576	0.3161	0.4049	0.4807
		台灣民眾對台灣人／中國人認同趨勢	0.9371	0.7627	0.6506	0.3897	0.5137	0.4016	0.2895	0.1152

注：表中資料為原始資料的歸一化值。

表 8 大陸「力」指標資料（2009—2015 年）

一級指標	二級指標	三級指標	2009 年	2010 年	2011 年	2012 年	2013 年	2014 年	2015 年
資源	人力資源	人口數	0.5851	0.6443	0.7039	0.7657	0.8275	0.8931	0.9559
		預期壽命	0.6795	0.7282	0.7747	0.8202	0.8661	0.9131	0.9618
		經濟活動人口比重	0.3436	0.9470	0.7267	0.6379	0.6577	0.6299	0.6355
		大學以上畢業人數比重	0.3715	0.5886	0.6344	0.6851	0.7553	0.7752	0.9480
	土地資源	土地面積	0.0182	0.0182	0.0182	0.0182	0.0182	0.0182	0.0182
		可耕地面積	0.0194	0.0194	0.0192	0.0194	0.0192	0.9282	0.9282
		森林面積	0.7368	0.7368	0.7368	0.7368	0.9650	0.9650	0.9650
經濟活動能力	經濟活動總量	GDP	0.3888	0.4814	0.6191	0.7114	0.8233	0.8911	0.9453
		鋼鐵產量	0.6258	0.7093	0.7948	0.8341	0.9572	0.9582	0.9326
		糧食總量	0.5226	0.5973	0.7151	0.8027	0.8616	0.8858	0.9545
		能源生產量	0.4805	0.4165	0.3231	0.2099	0.1202	0.0842	0.0481
	經濟活動均量	人均GDP	0.3977	0.4913	0.6304	0.7222	0.8319	0.8961	0.9458
		人均鋼鐵產量	0.6376	0.7198	0.8033	0.8387	0.9588	0.9539	0.9226
		人均糧食產量	0.5412	0.6160	0.7415	0.8293	0.8825	0.8934	0.9568
		人均能源消費量	0.5682	0.6267	0.7011	0.7424	0.7817	0.9489	0.9553
	經濟活動結構	工業化率	0.6780	0.7275	0.7160	0.5720	0.4178	0.2954	0.0607
		第三產業比重	0.3293	0.0387	0.3355	0.4035	0.5458	0.5643	0.9478
科技能力	科技投入	科技投入總額	0.3394	0.4215	0.5489	0.6703	0.8017	0.8764	0.9425
		研究與開發占GDP比重	0.6359	0.6750	0.7282	0.8344	0.9032	0.9284	0.9571

科技能力	科技水準	科技成果數	0.2957	0.4277	0.5102	0.6772	0.7100	0.7042	0.9397
		R&D技術人員	0.4729	0.5581	0.6679	0.7829	0.8757	0.9333	0.9490
	科技地位	每萬人擁有的科技人員數	0.5714	0.6272	0.6969	0.7634	0.8272	0.8908	0.9535
		高技術密集型產品占出口比重	0.9755	0.9650	0.8148	0.8432	0.8790	0.7684	0.8092
		互聯網使用者數	0.5272	0.6290	0.7065	0.7772	0.8516	0.8949	0.9497
可持續發展水準	協調性	單位能源消耗生產的GDP	0.1906	0.2922	0.0804	0.2290	0.3360	0.5858	0.7136
社會發展程度	教育水準	人均教育經費	0.3809	0.4675	0.6152	0.7684	0.8314	0.9070	0.9455
		高等教育入學率	0.3461	0.5795	0.7106	0.7310	0.7556	0.8621	0.9563
	文化水準	成人識字率	0.6573	0.7889	0.8855	0.9157	0.9591	0.9205	0.8601
		中學以上文化程度人口比重	0.6821	0.5911	0.8773	0.9209	0.9634	0.9491	0.9329
	社會保健水準	人均保健支出	0.3374	0.3958	0.5215	0.6255	0.7363	0.8180	0.9410
		每萬人擁有的執業醫生人數	0.4190	0.4766	0.5139	0.6203	0.7533	0.8281	0.9455
社會發展程度	生活水準	居民消費水準支出	0.3485	0.4245	0.5697	0.6716	0.7702	0.8669	0.9429
		人均居住面積	0.7068	0.7421	0.8933	0.9407	0.9070	0.9215	0.9606
	城市化程度	城市人口比重	0.5729	0.6523	0.7173	0.7814	0.8386	0.8899	0.9555
國家強制力	軍事能力	防務支出	0.4250	0.4696	0.5725	0.6623	0.7588	0.8670	0.9446

國家強制力	軍事能力	軍費開支占GDP比重	0.6579	0.2322	0.0343	0.0469	0.0739	0.1981	0.2077
政治影響力	政黨接受度	成年人口中執政黨所占的比例	0.5144	0.5241	0.6692	0.8433	0.9400	0.9013	0.9496
	政府對經濟的調控能力	財政支出占GDP的比重	0.5524	0.5420	0.6029	0.7081	0.7346	0.7362	0.9459
		財政收入占GDP的比重	0.6534	0.7145	0.8522	0.9106	0.9116	0.9228	0.9602
社會向心力		台灣民眾統獨立場	0.0749	0.1077	0.1159	0.1241	0.1814	0.0258	0.0585
文化凝聚力		入境旅遊人數	0.7965	0.9391	0.9716	0.9125	0.8473	0.8360	0.9402
		外國留學生數	0.5205	0.5933	0.6678	0.7645	0.8408	0.8964	0.9522
		台灣民眾對台灣人／中國人認同趨勢	0.1401	0.0778	0.1027	0.0653	0.0902	0.0529	0.0280

注：表中資料為原始資料的歸一化值。

表 9 大陸「力」指標年份資訊熵（2001－2015 年）

年份	2001 年	2002 年	2003 年	2004 年	2005 年	2006 年	2007 年	2008 年
年份信息熵	0.7250	0.7920	0.8189	0.8557	0.8672	0.8747	0.8731	0.8770
年份	2009 年	2010 年	2011 年	2012 年	2013 年	2014 年	2015 年	-
年份信息熵	0.8882	0.8846	0.8844	0.8858	0.8867	0.8901	0.8873	-

注：此表由表 7 與表 8 中資料計算而來，具體計算方法見第六章第二節。

表 10 台灣「力」指標資料（2001—2008 年）

一級指標	二級指標	三級指標	2001年	2002年	2003年	2004年	2005年	2006年	2007年	2008年
資源	人力資源	人口數	0.0496	0.1459	0.2162	0.2865	0.3543	0.4439	0.5117	0.5779
		預期壽命	0.0469	0.1628	0.2050	0.2393	0.2235	0.3499	0.4764	0.5265
		經濟活動人口比重	0.1279	0.0448	0.1034	0.2404	0.2817	0.3304	0.4323	0.5813
		大學以上畢業人數比重	0.0491	0.1217	0.2529	0.3087	0.3645	0.4250	0.4921	0.5529
	土地資源	土地面積	0.0255	0.0255	0.0255	0.0255	0.0255	0.0255	0.1741	0.1741
		可耕地面積	0.9525	0.9279	0.8715	0.7216	0.6810	0.6173	0.5549	0.4924
		森林面積	0.0061	0.0061	0.0061	0.0061	0.0061	0.0061	0.0061	0.0061
經濟活動能力	經濟活動總量	GDP	0.0459	0.0687	0.0990	0.1958	0.2910	0.4155	0.4905	0.5237
		鋼鐵產量	0.2295	0.3501	0.4250	0.5204	0.4386	0.5703	0.6826	0.5556
		糧食總量	0.7907	0.9546	0.6343	0.1905	0.2599	0.4478	0.0455	0.2393
		能源生產量	0.0625	0.1870	0.3745	0.6933	0.7228	0.7127	0.8943	0.7751
	經濟活動均量	人均GDP	0.0458	0.0709	0.1108	0.2226	0.3161	0.4054	0.4824	0.5134
		人均鋼鐵產量	0.3123	0.4297	0.5007	0.5930	0.4971	0.6243	0.7332	0.5907
		人均糧食產量	0.8133	0.9508	0.6364	0.2086	0.2634	0.4249	0.0417	0.2116
		人均能源消費量	0.0622	0.2534	0.4999	0.8087	0.9713	0.5476	0.9067	0.6418
	經濟活動結構	工業化率	0.0415	0.1587	0.1599	0.1636	0.1007	0.1982	0.3456	0.3672
		第三產業比重	0.8571	0.7865	0.8379	0.8905	0.9547	0.6722	0.5246	0.5451
科技能力	科技投入	科技投入總額	0.0427	0.0783	0.1258	0.1942	0.2659	0.3247	0.3802	0.4691
		研究與開發占GDP比重	0.0524	0.1433	0.2615	0.3252	0.3888	0.5070	0.5433	0.5979
	科技水準	科技成果數	0.5262	0.3584	0.5026	0.0457	0.5977	0.4355	0.4350	0.3101

科技能力	科技水準	R＆D技術人員	0.0541	0.2115	0.2671	0.3361	0.3920	0.4728	0.5500	0.6158
	科技地位	每萬人擁有的科技人員數	0.0557	0.2138	0.2731	0.3522	0.4115	0.4905	0.5696	0.6486
		高技術密集型產品占出口比重	0.0485	0.2608	0.3797	0.4887	0.3811	0.7262	0.6044	0.2895
		互聯網使用者數	0.0603	0.2350	0.4102	0.5721	0.6479	0.6969	0.6850	0.7103
可持續發展水準	協調性	單位能源消耗生產的GDP	0.1299	0.0815	0.0520	0.1094	0.3996	0.5425	0.5987	0.6811
社會發展程度	教育水準	人均教育經費	0.0478	0.0694	0.1210	0.2399	0.3826	0.4051	0.4033	0.5424
		高等教育入學率	0.0669	0.2667	0.3151	0.5016	0.6206	0.7523	0.8737	0.9574
	文化水準	成人識字率	0.0602	0.3803	0.4450	0.5029	0.5539	0.6050	0.6561	0.7003
		中學以上文化程度人口比重	0.0516	0.1135	0.2907	0.3479	0.4129	0.4720	0.5314	0.5915
社會發展程度	社會保健水準	人均保健支出	0.0494	0.0857	0.1524	0.2704	0.3960	0.4401	0.4798	0.5768
		每萬人擁有的執業醫生人數	0.0441	0.1048	0.1655	0.2429	0.2839	0.3340	0.3947	0.4873
	生活水準	居民消費水準支出	0.0629	0.0452	0.0570	0.1720	0.4352	0.4478	0.4061	0.5044
		人均居住面積	0.0462	0.1473	0.1809	0.2819	0.3156	0.4166	0.4840	0.5176
	城市化程度	城市人口比重	0.1222	0.1781	0.0452	0.1082	0.3285	0.2166	0.5767	0.5383
國家強制力	軍事能力	防務支出	0.2431	0.0465	0.1432	0.3026	0.3324	0.2163	0.3560	0.4839
		軍費開支占GDP比重	0.9366	0.6623	0.5458	0.4223	0.2761	0.0701	0.1088	0.2965

一級指標	二級指標	三級指標							
政治影響力	政黨接受度	成年人口中執政黨所占的比例	0.4892	0.5505	0.8802	0.9540	0.9310	0.9616	0.8012	0.7324
	政府對經濟的調控能力	財政支出占GDP的比重	0.9382	0.5854	0.5098	0.4851	0.3989	0.2087	0.1014	0.2290
		財政收入占GDP的比重	0.9379	0.5164	0.5123	0.5076	0.5608	0.2326	0.1036	0.1822
社會向心力		台灣民眾統獨立場	0.0600	0.4256	0.6692	0.5661	0.6317	0.5474	0.7442	0.8942
文化凝聚力		入境旅遊人數	0.0728	0.0849	0.0318	0.1097	0.1572	0.1730	0.1947	0.2091
		外國留學生數	0.0349	0.0361	0.0403	0.0425	0.0556	0.0724	0.3083	0.3686
		台灣民眾對台灣人/中國人認同趨勢	0.0561	0.0374	0.0983	0.1264	0.2155	0.1780	0.1545	0.3748

注：表中資料為原始資料的歸一化值。

表11 台灣「力」指標資料（2009—2015年）

一級指標	二級指標	三級指標	2009年	2010年	2011年	2012年	2013年	2014年	2015年
資源	人力資源	人口數	0.6473	0.6825	0.7352	0.8114	0.8600	0.9102	0.9587
		預期壽命	0.6424	0.6872	0.6793	0.7742	0.9086	0.8611	0.9560
		經濟活動人口比重	0.5510	0.5756	0.6971	0.7545	0.8046	0.9080	0.9539
		大學以上畢業人數比重	0.6096	0.6735	0.7331	0.7964	0.8591	0.9114	0.9582
	土地資源	土地面積	0.3715	0.3715	0.5178	0.5078	0.5078	0.5078	0.9346
		可耕地面積	0.3720	0.3313	0.2470	0.1525	0.0994	0.0956	0.0434

資源	土地資源	森林面積	0.0061	0.0061	0.0061	0.0061	0.0061	0.0061	0.9152
經濟活動能力	經濟活動總量	GDP	0.4287	0.6348	0.7857	0.8245	0.8847	0.9550	0.9282
		鋼鐵產量	0.0495	0.5398	0.5924	0.6529	0.8542	0.9586	0.7435
		糧食總量	0.4894	0.2265	0.6715	0.7417	0.5130	0.8079	0.4968
		能源生產量	0.7066	0.8542	0.7531	0.8131	0.8693	0.9715	0.9154
	經濟活動均量	人均GDP	0.4017	0.6255	0.7879	0.8240	0.8834	0.9549	0.9203
		人均鋼鐵產量	0.0528	0.5602	0.6080	0.6604	0.8617	0.9619	0.7335
		人均糧食產量	0.4317	0.1849	0.5849	0.6366	0.4205	0.6805	0.3908
		人均能源消費量	0.4444	0.9104	0.7794	0.7197	0.8951	0.9310	0.8882
	經濟活動結構	工業化率	0.3376	0.6743	0.7730	0.8310	0.8125	0.9506	0.9074
		第三產業比重	0.5965	0.2600	0.1817	0.1329	0.1509	0.0456	0.0893
科技能力	科技投入	科技投入總額	0.4660	0.5814	0.7112	0.7593	0.8207	0.8665	0.9517
		研究與開發占GDP比重	0.7433	0.7070	0.7979	0.8433	0.8888	0.8888	0.9615
	科技水準	科技成果數	0.3351	0.3752	0.4535	0.4535	0.8476	0.9217	0.9548
		R＆D技術人員	0.7026	0.7847	0.8560	0.8974	0.9015	0.9155	0.9632
	科技地位	每萬人擁有的科技人員數	0.7277	0.8067	0.8858	0.9253	0.9253	0.9451	0.9648
		高技術密集型產品占出口比重	0.6930	0.9425	0.6360	0.3691	0.5012	0.7317	0.9576
		互聯網使用者數	0.7316	0.7632	0.8209	0.8667	0.9022	0.8754	0.9694

可持續發展水準	協調性	單位能源消耗生產的GDP	0.6275	0.7363	0.8763	0.9153	0.9210	0.9611	0.9525
社會發展程度	教育水準	人均教育經費	0.5687	0.6246	0.8472	0.9305	0.9569	0.9330	0.8152
		高等教育入學率	0.9692	0.9535	0.9256	0.9295	0.9662	0.9760	0.9667
	文化水準	成人識字率	0.7446	0.7889	0.8297	0.8638	0.9012	0.9353	0.9693
		中學以上文化程度人口比重	0.6511	0.7150	0.7733	0.8257	0.8688	0.9131	0.9607
	社會保健水準	人均保健支出	0.5668	0.6639	0.8408	0.8475	0.9585	0.9354	0.8867
		每萬人擁有的執業醫生人數	0.5373	0.6026	0.6815	0.7422	0.8166	0.8849	0.9532
	生活水準	居民消費水準支出	0.3732	0.5550	0.8101	0.8622	0.9121	0.9543	0.8641
		人均居住面積	0.6186	0.6523	0.6860	0.7198	0.7196	0.8880	0.9553
	城市化程度	城市人口比重	0.7410	0.5313	0.9543	0.9194	0.8599	0.6676	0.6781
國家強制力	軍事能力	防務支出	0.6516	0.6659	0.8442	0.9556	0.8508	0.7940	0.7822
		軍費開支占GDP比重	0.5215	0.1585	0.1844	0.2577	0.0406	0.0275	0.0315
政治影響力	政黨接受度	成年人口中執政黨所占的比例	0.7171	0.5796	0.4421	0.3123	0.1900	0.1213	0.0525
	政府對經濟的調控能力	財政支出占GDP的比重	0.4096	0.2161	0.2129	0.2686	0.1477	0.0577	0.0291
		財政收入占GDP的比重	0.3537	0.2203	0.1706	0.2368	0.1518	0.0288	0.0335

社會向心力	台灣民眾統獨立場	0.6786	0.8192	0.6224	0.5943	0.8754	0.9691	0.8098
文化凝聚力	入境旅遊人數	0.2701	0.4001	0.4580	0.5938	0.6719	0.8821	0.9409
	外國留學生數	0.4595	0.5221	0.5980	0.6882	0.7512	0.8397	0.9440
	台灣民眾對台灣人/中國人認同趨勢	0.5247	0.5763	0.5529	0.6513	0.7825	0.9465	0.8949

注：表中資料為原始資料的歸一化值。

表 12 台灣「力」指標年份資訊熵（2001—2015 年）

年份	2001 年	2002 年	2003 年	2004 年	2005 年	2006 年	2007 年	2008 年
年份信息熵	0.7382	0.8155	0.8425	0.8602	0.8768	0.8804	0.8778	0.8928
年份	2009 年	2010 年	2011 年	2012 年	2013 年	2014 年	2015 年	-
年份信息熵	0.8924	0.8924	0.8947	0.8931	0.8858	0.8803	0.8834	-

注：此表由表 10 與表 11 中資料計算而來，具體計算方法見第六章第二節。

表 13 大陸「策」指標資料（2001—2008 年）

一級指標	二級指標	2001 年	2002 年	2003 年	2004 年	2005 年	2006 年	2007 年	2008 年
動員能力	執政黨黨員占全民比重	0.0440	0.0854	0.1332	0.1851	0.2271	0.2915	0.3647	0.4381
	中央財政收入占全部財政收入比重	0.7166	0.9641	0.9338	0.9629	0.7078	0.7549	0.8789	0.8037
執行能力	全國人大中執政黨的比例	0.0303	0.0303	0.9394	0.9394	0.9394	0.9394	0.9394	0.0303
	公權力機構的健全和有效性	0.5162	0.9669	0.6949	0.7416	0.7571	0.0578	0.5784	0.7416

注：表中資料為原始資料的歸一化值。

表 14 大陸「策」指標資料（2009—2015 年）

一級指標	二級指標	2009 年	2010 年	2011 年	2012 年	2013 年	2014 年	2015 年
動員能力	執政黨黨員占全民比重	0.5265	0.6252	0.7258	0.8346	0.8929	0.9263	0.9531
動員能力	中央財政收入占全部財政收入比重	0.7203	0.5965	0.4318	0.2873	0.1629	0.0987	0.0550
執行能力	全國人大中執政黨的比例	0.0303	0.0303	0.0303	0.0303	0.0303	0.0303	0.0303
執行能力	公權力機構的健全和有效性	0.7260	0.6872	0.6095	0.6250	0.6095	0.5551	0.6716

注：表中資料為原始資料的歸一化值。

表 15 大陸「策」指標年份資訊熵（2001—2015 年）

年份	2001 年	2002 年	2003 年	2004 年	2005 年	2006 年	2007 年	2008 年
年份信息熵	0.2184	0.2199	0.2997	0.3071	0.3140	0.2685	0.3226	0.2747
年份	2009 年	2010 年	2011 年	2012 年	2013 年	2014 年	2015 年	-
年份信息熵	0.2798	0.2822	0.2784	0.2643	0.2439	0.2265	0.2128	-

注：此表由表 13 與表 14 中資料計算而來，具體計算方法見第六章第二節。

表 16 台灣「策」指標資料（2001—2008 年）

一級指標	二級指標	2001 年	2002 年	2003 年	2004 年	2005 年	2006 年	2007 年	2008 年
動員能力	執政黨黨員占全民比重	0.3829	0.4040	0.8248	0.9195	0.9127	0.9603	0.8011	0.7461
動員能力	中央財政收入占全部財政收入比重	0.9644	0.7895	0.2464	0.5856	0.0553	0.5905	0.7779	0.8460

一級指標	二級指標							
執行能力	全國人大中執政黨的比例	0.9380	0.5433	0.5433	0.6109	0.6109	0.6109	0.6109	0.0289
	公權力機構的健全和有效性	0.7147	0.6692	0.9419	0.9510	0.8692	0.0419	0.1419	0.1965

注：表中資料為原始資料的歸一化值。

表17 台灣「策」指標資料（2009—2015年）

一級指標	二級指標	2009年	2010年	2011年	2012年	2013年	2014年	2015年
動員能力	執政黨黨員占全民比重	0.7381	0.6019	0.4643	0.3254	0.1899	0.1203	0.0512
	中央財政收入占全部財政收入比重	0.8439	0.5642	0.7386	0.6774	0.5260	0.3574	0.5693
執行能力	議會中執政黨的比例	0.0364	0.0364	0.0364	0.0364	0.0364	0.0772	0.0772
	公權力機構的健全和有效性	0.2783	0.3874	0.4419	0.3965	0.2965	0.3149	0.2783

注：表中資料為原始資料的歸一化值。

表18 台灣「策」指標年份資訊熵（2001—2015年）

年份	2001年	2002年	2003年	2004年	2005年	2006年	2007年	2008年
年份信息熵	0.3242	0.3301	0.3132	0.3296	0.2840	0.2788	0.3052	0.2500
年份	2009年	2010年	2011年	2012年	2013年	2014年	2015年	-
年份信息熵	0.2639	0.2836	0.2800	0.2771	0.2747	0.2972	0.2499	-

注：此表由表16和表17中資料計算而來，具體計算方法見第六章第二節。

表 19 系統熵值計算結果

年分\指標	勢年分資訊熵（陸）	力年分資訊熵（陸）	策年分資訊熵（陸）	總年分資訊熵（陸）	勢年分資訊熵（台）	力年分資訊熵（台）	策年分資訊熵（台）	總年分資訊熵（台）
2001 年	0.6234	0.7250	0.2184	1.5668	0.5447	0.7382	0.3242	0.6072
2002 年	0.6202	0.7920	0.2199	1.6321	0.5582	0.8155	0.3301	1.7038
2003 年	0.6176	0.8189	0.2997	1.7362	0.5848	0.8425	0.3132	1.7405
2004 年	0.6079	0.8557	0.3071	1.7707	0.5888	0.8602	0.3296	1.7786
2005 年	0.6116	0.8672	0.3140	1.7929	0.6077	0.8768	0.2840	1.7686
2006 年	0.6172	0.8747	0.2685	1.7605	0.6226	0.8804	0.2788	1.7817
2007 年	0.6125	0.8731	0.3226	0.8082	0.6120	0.8778	0.3052	1.7951
2008 年	0.6207	0.8770	0.2747	1.7725	0.5846	0.8928	0.2500	1.7274
2009 年	0.6339	0.8882	0.2798	1.8017	0.5677	0.8924	0.2639	1.7241
2010 年	0.6340	0.8846	0.2822	1.8009	0.5805	0.8924	0.2836	1.7565
2011 年	0.6336	0.8844	0.2784	1.7964	0.5774	0.8947	0.2800	1.7521
2012 年	0.6356	0.8858	0.2643	1.7857	0.5820	0.8931	0.2771	1.7523
2013 年	0.6352	0.8867	0.2439	1.7658	0.5614	0.8858	0.2747	1.7220
2014 年	0.6376	0.8901	0.2265	1.7542	0.5667	0.8803	0.2972	1.7443
2015 年	0.6416	0.8873	0.2128	1.7417	0.5681	0.8834	0.2499	1.7015

注：此表由表 3、表 6、表 9、表 12、表 15、表 18 匯總計算而來，其中總年份信息熵值等於「勢」年份信息熵、「力」年份信息熵、「策」年份信息熵的和。

表 20 大陸「勢」指標資訊熵及指標權重

指標	經濟	貿易	金融	軍事	科技	涉外資金投入	建交國家數量
指標資訊熵	0.8721	0.9383	0.8970	0.8787	0.8906	0.8811	0.9366
指標權重	0.0910	0.0439	0.0733	0.0863	0.0778	0.0846	0.0451
指標	進口	出口	外匯儲備	黃金儲備	國際儲備	外國投資	對外投資
指標資訊熵	0.9185	0.9181	0.9036	0.8747	0.9033	0.9173	0.8644
指標權重	0.0580	0.0582	0.0686	0.0892	0.0688	0.0588	0.0965

注 1：指標資訊熵反映各個指標對綜合評價的效用值，指標熵值越小，說明其資料有序度越高，對綜合評價的效用越高。指標資訊熵用於計算指標權重。此表中數據由表 1 和表 2 計算而來，具體計算方法見第六章第二節。

注 2：指標權重反映各個指標在該層次中的相對重要程度。由該指標的指標資訊熵計算得出，進而用於計算綜合發展度。

表 21 台灣「勢」指標資訊熵及指標權重

指標	經濟	貿易	金融	軍事	科技	涉外資金投入	建交國家數量
指標資訊熵	0.8711	0.8927	0.9306	0.8389	0.9569	0.9515	0.8736
指標權重	0.1041	0.0867	0.0560	0.1301	0.0348	0.0392	0.1021
指標	進口	出口	外匯儲備	黃金儲備	國際儲備	外國投資	對外投資
指標資訊熵	0.9366	0.9364	0.9510	0.9583	0.9499	0.8264	0.8879
指標權重	0.0512	0.0514	0.0395	0.0337	0.0405	0.1402	0.0906

注：指標資訊熵資料由表 4 和表 5 計算而來，具體計算方法見第六章第二節。

表 22 大陸「力」指標資訊熵及指標權重

指標	人口數	預期壽命	經濟活動人口比重	大學以上畢業人數比重	土地面積	可耕地面積
指標資訊熵	0.9390	0.9508	0.9123	0.9232	0.6662	0.6621
指標權重	0.0145	0.0117	0.0208	0.0182	0.0792	0.0801
指標	森林面積	GDP	鋼鐵產量	糧食總量	能源生產量	人均 GDP
指標資訊熵	0.9448	0.8774	0.9282	0.9334	0.9250	0.8788
指標權重	0.0131	0.0291	0.0170	0.0158	0.0178	0.0288
指標	人均鋼鐵產量	人均糧食產量	人均能源消費量	工業化率	第三產業比重	科技投入總額
指標資訊熵	0.9301	0.9425	0.9330	0.9689	0.9369	0.8634
指標權重	0.0166	0.0136	0.0159	0.0074	0..0150	0.0324
指標	研究與開發占 GDP 比重	科技成果數	R＆D 技術人員	每萬人擁有的科技人員數	高技術密集型產品占出口比重	互聯網使用者數
指標資訊熵	0.9365	0.8595	0.8913	0.9132	0.9724	0.8952
指標權重	0.0151	0.0333	0.0258	0.0206	0.0065	0.0249
指標	單位能源消耗生產的 GDP	人均教育經費	高等教育入學率	成人識字率	中學以上文化程度人口比重	人均保健支出
指標資訊熵	0.8987	0.8755	0.9470	0.9272	0.9532	0.8654
指標權重	0.0240	0.0295	0.0126	0.0173	0.0111	0.0319
指標	每萬人擁有的執業醫生人數	居民消費水準支出	人均居住面積	城市人口比重	防務支出	軍費開支占 GDP 比重
指標資訊熵	0.9132	0.8695	0.9253	0.9354	0.8849	0.8939
指標權重	0.0206	0.0309	0.0177	0.0153	0.0273	0.0252

指標	成年人口中執政黨所占的比例	財政支出占GDP的比重	財政收入占GDP的比重	台灣民眾統獨立場	入境旅遊人數	外國留學生人數
指標資訊熵	0.8849	0.9021	0.9352	0.8656	0.9517	0.9184
指標權重	0.0273	0.0232	0.0154	0.0319	0.0115	0.0193
指標	台灣民眾台灣人／中國人認同趨勢					
指標資訊熵	0.8520	—	—	—	—	—
指標權重	0.0351	—	—	—	—	—

注：此表中指標資訊熵資料由表 7 和表 8 計算而來，具體計算方法見第六章第二節。

表 23 台灣「力」指標資訊熵及指標權重

指標	人口數	預期壽命	經濟活動人口比重	大學以上畢業人數比重	土地面積	可耕地面積
指標資訊熵	0.9434	0.9351	0.9283	0.9439	0.8243	0.9158
指標權重	0.0151	0.0173	0.0191	0.0150	0.0469	0.0225
指標	森林面積	GDP	鋼鐵產量	糧食總量	能源生產量	人均 GDP
指標資訊熵	0.1899	0.9186	0.9628	0.9444	0.9644	0.9214
指標權重	0.2161	0.0217	0.0099	0.0148	0.0095	0.0210
指標	人均鋼鐵產量	人均糧食產量	人均能源消費量	工業化率	第三產業比重	科技投入總額
指標資訊熵	0.9696	0.9417	0.9648	0.9042	0.9137	0.9204
指標權重	0.0081	0.0156	0.0094	0.0256	0.0230	0.0212
指標	研究與開發占 GDP 比重	科技成果數	R＆D 技術人員	每萬人擁有的科技人員數	高技術密集型產品占出口比重	互聯網使用者數
指標資訊熵	0.9477	0.9567	0.9502	0.9507	0.9555	0.9667
指標權重	0.0140	0.0115	0.0133	0.0131	0.0119	0.0089
指標	單位能源消耗生產的 GDP	人均教育經費	高等教育入學率	成人識字率	中學以上文化程度人口比重	人均保健支出
指標資訊熵	0.9233	0.9245	0.9610	0.9696	0.9477	0.9327
指標權重	0.0205	0.0201	0.0104	0.0081	0.0140	0.0180
指標	每萬人擁有的執業醫生人數	居民消費水準支出	人均居住面積	城市人口比重	防務支出	軍費開支占 GDP 比重
指標資訊熵	0.9306	0.9134	0.9424	0.9222	0.9348	0.8680
指標權重	0.0185	0.0231	0.0154	0.0208	0.0174	0.0352
指標	成年人口中執政黨所占的比例	財政支出占GDP的比重	財政收入占GDP的比重	台灣民眾統獨立場	入境旅遊人數	外國留學生人數

指標資訊熵	0.9409	0.9070	0.8974	0.9740	0.8806	0.8556
指標權重	0.0158	0.0248	0.0274	0.0069	0.0318	0.0385
指標	台灣民眾台灣人／中國人認同趨勢	–	–	–	–	–
指標資訊熵	0.8919	–	–	–	–	–
指標權重	0.0288	–	–	–	–	–

注：此表中指標資訊熵資料由表 10 和表 11 計算而來，具體計算方法見第六章第二節。

表 24 大陸「策」指標資訊熵及指標權重

指標	執政黨黨員佔全民比重	中央財政收入佔全部財政收入比重	全國人大中執政黨的比例	公權力機構的健全和有效性
指標資訊熵	0.9143	0.9393	0.6943	0.9778
指標權重	0.1807	0.1279	0.6446	0.0469

注：此表中指標資訊熵資料由表 13 和表 14 計算而來，具體計算方法見第六章第二節。

表 25 台灣「策」指標資訊熵及指標權重

指標	執政黨黨員占全民比重	中央財政收入占全部財政收入比重	議會中執政黨的比例	公權力機構的健全和有效性
指標資訊熵	0.9392	0.9651	0.8136	0.9276
指標權重	0.1715	0.0984	0.5257	0.2042

注：此表中指標資訊熵資料由表 16 和表 17 計算而來，具體計算方法見第六章第二節。

表 26 耗散結構指標體系

類別	一級指標	二級指標	三級指標	大陸指標權重	台灣指標權重
勢	國際影響力	世界占比	經濟	0.0910	0.1041
			貿易	0.0439	0.0867
			金融	0.0733	0.0560
			軍事	0.0863	0.1301
			科技	0.0778	0.0348
		對外交往能力	涉外資金投入	0.0846	0.0392
			建交國家數量	0.0451	0.1021
	國際競爭力	對外貿易	進口	0.0580	0.0512
			出口	0.0582	0.0514
		國際支付能力	外匯儲備	0.0686	0.0395

勢	國際競爭力	國際支付能力	黃金儲備	0.0892	0.0337
			國際儲備	0.0688	0.0405
		國際投資	外國投資	0.0588	0.1402
			對外投資	0.0965	0.0906
力	資源	人力資源	人口數	0.0145	0.0151
			預期壽命	0.0117	0.0173
			經濟活動人口比重	0.0208	0.0191
			大學以上畢業人數比重	0.0182	0.0150
		土地資源	土地面積	0.0792	0.0469
			可耕地面積	0.0801	0.0225
			森林面積	0.0131	0.2161
	經濟活動能力	經濟活動總量	GDP	0.0291	0.0217
			鋼鐵產量	0.0170	0.0099
			糧食總量	0.0158	0.0148
			能源生產量	0.0178	0.0095
		經濟活動均量	人均GDP	0.0288	0.0210
			人均鋼鐵產量	0.0166	0.0081
			人均糧食產量	0.0136	0.0156
			人均能源消費量	0.0159	0.0094
		經濟活動結構	工業化率	0.0074	0.0256
			第三產業比重	0.0150	0.0230
	科技能力	科技投入	科技投入總額	0.0324	0.0212
			研究與開發占GDP比重	0.0151	0.0140
		科技水準	科技成果數	0.0333	0.0115
			R＆D技術人員	0.0258	0.0133
		科技地位	每萬人擁有的科技人員數	0.0206	0.0131
			高技術密集型產品占出口比重	0.0065	0.0119
			互聯網使用者數	0.0249	0.0089
	可持續發展水準	協調性	單位能源消耗生產的GDP	0.0240	0.0205
	社會發展程度	教育水準	人均教育經費	0.0295	0.0201
			高等教育入學率	0.0126	0.0104

力	社會發展程度	文化水準	成人識字率	0.0173	0.0081
			中學以上文化程度人口比重	0.0111	0.0140
	文化水準	社會保健水準	人均保健支出	0.0319	0.0180
			每萬人擁有的執業醫生人數	0.0206	0.0185
		生活水準	居民消費水準支出	0.0309	0.0231
			人均居住面積	0.0177	0.0154
		城市化程度	城市人口比重	0.0153	0.0208
	國家強制力	軍事能力	防務支出	0.0273	0.0174
			軍費開支占GDP比重	0.0252	0.0352
	政治影響力	政黨接受度	成年人口中執政黨所占的比例	0.0273	0.0158
		政府對經濟的調控能力	財政支出占GDP的比重	0.0232	0.0248
			財政收入占GDP的比重	0.0154	0.0274
	社會向心力		台灣民眾統獨立場	0.0319	0.0069
	文化凝聚力		入境旅遊人數	0.0115	0.0318
			外國留學生數	0.0193	0.0385
			台灣民眾對台灣人/中國人認同	0.0351	0.0288
策	動員能力		執政黨黨員占全民比重	0.1807	0.1715
			中央財政收入占全部財政收入比重	0.1279	0.0984
	執行能力		議會中執政黨的比例	0.6446	0.5257
			公權力機構的健全和有效性	0.0469	0.2043

注：此表由表 20、表 21、表 22、表 23、表 24、表 25 匯總而來。

表 27 綜合發展度

年份	大陸	台灣	兩岸
2001 年	0.4817	1.5187	2.0004
2002 年	0.5487	1.2207	1.7694

2003 年	1.1121	1.2705	2.3825
2004 年	1.1442	1.3429	2.4872
2005 年	1.1907	1.3369	2.5276
2006 年	1.2377	1.3269	2.5646
2007 年	1.4220	1.3560	2.7780
2008 年	0.9507	0.9532	1.9039
2009 年	1.0960	0.9797	2.0757
2010 年	1.2199	1.0451	2.2650
2011 年	1.3461	1.1044	2.4504
2012 年	1.4498	1.1071	2.5570
2013 年	1.5727	1.0218	2.5944
2014 年	1.7255	1.0885	2.8140
2015 年	1.9054	1.3198	3.2253

注：此表由表 26 計算而來，具體計算方法見第六章第二節。

資料來源

主要資料來源：

《中國統計年鑒》2001—2016

《台灣統計年鑒》2001—2015 世界銀行中國資料 2001—2015

個別資料來源：

2015 年度中國對外直接投資統計公報

中國國土資源公報 2009—2016

中國財政年鑒 2005 年

全國來華留學生資料統計 2001—2015 年

中國共產黨黨內統計公報 2001—2015

中國外交部 . 中華人民共和國與各國建立外交關係日期簡表（截至 2017 年 1 月）

《SIPRI 年鑒：軍備、裁軍和國際安全》2001—2014

台灣「中央健康保險局」

台灣「行政院」主計總處

台灣「外交」統計年報 2003、2008、2015 年

台灣「內政部」戶政司人口資料庫

台灣「教育部」教育統計資料庫

台灣「智慧財產局」2000—2015 年報專利統計

台灣政治大學選舉研究中心民調資料：台灣民眾台灣人 / 大陸人認同趨勢分佈 2001—2016

世界競爭力報告 2001—2015

世界鋼鐵統計年鑒 2001—2015 世界黃金協會 .1978 年以來多幣種金價資料

2000—2010 The World Factbook（世界概況）

http://www.worldbank.org

歷史上國家統一的系統演化動力：從中國視角看分裂與統一

第七章
結語

　　關於推動未統一國家朝國家統一方向演化的動力問題，學界主要有三種思路：1. 自由主義觀點認為雙方共同利益是和平統一的根本動力和誘因，主張通過利益誘導加強雙方合作，以自願方式逐步走向統一。2. 現實主義觀點認為一方實力強大是實現和平統一的根本動力和保障，主張透過不斷增強政權實力，憑藉壓倒性優勢採取和平或非和平的方式主導國家統一。3. 建構主義觀點認為雙方接觸互動是走向國家統一的根本動力和途徑，主張透過雙方交流互動，建構共同的價值觀和利益連結，推動國家統一。自由主義可以推動雙方經貿關係發展與利益合作，卻無法解決雙方民眾認同的根本問題；現實主義的理論與政策設計更適於反對分裂，但在促進國家和平統一動力方面缺乏著力點；建構主義理論則與現實主義相反，更適於分離雙方存在接觸互動的情況，對於雙方敵對或隔絕的情況以及外部因素的影響考慮較少。本書試圖在三種傳統思路之外，從系統演化的角度解釋和分析國家統一的進程和策略。

　　中國國家統一問題的關鍵是解決台灣問題。學界對當前台灣問題的形勢判斷也大體有三種態度：1. 激進觀點認為兩岸和平統一已無可能，理由主要是「台獨」政權在台灣執政，不可能修改教材，已經比例佔優的偏「獨」民眾，尤其是「天然獨」民眾會越來越多，台灣的主流民意只會日益往「獨」的方向走，時間在蔡英文一邊。2. 保守觀點認為「台獨」只是假議題，毫無可能，理由是只要中國大陸不允許「台灣獨立」，國際社會不可能在兩岸統獨的較量中選擇承認「台灣獨立」，畢竟中國大陸的綜合實力與國際影響力巨大且與台灣差距還在拉大。3. 主流觀點認為2016年民進黨在台灣的執政是台灣政局的重大變化，對兩岸關係和台海局勢產生重大影響，使兩岸關係增添了不確定性和風險，但中國大陸仍牢牢把握兩岸關係發展的主導權，和平統一並未到「無望」的程度。主流觀點中對「台獨」風險大小和兩岸關係發展前景的判斷也存在較大差異。

　　兩岸關係經過30多年來的和平發展，國際格局、兩岸實力與內部形勢都發生了巨大的變化，各種力量與矛盾在積聚和爆發，兩岸關係發展處於劇烈的變動時期與重要的歷史節點，面臨極其複雜的內外局面，研究觀點分歧增大而出現百家爭鳴是自然而然的結果。在對當前台灣問題的形勢判斷方面，需要從歷史發展的角度定位目前台灣問題所

處的發展階段,從而合理解釋和認識各種「台獨」現象,進而尋找和發現可以推動兩岸關係由和平發展趨向和平統一的真正的內在動力。需要整合各種研究思路的長處,克服自身理論缺陷,如:現實主義在強調自身實力增長的時候常常忽略在具備充分實力條件以前應該對台採取何種政策;自由主義在強調利益誘導的時候無法迴避提供從利益共同體到政治共同體的途徑;建構主義在強調對台互動以謀求國家認同的時候往往對雙方目標相反的對立局面束手無策。本書試圖綜合各方觀點,從複雜性科學的思維角度、運用演化理論對國家統一問題加以解釋和剖析。

國家是由個人及利益集團等多層級系統組成的複雜系統,權益安排是其最重要功能。權益彈性大小決定國家系統的穩定性。國家內部不同利益集團之間的權益鬥爭是推動國家系統演化的根本動力。政權作為權益彈性的制定者和執行者,既要維護和協調國家系統內外不同利益集團的權益,又要顧及或擴張政權自身的權益,扮演著國家系統演化序參量的角色。未統一國家內不同政權之間的競爭決定國家系統演化的方向。權益彈性大的政權具有更強的向心力,取得政權競爭中的優勢,推動國家系統遠離平衡,逐步滿足系統形成耗散結構的條件,在臨界點附近發生的漲落被正回饋機制放大後,國家系統發生相變,進入完全統一或徹底分裂的狀態。這種突變的發生是透過武力還是和平方式具有不確定性,可以確定的是國家系統的演化動力最關鍵的是政權力量的不平衡增長,只有政權實力對比遠離平衡才能實現國家系統發生相變。政權實力的核心是其制度及政策的權益彈性,因此對國家系統演化進行人工優化的合理途徑是透過擴大權益彈性增強推動國家統一的政權的實力,為相變發生創造條件。

一個統一有序、管理高效的多層級國家系統有利於國家系統功能湧現並且符合民眾利益最大化。國家系統向統一演化符合複雜系統趨於有序的演化方向及人類社會組織形式的總體發展趨勢。對於推動國家統一的政權而言,重點是要在制度和政策層面擴大權益彈性,具體需要在三個方面加強國家建設(3S 模型):外部形勢(簡稱「勢」,Situation)是政權運作和發展過程中的外部國際環境,上一層系統對下一層系統有重要作用和影響,政權需要處理好國家系統與國際超系統的關係;內部力量(簡稱「力」,Strength)是政權自身具備的實力和能量,政權力量增長率是國家系統演化的重要序參量,對國家系統的各個子系統都會產生重要影響;政權策略(簡稱「策」,Strategy)是政權採取的施政策略,系統一旦具有自我意識就會主動影響系統演化,客觀上可以加速或改變系統演化進程。

政權追求國家統一或分裂目標時有三個約束條件:國際形勢、自身能力和國內民意,對應著上述的「勢」「力」「策」三方面。首先是「勢」,因為國家系統本身也需要從外部獲取權益,國家系統與超系統之間的聯繫和作用決定了政權的外部權益邊界,與此相對應的是國家系統與子系統之間的互動決定了政權的內部權益邊界。追求國家統一

可能帶來國家整體力量的增強，總會對國際格局產生或多或少的影響，意味著國家在國際上權益配額的改變，由此必然產生與國際勢力的相互作用。相對而言，「力」是慢變數，但也是最根本的序參量，因此長期而言國家建設主要是「力」的建設，即自身全面發展進步。政權的「硬實力」和「軟實力」透過使民眾產生畏懼與熱愛的不同情感形成推力和引力從而共同構成民眾對其的向心力。與缺乏最高權力中心的多元的國際秩序不同，政權治理下的國家系統是具有最高權力的有序系統，政權可以透過權益彈性的提升改善自身的軟硬實力。在政治、經濟、文化、社會、信仰等方面讓民眾有更大的自由度與選擇權意味著國內權益彈性的增大，當然這並不等同於完全依賴自願力量的無序性擴張，事實上，政權的軍事、法制和外交力量的增強同樣是擴展權益彈性的表現，有助於解決內外權益的紛爭。國家系統演化進程中，特別是處於臨界點時，政權能否把握漲落實現統一相變相當程度上取決於政權的「策」。策略核心應該是展示權益彈性，表明政權有能力向更多國民提供更有吸引力的公共產品從而贏取國民的信任。權力的合法性來源於信任感，有了信任才能使權力、制度、社會和政治機構持續運作。由於在未統一國家記憶體在兩個以上的政權，每個政權都在採取類似的舉措爭取民心與向心力，因此政權要著重充分發揮比較優勢，從而取得對其他政權的競爭優勢。

解決台灣問題的核心是如何結束 20 世紀 40 年代中後期中國內戰遺留並延續下來的政治對立。如果將這種政治對立的演化放在歷史發展的長河中看，從台灣問題的產生到台海兩岸實現和平統一大體需要經過三個主要階段。

第一階段是爭統一。背景是在國際勢力的干預下兩岸形成平衡對峙，當時國共雙方的目標都是爭取國家統一，均在爭奪以非和平或和平方式統一對方的主導權，其時台灣的主流民意明顯傾向國家統一，只是兩岸的立場和實力在特定的國際環境下都無法立即消除雙方的政治對立。第二階段是爭統「獨」。背景是隨著大陸綜合實力持續增長並逐步與台灣拉大差距，兩岸原有的平衡對峙轉為不平衡對峙，但大陸暫不具備和平統一台灣的充分條件，兩岸雙方的目標變成了大陸仍爭取國家統一、而台灣在統一大陸無望的情形下開始爭取實質「獨立」，此時台灣的民意呈現要求維持現狀且傾向「獨立」的比重大增。兩岸目前即處於這一階段，大陸方面堅持透過兩岸關係和平發展道路降低對立、化解分歧、實現統一，台灣方面則公開放棄國家統一目標。

第三階段是談統一。背景是大陸無論硬實力還是軟實力都對台灣取得壓倒性優勢，並具備足夠強的影響力使國際勢力不敢冒險對台灣問題進行武力干涉，兩岸對峙最終被打破，雙方都已看清中國實現國家統一是中華民族偉大復興過程中不可避免的發展階段，且和平統一有利於雙方的自身發展，因此重新形成協商談判的合作形勢，此時台灣的民意傾向統一的比率重新超越主張「獨立」的人數比重。台灣政府在台灣民意的壓力下被動與大陸展開統一談判，只為爭取國家統一後獲得較為有利的政治條件。

第二階段向第三階段轉化的內在推動力是大陸經濟社會快速發展及對台推動經濟社會融合政策。大陸客觀上實力日益強大及主觀上對台灣同胞關懷備至的作用不斷增強，台灣民意也會發生潛移默化的轉變。

第一階段始於台灣問題形成之初的1949年，大約截止到台灣政府首次公開提出「特殊兩國論」的1999年。50年間台灣政府雖然有「反攻大陸」到「和平演變」的政策轉變，但總體政策是要爭取國家統一的。台灣民意中支持維持現狀但趨統的比例一直高於支持維持現狀但趨「獨」的比例，不過後期差距迅速收窄，到1999年已經逼近相等。1999年後兩岸進入爭統獨階段，台灣政府開始公開放棄國家統一目標，從李登輝的「特殊兩國論」、陳水扁的「一邊一國論」、馬英九的「不統不獨論」到蔡英文的「維持現狀論」，都不再將國家統一作為施政目標，雖然每一屆台灣政府在對待以「一中原則」為核心意涵的「九二共識」問題上態度並不一致，但每一屆台灣政府的任內官方施政取向已經轉為取得實質「獨立」。相應的，台灣民意自1999年後，經過幾年徘徊，支持維持現狀但趨「獨」的比例迅速超過維持現狀但趨統的比例，且差距越拉越大。在台灣問題發展的第二階段，出現「台獨」政黨台灣執政、「台獨」政策措施紛紛出台、「台獨」傾向民眾比率增加、台灣民眾對國家統一呈現焦慮感和恐懼感等現象，都是兩岸關係發展到該階段的正常反應。第二階段兩岸統「獨」之爭日趨尖銳複雜可以從複雜性思維的角度給予合理解釋。按照複雜性科學的思維方式，系統演化並不是單一變數線性決定發展方向，而是在系統環境的影響下，不同要素透過非線性作用形成系統的自組織，完成自身調節和演化以達到穩定有序的狀態。自組織運行的核心是回饋機制。一旦兩個變數之間形成正回饋，趨勢化效應就會自我增強，形成推動系統演化的內生動力。這樣的回饋機制在系統內外無處不在，並互相影響，不斷發生非線性作用。對國家系統演化而言，有三組回饋機制最為重要：國家系統與國際大系統之間的回饋、政權系統之間的回饋、政權內部的回饋，它們共同決定著國家演化的方向。

特別值得注意的是，中美關係作為對中國國家統一影響最大的國際因素變量，未來很可能趨於更加尖銳複雜。2008年國際金融危機席捲全球後，中國經濟的世界佔比呈45度仰角迅速逼近美國，中國與美國的經濟規模差距在大幅縮小，同時中美與世界其他國家或地區的經濟差距在拉大，中國日益明顯地成為拉動世界經濟的關鍵力量，並開始使美國擔心其經濟全球第一的地位一旦失去將對美國的國內投資、貨幣、人才引入等經濟利益及國際政治利益帶來強烈衝擊。美國的這種焦慮前所未有。雖然近百年來蘇聯和日本的經濟規模也曾如當前的中國一樣達到美國經濟的2/3左右，但根本的不同是，蘇聯（2.87億）和日本（1.27億）的人口規模只有美國（3.26億）的88%和39%，而中國的人口規模卻是美國的4.3倍，潛力相差太多。此外，中國號稱「世界工廠」，是全世界唯一擁有聯合國產業分類中全部工業門類（39個工業大類、191個中類、525個小

類）的國家，中國製造業產值超過美日總和，且發展勢頭不減，有望幾年內超過 G7 總和。這種發展速度和規模讓一些美國人不安，認為美國的全球老大的世界經濟地位第一次受到真正強有力的「挑戰和威脅」。從經濟學理論的角度看，美國在與中國的經濟競爭中，生產要素的投入量方面沒有優勢。傳統的三大生產要素中，中國的資本及研發經費投入已經趕上美國（按 PPP 計算，OECD 資料），中國每年新增的人才和人力投入也超過美國，中國的土地政策在用地審批方面也遠比美國高效。美國在中美經濟競爭中獲得優勢的方面只可能在效率方面，即更有效地提高全要素生產率。提升效率需要不斷創新。很多美國人認為，美國的民主制度更有利於創新，而中國的政治制度在激發人的創新活力方面不如美國，因此美國應該充分發揮制度優勢來強化創新。[305] 正是在這種思路下，2009 年美國推出首版《美國國家創新戰略》，從 6 大領域加強創新，激發自身發展活力。然而創新難，模仿易，美國認為不但要強化自身創新，必須還要透過智慧財產權保護增加中國的模仿成本，才能保持與拉開與中國的產業技術差距，延緩中國的追趕速度。因此，美國川普政府對中國挑起貿易摩擦的背後，實質是中美科技產業與創新能力的競爭，未來美國一定會在智慧財產權領域對中國大做文章。美國當然也清楚中國的綜合國力非其他國家可比，僅靠經濟領域的摩擦未必能實現其戰略目標，需要調動各種力量施壓。2017 年特朗普政府推出任內首份《美國國家安全戰略》，首度將中國放在「三股挑戰勢力」之首，並將中國明確定位為「競爭對手（rival）」，[306] 宣稱將「把美國國家實力的全部要素——政治、經濟和軍事——結合起來以在競爭中取勝」。[307] 未來川普政府有可能在經濟、科技、軍事、人權、東海、南海、台灣等多領域對中國全面採取咄咄逼人的立場和政策，這除了川普個人的施政風格以外，與中美關係的演變階段密切相關，因此不會是短期現象。台灣問題在中美博弈過程中成為美方制約中方籌碼的趨勢性在增強，解決台灣問題、實現中國國家統一的系統國際環境在惡化。不過，辯證來看，隨著國際格局的迅速劇烈演化，特殊情況下，美國也可能在與中國的互動過程中為了自身更大的利益釋放該籌碼，反而使台灣問題出現重大轉機。

　　首先是系統環境的影響，系統環境也就是母系統，任何系統對於更高一級的大系統來說都是需要服從總體運行規律的子系統。中國國家系統的演化必然要受制於國際大系統的形勢變化。在二戰結束後的國際冷戰格局形成之初，中國共產黨採取了「一邊倒」

---

[305] These are fundamentally political contests between those who favor repressive systems and those who favor free societies. ——National Security Strategy of the United States of America 2017

[306] Three main sets of challengers - the revisionist powers of China and Russia, the rogue states of Iran and North Korea, and transnational threat organizations, particularly jihadist terrorist groups - are actively competing against the United States and our allies and partners. Although differing in nature and magnitude, these rivals compete across political, economic, and military arenas, and use technology and information to accelerate these contests in order to shift regional balances of power in their favor. ——National Security Strategy of the United States of America 2017

[307] To prevail, we must integrate all elements of America's national power - political, economic, and military. ——National Security Strategy of the United States of America 2017

的親蘇外交政策，美國扶蔣保台的對華政策阻礙了大陸方面解放台灣。後來中蘇交惡提供了中美關係緩和的契機，美國在拉攏中國對抗蘇聯的戰略中對台灣問題做出一定程度讓步，中國大陸也在美國對台政策鬆動的背景下將對台方針由「解放台灣」轉變為「和平統一」。中國改革開放後國力迅速提升，隨著蘇聯的解體和中國成為全球第二大經濟體，美國越來越將中國視為全球最主要競爭對手，涉台政策日趨對華強硬，使中國大陸對台工作面臨新的形勢。美日雖然在與中華人民共和國的建交公報或聯合聲明中明確承認「中華人民共和國政府是中國的唯一合法政府」，並承諾只同台灣保持「民間的」「地區性的」「非官方關係」，但美國同時又透過《與台灣關係法》及「六項保證」對台灣政府提供「防禦性武器」和「安全保護」，日本則透過《周邊事態措施法》等相關法案插手台灣問題，構築日美聯合干預台灣局勢的戰略框架。[308] 台灣在馬英九執政時期的「親美、友日、和中」政策與蔡英文執政時期的「親日、友美、反中」政策反映出國際環境變動下台灣政府對大陸與美日的關係態度。

其次是政權系統之間的互動回饋。如果一個國家系統記憶體在兩個政權，則兩個政權均為國家系統的子系統。兩個政權子系統之間如果實力相差不大，都有統一對方的意願，此時統一議題易於在雙方接觸互動中形成正回饋；但若兩個子系統之間實力相差過大，則實力弱小的一方更傾向於選擇分裂，統一目標就無法在兩個政權系統之間形成正回饋。1949 年後，台灣依靠美國援助、從大陸帶去的大量資源和人才以及合理的經濟發展策略較好實現了經濟起飛，並在 1990 年代初達到了經濟輝煌的頂點。1991 年台灣 GDP 為大陸的 44%，達到史上最小的兩岸經濟規模差距，當年台灣貿易規模高於大陸。[309] 此時是台灣當局實現「三民主義統一中國」信心最強的時期，在這樣的背景下有了大陸海峽兩岸關係協會與台灣海峽交流基金會的成立並建立聯繫，以及開啟了兩會協商談判的歷史進程，後來才有了「九二共識」和辜汪會談。然而此後兩岸各方面實力差距迅速拉大。以 1992 年鄧小平南方談話為代表，大陸經濟加速發展，大陸領先台灣經濟與外貿規模的差距開始迅速拉大。台灣政府的統一信心不斷衰減。表現在經濟方面，台灣的大陸經貿政策由 1990 年代初期的「務實、穩健、前瞻」開放政策退縮為中期的「戒急用忍」政策。軍事方面，台灣對大陸的軍事戰略也不斷收縮，先後歷經「攻勢戰略」、「攻守一體」和「守勢戰略」，1994 年台灣政府明確將軍事戰略調整為「守勢防衛」。[310] 兩岸實力的消長令台灣政府開始喪失統一中國的信心，台灣領導人的變化更加快了這一轉變的發生。1949 年至 1988 年，台灣政府的權力核心是蔣介石與蔣經國，他們都有在全中國執政的經歷，具有重新統治全中國的格局、願望和信心。但出生於台灣且青少年時期受日本皇民化教育的李登輝作為蔣氏父子的繼任者並沒有將統治權擴展

---

[308] 中共中央台辦、國台辦編：《台灣問題（幹部讀本）》，九州出版社，2015 年，第 176—185 頁。
[309] 資料來源：台灣「經建會」編印 Taiwan statistical data book 及中國國家統計局公佈資料。
[310] 中共中央台辦、國台辦編：《台灣問題（幹部讀本）》，九州出版社，2015 年，第 23—25 頁。

到全中國的信心、意願和動力。李登輝繼任之初暫時支持國家統一，直到個人權力穩固後開始公開分裂舉動，建立「中華民國在台灣」的體制，並主導 6 次「修憲」，透過省市長和「總統」直接選舉、虛化「國民大會」、凍結台灣省選舉等措施，明顯改變了原有的政治體制，將權力擴張邊界由全中國重新定位成「在台灣」，並透過改變台灣政體建立台灣政府台灣統治權的合法性。這些改變國家統一目標的努力是李登輝當局在兩岸實力格局發生改變的新形勢下對比追求統一中國與保存在台權力的現實性與可能性後採取的自利性理性舉措，並對後任台灣政府領導人的施政理念產生影響。實力差距過大不僅難以形成國家統一的正回饋，相反會出現國家分裂的正回饋，因為弱勢一方越追求分裂，強勢一方越傾向以強硬政策取代懷柔政策，而在這種日益強硬的政策壓力下，弱勢一方更不願推動統一進程。

最後是子系統內部的政權政策與民意之間的回饋。大陸長期以來重視愛國主義教育，在國家統一問題上有充分的民意支持，要求統一的民意反過來促使中國政府在台灣問題上不能懈怠。台灣情況則要複雜得多，基本上在政權與民意之間已經形成趨於分裂的正回饋，即在「多元化」的包裝下，台灣政府不敢公開主張統一，但常常會公開主張分裂，民意受其影響視「台獨」為正當或平常，主流民意容忍「台獨」反對統一，更為台灣政府的分裂主張提供藉口和支撐。台灣民意的分裂傾向是與台灣民主化進程混合在一起發展起來的。從 1986 年台灣「政治革新」開始後的十年間，台灣政府透過開放「黨禁」「報禁」「回歸憲政」、省市長與台灣地區最高領導人實行直接選舉等「民主化」措施，將台灣政治體系由原來的「自上而下」的威權主義（authoritarianism）體制逐漸轉變為「自下而上」的民主主義（democratism）體制，培育和加強台灣民眾對台灣當局的認同感和合法性，但同時台灣政府的政權影響力也隨之更加限縮在台灣而不是全中國。1949 年至 1989 年的相當長時期內，國家統一目標在台灣執政當局與民眾之間都不存在問題，台灣主流民意擁護國家統一。然而 20 世紀 90 年代後台灣民意中偏向「獨立」的人數比重迅速增加，超過偏向統一的人數比重後差距還在不斷擴大。該趨勢反映在多家台灣學術性民調機構的資料中。以台灣政治大學選舉研究中心所作的連續性民調資料為例，1995 年台灣主張維持現狀但偏向統一的人數比重為 19.4%，高出主張維持現狀但偏向「獨立」的人數比重 8.1% 一倍多；但到 2015 年情況反轉，主張維持現狀但偏向「獨立」的人數比重為 16.4%，高出主張維持現狀但偏向統一的人數比重 7.4% 一倍多；主張維持現狀不決定統「獨」的觀望者比重則基本穩定在 30%—40%。[311]

台灣政府為維護對台灣的最高權力，不斷向台灣民眾宣揚與大陸的差異化理念並塑造對大陸的優越感心態。對內台灣政府提出並宣揚「台灣文化主體性」與「台灣主體

---

[311] 台灣政治大學選舉研究中心重要政治態度分佈趨勢圖，http://esc.nccu.edu.tw/course/news.php?class=203。

意識」，鼓吹和標榜台灣的「民主生活方式」與「自由和均富的核心價值觀」，[312] 強調台灣與大陸的不同。對外台灣政府透過出境旅行免簽待遇等「外交成果」彰顯其國際軟實力，彌補其缺少國際承認的絕對劣勢[313]。台灣政府還透過技術性措施誘導台灣民眾放棄國家統一的觀念：90年代以來，台灣政府不斷對台灣民眾做關於「你認為自己是中國人還是台灣人」的民意調查，人為地將「中國」與「台灣」兩個從屬關係的概念塑造成平行並列的關係，潛移默化改變台灣民眾的國家認同，並避談國家統一或分裂對國民的利弊，引導台灣民眾只從出生地和生活現狀感受判斷自己的身份和價值認同，然後再以兩岸統一支持者持續下滑的民調資料反過來作為台灣政府面對大陸拒談統一的民意支撐。

　　總之，兩岸關係經過30年的發展，台灣政權和民意對國家統一的意願減弱的根本原因是多層次系統內形成了三個以「台灣獨立」為指向的正回饋機制：國際層面，中美關係越對抗，美國在台灣問題上越保守，造成中美關係更加緊張；兩岸層面，台灣政府對統一後的自身權益越沒有信心，政策越趨於保守，台灣政府自我設限會進一步擴大兩岸實力差距，導致台灣政府對統一更加恐懼；台灣層面，台灣政府越是避統容「獨」，進行「獨化」教育，台灣民意越認為「獨立」的正當性大於統一，靠選舉上台的執政黨就更不敢輕言統一。這三組正回饋機制在非線性作用下會互相形成因果連接：中國日益成為美國的競爭對手，美國愈發不願放棄以台制華的戰略，台灣因此與大陸對抗信心增加，出台更多不利於兩岸統一的政策和言論，台灣民意受當局立場引導益加遠離國家統一，國家分裂狀態對中美競爭時中國提升國力牽制作用越來越大。產生這三組正回饋機制的轉捩點發生在90年代，當時發生三件大事促成三組正回饋機制的形成：蘇聯解體使美國原來的「聯中反蘇」戰略失去存在的價值和基礎；中國大陸與台灣的實力差距迅速拉開使台灣政府失去統一大陸的信心；台灣「總統」直選制度的施行使以國家統一為目標的國民黨失去了長期執政的制度基礎，以「台獨」為目標的民進黨開始在台灣崛起。

　　對台戰略目標需要服從中國國家發展戰略總目標。中國共產黨當前的執政總目標是：促進經濟社會持續健康發展，進一步解放思想、解放和發展社會生產力、解放和增強社會活力，全力推進全面建成小康社會進程，實現「兩個一百年」奮鬥目標，建成富強民主文明和諧的社會主義現代化國家，實現中華民族偉大復興。實現國家統一的根本

---

[312] 曾任台灣文化部門首長的龍應台稱：「海峽兩岸，哪裡是統一和獨立的對決？哪裡是社會主義和資本主義的相沖？哪裡是民族主義和分離主義的矛盾？對大部分的台灣人而言，其實是一個生活方式的選擇。」「自由民主和均富，恰恰是台灣人最在乎、最重要、最要保護、最不能動搖不能放棄的兩個核心價值。」龍應台：《你可能不知道的台灣——觀連宋訪大陸有感》，2005年5月25日。轉自《中國青年報》，http://zqb.cyol.com/gb/zqb/2005-05/25/content_8773.htm。

[313] 截至2015年台灣共獲150多個國家或地區給予免簽證或落地簽證待遇，幾乎全面覆蓋台灣人常去的國家和地區，突顯與中國大陸的不同。

條件在於大陸自身的發展進步，因此中國共產黨始終圍繞著國家建設推進祖國統一大業，期間需要警惕的風險就是台灣島內出現不利於兩岸統一的重大事變，威脅到中國國家發展的戰略機遇期與國家統一事業的未來走向，兩岸被迫提前攤牌。

為此，中國共產黨必須在對台工作中牢牢把握兩岸關係發展大方向，以綜合實力為後盾，以極大的耐心和真誠的親情繼續培育和增進兩岸民眾的相互信任與心靈契合，努力引導台灣民眾對大陸有正確的認識和印象，增強理解與好感，積極有效推動兩岸社會融合，力求創造條件透過和平方式實現兩岸統一，同時也要堅持不懈地做好以非和平方式收復台灣的準備工作。未來一段時期大陸對台工作將是一個轉型升級的過程，側重點是強化政策的針對性與外溢效果，透過政策組合的調整，發揮間接政策的比較優勢，恢復和鞏固台灣的國家統一自生能力，促使台灣民意和政局朝有利於統一的方向發展。同時，大陸在兩岸關係第二階段要為第三階段兩岸「談統一」預作準備和鋪墊。第三階段需要構建具有更高權益彈性的兩岸統一制度，權益彈性越大，意味著國家制度的包容性越強、化解國家內部矛盾和衝突的機率越大、國家系統的穩定性越高。

構建具有更高權益彈性的兩岸統一制度的核心，是建立「兩岸和平統一綜合性框架」。具體內容包括：1. 兩岸和平統一思想體系──構建「兩岸命運共同體」理論；2. 兩岸政治關係安排──構建「兩岸一中共識」；3. 兩岸經濟一體化──構建「中華經濟聯合體」；4. 兩岸社會交流與融合──構建「兩岸特色社會共同體」；5. 兩岸文化交融共生──構建「21世紀中華新文化」；6. 兩岸軍事互信合作──構建「兩岸合作防禦體系」；7. 台灣涉外事務制度安排──構建「一中框架」下的主權安排。

構建具有更高權益彈性的兩岸統一制度的前提，是培育兩岸政治互信，大陸透過軟硬兩種政策途徑與台灣政府及民眾建立信任，以確保具有更高權益彈性的兩岸統一制度設計具有可信度和可操作性，最終能夠落實。兩岸從小事和點滴做起，塑造新的共同認同，透過信心與信任的逐步累積直至「生長」出兩岸的戰略互信。構建具有更高權益彈性的兩岸統一制度的運行，是要透過比較優勢戰略的運用，使中美─兩岸─台灣這三個層次的系統朝國家統一方向形成正回饋機制，即美國出於需要中國說明而軟化台灣問題立場；大陸能夠消除台灣當局和台灣民眾對國家統一的排斥感和恐懼感；台灣支持主張國家統一的政黨在台灣執政並推行統一教育。這三個正回饋機制形成會使兩岸分治的格局朝統一方向演化，當系統遠離平衡後，大陸可以透過某一偶然性事件促使兩岸兩個子系統完成向國家統一的轉化。

歷史上國家統一的系統演化動力：從中國視角看分裂與統一

參考文獻

中文大陸文獻

1. 《馬克思列寧主義基本問題》，中共中央黨校出版社，2001 年。
2. 恩格斯：《家庭、私有制和國家的起源》，《馬克思恩格斯選集》第四卷，人民出版社，1995 年。
3. 馬克思、恩格斯：《共產黨宣言》，《馬克思主義著作選編》，中共中央黨校出版社，1994 年。
4. 《毛澤東思想基本問題》，中共中央黨校出版社，2001 年。
5. 《毛澤東選集》第 2 卷、第 3 卷，人民出版社，1990 年。
6. 《毛澤東年譜（1893—1949）》中卷，中央文獻出版社，2005 年。
7. 《毛澤東著作選編》，中共中央黨校出版社，2002 年。
8. 《周恩來選集》下冊，人民出版社，1984 年。
9. 《周恩來年譜（1949—1976）》上卷，中央文獻出版社，1998 年。
10. 《鄧小平理論基本問題》，中共中央黨校出版社，2001 年。
11. 《鄧小平年譜（1975—1997）》，中央文獻出版社，2004 年。
12. 《鄧小平文選》第 3 卷，人民出版社，1993 年。
13. 《江澤民文選》第一、二、三卷，人民出版社，2006 年。
14. 江澤民：《為促進祖國統一大業的完成而繼續奮鬥》，《人民日報》，1995 年 1 月 31 日。
15. 中國社會科學院台灣研究所編：《新時期對台方針政策重要文獻選編》（內部發行），2009 年。
16. 習近平：《構建和諧社會要突出四種機制建設》，新華網，2005 年 3 月 4 日。
17. 中國共產黨歷次全國代表大會資料庫，http://cpc.people.com.cn/GB/64162/64168/64555/index.html。
18. 中共中央台灣工作辦公室國務院台灣事務辦公室編：《台灣問題（幹部讀本）》，九州出版社，2015 年。
19. 呂斌、欒雪飛：《論抗戰後期毛澤東的國家統一思想》，《毛澤東思想研究》第 24 卷，2007 年第 2 期。

20. 齊鵬飛：《中國共產黨黨史 90 年：關於國家統一戰略的三次大轉型》，《北京黨史》，2011 年第 4 期。
21. 《新華月報》第 1 卷，第 1 期。
22. 沈志華：《中國共產黨進攻台灣戰役的決策變化及其制約因素（1949—1950）》，《社會科學研究》，2009 年第 3 期。
23. 牛軍：《三次台灣海峽軍事鬥爭決策研究》，《中國社會科學》，2004 年第 5 期。
24. 錢學森：《論系統工程》，湖南科技出版社，1982 年。
25. 《錢學森系統科學思想文選》，中國宇航出版社，2011 年。
26. 魏宏森、曾國屏：《系統論——系統科學哲學》，清華大學出版社，1995 年。
27. 林毅夫：《本體與常無：經濟學方法論對話》，北京大學出版社，2012 年。
28. 葛劍雄：《統一與分裂：中國歷史的啟示》，生活·讀書·新知三聯書店，1994 年。
29. 陳孔立：《兩岸僵局下的思考》，九州出版社，2006 年。
30. 陳孔立：《心系兩岸》，九州出版社，2013 年。
31. 陳孔立：《和平統一的十大好處》，《人民日報》，2000 年 5 月 30 日。
32. 黃嘉樹、林紅：《兩岸「外交戰」：美國因素制約下的國際涉台問題研究》，中國人民大學出版社，2007 年。
33. 辛旗：《跨世紀的思考：以台灣問題為焦點的綜合研究》，華藝出版社，2002 年。
34. 許世銓：《激蕩中的台灣問題》，九州出版社，2007 年。
35. 許世銓主編：《兩岸定位法政研究文獻選編》，中華文化交流協會，2013 年。
36. 周志懷主編：《新時期對台政策與兩岸關係和平發展》，華藝出版社，2009 年。
37. 郭震遠主編：《建設和諧世界理論與實踐》，世界知識出版社，2008 年。
38. 習近平：《全面貫徹落實黨的十八大精神要突出抓好六個方面工作》，《求是》，2013 年第 1 期。
39. 胡錦濤：《在慶祝中國共產黨成立 90 周年大會上的講話》，《求是》，2011 年第 13 期。
40. 江澤民：《在慶祝中國共產黨成立八十周年大會上的講話》，《求是》，2001 第 13 期。
41. 李炳才：《在「九二共識」基礎上恢復對話與談判——紀念辜汪會談十周年》，《求是》，2003 年第 9 期。
42. 唐樹備：《江澤民主席的八項主張是鄧小平「和平統一、一國兩制」理論的繼承和發展》，《台灣研究》，2003 年第 1 期。
43. 陳雲林：《開創兩岸關係和平發展的新局面》，《求是》，2009 年第 5 期。
44. 孫亞夫：《鞏固和深化兩岸關係和平發展》，《統一論壇》，2013 年第 1 期。
45. 葉克冬：《兩岸關係的發展與中國政府對台方針政策》，《統一論壇》，2002 年第 6 期。
46. 楊親華：《從「武力解放台灣」到「和平統一祖國」——中國政府對台政策歷史之考察》，《黨史研究與教學》，1996 年第 1 期。
47. 張銘清：《一個中國原則是台灣安全之本》，《環球軍事》，2001 年第 10 期。
48. 薑殿銘：《一個偉大構想的雛形——紀念「葉九條」發表二十周年》，《台灣研究》，

2001 第 3 期。
49. 許世銓：《中共新領導對台政策面面觀》，《台灣研究》，2003 年第 2 期。
50. 李家泉：《中共三代領導人對統一中國的戰略思考》，《中共黨史研究》，2000 年第 2 期。
51. 陳孔立：《兩岸認同的過程——雙管雙向互動模式》，《台灣研究集刊》，2012 年第 5 期。
52. 陳孔立：《兩岸交流中的政治文化問題》，《台灣研究集刊》，1993 年第 2 期。
53. 周志懷：《新時期對台方針政策的綱領性文獻》，《兩岸關係》，2009 年第 1 期。
54. 黃嘉樹：《「未統一前兩岸政治關係」剖析》，《台海研究》，2013 年第 1 期。
55. 宮力：《中國和平崛起的國際安全環境與應對方略》，《科學社會主義》，
56. 閻學通：《中國崛起的實力地位》，《國際政治科學》，2005 年第 2 期。
57. 郭震遠：《台灣問題對中美發展新型大國關係的影響》，《國際問題研究》，2013 年第 5 期。
58. 曹小衡：《海峽兩岸經濟一體化的選擇與定位》，《台灣研究》，2001 年第 3 期。
59. 金燦榮、董春嶺：《中國外交現狀與發展戰略》，《當代世界》，2009 年第 9 期。
60. 劉震濤：《對新形勢下兩岸經濟關係的思考》，《國際經濟評論》，2008 年第 1 期。
61. 郭偉峰：《馬英九當選後台灣可能發生的 10 大變化》，《理論參考》，2008 年第 6 期。
62. 茅家琦：《歷史發展過程中思想文化的作用》，《歷史檔案》，2008 年第 2 期。
63. 劉文宗：《從國際法論主權不可分享及台灣的法律地位》，《台灣研究》，1999 年第 3 期。
64. 李義虎：《台灣定位問題：重要性及解決思路》，《北京大學學報》(哲學社會科學版)，2014 年第 1 期。
65. 楊毅周：《更加「寄希望於台灣人民」——當前大陸對台政策的新思維》，《台聲》，2003 年第 6 期。
66. 于克禮：《促進兩岸關係和平發展推進祖國和平統一的指導綱領——解讀十七大政治報告關於對台工作論述》，《台灣研究》，2007 年第 5 期。
67. 秦亞青、閻學通、張文木、時殷弘、馮紹雷：《國際關係研究方法論筆談》，《中國社會科學》，2004 年第 1 期。
68. 徐博東：《論台灣文化的特點和漢文化在台灣傳播發展的歷史分期》，《北京聯合大學學報》(人文社會科學版)，2004 年第 2 期。
69. 劉紅：《實現和平發展與和平統一的光輝文獻——學習胡錦濤在紀念〈告台灣同胞書〉發表 30 周年座談會上的重要講話》，《北京聯合大學學報》(人文社會科學版)，2009 年第 1 期。
70. 巫永平、鄭振清：《政治轉型與政商關係演變——台灣政商關係的政治經濟學分析》，《經濟社會體制比較》，2009 年第 2 期。
71. 殷存毅、呂芳：《認同與台灣問題》，《公共管理評論》，2006 年第 1 期。

72. 史習培：《對台政策新思維論略》,《中共福建省委黨校學報》, 2007 年第 1 期。
73. 周葉中：《台灣問題的憲法學思考》,《法學》, 2007 年第 6 期。
74. 張文木：《中國國家安全哲學》,《戰略與管理》, 2000 年第 1 期。
75. 時殷弘：《大陸對台灣：長期優勢對短期優勢》,《世界經濟與政治》, 2002 年第 7 期。
76. 嚴安林：《兩岸關係和平發展制度化的路徑選擇》,《台灣研究》, 2012 年第 6 期。
77. 劉國深：《兩岸和平發展價值觀社會化探析》,《台灣研究集刊》, 2012 年第 6 期。
78. 樂美真：《兩岸和平發展道路的認識與任務》,《政協天地》, 2011 年第 12 期。
79. 齊衛平、宋瑞：《試析系統論思想與黨的建設科學化》,《中國社會科學》, 2012 年第 7 期。
80. 常紹舜：《從經典系統論到現代系統論》,《系統科學學報》, 2011 年第 3 期。
81. 趙毅：《統一與分裂：中國歷史的啟示》,《史學月刊》, 2006 年第 12 期。
82. 吳大英、劉瀚：《建立中國式的社會主義法律體系》,《法學》, 1983 年第 1 期。
83. 呂斌、欒雪飛：《論抗戰後期毛澤東的國家統一思想》,《毛澤東思想研究》, 2007 年第 2 期。
84. 石泰峰、張恒山：《論中國共產黨依法執政》,《中國社會科學》, 2003 年第 1 期。
85. 金太軍：《政治文明：歷史發展與中國特色》,《政治學研究》, 2002 年第 3 期。
86. 章百家：《改變自己影響世界——20 世紀中國外交基本線索芻議》,《中國社會科學》, 2002 年第 1 期。
87. 閻學通、周方銀：《國家雙邊關係的定量衡量》,《中國社會科學》, 2004 年第 6 期。
88. 陳先達：《論馬克思主義基本原理及其當代價值》,《馬克思主義研究》。
89. 沈惠平：《認知變遷對大陸涉台政策之影響評析》,《台灣研究集刊》, 2012 年第 5 期。
90. 韓獻棟：《分裂國家的統一：理論與實踐》, 智慧財產權出版社, 2014 年。
91. 李鵬：《海峽兩岸關係析論——以和平發展為主題之研究》, 鷺江出版社, 2009 年。
92. 夏路：《複合權力結構與國家統一模式——對越南、德國、葉門的比較研究》, 中國社會科學出版社, 2011 年。
93. 王英津：《國家統一模式研究》, 九州出版社, 2008 年。
94. 李義虎等：《「一國兩制」台灣模式》, 九州出版社, 2015 年。
95. 李義虎：《開闢解決台灣問題的新思路》,《太平洋學報》, 2005 年第 2 期。
96. 唐樹備：《江澤民主席的八項主張是鄧小平「和平統一、一國兩制」理論的繼承和發展》,《台灣研究》, 2003 年第 1 期。
97. 張志軍：《維護和推進兩岸關係和平發展共圓中華民族偉大復興中國夢——深入學習習近平總書記對台工作重要思想》,《求是》, 2016 年第 20 期。
98. 李逸舟：《習近平對台思想統禦性概念：兩岸經濟社會融合發展》,《中國評論》, 2017 年 7 月。
99. 張文生：《習近平對台思想解析》,《台海研究》, 2016 年第 2 期。
100. 杜力夫：《建設兩岸命運共同體探索兩岸統一新模式——學習習近平對台論述的思

考》,《中國評論》,2017 年 2 月。
101. 茅家琦:《統一意識與兩岸關係》,《台聲》,1998 年 10 月。
102. 陳孔立:《兩岸「主權共用論」質疑》,《台灣研究》,2012 年第 6 期。
103. 劉國深:《增進兩岸政治互信的理論思考》,《台灣研究集刊》,2010 年第 6 期。
104. 李義虎:《中國崛起與國家統一的外部環境》,《世界經濟與政治論壇》,2006 年第 5 期。
105. 俞新天:《中國主權理論的發展與擴大台灣涉外活動的思考》,《台灣研究》,2012 年 3 期。
106. 巫永平、鄭振清:《重構「一個中國」憲政框架——建立台海兩岸政治關係新平衡的理論探索》,《二十一世紀》,2011 年 8 月號。
107. 許世銓:《兩岸關係與大陸對台政策——戰略制定與政策選擇》,《台海研究》,2013 年第 1 期。
108. 朱衛東:《對進一步增進兩岸政治互信的戰略思考》,《台灣研究》,2012 年第 1 期。
109. 王英津:《兩岸政治關係定位研究》,九州出版社,2016 年。
110. 朱松嶺、徐鋒:《戰略與策略的結合:大陸對台灣的影響力投放》,《中央社會主義學院學報》,2006 年 8 月。
111. 王在希:《台灣問題與中華復興》,九州出版社,2014 年。
112. 孫代堯:《中國共產黨對台政策演變論析》,《中共黨史研究》,2006 年第 6 期。
113. 楊丹偉:《兩岸關係和平發展新思維的理論分析》,《台灣研究集刊》,2010 年第 4 期。
114. 常紹舜:《從經典系統論到現代系統論》,《系統科學學報》,2011 第 3 期。
115. 劉敏:《生成的邏輯——系統科學「整體論」思想研究》,中國社會科學出版社,2013 年。
116. 林夏水:《非線性科學與決定論自然觀變革》,社會科學文獻出版社,2013 年。
117. 黃英賢、吳少榮、鄭淳:《國家產生的原因是多樣的》,《中國社會科學》,1984 年第 4 期。
118. 李伯傑:《一個麻煩的祖國——德意志民族的德國認同危機》,《清華大學學報》(哲學社會科學版),2012 年第 2 期。
119. 丁建弘、陸世澄、劉祺寶:《戰後德國的分裂與統一(1945—1990)》,人民出版社,1996 年。
120. 吳友法:《德國現當代史》,武漢大學出版社,2007 年。
121. 越南國家科學委員會經濟研究院編:《越南經濟》,韋平等譯,世界知識出版社,1962 年。
122. 越南史學院編:《1945—1975 年的越南事件集》第一集,越南社會科學出版社,1975 年。
123. 胡志明:《越南勞動黨的三十年》,《越南勞動黨光輝的三十年》,世界知識出版社,1960 年。

124. 汪長明：《「兩個民族」理論與印巴分治》,《延邊大學學報》(社會科學版)，第44卷第4期。
125. 楊潔勉：《西方學者視閾下的民族分離主義》,《學術月刊》，2013年4月。
126. 賀建濤：《如何應對分離主義》,《學習時報》，2013年11月4日。
127. 延飛：《衣索比亞與厄利垂亞衝突的根源——衣索比亞厄立特裡亞聯邦始末》,《西亞非洲雜誌》，2008年第9期。
128. 李曉妮：《杜魯門政府的印巴分治政策》,《社會科學戰線》，2014年第2期。
129. 唐昊、吳彭沛：《巴基斯坦孟加拉：面對種族和宗教的衝突》，四川人民出版社，2002年。
130. 張大可：《三國鼎立形成的歷史原因》,《青海社會科學》，1988年第3期。
131. 朱磊：《維護經濟合作成果符合兩岸同胞利益》,《人民日報》，2016年5月12日第3版。
132. 朱磊：《台灣經濟面臨關鍵時期台當局經濟政策不合時宜》,《人民日報》，2006年11月2日第3版。
133. 朱磊：《台灣產業與金融研究》，九州出版社，2012年。
134. 朱磊：《海峽兩岸服務貿易協定百問》，九州出版社，2014年。
135. 朱磊：《台灣財力》，鷺江出版社，2000年。
136. 朱磊：《投資台灣指南》，中國經濟出版社，2012年。
137. 朱磊：《兩岸金融合作新進展與前瞻》,《台灣研究》，2013年第3期。
138. 朱磊：《天命之爭：中國歷史上的統一與分裂》，九州出版社，2013年。
139. 139《資治通鑒》卷七十。
140. 140《三國志·吳志·孫皓傳》。
141. 施丁：《論赤壁之戰的幾個問題》,《史學月刊》，1981年第6期。
142. 袁延勝：《論西晉統一的歷史經驗》,《中州學刊》，2009年第4期。
143. 143《高僧傳·釋道安》。
144. 144《晉書·載記·苻堅上》
145. 145《晉書·簡文帝紀》。
146. 146《晉書·王羲之傳》。
147. 147《晉書·劉波傳》。
148. 翦伯贊：《中國史綱要》第2冊，人民出版社，1965年。
149. 王仲犖：《魏晉南北朝史》上冊，上海人民出版社，1979年。
150. 樊廣平：《楊堅建隋以及對全國的統一》,《文科教學》，1996年第1期。
151. 韓國磐：《簡論隋朝的統一》,《歷史教學》(下半月刊)，1962年第5期。
152. 魏明孔：《隋唐手工業與我國經濟重心的南北易位》,《中國經濟史研究》，1999年第2期。
153. 高明士：《隋代中國的統一——兼述歷史發展的必然性與偶然性》,《唐史論叢》(第七

輯），1998 年。
154. 章深：《宋朝統一嶺南的戰爭——兼論古代「合縱連橫」傳統的湮沒》,《學術研究》，2007 年第 10 期。
155. 程明生：《宋代軍隊數量考》,《社會科學戰線》，2009 年第 5 期。
156. 蘇光：《北宋時期軍隊兵器發展研究》,《搏擊》(武術科學)，2011 年第 9 期。
157. 周寶硯：《北宋軍事衰弱的原因探析》,《世紀橋》，2009 年第 12 期。
158. 波音：《透過錢眼看中國歷史》，北京航空航太大學出版社，2011 年。
159. 江少虞：《宋朝事實類苑》，上海古籍出版社，1981 年。
160. 160《中國文明史：宋遼金時期》，第三章積弱的軍事和繁榮的兵學，地球出版社，1993 年。
161. 潘修人：《元朝統一中國過程中的殺掠問題辨析》,《內蒙古民族師院學報》(哲社版)，1993 年第 3 期。
162. 162《新唐書·吐蕃傳》。
163. 163《宋史·岳飛傳》。
164. 164《元史·伯顏傳》。
165. 165《元史·世祖紀》。
166. 166《清聖祖實錄》。
167. 167《資治通鑒》卷一百八十一。
168. 王麗英：《試論元初「重農不抑商」政策思想及其對社會經濟的積極影響》,《廣州師院學報(社會科學版)》，第 19 卷第 10 期。
169. 何平立：《蒙金戰爭略論》,《軍事歷史研究》。
170. [清] 趙翼：《廿二史箚記·金史》，中國書店，1987 年。
171. 171《劍橋中國隋唐史》，第五章之「對外關係」，中國社會科學出版社，1990 年。
172. 172《康熙統一台灣檔案史料選輯》之《鄭經復孔元章書》。
173. 安然：《施琅大將軍平定台灣傳奇》，新華出版社，2006 年。
174. 馬大正：《略論高句麗歷史研究中的幾個相關問題》,《歐亞學研究》，2007 年。
175. 希·散達格：《蒙古政治外交》第 1 卷，1971 年烏蘭巴托版。
176. 阿·波波夫：《沙俄與蒙古》,《紅檔》，1929 年第 37 期。
177. 劉毅：《如何理解中美歷史競合——專訪北京大學國際關係學院牛軍教授》,《領導文萃》，2016 年第 13 期。
178. 陳德銘：《中國金融開放與兩岸金融合作》，中國服務外包研究中心網站，http://coi.mofcom.gov.cn/article/zt_zgjrwbfh/lanmuone/201312/20131200410736.shtml
179. 嘎日達、黃匡時：《西方社會融合概念探析及其啟發》,《國外社會科學》，2009 年第 2 期。
180. 陳先才、劉國深：《兩岸社會一體化的理論架構與實現路徑》,《台灣研究集刊》，2010 年第 6 期。

181. 陳先才：《兩岸特色民間社會融合問題研究》，《台灣研究集刊》，2014 年第 4 期。
182. 唐永紅：《兩岸經濟一體化問題研究》，鷺江出版社，2007 年。
183. 吳為：《深化兩岸社會融合發展的重要性及新態勢》，《海峽縱橫》，2016 年第 6 期。
184. 詹小美、王仕民：《文化認同視域下的政治認同》，《中國社會科學》，2013 年第 9 期。
185. 林尚立：《現代國家認同建構的政治邏輯》，《中國社會科學》，2013 年第 8 期。
186. 劉祥得：《社會接觸、族群及政治態度影響民眾兩岸文化交流之分析》，《通識論叢》，2015 年第 18 期。
187. 施瑋、蔣依嫻、王秉安：《移居大陸台胞社會融入研究現狀述評》，《台灣研究集刊》，2016 年第 1 期。
188. 顧乃忠：《論文化的普遍性和特殊性——兼評孔漢思的「普遍倫理」和溝口雄三的「作為方法的中國學」》，《浙江社會科學》，2002 年第 6 期。
189. 黃英賢、吳少榮、鄭淳：《國家產生的原因是多樣的》，《中國社會科學》，1984 年第 4 期。
190. 王卓君、何華玲：《全球化時代的國家認同：危機與重構》，《中國社會科學》，2013 年第 9 期。
191. 賈瑞霞：《國外學者關於一體化理論的一些研究》，《當代世界與社會主義》，2000 第 3 期。
192. 郭強：《逆全球化：資本主義最新動向研究》，《當代世界與社會主義》，2013 第 4 期。
193. 梁雙陸、程小軍：《國際域經濟一體化理論綜述》，《經濟問題探索》，2007 年第 1 期。
194. 吳志成、王楊：《歐洲一體化進程中的反一體化》，《國外社會科學》，2006 年第 6 期。
195. 孫亞夫：《概論 1987 年至 2012 年兩岸關係發展脈絡》，《政治學研究》，2015 年第 4 期。
196. 張冠華：《台灣政黨再輪替後兩岸經濟關係走向探析》，《台灣研究》，2016 年第 5 期。
197. 鄧莉娟、馬士偉：《兩岸經貿交流合作對台利益分配狀態分析》，《台灣研究》，2016 年第 5 期。
198. 李非、黃偉：《全球價值鏈分工下兩岸貿易利益的分配——基於兩岸製造業貿易附加值的研究》，《經濟問題探索》，2015 年第 6 期。
199. 鄭振清：《台灣激進主義的階級政治根源》，《文化縱橫》，2016 年第 2 期。
200. 程倩：《政府信任關係：概念、現狀與重構》，《探索》，2004 年第 3 期。

中文台灣文獻

201. [台] 邵宗海：《中共對台政策》，唐山出版社，2013 年。
202. [台] 陳慶：《中共對台政策之研究》，五南圖書出版公司，1990 年。
203. [台] 蔡瑋：《中共涉台決策與兩岸關係發展》，風雲論壇出版社，2000 年。
204. [台] 陳一新等：《胡溫主政下對台政策與兩岸關係》，財團法人兩岸交流遠景基金會，

2006 年。

205. [台] 洪儒明:《民進黨執政後的中共對台政策》,秀威資訊科技股份有限公司,2004年。
206. [台] 楊開煌:《出手:胡政權對台政策初探》,海峽學術出版社,2005 年。
207. [台] 張亞中:《兩岸統合論》,生智文化事業有限公司,2000 年。
208. [台] 馬英九編:《兩岸關係的回顧與前瞻》,「行政院大陸委員會」,1992 年。
209. [台] 吳釗燮主編:《台灣兩岸關係與中國國際戰略》,「新台灣國策智庫」有限公司,2011 年。
210. [台] 張五嶽:《分裂國家互動模式與統一政策之比較研究》,財團法人「國家」政策研究中心,1992 年。
211. [台] 陳慶:《中共對台政策之研究》,五南圖書出版公司,1990 年。
212. [台] 林文程:《中共談判的理論與實務:兼論台海兩岸談判》,麗文文化事業股份有限公司,2000 年。
213. [台] 謝政諭:《文化、國家與認同:打造兩岸民族新肚臍》,幼獅文化事業股份有限公司,2007 年。
214. [台] 顏建發:《中國對綠營的策略分析》,《台灣兩岸關係與中國國際戰略》,吳釗燮主編,「新台灣國策智庫」有限公司,2011 年。
215. [台] 羅致政:《中國對台政策與台灣主權危機》,《台灣兩岸關係與中國國際戰略》,吳釗燮主編,「新台灣國策智庫」有限公司,2011 年。
216. [台] 薛天棟等:《台灣的未來》,華泰文化出版社,2002 年。
217. [台] 林宗弘、胡克威:《愛恨 ECFA:兩岸貿易與台灣的階級政治》,《思與言》第 49 卷,2011 年第 3 期。

中文外國文獻

218. [美] 約瑟夫·奈:《軟實力》,馬娟娟譯,中信出版社,2013 年。
219. [美] 大衛·波普諾:《社會學》(第十一版),李強等譯,中國人民大學出版社,2013 年。
220. [美] 約翰·D·卡爾:《社會學》,劉鐸等譯,中國人民大學出版社,2013 年。
221. [美] 趙全勝編著:《分裂與統一:中國、韓國、德國、越南經驗之比較研究》,桂冠圖書股份有限公司,1994 年。
222. [美] 安東尼·奧羅姆:《政治社會學導論》,張華青等譯,上海人民出版社,2014 年。
223. [美] 理查·拉克曼:《國家與權力》,酈菁、張昕譯,上海人民出版社,2013 年。
224. [美] 邁克爾·曼:《社會權力的來源》,上海人民出版社,2007 年。
225. [美] 約翰·杜威:《我們如何思維》,伍中友譯,新華出版社,2010 年。
226. [美] 尼古拉斯·雷舍爾:《複雜性:一種哲學概觀》,吳彤譯,上海世紀出版集團,

1998年。
227. [美]莫頓·A·卡普蘭:《國際政治的系統和過程》,薄智躍譯,上海人民出版社,2008年。
228. [美]埃裡克·詹奇:《自組織的宇宙觀》,曾國屏等譯,中國社會科學出版,1992年。
229. [美]弗·卡普拉:《轉捩點:科學·社會·興起中的新文化》,馮禹等編譯,中國人民大學出版社,1989年。
230. [美]F·卡普拉:《物理學之道:近代物理學與東方神秘主義》,朱潤生譯,北京出版社,1999年。
231. [美]大衛·伊斯頓:《政治生活的系統分析》,王浦劬主譯,人民出版社,2012年。
232. [美]湯瑪斯·派特森等:《美國外交政策》,李慶餘譯,中國社會科學出版社,1989年。
233. [美]馮·貝塔朗菲:《一般系統論:基礎、發展和應用》,林康義等譯,清華大學出版社,1987年。
234. [英]彼得·羅布森:《國際一體化經濟學》,戴炳然等譯,上海譯文出版社,2001年。
235. [美]葛睿哲:《台灣的未來》,遠流出版事業股份有限公司,2010年。
236. [美]威廉·米施勒、理查·羅斯:《何為政治信任的來源——以後共產主義國家為背景考察制度理論和文化理論》,周豔輝譯,美刊《比較政治研究》,2001年2月號(第34卷)。
237. [英]P·切克蘭德:《系統論的思想與實踐》,左曉斯、史然譯,華夏出版社,1990年。
238. [英]邁克爾·傑克遜:《系統思考:適於管理者的創造性整體論》,高飛、李萌譯,華夏出版社,1990年。
239. [英]安德魯·海伍德:《政治學》,張立鵬譯,中國人民大學出版社,2013年。
240. [德]哈肯:《協同學:大自然構成的奧秘》,淩複華譯,上海譯文出版社,2013年。
241. [德]艾根:《關於超循環》,《自然科學哲學問題》,1988年第1期。
242. [德]格琳德·辛恩、漢-維爾納·辛恩:《冰冷的啟動:從國民經濟角度看德國統一》,晏揚譯,上海三聯書店,2012年。
243. [法]托姆:《突變論:思想和應用》,周仲良譯,上海譯文出版社,1989年。
244. [法]羅朗·柯恩-達努奇:《世界是不確定的》,吳波龍譯,社會科學文獻出版,2009年。
245. [法]大衛·呂埃勒:《機遇與混沌》,劉式達等譯,上海世紀出版集團,2005年。
246. [法]愛德格·莫蘭:《複雜性思想導論》,陳一壯譯,華東師範大學出版,2008年。
247. [比]伊·普裡戈金、[法]伊·斯唐熱:《從混沌到有序》,曾慶宏、沈小峰譯,上海譯文出版,1987年。
248. [比]尼寇里斯、普利高津:《探索複雜性》,羅久裡、陳奎寧譯,四川教育出版社,2010年。
249. [比]伊利亞·普裡戈金:《未來是定數嗎》,曾國屏譯,上海世紀出版集團,2005年。

250. [比]伊利亞·普裡戈金:《確定性的終結:時間混沌與新自然法則》,湛敏譯,上海世紀出版集團,2005年。
251. [日]大前研一:《中華聯邦》,商周出版社,2003年。
252. [日]江橋正彥、山田康博:《戰後北越經濟三十年(1945—1975年)》,汪慕恒譯,《南洋資料譯叢》,1981年第4期。
253. [韓]統一部:《統一白皮書》,2012年。
254. [朝]金日成:《關於建立高麗民主聯邦共和國方案》,朝鮮外文出版社,1990年。

英文外國文獻

255. Avery Goldstein, Rising to the Challenge:China's Grand Strategy and International Security, Paloalto.C.A.:Stanford University Press, 2005.
256. A.D.Lindsay, The Modern Democratic State,London:Oxford University Press,1943.
257. Bob.Jessop,The Capitalist State:Marxist Theories and Methods, Martin Robertson Oxford, 1982.
258. Bonnie Glaser and Brad Glosserman, Promoting Confidence Building across the Taiwan Strait, Center for strategic and international studies, Washington. D.C.:2008.
259. Crawford, C. (2013). Looking Into Poverty: Income Sources of Poor People with Disabilities in Canada. Toronto: Institute for Research and Development on Inclusion and Society (IRIS).
260. David Shambaugh, Power Shift:China and Asia's New Dynamics,San Francisco,C.A.:University of California Press, 2006.
261. George.T.Crane&Abia Amawied,The Theoretical Evolution of International Political Economy, London:Oxford University Press, 1997.
262. Hedley Bull, The Anarchical Society:A Study of Order in World Politics, London:Macmillan, 1977.
263. Leon Festinger,「Group Attraction and Membership,」in Group Dynamics, ed.Dorwin Cartwright and Alvin Zander (Evanston, I11.: Row,Peterson, 1953).
264. Jack.L.Snyder, Robert.Jervis, Coping with complexity in the international system, Boulder:Westview Press, 1993.
265. James.N.Rosenau, Mary.Durfee, Thingking Theory Thoroughly: Coherent Appoaches to an Incoherent World, Boulder:Westview Press, 1999.
266. Joshua Kurlantzick, Charm Offensive:How China's Soft Power is Transforming the World, Yale,Connecticut:Yale University Press,2007.
267. Jami l-ud-din Ahmad,Some Recent Speeches and Writings of Mr.Jin-

268. nah,Vol.1.Lahore:Shaikh Muhammad Ashraf,1952.129-131,177-180.
268. Martin Carnoy, The State and Political Theory, vol.11.Princeton University Press Princeton,NJ,1984.
269. Max Weber, Politics as a Vocation, in Gerth and Mills, From Max Weber,78.
270. Reinhard Bendix, Max Weber:An Intellectual Portrait, Garden City, New York:Doubleday&Co., 1962.
271. Michael Swaine, Andrew Yang etc.des, Assessing the Threat: the Chinese Military and Taiwan's Security, Washington D.C.:Carnegie Endowment for International Peace, 2007.
272. Ted.Galen.Carpenter, America's Coming War With China: A Collision Course Over Taiwan, N.Y.:Palgrave Macmillan, 2006.

第七章 結語 ☆ 英文外國文獻

歷史上國家統一的系統演化動力
從中國視角看分裂與統一

作　　者：朱磊 著	
發 行 人：黃振庭	
出 版 者：崧燁文化事業有限公司	
發 行 者：崧燁文化事業有限公司	
E - m a i l：sonbookservice@gmail.com	
粉 絲 頁：https://www.facebook.com/sonbookss/	
網　　址：https://sonbook.net/	
地　　址：台北市中正區重慶南路一段六十一號八樓 815 室	

Rm. 815, 8F., No.61, Sec. 1, Chongqing S. Rd., Zhongzheng Dist., Taipei City 100, Taiwan (R.O.C)

電　　話：(02)2370-3310
傳　　真：(02) 2388-1990

總 經 銷：紅螞蟻圖書有限公司
地　　址：台北市內湖區舊宗路二段 121 巷 19 號
電　　話：02-2795-3656
傳　　真：02-2795-4100
印　　刷：京峯彩色印刷有限公司（京峰數位）

國家圖書館出版品預行編目資料

歷史上國家統一的系統演化動力：從中國視角看分裂與統一 / 朱磊 著 . -- 第一版 . -- 臺北市：崧燁文化發行，2020.8
面；　公分
POD 版
ISBN 978-986-516-445-4(平裝)

1. 國家統一 2. 國際關係 3. 兩岸關係
571.1　　109011571

官網

臉書

― 版權聲明 ―

本書版權為九州出版社所有授權崧博出版事業有限公司獨家發行電子書及繁體書繁體字版。若有其他相關權利及授權需求請與本公司聯繫。

定　　價：550 元
發行日期：2020 年 8 月第一版
◎本書以 POD 印製